U0894013

走出思想的边界

knowledge-power
读行者

张居正大传

铁血首辅的显耀与悲凉

20世纪五大传记

图·文·典·藏·版

朱东润——著

湖南人民出版社 博集天卷 CS-BOOKY

图书在版编目（CIP）数据

张居正大传 / 朱东润著. —长沙：湖南人民出版社，2018.2（2024.8重印）
ISBN 978-7-5561-1892-2

Ⅰ.①张… Ⅱ.①朱… Ⅲ.①张居正（1525—1582）—传记 Ⅳ.①K827=48

中国版本图书馆CIP数据核字（2017）第321540号

上架建议：人物传记

ZHANG JUZHENG DAZHUAN
张居正大传

作　　者：朱东润
责任编辑：彭富强
监　　制：秦　青
特邀编辑：列　夫　苏会领
版权支持：辛　艳
营销编辑：王思懿
封面设计：余　雷
版式设计：李　洁

出　　版：湖南人民出版社［http://www.hnppp.com］
地　　址：长沙市营盘东路 3 号
邮　　编：410005
经　　销：新华书店

印　　刷：三河市鑫金马印装有限公司
版　　次：2018 年 2 月第 1 版
印　　次：2024 年 8 月第 10 次印刷
开　　本：680mm × 955mm　1/16
字　　数：350 千字
印　　张：22
书　　号：ISBN 978-7-5561-1892-2
定　　价：49.80 元

若有质量问题，请致电质量监督电话：010-59096394
团购电话：010-59320018

目录
Contents

序言

朱东润

二十余年以前，读到鲍斯威尔的《约翰逊博士传》，我开始对于传记文学感觉很大的兴趣，但是对于文学的这个部门做切实的研讨，只是一九三九年以来的事。在那一年，我看到一般人对于传记文学的观念还是非常模糊，更谈不到对于这类文学有什么发展，于是决定替中国文学界做一番斩伐荆棘的工作。

宗旨既经决定，开始研读。除了中国作品以外，对于西方文学，在传记作品方面，我从勃路泰格的《名人传》读到现代作家的著作；在传记理论方面，我从提阿梵特斯的《人格论》读到莫洛亚的《传记综论》。当然，我的能力有限，所在地的书籍也有限，但是我只有尽我的力量在可能范围以内前进。

在这几年以内，陆续写成的《中国传记文学之进展》《传记文学之前途》

《大慈恩寺三藏法师传述论》《传记文学与人格》和其他几篇文字发表了，没有发表的也有几篇。除了散篇以外，本拟叙述中国传记文学之趋势，但是因为参考书籍缺乏，只能写定一些纲领，未能完成；完成的只有《八代传记文学述论》一本十余万字的著作。

对于中国传记文学的进展，总算勉强有些认识，但是认识过去，当然不是开导将来。佛家所谓“阅尽他宝，终非己分”，是一句颠扑不破的名言。要想为中国文学努力，专靠称扬古人、叙述故籍，其结果只落得“阅尽他宝”，谈不上继往开来的工作。一般文学如此，传记文学也是如此，所以决定实地写一本传记。这是一个尝试，成功固然很好，失败也可以给自己和别人一些警戒，实际也是一种成功。自己对于失败，本来不感觉很大的威胁，何况现在无论如何都有相当的成就呢！

写作的目标决定，其次便是形式的问题。自己认定世界是整个的，文学是整个的，在近代的中国，传记文学的意识，也许不免落后，但是在不久的将来，必然有把我们的意识激荡向前、不容落伍的一日。史汉列传的时代过去了，汉魏别传的时代过去了，六代唐宋墓铭的时代过去了，宋代以后年谱的时代过去了，乃至比较好的作品，如朱熹的《张魏公行状》、黄榦的《朱子行状》的时代也过去了，横在我们面前的是西方三百年以来传记文学的进展。我们对于古人的著作，要认识，要了解，要欣赏，但是我们绝不承认由古人支配我们的前途。古人支配今人，纵使有人主张，其实是一个不能忍受、不能想象的谬论。

西方三百年来传记文学经过不断的进展，在形式和内容方面起了不小的变化，假如我们采取这一条路线，我们究竟采取哪一种方式呢？

最有名的著作当然是鲍斯威尔的作品，一部《约翰逊博士传》成为家传户诵的文章。这里我们看到一位不修边幅的博士和他的许多朋友，我们听到他们讨论文学，讨论政治，乃至于讨论栽树鬻果一切零碎的小事。有时约翰逊来一次恶谑，捧腹大笑，剩得被嘲的鲍斯威尔抱怨自己的不幸。约翰逊笑也有，骂也有，但是他的学生葛立克趁先生不在的时候，描写先生夫妇间的爱恋，蹑手蹑脚，更引起哄堂的狂欢。这是生活，因此这部著作成为不朽的作品。但是要写成这样一部作品，至少要作者和传主在生活上有密切的关系，而后才有叙述的机会。至于作者文学上的修养和鲍斯威尔那种特有的精神，都是这类著作的必要条件。

另外一种是斯特拉哲的《维多利亚女王传》。这是一部近代的著作，打开“现代传记文学”的局面。在薄薄的二百几十页里面，作者描写女王的生平。我们看到她的父母和伯父，看到她的保姆，看到她的丈夫和子女。我们看到英国的几位首相，从梅尔朋到格莱斯顿和迪斯累利。这里有英国的政局，也有世界的大势。但是，一切只在这一部薄薄的小书里面。作者没有冗长的引证，没有烦琐的考订。假如我们甘冒比拟不伦的危险，我们不妨说《女王传》很有《史记》那几篇名著的丰神。这一部书打开一个新的局面，其实不是偶然的事。但是，一九四三年的中国似乎还不是提倡这一类著作的时期。英国人有那种所谓实事求是的精神，他们近世以来那种繁重的作品，一部《格莱斯顿传》便是数十万字，一部《迪斯累利传》便是一百几十万字，他们的基础坚固，任何的记载都要有来历，任何推论都要有根据。在这个情形之下，斯特拉哲排除一切繁重的论证，探赜钩玄，当然立刻使人耳目一新，夺取特有的地位。但是，斯特拉哲的著作正筑在那个坚固的基础上面。尽管有许多人称道这个写法，但是依我的愚见，倘使斯特拉哲在中国，决定不能写成那样的名著。中国人模仿他的写法，只会写成那种含讥带讽，似小说不是小说，似史实不是史实的作品。二三十年以来的中国文坛，转变的次数不在少处，但是还没有养成谨严的风气。称道斯特拉哲的人虽多，谁能记得这薄薄的一册曾经参考过七十几种的史料？仲弓说过："居敬而行简，以临其民，不亦可乎？居简而行简，无乃太简乎？"朱熹《集注》："言自处以敬，则中有主而自治严，如是而行简以临民，则事不烦而民不扰，所以为可；若先自处以简，则中无主而自治疏矣，而所行又简，岂不失之太简而无法度之可守乎？"这说的是政治，但是同样也适用于文学，没有经过谨严的阶段，不能谈到简易；本来已经简易了，再提倡简易，岂不失之太简而无法度之可守乎？所以，斯特拉哲尽管写成一部名著，但是一九四三年的中国，不是提倡这个作法的时代和地点。

那么唯有谈到第三个作法了。十九世纪中期以来的作品，常常是那样的烦琐和冗长，但是一切都有来历、有证据。笨重确是有些笨重，然而这是磐石，我们要求磐石坚固可靠，便不能不承认磐石的笨重。十九世纪以来的作品使人厌弃的，不是它的笨重，而是取材的不知抉择和持论的不能中肯。这两点，从斯特拉哲的著作里我们可以得到启示，可以学会许多的方法。莫洛亚攻击这派的著作，认为他们抱定颂扬传主的宗旨，因此他们所写的作品只是一种谀墓的文字，徒然博得遗族的欢心，而丧失文学的价值。这个议论，确然获得我们的同情，传记成为颂扬的文字，便丧失本身的价值，原是一个显而易见的道理。

中国所需要的传记文学，看来只是一种有来历、有证据、不忌烦琐、不事颂扬的作品。至于取材有抉择，持论能中肯，这是有关作者修养的事。在作者着手的时候，没有一个不抱如此的期望，但是能否达到这个目标，一切只能付之读者的评判。孟子说过：“智，譬则巧也；圣，譬则力也。由射于百步之外也，其至，尔力也；其中，非尔力也。”力的方面，我们应当努力；巧的方面，不一定是单凭努力可以办到的事。

作法既经采取这一种，便得确定一个传主。我曾经说过：“任何人都有自己的世界、自己的一生。这一生的记载，在优良的传记文学家的手里，都可以成为优良的著作。所以在下州小邑、穷乡僻壤中，田夫野老、痴儿怨女的生活都是传记文学的题目。”这是一个理想的说法，事实上还有许多必要的限制。一个平常的人物不能引起读者的注意，所以作者对于这样的传主唯有运用细腻的文学技巧，从人格分析方面着手，使读者对传主的性格感到深切的同情，然后始能了解世界上任何一个人都有独特的价值。不过我们所能细密认识的，只有最有限的几个人，假如眼前不是替他们作传的时候，在这方面，实际便无从着手。在西方文学里面，平常人物的传记还是非常地寥落，这是一个理由。

因此，只能从伟大人物着手。一九四一年的秋天，正是我彷徨不定的时候。中国历史上的伟大人物不在少数，但是在着手的时候，许多困难来了。有的人伟大，但是他的伟大的领域不一定为我所了解。有的人的伟大是我所了解的，但是资料方面，不是少到无从探取，便是多到无从收拾。抗战期间的图书馆，内部的损失和空虚，是尽人皆知的事实；抗战期间的书生，生活的艰苦和困乏，也是尽人皆知的事实。所以在择取传主的时候，更有许多顾虑。其次，在下笔的时候，还得考虑写作中的困难。传主的时代太远了，我们对于他的生活，永远感觉到一层隔膜；太近了，我们又常常因为生长在他的影响下面，对于他的一生，不能得到全面的认识。那一个秋天，我因为传主的选择，经过不少的痛苦。

最后才决定了张居正。中国历史上的伟大人物虽多，但是像居正那样划时代的人物，实在数不上几个。从隆庆六年到万历十年之中，这整整的十年，居正占有政局的全面，再没有第二个和他比拟的人物。这个时期以前数十年，整个的政局是混乱，以后数十年，还是混乱，只有在这十年之中，比较清明的时代，中国在安定的状态中，获得一定程度的进展，一切都是居正的大功。他所以成为划时代的人物者，其故在此。但是居正的一生，始终没有得到世人的了解。“誉之者或过其实，毁之者或失其真”，是一句切实的批评。最善意的评论，比居正为伊、周，最恶意的评论，比居正为温、莽。有的推为圣人，有的甚至斥为禽兽。其实居正既非伊、周，亦非温、莽。他固然不是禽兽，但是他也并不志在圣人。他只是张居正，一个受时代陶熔而同时又想陶熔时代的人物。

但是，许多困难的问题来了。

第一，居正是几乎没有私生活的人物。现代传记文学，常常注意传主的私生活。在私生活方面的描写，可以使文字生动，同时更可以使读者对于传主发生一种亲切的感想，因此更能了解传主的人格。但是关于居正的私生活，我们所知道的太少了；明代人笔记里面，也许有一些记载，我们为慎重起见，不敢轻易采用，这一个缺憾，几于无法弥补。

第二，居正入阁以后的生活中心，只有政治。因为他占有政局的全面，所以对于当时的政局，不能不加以叙述。繁重、琐屑，都是必然的结果，但是不如此便不能了解居正。也许有人以为史传中的人物，寥寥数百字，可以挈举当时政局的大概，为什么要这样地浪费笔墨？不过，任何一篇史传，只是全部正史的一篇，在史家运用互见之例，尽可言在于此而意喻于彼，这是传记文学作品享受不到的便利。

最困难的是一般人对于明代大局的认识。大家知道居正综核名实，但是要他们举出名实是怎样地综核，他们便有些茫然。一个研究中国文学的大学生不知道明朝内阁的制度，一个研究政治的专家不知道明朝实际政治的运用，并不是一件罕见的事。尤其不幸的是人们那番“好古”的精神，因为好古，所以不知现代，乃至不知和现代接近的时代。一般人知道秦始皇筑长城，而不知现在的长城是杨一清、余子俊、翁万达、杨博等所筑的边墙；他们知道隋炀帝开运河，而不知现在的运河是宋礼、万恭、李化龙、曹时聘等所凿的水道。知识界这种知古而不知今的习气，使得他们对于近代的事态，发生一种隔阂。说少了，他们不会明白；说多了，他们会嫌烦渎：这是一个两难的境地。

这许多困难的后面，还有一个难题，便是材料的缺乏。《明史》《明史纪事本末》《明纪》《明史稿》《明会典》这一类常见的书籍，固然可以到手，但是重要的材料如《明实录》，就正是一部不能轻易看到的书，除了间见征引以外，竟无从利用，不能不算是一件遗憾的事。

主要的史料仍是《张文忠公全集》四十六卷。以本人的著作，为本人的史料，正是西方传记文学的通例。一个人的作品，除了有意作伪一望即知者以外，对于自己的记载，其可信的程度常在其他诸人的作品以上。关于这一点，当然还有一些限制：年龄高大，对于早年的回忆、印象不免模糊；事业完成，对于最初的动机，解释不免迁就。对于事的认识，不免看到局部而不见全体；对于人的评判，不免全凭主观而不能分析。人类只是平凡的，我们不能有过大的期待，但是只要我们细心推考，常常能从作者的一切踳驳矛盾之中，发现事态的真相。西方传记文学以传主的作品为主要的材料，其故在此。

《张文忠公全集》四十六卷的母本，是明刻《太岳集》，卷数同。在这四十六卷之中，共奏疏十三卷，书牍十五卷，文集十一卷，诗六卷，《女诫直解》一卷。除《女诫直解》以外，一切都和居正生活有关，当然是最好的史料。但是事实上这并不是居正全集的原貌。居正进白莲、白燕颂，见《明史》，今集中有《白燕曲》而无《白莲颂》。居正为高拱墓铭，见书牍卷十四《答司马曹傅川书》，今不见文集。居正有《请令天下度田疏》，略见《明史纪事本末》，今不见奏疏。张嗣修《编次先公文集凡例》言"先公文集，在旧记室所者，自嗣修等逢难，十余年后，始得完归，存者十八，逸者十二；如少年所作诸赋，全逸；应制诗，敕撰文，逸十之二。仅据存者编次之，凡为诗六卷，为文十四卷[1]，为书牍十五卷，为奏对十一卷，合之则为全集，离之亦可四种"。所谓"存者十八，逸者十二"，大致是一句遁词。余懋学曾为居正进《白莲颂》，提出弹劾[2]，神宗曾斥居正"假以丈量遮饰，骚动海内"[3]，《白莲颂》和《请令天下度田疏》未经收入，大致是有意的删除，不是无意的逸失。至于高拱墓铭的被删，当然只是嗣修、懋修的偏见。韩愈论张巡、许远的后裔，斥为"两家子弟材智下，不能通知二父志"，大致嗣修、懋修恰是"不能通知二父志"的一类。

这四种著作的编次，也不一律。假如全体都用编年的次序，对于后人当然是一种便利，偏偏嗣修等要分类，尤其是诗集、文集，非经过一番研读参证的功夫，不能推定某篇是某年的作品，而推定的结果，只是一种假定，不是确定，所以史料的价值，不免受到影响。

幸亏奏疏、书犊的篇次，大体是编年的，所以勉强可以寻得一些端绪，但是编年之中，还不免有些分类的意味。奏疏十三卷之中，前十一卷为居正入阁以后的作品，而后二卷为入阁以前的作品。书牍十五卷，前十三卷为居正入阁以后的作品；第十四卷为居正与徐阶书三十一篇、与高拱书四篇以及其他与徐、高二人有关的书牍；第十五卷为报知己书，与王世贞、世懋兄弟书，以及入阁以前的作品，而以示季子懋修书附后。一切都看出那种编次无法的形态。

最诧异的是书牍诸篇的标题。嗣修自言："先公书牍，自旧记室所携来，盖嗣修等遭家难十余年所，而手泽完归，考其年月，似裁答俱无恙也。或有举其官，缺其号，或有举其号，缺其官，或官号俱备，或直举其讳，凡例不定。嗣修等不敢以己意追补，仍其旧日授书记语耳。"[4]嗣修认为书牍标题，出于居正口授。其实这是一句遁词。书牍十三有《答宣大巡抚郑范溪书》，其时郑洛为宣大总督而非巡抚；有《答蓟辽总督张崌崃书》，其时张佳胤为宣府巡抚而非蓟辽总督，及居正殁后，佳胤始有蓟辽总督之命。诸如此类，可举者尚多。一切看出书牍前十三卷纵使大体保存编年的形态，但是标题方面，还是非常凌乱；有一部分出于居正口授，还有一部分则出于事后的追题，至其或出于书记之手，或出于嗣修、懋修之手，则不可考。

即就编年的奏疏及书牍而论，所谓"编年"，其实只给一个先后的顺序，并没有注明某疏、某书作于某年某月，也没有指实某卷是某年某月之作，编年的作用，实际还不能充分，一切待从史实方面推比证验，始能得到一个大概的情形。不过比诗集、文集要每卷、每篇单独推求的，已经便利了许多。

要为居正作传，眼前所有的材料，只有这一点点。倘使看到《明实录》，对于居正入阁十六年中的政绩，一定可以得到更多的认识；倘使看到同时诸人的文集，对于居正一生的史实，一定可以得到更多的参证。但是没有办法，一切的空论，掩饰不了材料的空虚。我感到彷徨了，几番想把这个主题搁下，但是还有一些眷恋，终于竟把这本传记写成。这是为的什么？我认定传记文学的写成，不完全是材料的问题，同时还有写法的问题。蒙尼辨耐的《狄士莱里传》写成六大厚册，一百五十万言，在材料方面，可称毫发无憾，但是莫洛亚的《狄士莱里传》继此出版，不妨为一本有名的著作。华盛顿早年的日记，直到最近方始发现，关于他早年的恋人，还无从确定名姓，但是华盛顿的传记，已经出到五百种以上，并没有因为材料的不完备而停止。"大学之道，在明明德，在亲民，在止于至善"，大家知道有一个"至善"，也知道这个"至善"是无法完成的，但是人类并没有因此而停止对于"至善"的努力。也许我们对于居正的估计，未免朦胧一点，其实从他对于国家的关系讲，人物不能不算伟大，只要传记文学的风气一开，以后再有十种乃至百种张居正传，并不是不能想象的事。那么这一本材料不甚完密的著作，替大家做一个前驱，未尝不是尽了一份必要的责任。

其次关于文字方面。我写《读诗四论》和其他几本书的时候，用的文言，因为这许多书中，充满文言的引证，为求本文和引证的配合起见，当然以用文言为妥适。但是在写的时候，常时感觉到一种新的意境，必须运用新的笔调，才没有辞不达意的遗憾。后来写《八代传记文学述论》，用的语体，便是这个理由。用语体写的时候，也有两种困难。第一，本文和引证显然用两种文体，读者最易感觉文字的不谐和，这是不可避免的困难。其次，语体的语汇比较贫乏，因此在叙述的时候，常时有借用文言语汇或另行创造的必要。这个困难也是同样无可避免，不过最近数年以来，这样的写法已经成为风气，文字语言都在不断地蜕变，大家在这个风气之中也就觉得无可非议。“后之视今，亦犹今之视昔。”也许二十年以后又有一种变化，一切留给将来的人批评吧！

这样便引到对话的问题。对话是传记文学的精神，有了对话，读者便会感觉书中的人物一一如在眼前。一篇《项羽本纪》是一个很好的例证。秦始皇帝游会稽，渡浙江，项羽和项梁往观，项羽说：“彼可取而代也。”项梁掩其口曰：“无妄言，族矣！”这是两个人的对话。项羽要杀宋义，他说：“将戮力而攻秦，久留不行！今岁饥民贫，士卒食芋菽，军无见粮，乃饮酒高会，不引兵渡河，因赵食，与赵并力攻秦，乃曰：‘承其敝！’夫以秦之强，攻新造之赵，其势必举赵，赵举而秦强，何敝之承！且国兵新破，王坐不安席，扫境内而专属于将军，国家安危，在此一举，今不恤士卒而徇其私，非社稷之臣！”这是项羽誓众的宣言。其后鸿门之宴，项羽、范增、项庄、沛公、张良、樊哙都有说话，文字非常生动，尤其是樊哙入见的那一段。项羽按剑说：“客何为者？”这是问樊哙的，偏偏樊哙不答，张良说道：“沛公之骖乘樊哙者也。”项王才说“壮士，赐之卮酒”，这又是吩咐侍从了。一切都写得错综变化，使人感觉异常的活跃。

这个写法，在小说家手里，成为最好的工具，现代传记文学家也常时采用这个写法。但是传记文学是文学，同时也是史。因为传记文学是史，所以在记载方面应当追求真相，和小说家那一番凭空结构的作风，绝不相同。这一点没有看清，便会把传记文学引入一个令人不能置信的境地；文字也许生动一些，但是付出的代价太大，究竟是不甚合算的事。

在写这本书的时候，只要是有根据的对话，我是充分利用的，但是我担保没有一句凭空想象的话。这里另外也有一些困难。从前人记对话，往往不用活的言语，而用死的文字。例如谷应泰记严世蕃下狱以后，徐阶和刑部尚书黄光升等计议的一节：

阶固已豫知，姑问稿安在，吏出怀中以进，阅毕曰：“法家断案良佳。”延入内庭，屏左右语曰：“诸君子谓严公子当死乎，生乎？”曰：“死不足赎。”“然则，此案将杀之乎，生之乎？”曰：“用杨、沈正欲抵死。”徐阶曰：“别自有说。杨、沈事诚犯天下公恶，然杨以计中上所讳，取特旨，沈暗入招中，取泛旨。上英明，岂肯自引为过？一入览，疑法司借严氏归过于上，必震怒，在事者皆不免，严公子骑款段出都门矣。”[5]

这不会使人相信徐阶和黄光升等是这样说话的。明白一点儿说，从前人把白话翻译成文言，现在我们必须把文言仍旧翻回白话，这一类翻译的方法在经史方面有相当的根据。《尚书·尧典》：“帝曰：‘畴咨若时登庸？’放齐曰：‘胤子朱启明。’帝曰：‘吁，嚚讼，可乎？’帝曰：‘畴咨若予采？’欢兜曰：‘都，共工方鸠僝功。’帝曰：‘吁，静言，庸违，象恭滔天。’”这是一段诘屈聱牙的文章。太史公《五帝本纪》便完全改过了，我们看到：“尧曰：‘谁可顺此事？’放齐曰：‘嗣子丹朱开明。’尧曰：‘吁！顽凶，不用。’尧又曰：‘谁可者？’欢兜曰：‘共工旁聚布功，可用。’尧曰：‘共工善言，其用僻，似恭漫天，不可。’”太史公做过一番翻译功夫，文字便非常地通畅。假如太史公生在今日，那么看到我们把谷应泰的文言翻回白话，一定不会感到诧异。

在把文言翻回白话的时候，我们应当注意这是翻回明代人常用的语言，而不是翻译成现代人常用的语言。我们对于明代人的说话未必有很清楚的概念，但是不妨认为明代人不会用现代特有的语汇，不会用现代变质的文法，不会用现代稗贩的幽默。在这几方面加以注意，也许可以得到明代人说话的大概。稍微困难的是明代帝、后的说话。封建帝后早已随着时代而消失了，我们没有机会和他们接触。他们是和普通人一样地说话吗？还是同剧本所写的一样，平时也是称“孤”道“寡”吗？从我所见到的大致他们还是和普通人一样。神宗生母孝定太后说过：“说与皇帝知道，尔婚礼将成，我当还本宫，凡尔动静食息，俱不得如前时闻见训教，为此忧思。”[6]神宗自己也说过：“我一时昏迷，以致有错，尔等就该力谏乃可。尔等图我一时欢喜不言，我今奉圣母圣谕教诲我，我今改过，奸邪已去。”[7]这都是极普通的说话，由此我们可以看到帝、后说话的大概，在叙述对话的时候，也有一个根据。

最可喜的是居正奏疏中间留下许多对话的记载，如《谢召见疏》[8]《召辞纪事》[9]《召见纪事》[10]《召见平台纪事》[11]《送起居馆讲〈大宝箴〉记事》《送起居馆论边情记事》[12]。在记载中，居正偶然也有把对话写成文言的时候，但是最大多数都能保存当时的语气，即如《谢召见疏》记隆庆六年六月间居正奉召入朝以后，神宗说：“先生为父皇陵寝，辛苦受热。”又说：“凡事要先生尽心辅佐。”其后居正奏请遵守祖宗旧制，讲学亲贤，爱民节用，神宗答称：“先生说的是。”居正再请神宗慎起居、节饮食，神宗说：“知道了。与先生酒饭吃。”

在这许多地方，我们看到当时的语调，正是最有价值的记载。

同时我们还得知道，即是居正所记的说话有时虽写成文言，其实文言和语体本来没有绝对的界限，而在说话之中，为求语言的简练，常时有由语体转成文言的倾向。授课的时候，教师有时采取近乎文言的语句，以便学生笔记，正是平常习见的事，何况奏对之时，更觉“天颜”咫尺，不许冗长烦琐呢？

这本书的大体计划是在一九四一年决定的。次年春间，写成《八代传记文学述论》。今年春间，重新写定《中国文学批评史大纲》，是为师友琅邪馆撰述第四种、第五种。在这几年之中，一切剩余的时间，都消耗在这本书上，实际着笔是从今年一月三日开始，八月六日终了，是为师友琅邪馆撰述第六种。

也许有人看到大传的名称，感觉一点儿诧异。传记文学里用这两个字，委实是一个创举。“大传”本来是经学中的一个名称，尚书有《尚书大传》，《礼记》也有大传，但是在史传里从来没有这样用过。不过我们应当知道中国的史学发源于经学，一百三十篇的《史记》只是模仿《春秋》的作品：十二本纪模仿十二公，七十列传模仿公羊、穀梁。“传”的原义，有注的意思，所以《释名·释典艺》云：“传，传也，以传示后人也。”七十列传只是七十篇注解，把本纪或其他诸篇的人物加以应有的注释。既然列传之传是一个援经入史的名称，那么在传记文学里再来一个援经入史的“大传”，似乎也不算是破例。

几年以来的心力，所成就的只是这本很平常的著作，自己的学力仅仅达到这个阶段原是无可如何的事。我的希望，本来只是供给一般人一个参考，知道西方的传记文学是怎样写法，怎样可以介绍到中国。我只打开园门，使大众认识里面是怎样的园地，以后游览的人多了，栽培花木的也有，修拾园亭的也有，只要园地逐日繁荣，即是打开园门的人被忘却了，他也应当庆幸这一番工作不是没有意义。《法显行传》记法显经过沙河的一节：“沙河中多有恶鬼热风，遇则皆死，无一全者。上无飞鸟，下无走兽。遍望极目，欲求度处，则莫知所拟，惟以死人枯骨为标识耳。”在一个茫无边际的境界，我们唯有踏着前人的足迹，作为自己前进的路线，前人对于我们所尽的责任正是我们对于后人所有的义务。无论成功或失败，现在的努力对后人都是一个重要的参考。

我应当趁这个机会，对远方的两个人表示衷心的感谢。

二十余年的生活养成我不事家人生产的习惯。我独自漂流异地，难得在寒暑假中回去一次。对日作战以后，我从越南入国，绕到抗战的大后方，从此没有看到故里。家事的处分，儿女的教养，以及环境的应付，一向我不过问，现在更落在一个人的肩上。我没有听到抱怨，也没有听到居功。尤其在故乡沦陷以后，地方的情形更坏，斗大的一个县城充满最复杂的事态，天涯游子的家属剩得举目无亲的境地，但是我始终没有听到怨恨和愁诉。正因为有人把整个心力对付家庭，我才能把整个心力对付工作。我自己的成就只有这一点点，但是在我历数这几种撰述的时候，不能忘怀数千里以外的深闺。我认为在我的一切成就之中，这是和我共同工作的伴侣。

还有一个更远在万里之外，现正在做一次国外的旅行。我们认识远在三十余年以前。我们曾经共同受过小学教师的训导，共同听过泰晤士河的波声；之后，在同事十余年之中，又共同欣赏过东湖的初月、乐山的暮钟。在我们同事的中间，他的著作我曾经都看过，我的作品也没有一本不曾经过他的商订。这本书写成的时候，他不及看到，但是最初的计划，曾经和他讨论。从他那里，我得到不少的鼓励，不少的协助；但是以前因为时常见面的关系，没有感觉致谢的必要。现在我得告诉他，万里波涛的重洋，遮断不了平生许与的友谊。

努力啊，我愿有更好的成就，报答一切友好的关切。

自序于重庆柏溪寓斋

一九四三年八月六日

注释

[1] 合《女诫直解》计之，故言此。

[2]《明史》卷二三五《余懋学传》。

[3]《明史纪事本末》卷六十一。

[4]《书牍凡例敬题》。

[5]《明史纪事本末》卷五十四。

[6]《张文忠公全集》奏疏六《乞遵守慈谕疏》。

[7] 奏疏九《请处治邪佞内臣疏》。

[8]《张文忠公全集》奏疏二。

[9] 奏疏七。

[10] 奏疏八。

[11] 奏疏九。

[12] 奏疏十一。

隆庆、万历的十六年间内阁七卿年表

据明史宰辅年表、七卿年表

	内阁	吏部尚书	户部尚书	礼部尚书	兵部尚书	刑部尚书	工部尚书	左都御史
隆庆元年丁卯	**徐阶** 少师建极殿大学士 **李春芳** 吏部尚书兼武英殿大学士二月晋少保四月晋少傅兼太子太傅 **郭朴** 吏部尚书兼武英殿大学士二月晋少保四月晋少傅兼太子太傅九月致仕 **高拱** 礼部尚书兼文渊阁大学士二月晋少保兼太子太保四月晋少傅兼太子太傅五月罢 **陈以勤** 二月晋礼部尚书兼文渊阁大学士入四月加太子太保 **张居正** 二月晋吏部左侍郎兼东阁大学士入四月晋礼部尚书兼武英殿大学士	**杨博** 少保七月晋少傅兼太子太傅	**高耀** 太子太保正月闲住 **葛守礼** 正月任六月终养 **马森** 六月任	**高仪**	**赵炳然** 太子少保四月加太子太保告病 **郭乾** 四月任十月致仕 **霍冀** 十月任	**黄光升** 四月致仕 **毛恺** 五月任	**雷礼** 太傅柱国	**王廷**
隆庆二年戊辰	**徐阶** 七月致仕 **李春芳** 正月加少师兼太子太师建极殿大学士 **陈以勤** 正月加少傅兼太子太傅 **张居正** 正月加少保兼太子太保	**杨博**	**马森**	**高仪**	**霍冀**	**毛恺**	**雷礼** 九月致仕 **朱衡** 九月任	**王廷**

续　表

	内　　阁	吏部尚书	户部尚书	礼部尚书	兵部尚书	刑部尚书	工部尚书	左都御史
隆庆三年己巳	**李春芳** **陈以勤** **张居正** **赵贞吉** 八月礼部尚书兼文渊阁大学士入 **高拱** 十二月召还兼掌吏部事	**杨博** 十二月致仕 **高拱** 十二月以内阁兼署	**马森** 二月致仕 **刘体乾** 二月任	**高仪** 十一月病免加太子太保 **殷士儋** 十二月任	**霍冀**	**毛恺**	**朱衡**	**王廷**
隆庆四年庚午	**李春芳** 六月晋少师十二月加中极殿大学士 **高拱** 十二月晋少师建极殿大学士 **陈以勤** 七月致仕加太子太师 **张居正** 十二月晋太子太傅吏部尚书柱国又晋少傅建极殿大学士 **赵贞吉** 十一月致仕 **殷士儋** 十一月太子太保礼部尚书兼文渊阁大学士入逾月晋少保武英殿大学士	**高拱** 兼署	**刘体乾** 七月闲住 **张守直** 七月任	**殷士儋** 二月加太子太保十二月入阁（按：应作十一月入阁） **潘晟** 十一月任	**霍冀** 三月闲住 **郭乾** 二月任十二月加太子少保	**毛恺** 二月致仕 **葛守礼** 二月任十一月改左都御史 **刘自强** 十一月任	**朱衡**	**王廷** 正月致仕 **赵贞吉** 二月以内阁兼掌十二月解院务（按：应作十一月解院务） **葛守礼** 十一月任
隆庆五年辛未	**李春芳** 正月致仕 **高拱** **张居正** **殷士儋** 十一月致仕	**高拱** 兼署	**张守直**	**潘晟**	**郭乾** 三月免 **杨博** 三月起十月任	**刘自强**	**朱衡**	**葛守礼**

续　表

	内　阁	吏部尚书	户部尚书	礼部尚书	兵部尚书	刑部尚书	工部尚书	左都御史
隆庆六年壬申六月神宗即位	**高拱** 正月加柱国晋中极殿大学士六月罢 **张居正** 正月加少师兼太子太师八月加左柱国中极殿 大学士 （按：万历四年居正加左柱国，疏辞不受，则斯年未受左柱国可知） **高仪** 四月礼部尚书兼文渊阁大学士入六月卒 **吕调阳** 六月礼部尚书兼文渊阁大学士入八月晋太子 少保武英殿大学士	**高拱** 六月罢 **杨博** 六月任加少师兼太子太师	**张守直** 七月致仕 **王国光** 七月仓场回部	**潘晟** 三月致仕 **吕调阳** 四月任六月入阁 **陆树声** 七月任	**杨博** 六月改吏部 **谭纶** 七月任	**刘自强** 七月致仕 **王之诰** 七月任	**朱衡** 正月出治河六月督陵工	**葛守礼**
万历元年癸酉	**张居正** **吕调阳** 十一月晋太子太保	**杨博** 九月致仕 **张瀚** 九月任	**王国光**	**陆树声** 十二月致仕 **万士和** 十二月任	**谭纶** □月加太子少保	**王之诰**	**朱衡**	**葛守礼**
万历二年甲戌	**张居正** **吕调阳** 七月晋少保	**张瀚**	**王国光**	**万士和**	**谭纶**	**王之诰**	**朱衡** 五月晋太子太保致仕 **郭朝宾** 六月任	**葛守礼**

续　表

	内　阁	吏部尚书	户部尚书	礼部尚书	兵部尚书	刑部尚书	工部尚书	左都御史
万历三年乙亥	**张居正** **吕调阳** **张四维** 八月晋礼部尚书兼东阁大学士入	**张瀚** 七月加太子少保	**王国光**	**万士和** 九月致仕 **马自强** 九月任	**谭纶**	**王之诰** 三月送亲九月致仕 **王崇古** 九月任加柱国	**郭朝宾**	**葛守礼** 六月加太子少保致仕 **陈瓒** 六月任
万历四年丙子	**张居正** 十月特晋左柱国太傅俸如伯爵（按：居正疏辞不受，见奏疏） **吕调阳** 十月晋太子太傅吏部尚书 **张四维**	**张瀚**	**王国光** 二月请告 **殷正茂** 二月任	**马自强**	**谭纶**	**王崇古**	**郭朝宾**	**陈瓒**
万历五年丁丑	**张居正** 九月丁忧夺情 **吕调阳** 八月晋少傅 **张四维** 八月晋太子太保文渊阁大学士	**张瀚** 十月免 **方逢时** 十月以兵部兼署 **王国光** 十月任	**殷正茂**	**马自强** 八月加太子少保	**谭纶** 四月卒 **王崇古** 四月任十月致仕 **方逢时** 十月戎政回部加少保兼太子太保	**王崇古** 四月改兵部 **刘应节** 四月任闰八月致仕 **吴百朋** 九月任	**郭朝宾** 十一月致仕 **李幼孜** 十二月任	**陈瓒** 十月病免 **陈炌** 十一月任

续　表

	内　阁	吏部尚书	户部尚书	礼部尚书	兵部尚书	刑部尚书	工部尚书	左都御史
万历六年戊寅	**张居正** 三月归葬六月还朝 **吕调阳** 二月晋建极殿大学士七月以病回籍 **张四维** 二月晋少保武英殿大学士 **马自强** 三月太子太保礼部尚书兼文渊阁大学士入十月卒 **申时行** 三月吏部左侍郎兼东阁大学士入	**王国光**	**殷正茂** 六月致仕 **张学颜** 七月任	**马自强** 三月入阁 **潘晟** 三月任	**方逢时**	**吴百朋** 五月卒 **严清** 五月任	**李幼孜**	**陈炌**
万历七年己卯	**张居正** **张四维** **申时行** 十二月加礼部尚书兼文渊阁大学士	**王国光** 十二月加太子太保	**张学颜**	**潘晟**	**方逢时** □月加柱国	**严清**	**李幼孜** 十二月予告	**陈炌**
万历八年庚辰	**张居正** **张四维** 六月晋少傅兼太子太傅 **申时行**	**王国光**	**张学颜**	**潘晟** 十一月加太子太保十二月致仕 **徐学谟** 十二月任	**方逢时**	**严清**	**曾省吾** 正月任	**陈炌**

续　表

	内　阁	吏部尚书	户部尚书	礼部尚书	兵部尚书	刑部尚书	工部尚书	左都御史
万历九年辛巳	**张居正** 十一月晋太傅左柱国 **张四维** 加柱国 **申时行**	**王国光**	**张学颜**	**徐学谟**	**方逢时** 四月致仕 **梁梦龙** 四月任	**严清**	**曾省吾**	**陈炌**
万历十年壬午	**张居正** 六月晋太师寻卒 **张四维** 六月晋太子太师九月晋少师 **申时行** 六月晋太子太保九月晋少保 **潘晟** 礼部尚书武英殿大学士六月命未任罢 **余有丁** 六月礼部尚书兼文渊阁大学士入九月晋太子太保	**王国光** 十月免 **梁梦龙** 十月任十二月免	**张学颜**	**徐学谟**	**梁梦龙** 十月加太子太保寻改吏部 **吴兑** 十一月任	**严清** 十二月改吏部	**曾省吾** 十月加太子太保十二月致仕 **杨巍** 十二月任	**陈炌**

张氏世系表

居正以上据居正《元考观澜公行略》，居正以下据敬修《文忠公行实》及他书。

- 关保（归州守御千户所千户《行实》作福归州长宁所世袭千户）
  - 唐（妻沈氏）
    - 旺（妻王氏）
      - □（诚为另支则大宗可知名未详）
      - 诚（字怀葛赠特进光禄大夫以别支徙居郡城《行实》言四世孙自称归徙家江陵者指此；妻聂氏）
        - 钺
        - 镇（字东湖赠特进光禄大夫；妻李氏）
          - 文明（字治卿号观澜府学生赠特进光禄大夫生于弘治十七年殁于万历五年；妻赵氏，生于正德元年按敬修《文忠公行实》言居正从世父龙湫公读孟子龙湫公未详）
            - 居正（字叔大号太岳嘉靖丁未进士太师左柱国中极殿大学士生于嘉靖四年殁于万历十年；妻顾氏、王氏）
              - 敬修（《行略》作嗣文字炎州万历庚辰进士礼部仪制司主事殁于万历十二年；妻高氏）
                - 重辉（生于万历七年）
                  - 同敞（字别山兵部右侍郎兼翰林侍读学士总督诸路军务殁于永历五年）
              - 嗣修（万历丁丑进士翰林院编修；妻贺氏）
                - 重光
              - 懋修（《行略》作嗣允字斗枢万历庚辰进士生于嘉靖三十四年殁于崇祯七年；妻高氏）
                - 重登
                - 重元
                - 二女
              - 简修（《行略》作嗣哲锦衣卫指挥同知；妻王氏）
                - 重登
                - 重允
              - 允修（府学生尚宝司司丞生于嘉靖四十四年殁于崇祯十七年；妻李氏）
                - □
                  - 同奎（字内方府学生）
              - 静修
              - 女（适刘戡之，太学生）
            - 居敬（府学生早卒）
              - 嗣敏
            - 居易（荆州右卫指挥佥事四川都司军政佥书）
            - 居谦（癸酉举人殁于万历八年）
            - 女（适刘允桂，府学生）
        - 钛（县学生）

按万历十二年诏居正属张居易张嗣修张顺张书俱令烟瘴地面充军张顺张书疑为居正孙辈未详亦不知其易名之故

按居正《观澜公行略》载孙男十人嗣文嗣修嗣允嗣哲嗣弼嗣澜嗣宽嗣信嗣敏嗣惠嗣除嗣文嗣修嗣允嗣哲嗣敏可考外其余五人未详亦不知其易名之故

明朝皇帝年表

年号	庙号	姓名	在位时间
洪武	太祖	朱元璋	1368—1398
建文	惠帝	朱允炆	1399—1402
永乐	成祖	朱棣	1403—1424
洪熙	仁宗	朱高炽	1425
宣德	宣宗	朱瞻基	1426—1435
正统	英宗	朱祁镇	1436—1450
景泰	代宗	朱祁钰	1450—1457
天顺	英宗	朱祁镇	1457—1464
成化	宪宗	朱见深	1465—1487
弘治	孝宗	朱祐樘	1488—1505
正德	武宗	朱厚照	1506—1521
嘉靖	世宗	朱厚熜	1522—1566
隆庆	穆宗	朱载垕	1567—1572
万历	神宗	朱翊钧	1573—1620
泰昌	光宗	朱常洛	1621
天启	熹宗	朱由校	1621—1627
崇祯	思宗	朱由检	1628—1644

第一章 『荆州张秀才』

据说荆州府知府李士翱前一晚做一个梦，梦见上帝给他一个玉印，吩咐转给一个孩子。第二天荆州府点名的时候，第一个恰恰是张白圭，一个十二岁的孩子。李士翱把他喊近，仔细一看，正是梦中所见，因此，替他改名居正，还嘱咐许多自爱的话。

宋恭帝德祐二年，临安陷落，皇帝成为俘虏。宋代遗臣，立益王昰为帝，改元景炎，继续斗争；景炎三年帝昰死了，他们再立卫王昺为帝，改元祥兴。整个的斗争，开始向南转移，南宋王朝的根据地剩得海南岛的一角。是年，文天祥的孤军失败，天祥也成为俘虏。祥兴二年，崖山的斗争又失败了，陆秀夫抱帝昺投海。张世杰还想再立皇帝，重新燃起斗争的火焰，但是惊天动地的风浪沉灭了这一个民族英雄。南宋王朝的抗元斗争就这样惨痛地结束了，这一年是元世祖至元十六年。

宋王朝倒下去了，元王朝兴起来了。但被压在底层的广大贫苦人民，地位并没有改善，他们过的仍然是被奴役的生活。在中国境内，仍然是只见到荒淫、暴虐、屠杀和灭亡。部分统治阶级没落了；曾经统治中国三百二十年的宋室，再不能产生一个雄才大略的君主；文天祥、陆秀夫、张世杰的死亡，在士大夫的中间，也喊不出一个百折不回的志士，剩余的只是月泉吟社这一流的诗人，借着“春日田园杂兴”的诗题，流露一点儿改朝换代的叹息。

整个中国便随着上层阶级的没落而没落，四千年的历史，从此便成为统治者脚下的灰尘吗？不会的。和西方传说中的长命鸟一样，中国人民正从毁灭里得到再生。人民的力量是不能摧毁的。统治者的昏庸腐朽，替他们自己挖掘坟墓，但是人民大众不会随着垂死的统治者走向灭亡，他们要用自己的力量挣断身上的枷锁，争取生存的权利。他们正准备力量给骑在头上的统治者以狠狠的打击，而他们中间，也正在产生领导人物，领导全人民作斗争，这便是元顺帝以后中

“宋亡三杰”

张世杰、陆秀夫和文天祥（左起）先后在反抗蒙古入侵的斗争中牺牲，他们并称为“宋亡三杰”。

国的情态。顺帝至正十一年贩布的徐寿辉起兵，十二年卜士的儿子郭子兴起兵，十三年贩盐的张士诚起兵，十五年白莲会的韩林儿称帝。在这一大群人中，最特出的，一个是皇觉寺的和尚朱元璋，一个是沔阳的渔夫陈友谅。朱元璋把握着最后的胜利，成为明朝的太祖高皇帝。

明太祖起兵，定远人李善长到了军门，只是说，“从此有天有日了”。濠人陆仲亨才十七岁，父母兄弟都死了，他怀着最后的一升麦，躲在草中，唯恐被乱兵搜到，把他送上死亡的境地，恰恰被太祖看见了，太祖喊一声“来呀”，仲亨从此投军。这里看到当时的惨状，和一般人对于这一番动乱的期待。以后善长直做到左丞相，仲亨也成为开国功臣，封吉安侯。在有名的功臣里，徐达、汤和是濠人，李文忠是盱眙人，李善长、冯国用、冯胜是定远人，邓愈、胡大海是虹县人，常遇春是怀远人，廖永安是巢县人，他们以外还有许多出身濠州附近的功臣。在明太祖的领导下，淮水流域出了许多英雄。到了明室中衰的时期，也幸亏淮水流域一个无名英雄的后裔，再从人民中间出来，重新领导国家的事业，为明王朝的统治延长了七十二年[1]的存在。这是明代的大学士张居正。

居正出生的时候，明室已经中衰了：太祖、成祖的武功没有了，仁宗、宣宗的文治也没有了，之后便是正统十四年英宗出征，不幸恰被鞑靼人包围，大军数十万遇到歼灭的命运，连皇帝也成了俘虏。在这个困难的阶段，幸亏于谦出来，拥立景帝，支持了当日的天下。以后是英宗复辟，于谦被杀，再下便是宪宗即位，全国的政治，更看不到清明的时代。宪宗的儿子孝宗总算是一个贤君，但是孝宗下面，便是荒唐的武宗：北京古老了，宣府是他的“家里”；皇宫住腻了，他住在“豹房”；皇帝做厌了，他自称“总督军务威武大将军镇国公朱寿”；太子没有，东宫也不要了，他有无数的义子，把积庆坊、鸣玉坊毁去，改建他的义子府。正德五年安化王寘鐇造反，十四年宁王宸濠造反，总算没有成为大乱，但是明室的元气已经衰耗了。武宗殁后，他的从弟世宗即位。世宗是一个有名的干才，但是聪明当中带着痴呆的气息，尽管一面制礼作乐，处处表现太平盛世的现象，可是建斋兴醮，也处处流露荒诞无稽的思想。整个政治的提示是偏执和专制，大臣常有的际遇是廷杖和杀戮，因此到处都是谄谀逢迎的风气。政治的措施只能加速全社会的腐化和动摇。这是张居正出生的时代。

于谦

于谦（1398—1457），字廷益，浙江钱塘人。明代著名军事家、政治家，曾率军民保卫北京城，挽救了明朝江山。

居正的先代一直推到元末的张关保，凤阳定远人[2]。关保是太祖初起时的一个兵士，以后渡江，破采石矶，从大将军徐达平定江南，立功浙江、福建、广东，最后授归州长宁所世袭千户，入了湖广的军籍。军籍是明代的一种制度，天下初定，各府设所，诸府要害之地设卫，大致五千六百人为卫，一千一百二十人为千户所，一百一十二人为百户所，兵士和官长都有世籍，所谓军籍。居正的祖先，是太祖的功臣，以后又世隶军籍，这便造成了他一生以身许国的夙愿。

关保在史册上没有留下怎样的功绩，死后葬在宜都。居正答宜都知县许印峰说“远祖孤茔，辱垂青扫拂”[3]，大致即指此。关保的子孙，在居正《先考观澜公行略》里，仅仅传下两个名字，但是到了关保的曾孙，便有事迹可考。他名诚，字怀葛，是居正的曾祖。

张诚只是次子，世袭千户的尊荣，当然与他无关，因此从归州迁到江陵，入江陵籍。张诚到了江陵以后，不得不靠自己谋生，有余的时候，他便施舍穷人，斋供和尚，因此自己永远处在困顿的中间。张诚有点口吃，江陵人给他起一个外号“张謇子”[4]。謇子尽管謇子，但是他的话特别多，江陵人常常引“张謇子”

的话教训子弟。居正自己也引过这样几句：

昔念先曾祖，平生急难振乏，尝愿以其身为蓐荐，而使人寝处其上。使其有知，绝不忍困吾乡中父老，以自炫其闾里[5]。

二十年前曾有一宏愿，愿以其身为蓐荐，使人寝处其上，溲溺之，垢秽之，吾无间焉。此亦吴子所知。有欲割取吾耳鼻，我亦欢喜施与，况诋毁而已乎[6]？

答吴尧山书作于万历元年，上溯二十年为嘉靖三十二年，是年居正二十九岁，正是居正为翰林院编修，大学士徐阶深相期许之后，也正在他以相业自期的时代。宰相的抱负直溯到一个"謇子"的教训，似是不易理解而其实是最易理解的事。居正把曾祖的宏愿作为自己的宏愿，这不是蹈袭而是心理的契合。

"謇子"有三个儿子：钺、镇、钍。镇字东湖，是居正的祖父。钺长于治产，家道日渐殷实；钍读书，补县学生；偏偏张镇既不读书又不治产，只是一味地放浪，最后在江陵辽王府充当护卫[7]。从张关保从军到张镇当护卫，总算是一线相传，克绍箕裘。但是中间已隔四代，一切观念都改变了，这里没有慷慨从军的气概，没有英雄事业的声誉，所剩的只是豪爽的气魄和放浪的生活。偏偏"謇子"喜欢他，这不是因为张镇的可喜，而是因为父母对于不成才的子女常有特别爱护的意趣。居正称"謇祖顾独爱之，逾于伯季远甚"[8]，其因在此。张镇的豪爽放浪在居正的生活里留下了一些痕迹。专权、自恣，正是豪爽放浪的人走上政治生活以后的形态。

尽管"謇子"对张镇特别爱护，但是始终感到一点儿失望。第二个儿子既然不如他的哥哥和弟弟，只有希望他生一个好孩子。所以张镇生子文明的时候，"謇子"说："我这一生，帮别人的忙多了，应当出一个好子孙，也许就是这个孩子吧！"文明字治卿，别号观澜，二十岁上，补上府学生，在科举的时代总算是一种发展，但是考过七次乡试，始终没有被录取。一直到居正点了翰林，三年秩满以后，文明才掷下考篮，叹道："我从小读书，到今四十年，自己看看，没有什么不如人，但是一直困顿到现在，这是命呀！"其实这不是命，只是文明的"学问"不够。居正说：

"先君幼警敏，为文下笔立就，不复改窜，口占为诗，往往有奇句，然不能俯首就绳墨，循矩矱，以是见诎于有司[9]。"

读书四十年，毕竟不能使文明认识自己的不就绳墨，这正是他的倔强。居正又说他“性任真坦率，与人处，无贵贱贤不肖，咸平心无竞，不宿仇怨，人亦无怨恨之者。……喜饮酒，善谈谑，里中燕会，得先君即终席欢饮。自荐绅大夫以至齐民，莫不爱敬，有佳酒，必延致之，或载至就饮”。这里写的当然是文明父以子贵以后的形态，但是也看出他那种放浪不羁的意境。他毕竟是张镇的儿子，也正是张居正的父亲。

“謇子”对于文明的期望显然还是一个泡影，但是最后他看见居正的出生。居正的成就是“謇子”存心济世的“报应”吗？未见得，但是他有那种发心济世的宏愿，当然他的子孙会有一天实现他的志愿。居正出生在嘉靖四年五月初三，他的曾祖父张诚、祖父张镇、父张文明都在。文明是年二十二岁，母赵氏，比文明小两岁。

大人物的怀孕和出生照例有许多传说。据说居正的母亲夜中看到房间里突然发亮，一阵火光，一直连到天上，接后一个青衣童子，五六岁的样子，从天上慢慢地下来，在房间里绕床尽转，于是赵氏怀妊了。这个大约是居正大贵以后他的母亲编出来的，以后透过自我催眠的作用，本人竟信以为真了，这正是知识不健全的乡间妇女常有的事。敬修《文忠公行实》还指出赵氏怀孕十有二月才生居正，好像也被认为是贵征，这大致不会假的。在妊十月虽然是人道之常，但是一个强壮的少妇第一次怀妊期常会加长，这是每个医生知道的事实。

张居正故居

张居正1525年生于荆州江陵，故里在今太岳路北之张家台。

敬修还指出两个梦。就在居正出生的前夕，张镇梦到遍地大水，一直流满屋子。张镇惊惶得了不得，问奴辈道：“哪儿来这许多水？”奴辈说：“水是从张少保的地里流出的呀。”同夜张诚也梦到月亮落在水瓮里，照得满瓮发亮，随后一只白龟跟着水光浮上来。

居正字叔大，别号太岳，但是小的时候名为白圭，这是“謇子”因为他的幻梦给他起名的结果，“白圭”是“白龟”的谐音。嘉靖十五年，居正考生员的时候，荆州府知府李士翱看见居正，认为“白圭”两字不妥，替他改名居正。

居正的家庭只是一个寒伧的家庭。嘉靖三十三年居正请假自京回籍，上徐阶书说起“窃念正起自寒士，非阀阅衣冠之族，乏金张左右之容”[10]；万历中与王世贞书也说：“仆先世单寒，非阀阅衣冠之旧”[11]；都显出他对于这个家庭环境的认识。但是他存心要挣脱这个环境的约束，本来明太祖是从下层阶级出身的人物，这便给他一种启示。居正在《西陵何氏族谱序》中说：“至我国家立贤无方，唯才是用，采灵菌于粪壤，拔姬姜于憔悴；王谢子弟，或杂在庸流，而韦布闾巷之士，化为望族。”[12]这篇文章大约做于嘉靖三十七年，其时居正是翰林院编修，正在准备国家的重用。

不过即在居正小时，张家经济状况方面已经改进了，有奴，有乳媪，总是绰有余裕的形态。居正两岁的时候，大家都看出他是一个聪明的孩子。某天他的同堂叔父龙湫[13]正在读《孟子》，居正在旁，龙湫和他开玩笑道：“孩子，不要夸聪明了，要认识‘王曰’二字才算本领。”又过了几天，龙湫读书的时候，乳母和居正又来了。龙湫把居正抱在膝上，要他认“王曰”二字，居正居然认识，因此得到“神童”的称号。居正五岁入学读书，十岁通六经大义，在荆州府很有一些声名。

嘉靖十五年，居正十二岁，在荆州府投考。据说荆州府知府李士翱前一晚做一个梦，梦见上帝给他一个玉印，吩咐转给一个孩子。第二天荆州府点名的时候，第一个恰恰是张白圭，一个十二岁的孩子。李士翱把他喊近，仔细一看，正是梦中所见，因此，替他改名居正，还嘱咐许多自爱的话。荆州府考过以后，湖广学政田顼来了。李士翱见到田顼，告诉他荆州府有这样一个聪明的孩子。田学政把张居正招来面试，试题是“南郡奇童赋”，居正很快地交了卷，学政和荆州府都惊异得了不得。这年居正补府学生[14]。

大致就在次年发生居正和辽嗣王宪㸅之间的一段故事。太祖洪武十一年封第十五子植为卫王，二十六年改封辽王。起初辽王府在广宁，即今辽宁省北镇县。建文年间，辽王渡海南归，改封荆州，这是辽王府在荆州的由来。张镇为辽府护卫，张家和辽府从此发生关系。居正出生的前一年，即嘉靖三年，第六代辽王袭封，这是庄王致格。次年庄王妾生子宪㸅，正和居正同年。致格是一个多病的人，府中大小一切都由王妃毛氏管理。毛妃有主张，有办法，在当时很有声望。嘉靖十六年，庄王死了，宪㸅因为还在丧服中间，当然不能袭封，而且年龄很小，所以大权还在嫡母毛妃手里。毛妃看到宪㸅只是一个放荡不羁的少年，但是居正已经是名震荆州的小秀才了。一天毛妃招居正入府赐食，吩咐宪㸅坐在下面。毛妃对宪㸅说："你这样不上进，终有一天给居正牵着鼻子走呀！"宪㸅充满了惭愤，但是没有发作。他和居正从此相识，但是在友谊的后面深深地滋长了仇恨。

居正十三岁这一年从荆州到武昌应乡试，这次要是试中，便是举人了。诗集留下两首最早的作品，录一首于此：

题　竹[15]

绿遍潇湘外，疏林玉露寒，凤毛丛劲节，只上尽头竿。

这首诗很幼稚，也不像应试的格式。大概这时居正的声名在湖广已经很大，所以主考官给他临时的口试和平常的形式不同。单凭居正的年龄和声名，原有中举的希望。但是因为湖广巡抚顾璘的主张，这次却没有成功。

顾璘，应天府上元县人，是当时有名的才子，和同县陈沂、王韦并称为"金陵三俊"，其后又加入宝应朱应登，称为四大家[16]。他认为十三岁的孩子就中举人，以后会自满，反而把上进的志愿打消，这是对居正的不利，因此主张趁此给他一些挫折，使他更能奋发。他和监试的冯御史说："张居正是一个大才，早些发达，原没有什么不可，不过最好还让他迟几年，等到才具老练了，将来的发展更没有限量。这是御史的事，一切请你斟酌吧。"这次居正的考卷很得湖广按察佥事陈束的欣赏。陈束极力主张录取他，但是监试御史想起顾璘的吩咐，竭力拒绝，居正竟没有被录取。这件事对居正产生一个很深刻的印象。居正对顾璘始终感激，委实这是一件值得感激的事。要是居正就在这年中举，不过早了三年，以后也许在湖广添一个唐寅那样的人物，而其一生的事业便会在诗酒风流中消逝。他自己也曾说：

仆昔年十三，大司寇东桥顾公，时为敝省巡抚，一见即许以国士，呼为小友。每与藩、臬诸君言："此子将相才也。昔张燕公识李邺侯于童稚，吾庶几云云。"又解束带以相赠曰："子他日不束此，聊以表吕虔意耳。"一日留仆共饭，出其少子，今名峻者，指示之曰："此荆州张秀才也。他年当枢要，汝可往见之，必念其为故人子也。"仆自以童幼，岂敢妄意今日，然心感公之知，思以死报，中心藏之，未尝敢忘[17]。

嘉靖十九年，居正十六岁，再应乡试，这次居然中试。十六岁的举人毕竟很年轻了。恰巧这时顾璘正在安陆督工，居正到安陆进见，顾璘很高兴，把自己的犀带赠给他，说道：“古人都说大器晚成，这是为中才说法罢了。当然你不是一个中才，上次我对于冯御史的嘱咐，竟耽误了你三年，这是我的错误了。但是我希望你要有远大的抱负，要做伊尹，做颜渊，不要只做一个年少成名的秀才。”其实顾璘认为居正十六岁中举的事毕竟还太早。

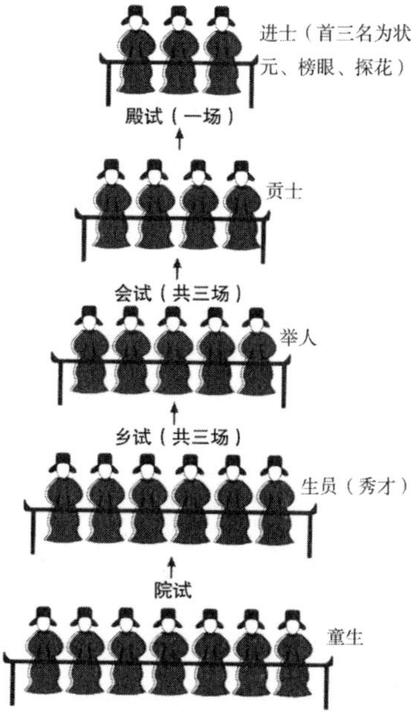

科举考试的进阶

科举考试是平民进入仕途的主要途径，但需要经过层层淘汰，但实际上只有极少一部分能够成为幸运儿。

就在这年，辽嗣王宪㸅三年丧服已满，照例袭封，成为第七代辽王。居正的发达当然会加重母妃的督责，也增添宪㸅的惭愤。他将一切怨恨都发泄到辽府护卫张镇的身上。据说宪㸅把张镇召进辽府，赐他喝酒。张镇看到孙儿中举，辽王又赐酒，正得开怀畅饮。可是一杯又一杯，也委实喝不下了，宪㸅还要他喝。最后，张镇竟是醉死的，因此在居正、宪㸅中间又添了一个大仇，然而表面上一切还是非常地亲近。居正的曾祖“謇子”大概已经死了，没有看到居正的发达。

居正乡试中试的第二年，即嘉靖二十年辛丑，是会试的一年，这次居正曾否入京会试，不可考。依照明代的制度，乡试的次年便是会试，新科的举人都要入京，也许居正因为年龄太小，没有去。到嘉靖二十三年甲辰，居正入京会试，这次却失败了。他曾说到失败的原因：

夫欲求古匠之芳躅，又合当世之轨辙，唯有绝世之才者能之，明兴以来，亦不多见。吾昔童稚登科，冒窃盛名，妄谓屈宋班马，了不异人，区区一第，唾手可得，乃弃其本业，而驰骛古典。比及三年，新功未完，旧业已芜，今追忆当时所为，适足以发笑而自点耳。甲辰下第，然后揣己量力，复寻前辙，昼作夜思，殚精毕力，幸而艺成，然亦仅得一第止耳，犹未能掉鞅文场，夺标艺苑也[18]。

嘉靖二十六年丁未，居正再行入京会试，会试以后，再与殿试。这次成功了，中二甲进士，选庶吉士。《明史·选举志》言："成祖初年，内阁七人非翰林者居其半，翰林纂修亦诸色参用。自天顺二年，李贤奏定纂修专选进士，由是非进士不入翰林，非翰林不入内阁，南北礼部尚书、侍郎，及吏部右侍郎非翰林不任，而庶吉士始进之时，已群目为储相。通计明一代宰辅一百七十余人，由翰林者十九，盖科举视前代为盛，翰林之盛则前代所绝无也。"居正这时已经身居储相之列了。

居正会试时，座主是孙承恩、张治，因为他考《礼记》，所以他的房师是阅《礼记》试卷的陈以勤、吴维岳。进士一甲第一人是李春芳，其后与居正同时为大学士，同科还有殷士儋、王世贞、汪道昆、王宗茂、吴百朋、刘应节、王遴、殷正茂、凌云翼、陆光祖、杨巍、宋仪望、徐栻、杨继盛。这一科有第一流的首相、第一流的文人、立功边疆的大帅、弹劾权倖的忠臣，可算得人甚盛。

注释

[1] 自穆宗隆庆六年张居正为首辅起，至思宗崇祯十七年为止。

[2] 文集十《先考观澜公行略》，其子敬修作《文忠公行实》，则称始祖福，庐州合肥人。

[3] 书牍十。

[4] 方言，吃也，謇子二字出此。

[5] 书牍三《答楚按院陈燕野辞表闾》。

[6] 书牍三《答吴尧山言宏愿济世》

[7] 王世贞《首辅传》。周圣楷的《楚宝·张居正传》《观澜公行略》《文忠公行实》皆讳其事。

[8]《观澜公行略》。

[9] 文集十《先考观澜公行略》。

[10] 书牍十五《谢病别徐存斋相公》。

[11] 书牍十五《答廉宪王凤洲八》。

[12] 文集八。

[13] 张镇一子文明，即观澜公。《行实》称龙湫公，似非文明兄弟。

[14]《明史·张居正传》称十五为诸生，与《首辅传》同，当系嘉靖十五年之误。

[15]《十三岁应试作于楚王孙园亭》。

[16]《明史》卷二八六《文苑传二》。

[17] 书牍十五《与南掌院赵麟阳》。

[18] 书牍十五《示季子懋修》。

第二章 政治生活的开始

在居正入翰林院的时候，多数进士正在讨论怎样做西汉的文章和盛唐的诗句，但是居正的注意力却集中到实用上面，他的目光似已远远地看到二十年以后的将来。

嘉靖二十六年，居正为庶吉士，从此踏上了政治生活的大道。

这时政治的大权一切都在世宗手里。世宗是一个“英明”的君主，十六岁的时候，他只是兴王，武宗死了，遗诏召他嗣位。他自安陆兴王府入京，到了城外，礼部尚书请用皇太子即位礼，世宗立即拒绝，坚持着遗诏只是嗣皇帝，不是嗣皇子。十六岁的青年这样的坚决，确实是一个英主的举动。即位以后，为了追尊父亲兴献王的事情，他和大臣发生许多的争执，但是在大体上，我们毕竟不能不承认世宗称兴献王为皇考、伯父孝宗为皇伯考是一种合理的主张。此外还有许多兴礼作乐的事，也许现代的我们不会感到很大的兴趣，但是如废除孔子文宣王的尊号，只称先师，撤除塑像，只设木主，究竟不失为开明的举动。

然而嘉靖二十六年，世宗已经老了。他只有四十一岁，但是皇帝的年龄和一般人不同。崇高的位置使他失去了上进的诱惑，于是他开始感觉到厌倦，再由厌倦感觉到衰迈了。从嘉靖十八年起，世宗已经不视朝；二十年以后，便一直待在西苑万寿宫，连宫内也不去。一切政务都在因循和颓废中间消磨了。从嘉靖二年起，世宗在宫中开始修醮，至此更是无日不在修醮当中。当时还有前朝、后朝的分别，前朝百官的章奏是给世宗皇帝看的；后朝便是道士的章奏，也是给世宗看的，但是后朝的世宗只是道士的领袖。可是世宗对于整个政治仍然把持着，一步也不放松。他是洞内的虎豹，发怒的时候会从洞内跳出来，打死些獐猫鹿兔，打得厌倦了，便仍回洞内，度那优裕懒散的生活。嘉靖二十六年以后，世宗杀夏言，杀曾铣，杀丁汝夔、杨选、杨守谦、王忬，乃至杀杨继盛，杀严

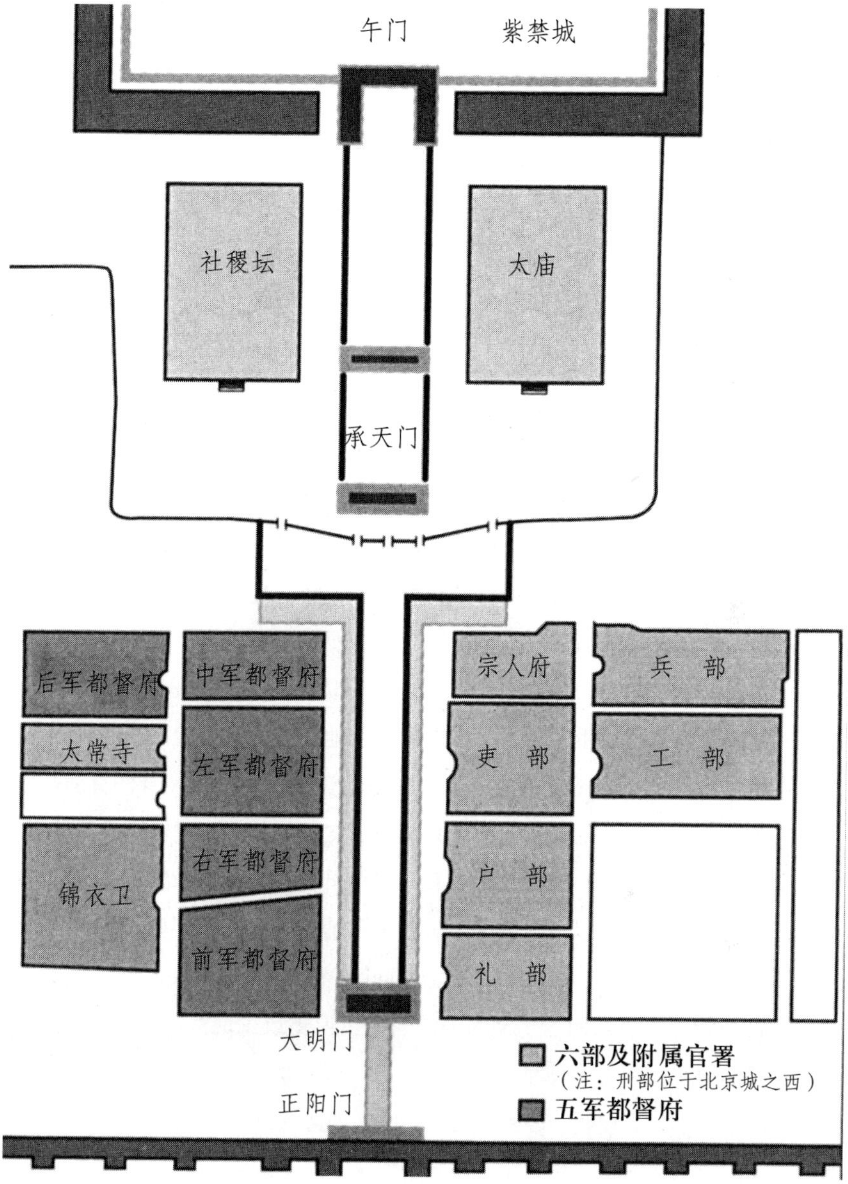

北京主要机构图

明朝的五部（除刑部外）和五军都督府都集中于正阳门与承天门之间的区域。

世蕃，都是统一的心理作用。然而世宗毕竟厌倦而衰迈了，整个政权慢慢地从他手里落下，严嵩、严世蕃父子就乘此盗弄君权，显赫一时。可是大柄仍然在世宗手里，当他从斋醮中清醒过来的时候，严嵩不免奉命回籍，严世蕃竟至身首异处。假如这是当时政治的轨道，那么居正入仕的那一年，明代的政治正在这样的轨道上面。

明代自成祖以来，政治的枢纽全在内阁。这是和现代资本主义国家的内阁近似、然而完全不同的组织。现代西方的内阁是议会政治的产物；它的权力相当地庞大，有时甚至成为国家的统治者，除了偶然受到议会制裁以外，不受任何限制，整个内阁，人员常在六七人以上，有时多至二三十人；全体阁员不是出于一个政党，便出于几个政见不甚悬殊的政党；内阁总理，纵使不一定能够操纵全部的政治，但是他在内阁的领导权，任何阁员都不能加以否认。明代的内阁便完全两样了。整个内阁只是皇帝的秘书厅，内阁大学士只是皇帝的秘书：内阁的权力有时竟是非常渺小，即使在相当庞大的时候，仍旧受到君权的限制；任何权重的大学士，在皇帝下诏斥逐以后，当日即须出京，不得逗留片刻；内阁的人员有时多至八人，但是通常只有四五人，有时仅有一人；因为阁员的来源，出于皇帝的任命，而不出于任何的政党，所以阁中的意见时常有分歧，偶有志同道合的同僚意见一致，这只是和衷共济，而不是政见的协调；在四五人的内阁中间，正在逐渐演成一种领袖制度，这便是所谓首辅，现代的术语，称为秘书主任，皇帝的一切诏谕，都由首辅一人拟稿，称为票拟；在首辅执笔的时候，其余的人只能束手旁观，没有斟酌的余地，即使有代为执笔的时候，也难免再经过首辅的删定；首辅的产生常常是论资格，所以往往身任首辅数年，忽然来了一个资格较深的大学士，便只能退任次辅；首辅、次辅职权的分限没有明文规定，只有习惯，因此首辅和其余的阁员时常会有不断的斗争；政治的波涛，永远发生在内阁以内，次辅因为觊觎首辅的大权，便要攻击首辅，首辅因为感受到次辅的威胁，也要驱逐次辅；同时因为维持内阁的尊严，所以他们的斗争常是暗斗而不是明争；又因为内阁阁员或多或少地都得到皇帝的信任，所以斗争的第一步便是破坏皇帝对他的信任，以致加以贬斥或降调，而此种斗争的后面常常潜伏着诬蔑、谗毁，甚至杀机。这样的政争，永远是充满血腥的，而居正参加政治的时代，血腥正在内阁中荡漾。

嘉靖二十六年，内阁大学士只有夏言、严嵩二人。在嘉靖二十三年以后，严嵩曾经当过一年有余的首辅，但是因为嘉靖二十四年九月起用夏言这是曾经当过三年首辅的资格较深的人物，所以退为次辅。夏言贵溪人，严嵩分宜人，他们虽然同是来自江西，却是属于两个范畴的人物。夏言是一味的高亢，严嵩便一味的柔佞。夏言有时甚至和世宗反抗。世宗在醮天的时候，自己戴着香叶冠，一时高兴，制了几顶香叶冠，分赐大臣。第二天严嵩把轻纱笼着香叶冠，颤巍巍地戴进西苑来。夏言竟没有戴，世宗问起来，他只说大臣朝天子用不着道士的衣冠。在他们同在内阁的时候，有一次严嵩跪在皇帝面前，泪水像雨一样的落下，说夏言欺负他，世宗想起夙恨，把夏言斥逐了，这是夏言第一次落职。以后便是严嵩的专权，贪污放恣成为政治的风气，所以世宗才想起重用夏言。夏言再入内阁以后，他们两人仍把以前的作风再行表演。世宗派小内监到他们家里去的时候，夏言只是坐着，把他们当奴才看待；严嵩却拉小内监并坐，数长数短地问着，等到小内监告辞的时候，更是满把的金钱塞到他们袖管里。世宗醮天，要有一道上给玉皇大帝的表章——因为写在青纸上，当时称为青词——便吩咐夏言、严嵩拟上来，夏言只是潦草塞责，严嵩便聚精会神，把他的文学天才完全灌注到青词上面。这是第二次夏言、严嵩在阁内的斗争，但是这次夏言的失败却失败在内阁之外。

夏言

夏言（1482—1548），字公谨，贵溪（今江西贵溪）人。嘉靖年间曾任内阁首辅，后受严嵩迫害，客死他乡。

自从明代开国起，直到神宗中世，国家的边患只有北方的一面。元代的后裔都在北边，在他们分散的时候，对于国家本来不成为多大的问题；但是一旦团结起来，常会给予国家一种严重的威胁。最初鞑靼骑士未入河套，所以国家西边还比较安静。英宗天顺六年，鞑靼开始侵入河套，以后逐渐视其为他们的给养地，不时再从河套出击，国家西边遂日渐不安。孝宗弘治十年，设总制陕西三边军务，所谓三边，便是指陕西省甘肃、延绥、宁夏三边，一切的布置都是对付河套的鞑靼，以后称为“套寇”。第一任三边总制王越曾经主张以十五万大军穷搜河套，事未得行。武宗正德三年三边总制杨一清主张夺回河套，上言：“兹欲复守东胜，因河为固，东接大同，西接宁夏，使河套千里之地归我耕牧，开屯田数百里，用省内运，则陕西犹可息肩也。”但是杨一清的计划也没有贯彻。到嘉靖年间，盘踞河套的吉囊更加猖獗了。河套不清，三边永无宁日。夏言当政以后，嘉靖二十五年夏间用曾铣总督[1]陕西三边军务。

曾铣，江都人，虽然出生在风华绮靡的地方，但是却充满报国的热情。到任不久，十余万套寇冲入边墙，大掠延安、庆阳，曾铣一面以几千兵抵住套寇，一面却另派大军直捣套寇的根据地，才算解了目前之急。但是曾铣认定最切实的办法只有把鞑靼逐出河套。他上疏言：

贼据河套侵扰边鄙将百年，孝宗欲复而不能，武宗欲征而不果，使吉囊据为巢穴，出套则寇宣大三关，以震畿辅，入套则寇延、宁、甘、固，以扰关中，深山大川，势顾在敌而不在我。封疆之臣曾无有以收复为陛下言者。盖军兴重务也，小有挫失，媒孽踵至，鼎镬刀锯，面背森然。臣非不知兵凶战危，而枕戈汗马，切齿痛心有日矣。窃尝计之：秋高马肥，弓矢劲利，彼聚而攻，我散而守，则彼胜；冬深水枯，马无宿藁，春寒阴雨，壤无燥土，彼势渐弱，我乘其弊，则中国胜。臣请以锐卒六万，益以山东枪手二千，每当春夏交，携五十日饷，水陆交进，直捣其巢，材官驺发，雷火炮击，则寇不能支。此一劳永逸之策，万世社稷所赖也。

嘉靖皇帝

朱厚熜(1507—1566)，即明世宗，1521至1566年在位，年号嘉靖，宪宗之孙，兴献王朱祐杬次子。

这是嘉靖二十五年秋间曾铣的计划。他主张一面修筑边墙，一面收复河套，他又说：“夫臣方议筑边，又议复套者，以筑边不过数十年计耳，复套则驱斥凶残，临河作阵，乃国家万年久远之计，唯陛下裁之。”世宗把曾铣的奏疏交兵部议覆。经过相当时期以后，兵部尚书陈经议覆，认为筑边、复套都不容易，比较起来，复套更是困难。他说：“夫欲率数万之众，赍五十日之粮，深入险远艰阻之域，以驱数十年盘踞之兵，谈何容易。”这是审慎，但是审慎之中只看到因循。世宗下诏斥责兵部，同时策励曾铣道：“寇据河套，为中国患久矣，连岁关隘横被荼毒，朕宵旰念之，而边臣无分主忧者。今铣能倡复套之谋，甚见壮猷，本兵乃久之始复。迄无定见，何也？其令铣更与诸边臣悉心图议，务求长算。若边境千里沙漠，与宣大地异，但可就要害修筑，兵部其发银三十万两与铣，听其修边饷兵造器，便宜调度支用，备明年防御计。”这一道诏书正是夏言的手拟。

夏言的岳父苏纲也是江都人，因此常在夏言那里称道曾铣，首辅与边臣同心，要立千载一时之功。嘉靖二十六年五月，正在张居正中进士两个月以后，曾铣再在陕西发动战事，这只是一个小小的接触，一切正在做大举的准备。十一月曾铣连同陕西巡抚、延绥巡抚、宁夏巡抚，以及三边总兵上疏，决定收复河套。世宗还是说“卿等既已详酌，即会同多官，协忠抒谋，以图廓清”。夏言、曾铣都准备立功。

但是暴风雨来了。严嵩痛恨夏言，正在伺待机会，忽然一天世宗手诏辅臣：“今逐套贼，师果有名否？兵食果有余，成功可必否？一铣何足言，如生民荼毒何？”这是犹豫，犹豫的后面便是动摇。机会毕竟来了。严嵩是不会放过机会的，他立刻说河套绝不可复。夏言质问严嵩为什么不早说，要是有异议，就不应当迟到现在。在夏言盛气凌人的习惯里，这是常事。但是世宗的个性比夏言还要强，于是夏言和严嵩的对立突变为世宗和夏言的对立。严嵩再上疏认为曾铣开边启衅，误国大计；夏言表里雷同，淆乱国事。皇帝的暴怒是没有限制的，嘉靖二十七年正月夏言罢职，一面逮捕曾铣入京，政府官吏主张复套者一概罚俸。最后曾铣竟因交结近侍的罪名弃市，夏言则因为苏纲和曾铣同乡的关系被诬为由苏纲居间，受曾铣赃贿，也在十月间弃市。从此河套永远受着鞑靼骑士的蹂躏，却葬送了一个内阁大学士，一个总督陕西三边军务。严嵩复为首辅，再在那半清客、半权臣的局面下维持十五年的政权。

明代的翰林院是政治演进的结果，对于整个政治发生重大的影响。翰林院的新科进士，对于实际的政治不负任何职任，只是在优闲的岁月里给自己以充分的修养。这里大多数人士是在研讨诗文，但是也有一部分人士在那里研讨朝章国故。文学的人才、政治的人才，都在翰林院培养。假使我们对于明代的文学给予一种正确的估价，我们不能不承认翰林院的成绩；同样地，假使我们对于明代的政治仔细考察，为什么在许多昏君庸主下面还能维持二百七十余年的存在，我们对于明代的翰林院也不能不寄予同情。在居正入翰林院的时候，多数进士正在讨论怎样做西汉的文章和盛唐的诗句，但是居正的注意力却集中到实用上面。居正的目光似已远远地看到二十年以后的将来。

在夏言和严嵩的斗争里，一个新科进士是没有地位的，等到居正对于当时的时局有了些微的认识，夏言已经失败了。居正和严嵩的关系怎样，我们没有切实的把握；但是内阁大学士，是翰林院的长官，在翰林院设内阁公座，而且一切公务行移，皆用翰林院印；所以内阁、翰林称为同官，事实上居正和严嵩是不会不发生关系的。文集中的《圣寿无疆颂》《得道长生颂》，以及奏疏中《代谢赐御制答辅臣贺雪吟疏》，这一类的文章固然是代严嵩做的，毫无疑问；就是在严嵩失败以后，分宜县知县替他经营葬事，居正对他说："闻故相严公已葬，公阴德及于枯骨矣；使死而知也，当何如其为报哉？"[2] 可见居正和严嵩是有相当的感情。在不断的政治斗争中，居正在那里揣摩着：他知道在怎样的环境里，应当怎样维护自己。他也知道，在学习的期间，应当怎样地从容缓进。他和蜗牛一样，正在或左或右地伸出触角，寻觅政治上的支援。

在吉囊盘踞河套，随时领导鞑靼骑士向陕西出击的时候，他的兄弟俺答也正在北部和东北部不断地进攻。嘉靖二十七年八月，俺答进犯大同，九月进犯宣府，深入永宁、怀来。这时夏言、曾铣久已罢职，严嵩在世宗面前指出俺答的进攻，完全是夏言、曾铣计划收复河套的结果，再给世宗以一种新的刺激。其后，二人的被杀便在九月间决定了。嘉靖二十八年二月，俺答大举入侵，进略大同，直抵怀来。总兵周尚文率兵万人，和俺答大战；宣大总督翁万达也向敌人进攻，居然杀了五十五个鞑靼骑士，算是数十年未有之大捷！

嘉靖二十六年，居正授庶吉士。名义上，庶吉士只是一种学习的官员，在翰林院中称为馆选，三年期满，称为散馆，凡是二甲进士及第的，例赐编修，所以二十八年居正是翰林院编修了，还是一个清衔，没有实际的政务。这一年，他著有《论时政疏》[3]，首指臃肿痿痹之病五，继陈血气壅阏之病一。他说：

其大者曰宗室骄恣，曰庶官瘝旷，曰吏治因循，曰边备未修，曰财用大亏，其他为圣明之累者，不可以悉举，而五者乃其尤大较著者也。臣闻今之宗室，古之侯王，其所好尚，皆百姓之观瞻，风俗之移易所系。臣伏睹祖训，观国朝之所以待宗室者，亲礼甚隆，而防范亦密。乃今一二宗藩，不思师法祖训，制节谨度，以承天休，而舍侯王之尊，竞求真人之号，招集方术逋逃之人，惑民耳目。斯皆外求亲媚于主上，以张其势，而内实奸贪淫虐，陵轹有司，朘刻小民，以纵其欲。今河南抚臣又见告矣。不早少创之，使屡得志，臣恐四方守臣无复能行其志，而尾大之势成，臣愚以为非细故也，所谓宗室骄恣者此也。臣闻才者材也，养之贵素，使之贵器。养之素则不乏，使之器则得宜。古者一官必有数人堪此任者，是以代匮承乏，不旷天工。今国家于人材，素未尝留意以蓄养之，而使之又不当其器，一言议及，辄见逐去，及至缺乏，又不得已，轮资逐格而叙进之，所进或颇不逮所去。今朝廷济济，虽不可谓无人，然亦岂无抱异才而隐伏者乎，亦岂无罹微玷而永废者乎？臣愚以为诸非贪婪至无行者，尽可随才任使，效一节之用。况又有卓卓可录者，而皆使之槁项黄馘，以终其身，甚可惜也，吏安得不乏！所谓庶官瘝旷者此也。守令者亲民之吏也，守令之贤否，监司廉之，监司之取舍，铨衡参之，国朝之制，不可谓不周悉矣。迩来考课不严，名实不核，守令之于监司，奔走承顺而已，簿书期会为急务，承望风旨为精敏，监司以是课其贤否，上之铨衡，铨衡又不深察，唯监司之为据，至或举劾参差，毁誉不定，贿多者阶崇，巧宦者秩进。语曰："何以礼义为？才多而光荣；何以谨慎为？勇猛而临官。"以此成风，正直之道塞，势利之俗成，民之利病，俗之污隆，孰有留意于此者乎？所谓吏治因循者此也。夷狄之患，虽自古有之，然守备素具，外侮不能侵也。今"虏"骄日久，迩来尤甚，或当宣大，或入内地，小入则小利，大入则大利。边圉之臣皆务一切，幸而不为大害，则欣然而喜，无复有为万世之利，建难胜之策者。顷者陛下赫然发奋，激厉将士，云中之战，遂大克捷，此振作之效也。然语曰："无恃其不来，恃吾有以待之。"乘战胜之气，为豫防之图，在此时矣，而迄于无闻，所谓边备未修者此也。天地生财，自有定数，取之有制，用之有节，则裕；取之无制，用之不节，则乏。今国赋所出，仰给东南，然民力有限，应办无穷，而王朝之费，又数十倍于国初之时，大官之供，岁累巨万，中贵征索，溪壑难盈，司农屡屡告乏。夫以天下奉一人之身，虽至过费，何遂空乏乎？则所以耗之者，非一端故也。语曰："三寸之管而无当，不可满也。"今天下非特三寸而已。所谓财用大匮者此也。五者之弊非一日矣，然臣以为此特臃肿痿痹之病耳，非大患也，如使一身之中，血气升降而流通，则此数者可以一治而愈。夫唯有所壅闭而不通，则虽有针石药物无所用。伏愿陛下览否泰之原，通上下之志，广开献纳之门，亲近辅弼之臣，使群臣百寮皆得一望清光而通其思虑，君臣之际晓然无所关格，然后以此五者分职而责成之，则人人思效其所长，而积弊除矣，何五者之足患乎？

在居正的奏疏中，这是初次，也许在世宗一朝，除了例行章疏以外，居正上疏也只有这一次。这里充分地表现居正的政治才能。他看定当时政治的症结，应当说的已经说了，然而没有得罪世宗，也没有得罪严嵩，这便和杨继盛、海瑞不同。杨继盛攻击仇鸾，攻击严嵩；海瑞攻击世宗。从直言极谏的立场看来，当然没有丝毫的遗憾，但在事实方面，继盛所得的是弃市，海瑞所得的是下狱，这是居正所不愿为的事。蜗牛的触角伸出了,但是觉得空气不利,终于还是收回，居正只是再埋头于朝章国故的探索，对于时政在便不更置一辞。

嘉靖二十八年居正上疏的时候，才二十五岁，我们因此遥想到汉文帝时一个二十余岁的洛阳少年，然而他究竟不如贾谊。贾谊在《治安策》中论众建诸侯以遏乱萌，这是汉代政局的对策，但是在明世宗的时候，要说宗室骄恣，真是太可怜了。武宗的时候，亲藩造反确有两次，但是即以宁王宸濠那样的声势，也是不久即灭，亲藩的威力已经逝去了，其实没有什么尾大不掉之势。在这个时期里，世宗正在崇奉道教，于是徽王厚爝也奉道，世宗封他太清辅元宣化真人；辽王宪㸅也奉道，世宗封他清微忠教真人。这只是讨皇帝欢喜的一种可怜相，还有什么远大的志趣呢？也许居正念念不忘宪㸅，在这个机会里给他放一支冷箭，但是他却忘记关于宗藩的一个大问题。明代宗藩的问题是宗禄。太祖二十六子，除懿文太子外，其余皆封王，王的长子当然也是王，其余便封郡王，如是一代一代地递降，除长子袭封以外，便有镇国将军、辅国将军、奉国将军、镇国中尉、辅国中尉、奉国中尉。王和郡王的女儿是公主、郡主，递降还有县主、郡君、县君、乡君。公主的丈夫是驸马，郡主以至乡君的丈夫是仪宾。这一切人都有岁禄，从王的一万石到乡君及仪宾的二百石，单单一个王府的岁禄已经是非常骇人。而自成祖以后，每经过一个皇帝，当然又要添若干王府。在宗室媵妾没有限制的时候，他们的子女也没有限制。太祖二十六子、十六女，已经是很大的数目，但是晋府庆成王奇湞便有子七十人，虽然没有打破田常七十余男的多子记录，比太祖已经多出三倍。一切王、郡王、将军、中尉，真把整个国家吃穷了。直到嘉靖四十一年，御史林润才指出“天下之事极弊而大可虑者，莫甚于宗藩禄廪。天下岁供京师粮四百万石，而诸府禄米凡八百五十三万石。以山西言，存留百五十二万石，而宗禄二百十二万。以河南言，存留八十四万三千石，而宗禄百九十二万。是二省之粮，借令全输。不足供禄米之半，况吏禄、军饷皆出其中乎？故自郡王以上，犹得厚享，将军以上[4]，多不能自存。饥寒困辱，势所必至，常号呼道路，聚诟有司，守土之臣，每惧生变。夫赋不可增，而宗室日益蕃衍，可不为寒心？宜令大臣科道集议于朝，且谕诸王以势穷弊极，不得不通变之意，令户部会计赋额，以十年为率，通计兵荒蠲免存留及王府增封之数，共陈善后良策，断自宸衷，以垂万世不易之规”。

林润的见地便比居正中肯了。以后神宗万历六年，居正奏定宗藩事例，在这方面才建立了一些规模。

嘉靖二十八年三月庄敬太子死了，居正集中有《庄敬太子挽歌》[5]，但是这一件事留给居正的不是一首五律而是毕生的事业。世宗八子，五子早夭，成立的只有次子载壡、三子载垕、四子载圳。嘉靖十八年立载壡为太子[6]，载垕为裕王，载圳为景王。十年以后，太子死了，谥为庄敬。这时当然是裕王晋封太子了，偏偏世宗认为册立太子是一件不吉利的事，所以无形之中耽搁下来。当时得宠的道士陶仲文又提出二龙不能见面之说，皇帝是龙，太子当然是小龙，所以世宗索性不立太子，裕王、景王也看不到他们的父亲，从此裕王们便真真莫睹龙颜了。在太子的地位没有确定以前，裕王、景王成为急切的竞争者，幸亏他们都只是平庸到无可奈何的人物，所以宫廷以内不曾演出流血的惨剧。这一件事直到嘉靖四十年景王归藩，四十四年景王死去，才算告一段落。但是从嘉靖二十八年到四十年的这段时间中，裕王实在是非常得不安。景王夺嫡的计划在宫闱中已经是公开的事实。首辅严嵩对裕王也是相当得冷淡。裕王应得的岁赐，一直拖欠了三年，自己当然不敢和父亲世宗提起，只得由左右先送银一千两给严嵩的儿子严世蕃，才能补发。可是严嵩对裕王还不是很放心。一天世蕃对裕王讲官高拱和陈以勤两人说："听说裕王殿下对家大人有些不愿意，是怎样一回事呀？"

这是一个霹雳。在世宗、裕王父子不得见面，严嵩在世宗面前说一听一的时候，要是严嵩感到裕王的威胁，一切的演变都不是意外。高拱正在设法移转世蕃的注意力，以勤只是沉静地说："国本久已决定了。裕王殿下的讳字从后从土，明明是土地之主，这是皇上命名的意思。亲王讲官，旧例只有检讨[7]，但是裕王讲官，兼用编修，和其余诸府不同，这是宰相的意思。殿下常说唯有首辅才算得社稷之臣，请问不愿意的话从何而来呀？"

这一席话保全了裕王的地位。其后高拱、以勤入阁，都是因为裕邸讲官的关系。嘉靖四十三年居正为裕邸日讲官，其后隆庆元年，居正入阁，也是因为这个关系。

嘉靖二十九年正月大学士严嵩七十岁了，这正是他炙手可热的时候，居正著有《寿严少师三十韵》[8]。从"握斗调元化，持衡佐上玄，声名悬日月，剑履逼星缠，补衮功无匹，垂衣任独专，风云神自合，鱼水契无前"几句，可以看出世宗对于严嵩信任之专。同篇"履盛心逾小，承恩貌益虔，神功归寂若，晚节更怡然”，也指明严嵩那一番谨慎小心的态度。直到这时，居正对严嵩还保持着相当的好感。

这一年春间，居正曾经请假回江陵一次。《宜都县重修儒学记》[9]“庚戌之春，余用侍从，请告归故郡。”可证。明弘治期间规定两京给假官员除往回水陆程外，许在家两个月。那时北京到江陵交通困难，所以往回水陆程期再加在家两个月，居正回京的时候已在秋间，因此有名的庚戌之变他大致恰巧看到。

嘉靖二十九年六月间，俺答寇大同，八月入蓟州，攻古北口，同时从黄榆沟溃墙入境。巡按顺天御史王忬出驻通州，调兵死守，一面向北京告急。本来从成祖初年，弃福余、泰宁、朵颜三卫以后，北京已经站在国防第一线了。蓟州失陷以后，敌人再从古北口取道通州进攻，对于北京完成围攻的形势。北京原是明代第一个要塞，一切都是取的战时体制。成祖设京卫七十二万，计军四十万，加以畿内八府军二十八万，中部大宁、山东、河南班军十六万，一共八十余万军队，当然不会感受任何的威胁。但是成祖的规模已经不在了，京军由三大营改为十二团营，再改为东西官厅，额军由三十八万再减为十四万，世宗初年京营额军只剩得十万七千万余人，武备是一天一天地废弛了。等到俺答逼到近郊的时候，兵部尚书丁汝夔清查营伍，只有五六万人。丁汝夔下令出城驻扎，但是这一群残兵一个个只是愁眉苦脸，长吁短叹。战争没有把握了，世宗才下诏勤王。第一个奉诏的是大将军咸宁侯仇鸾，从大同带了两万大军入援，以后各地勤王军一共来了五六万，总算有了一点儿声势。但是给养方面没有什么办法，饿死兵士正是日常习见的事。俺答到了北京城下，仇鸾不敢开战，派人和他接洽，只要不攻城，什么条件都可以承认。俺答当然有他的要求，但是和清朝中世英国侵略者东来的故事一样，称为要求“入贡”。世宗召大学士严嵩、李本和礼部尚书徐阶到西苑便殿，手持俺答求贡书，问他们有什么办法。

“这是一群饿贼，皇上用不着操心。”严嵩说。

徐阶郑重地说：“军队一直驻到北京城外，杀人和切草一样，不仅是饿贼了。”

世宗皇帝只是点首，一面问严嵩看到“求贡书”没有。严嵩也有一份，从衣袖里拿出说：“求贡是礼部的事。”

“事是礼部的事，但是一切还请皇上做主。”徐阶说。

“本来是和你们商议的。”世宗说。

“敌人已经到了近郊，要开战，要守城，什么都没有准备，目前只有议和，但是唯恐将来要求无厌，这是困难。”徐阶的话逐渐地具体了。

“只要于国家有利，皮币珠玉都给得。”世宗慨然地说。

“只是皮币珠玉，事情便好办了，”徐阶说，“万一还不满意，怎样处分？”

世宗竦然地说：“卿可谓远虑。”

计划是决定了。徐阶主张，指出俺答的“求贡书”是用汉文写的，日后不能做讨论的根据，而且也没有临城求贡之理，只要他退出长城，改用鞑靼文写，再由大同守将转达，一切可以商量。当然，这是一个缓兵之计。日子拖长了，四方勤王的军队开到北京，朝廷便有决战的实力。日子拖长了，鞑靼的骑士掳掠已多，俺答也失去了决战的热情。终于有一天，俺答整顿辎重，作退却的准备，这时世宗正在接二连三地催促兵部作战。丁汝夔问严嵩，严嵩说北京和边疆不同，在边疆打了败仗，不妨报功，在北京近郊打败了，皇上没有不知道的，那时怎样办？严嵩决定等待俺答掳掠饱了，自己退出，可是世宗也决定趁此大变杀戮大臣，“振作纲纪”！俺答一退，丁汝夔立即下狱。汝夔向严嵩求救，严嵩肯定地说：“我在，你绝对不会死。”然而世宗的决心没有挽回的余地，严嵩也没有援救汝夔的意志。直到弃市的时候，汝夔才知道被严嵩出卖了。兵部尚书受讯，兵部的参谋长官——职方司郎中王尚学例当连坐，汝夔只说“罪在尚书一人，与郎中无预”，因此尚学免死远戍。汝夔还不知道，临刑的时候很关切地问左右道：“王郎中已经免死了吗？”王尚学的儿子王化在旁跪下道：“承尚书大恩，家大人免死了。”汝夔叹了一声道：“你的父亲屡次劝我速战，但是我为内阁所误，以至于此。现在你的父亲免死，我可以安心了。”丁汝夔被冤枉是当时大众俱知的事，后来到了隆庆初年，才得追复原官。

徐阶

徐阶（1503—1583），字子升，号少湖，又号存斋，松江府华亭县人（今上海市松江区），张居正的恩师。

经过这一次大变，居正认清了兵备是怎样的废弛，边备是怎样的重要，以及应付俺答的对策是怎样的急迫。他认清了严嵩误国卖友，对严嵩确是断念了。蜗牛的一个触角及时收回，但是另一个触角就趁此时伸出。他已经发现一个友人，这是他任庶吉士时的翰林院掌院学士，现任礼部尚书徐阶。在翰林院的名分上，徐阶是居正的老师，但是在政治立场上，他是居正的政友。他们之间的友谊一直维持到万历十年居正身殁为止。

徐阶，松江华亭人，短小白皙，一个典型的江南人。在政治上，他正是严嵩的敌手。严嵩柔佞，夏言刚愎，柔能克刚，所以夏言失败了。但是一味的柔佞，柔到和水一样，便唤不起信任。大难临头的时候，柔佞的人只是推卸责任，这样最容易引起轻视。徐阶不是这样，他不是钢铁，也不是水，他是一方橡皮。橡皮是柔的，遇到坚强的压力，能屈服，能退让，但是在压力减轻的时候，立即恢复原状。对于外来的力量，他抵抗，但是永远不采取决裂的态度，即在退让的时候，他也永远不曾忘去撑持。这是政治上的一种风度，以后张居正、张四维都曾经采取过。申时行维持九年的政权，也是保持这个风度。

这个时代，恰是阳明之学盛行的时代，徐阶不是王守仁的学生，但是他的朋友很多都是阳明一派的人。他曾和聂豹、欧阳德、程文德等在北京灵济宫讲学，听讲的人有时多至五千，是北京讲学的盛会，但是他的良知之学和他的侍从世宗，修治斋醮，好像不曾发生冲突。他讲求经世之学，但是他也精心结撰青词，好像也没有矛盾。他正在准备在政治上和严嵩争斗，然而表面上只有和平。时机还没有来，他正跧伏着。

嘉靖三十年是明代对外关系中可以纪念的一年。嘉靖二十九年俺答入侵，终于在饱掠以后退出长城了，但是对于北京正是一个随时可发的威胁。大将军仇鸾不敢开战，只有设法避免战争，主张采取马市的办法。马市是由俺答岁进若干马，朝廷岁给若干币帛粟豆。在表面上，是通商，在事实上，俺答所得的是生活必需的资源，明朝所得的是不能作战的马匹。嘉靖三十年三月，开马市。第一个反对的是兵部员外郎杨继盛，他奏言十不可、五谬。世宗召集大臣会议，仇鸾大声地说：“杨继盛没有看过战争，把事情看得这样容易！”最后的决定还是认为既经和俺答约定了，无从反悔。继盛也就在这次贬为甘肃狄道典史。继盛是徐阶掌国子监时的门生，但是徐阶看到仇鸾结纳严嵩，正在得宠的时候，一句话没有说。就是居正也在这个时期为严嵩赋三瑞诗：一篇称颂严家瑞竹、瑞芝、瑞莲三物的诗。最后的几句如下：

扶植原因造化功，爱护似有神明持。君不见，秋风江畔众芳萎，唯有此种方葳蕤！

这时是夏言已倒，徐阶未起的时候，世宗的力量正在维持着这一本江西分宜的瑞莲。

马市的事实对于朝廷毕竟是一种侮辱。世宗衰迈了，也许有一些苟且，然而禁不起这个刺激，高傲的血液里激荡着复仇的气息。仇鸾不知道，还在庆贺自己的成功；俺答也不知道，还在和平的气氛中，不断地进攻大同、怀仁。战争的呼声又起了，沉没了世宗苟安的杂念。嘉靖三十一年三月，他一面派仇鸾赴大同巡视边防，一面命礼部尚书徐阶兼东阁大学士参预机务。徐阶看清世宗对仇鸾的信任已经起了变化，首先便把仇鸾贻误大局的策略揭破。五月召仇鸾入京，八月收仇鸾大将军印，九月罢马市，朝廷和鞑靼间恢复作战的体制。世宗对仇鸾的反感，一切都被严嵩看在眼里。严嵩本来也感到徐阶的威胁，正在打算借徐阶、仇鸾平时接近的关系，给他们一个一石二鸟之计，却想不到第一个推翻仇鸾的却是徐阶，被他占了先着。于是他把一腔仇怨深深地埋藏下去，再伺候适宜的机会。徐阶也趁此时机结纳居正。周圣楷在《张居正传》中称“时少师徐阶在政府，见公沉毅渊重，深相期许”，便是这个时候。《明史·张居正传》称“严嵩为首辅，忌阶，善阶者皆避匿，居正自如，嵩亦器居正”。徐阶和居正方在计划推倒严嵩的政权，但是表面上还是平和的。严嵩看到居正在那里做《贺灵雨表》《贺瑞雪表》《贺冬至表》《贺元旦表》那些不痛不痒的文章，有时便吩咐他代拟一道，居正那些“臣等秩首班行，恩深眷遇，涵濡德泽，同万物以生辉，拜物衣冠，仰九天而称贺”[10]，“卧等叨尘密勿，夙荷生成，念岁月之既多，感宠恩之愈厚”[11]，都是在嘉靖三十一、二年代辅臣拟作的。在严嵩的眼中，居正只是一个应酬诗文的作家，这又证实严嵩不如徐阶敏感。

嘉靖三十二年，居正是一个二十九岁的青年，但是他的抱负已经把他压迫得喘不过气来。诗集中有《拟西北有织妇》一首，大致是这年作的：

西北有织妇，容华艳朝光。朝织锦绣段，暮成龙凤章。投杼忽长吁，惄焉中自伤。绵绵忆远道，悠悠恨河梁。远道不可见，泪下何浪浪！春风卷罗幙，明月照流黄。山川一何阻，云树一何长。安得随长风，翩翻来君傍。愿将云锦丝，为君补华裳。

究竟是少年人，在一首通篇比兴的诗后，透出志在宰辅的抱负。幸而严嵩不会看到此诗，可以不必顾忌，他只在那里等待江南来的长风，把他送进内阁。

嘉靖二十九年俺答包围北京的时候，仇鸾不敢开战，是严嵩的同志；马市开了，世宗一意听信仇鸾的话，仇鸾便成为严嵩的威胁，所以杨继盛攻击仇鸾，间接也给予严嵩一种安慰。嘉靖三十一年仇鸾失败，继盛便由狄道典史，一升山东诸城知县，再升南京户部主事，三升刑部员外郎，四升兵部武选司；从嘉靖三十一年到三十二年，一岁四迁，严嵩看清这次继盛一定是感激涕零了，偏偏继盛也看清严嵩只是一个辜恩误国的权奸。到任一个月，他弹劾严嵩十大罪，又说：

嵩有是十罪而又济之以五奸。知左右侍从之能察意旨也，厚贿结纳，凡陛下言动举措，莫不报嵩，是陛下之左右，皆贼嵩之间谍也。以通政司之主出纳也，用赵文华为使，凡有疏至，先送嵩阅，然后入御。王宗茂劾嵩之章，停五日乃上，故嵩得展转遮饰。是陛下之喉舌，乃贼嵩之鹰犬也。畏厂卫之缉访也，令子世蕃，结为婚姻。陛下试诘嵩诸孙之妇，皆谁氏乎？是陛下之爪牙，皆贼嵩之瓜葛也。畏科道之多言也，进士非其私属，不得预中书、行人选；知县非通贿，不得预给事、御史选。既选之后，入则杯酒结欢，出则馈赆相属，所有爱憎，授之论刺，历俸五六年，无所建白，即擢京卿。诸臣忍负国家，不敢忤权臣。是陛下之耳目，皆贼嵩之奴隶也。科道虽入牢笼，而部、寺中或有如徐学诗之辈，亦可惧也，令子世蕃，择其有才望进罗置门下，凡有事欲行者，先令报嵩，预为布置，连络蟠结，深根固蒂。各部堂司，大半皆其羽翼，是陛下之臣工，皆贼嵩之心膂也。陛下奈何爱一贼臣，而忍百万苍生陷于涂炭哉！至如大学士徐阶，蒙陛下特擢，乃亦每事依违，不敢持正，不可不谓之负国也。

继盛上疏之前，斋戒三日，满以为一诚上达，为国除害。但是，他却忘去了世宗的存在。世宗任用严嵩，这是世宗的认识；继盛指摘严嵩的奸贼，便是指摘世宗的认识错误。这一点徐阶看得清，但是徐阶对于继盛的上疏也是无可奈何，只有坐看严嵩的挑剔和刑部尚书何鳌的罗织。继盛经过廷杖一百以后，系刑部狱三年，最后在嘉靖三十四年，附着毫无关系的都御史张经案中弃市，这是后话。

居正是一个深沉的人，从继盛下狱以后，处处感到危机。对于时局，他的愤懑已经达到极点，可是偏偏不许流露。他的抱负是伟大的，可是在这个政局里，只要他做无关痛痒的文章，用不到他的抱负。平生的知己只剩得徐阶，然而徐阶只是那样的小心翼翼，纵使居正有什么主张，他一概不问，永远是静静地待着；而严嵩的政权正在日新月异地，因为受着世宗的栽培而滋长。

这是作诗的时机吧！居正充分地把一腔哀怨交给他的诗囊：

述　怀

岂是东方隐，沉冥金马门？方同长卿倦，卧病思梁园。蹇予柄微尚，适俗多忧烦。侧身谬通籍，抚心愁触藩。臃肿非世器，缅怀南山原。幽涧有遗藻，白云漏芳荪。山中人不归，众卉森以繁。永愿谢尘累，闲居养营魂。百年贵有适，贵贱宁足论。[12]

适　志

有欲苦不足，无欲亦无忧，羲和振六辔，驹隙无停留。我志在虚寂，苟得非所求，虽居一世间，脱若云烟浮。芙蕖濯清水，沧江漂白鸥。鲁连志存齐，绮皓亦安刘，伟哉古人达，千载想徽猷。[13]

蒲生野塘中

蒲生野塘中，其叶何离离，秋风不相惜，靡为泉下泥。四序代炎凉，光景日夜驰，荣瘁不自保，倏忽谁能知。愚暗观目前，达人契真机，履霜知冰凝，见盛恒虑衰。种松勿负垣，植兰勿当逵，临市叹黄犬，但为后世嗤。[14]

在那个时代里，政治界的人物大都是热衷的。无疑地，居正的整个政治生活充满了热衷的气息。然而这时他居然恬淡了。他没有忘去鲁连存齐、绮皓安刘的伟业，但是眼前正留着种松负垣、植兰当逵的炯戒。归去罢，归去罢，江陵的山水正在向他招手。

据敬修的《文忠公行实》，居正元配顾氏，继配王氏。他第一次结婚在哪一年，不可考。从诗集编次看，大致嘉靖三十二年，顾氏已经死去一年了，诗题："余有内人之丧一年矣，偶读韦苏州伤内诗，怆然有感。"这首诗流露了居正夫妇间的爱恋，"蹇薄遘运屯，中路弃所欢，嫣婉一何促，饮此长恨端"四句，指明他们相处的时期并不太长，然而已经永别了。"离魂寄空馆，遗婴未能言"，正写出寄榇北京的情形，遗婴是否就是敬修，也不可知[15]。

顾氏死后，不久居正又结婚了，这是王氏。正和一切再娶的情形一样，人生的缺憾是无法弥补的。居正诗集中《朱鸟吟》的最后两句“仙游诚足娱，故雌安可忘”，是一个证明。

归去罢，归去罢！平生的抱负无法实现，当朝的权奸无法扫除；同年杨继盛已经下狱，自己的前途毫无保障；少年的伴侣已被死亡夺去；感情的创痕又无从弥补。嘉靖三十三年的居正只是一个三十岁的青年，然而他已经认识了人生的痛苦，纵使没有什么大不了的疾病，他已经感觉到衰病缠绵[16]。终于在这一年，他告了病假，仍回江陵。临行的时候，他对徐阶留下一封一千几百字的长信。他说：

相公雅量古心，自在词林即负重望，三十余年；及登揆席，益允物情，内无琐琐姻娅之私，门无交关请谒之衅，此天下士倾心而延伫也。然自爰立以来，今且二稔，中间渊谋默运，固非谫识可窥，然纲纪风俗，宏谟巨典，犹未使天下改观而易听者，相公岂欲委顺以俟时乎？语曰：“日中必熭，操刀必割。”窃见向者张文隐公刚直之气，毅然以天下为己任，然不逾年遽以病殁。近欧阳公人伦冠冕，向用方殷，亦奄然长逝。二公者皆自以神智妙用，和光遵养，然二三年间，相继凋谢。何则？方圜之施异用，愠结之怀难堪也。相公于两贤，意气久要，何图一旦奄丧，谁当与相公共功名者？况今荣进之路，险于榛棘，恶直丑正，实繁有徒。相公内抱不群，外欲浑迹，将以俟时，不亦难乎？盍若披腹心，见情素，伸独断之明计，捐流俗之顾虑，慨然一决其平生。若天启其衷，忠能悟主，即竹帛之名可期也。吾道竟阻，休泰无期，即抗浮云之志，遗世独往，亦一快也。孰与郁郁领而窃叹也？夫宰相者，天子所重也，身不重则言不行。近年以来，主臣之情日隔，朝廷大政，有古匹夫可高论于天子之前者，而今之宰相，不敢出一言。何则？顾忌之情胜也。然其失在豢縻人主之爵禄，不求以道自重，而求言之动人主，必不可几矣。愿相公高视玄览，抗志尘埃之外，其于爵禄也，量而后受，宠至不惊，皎然不利之心，上信乎主，下孚于众，则身重于泰山，言信于蓍龟，进则为龙为光，退则为鸿为冥，岂不绰有余裕哉！[17]

究竟经验是跟着年龄来的。三十岁的翰林编修已经迫不及待，拂衣而去了；五十二岁的内阁大学士却认清楚还得忍耐，还得忍耐。“披腹心，见情素”，固然是一个办法，但是在固执己见、呵护前非的世宗面前指摘严嵩，便是激怒皇上。杨继盛的例子在那里，这个使不得。“抗志浮云，遗世独往”，也很好，可是在和严嵩决裂以后，要想退居林下，安然自得，这是不可能的事——这是事实，不是徐阶的过虑。徐阶去位以后，遇到高拱当国；高拱去位以后，遇到张居正当国，都经过很大的危难。何况严嵩是一个比高拱更有办法，比张居正更无顾忌的人呢？不错，为了国家的安全，为了自己的安全，徐阶一步造次不得，他终于还是踡伏着，一切还是和平。他想到居正信中最后的几句，简直有些讽刺自己固位希宠了，他只是深切地沉吟：青年人不知道自己的苦衷，临去的时候连辞行的礼貌都没有，那么就让他去吧。徐阶依旧是“内抱不群，外欲浑迹”。

注释

[1] 嘉靖十九年，改总制为总督。

[2] 书牍一《与分宜尹》。

[3] 奏疏十二。

[4] 上字应作下，《明史·食货志》引作上。

[5] 诗三。

[6]《明史·庄敬太子传》误作嘉靖八年。

[7]《明会典》。

[8] 诗六。

[9] 文集九。

[10] 奏疏十三《贺元旦表》二。

[11] 奏疏十三《贺元旦表》五。

[12][13][14] 诗一。

[15] 王世贞《首辅传》卷七言居正以妻丧请急归，与居正言不合。

[16] 诗集《送黎忠池》二首之二“余有归与兴，抱病淹朝秩”可证。

[17] 书牍十五《谢病别徐存斋相公》。

张居正大传

第三章 休假三年

居正只是一个在野的人，但是对于政治，他的主张已经很清楚地留下一个轮廓：要解除民众的痛苦，便得减轻负担。嘉靖三十年来最大的负担：首先是对外的国防经费，其次是皇宫的建筑。居正看清楚了，慢慢地在等候他的机会。

嘉靖三十三年，居正请告归江陵，暂时脱离了政治生活。在这一年，俺答还是不断地向大同进攻。东南方面，倭寇的侵扰更加积极。由太仓溃围的残贼夺海船再入江北，大掠通州、海门、如皋这一带，前锋直到山东境上。江南一带，海盐、嘉兴、嘉善、松江、嘉定，到处都是倭寇，总督浙福南畿军务张经和巡抚浙江副都御史李天宠正在积极地堵御。到了冬天，严嵩的义子赵文华上奏，倭寇猖獗，请祷祀东海，镇压暴寇。异想天开的对策，在专事斋醮的世宗看来正是合理的策略。赵文华奉命南行，沿路骚扰，一面上疏弹劾张经不肯办贼。张经正在调兵杀敌，等到嘉靖三十四年五月在王江泾大破倭寇，斩贼一千九百的时候，赵文华上疏的结果也被揭开了。张经被逮入京，不久李天宠也被逮，十月间，二人弃市，附带着杨继盛也趁此被杀。弹劾严嵩的和不善伺候文华的，得到同样的结果——这就是当时的政治。东南方面和西北方面的敌人同时进攻，这是当时的情势。这一个有抱负、有主张、有办法的三十岁的青年已经退出政治生活，在诗酒往还中消磨他的岁月。

居正在《先考观澜公行略》中自称“甲寅，不肖以病谢归，前后山居者六年，有终焉之志”。六年指从嘉靖三十三年到三十八年为止，只是一个大概的计数。其实三十六年时，居正已经销假，《种莲子戊午稿序》[1] 称“往甲寅，不佞以病谢归”，又称“丁巳，不佞再忝朝列”，可证。实际上嘉靖三十三年至三十六年，居正整整度了三年的悠闲生活。嘉靖三十七年便道归家，大致嘉靖三十八年仍回北京，连同以前的时期，称为前后山居者六年。

敬修在《文忠公行实》中对于前期三年的生活有以下的记载：

三十三年甲寅，递上疏请告。既得归，则卜筑小湖山中，课家僮，锸土编茅，筑一室，仅三五椽，种竹半亩，养一癯鹤，终日闭关不启，人无所得望见，唯令童子数人，事洒扫，煮茶洗药。有时读书，或栖神胎息，内视返观。久之，既神气日益壮，遂博极载籍，贯穿百氏，究心当世之务。盖徒以为儒者当如是，其心固谓与泉石益宜，翛然无当世意矣。

杨继盛

杨继盛（1516—1555），著名谏臣。河北容城人，被严嵩迫害惨死。

周圣楷在《张居正传》中亦称“终日闭关不起，人无所得望见，久之，益博极载籍，通当世之务”，当然是根据敬修之言。《明史》本传对于此节完全略去。其实居正的生活并不这样恬淡。诗集、文集里面留下了许多断片，我们可以看出他怎样消遣岁月。

在这个阶段里，他有过许多游宴，最后在嘉靖三十五年游衡山，生活中有过不少波澜，但是最使他关心的还是整个的政局。《登怀庾楼》[2] 有这样几句：

但恐濛汜夕，余光不可留。风尘暗沧海，浮云满中州。目极心如惄，顾望但怀愁。且共恣啸歌，身世徒悠悠。

这是热衷，居正对于整个的政局搁不下。自己没有机会把握政权，但是眼看政权落在人家手里，国家踏上不幸的道路，真是万分的不甘。《修竹篇》[3] 又说：

永愿老烟霞，宁知劳岁移，但畏伶伦子，截此凌霄枝，裁凿岂不贵，所患乖天姿。亭皋霜露下，凄其卉草衰，愿以岁寒操，共君摇落时。

这好像是恬淡了，然而还是热衷。历史上的政治家常常在热衷的情绪上蒙上一层难进易退的色彩，其实真正有抱负的人用不着这样地做作。长沮、桀溺耕田的时候看到子路，桀溺只顾讽刺孔子，孔子怅然地说："鸟兽不可与同群，吾非斯人之徒与而谁与？天下有道，丘不与易也。"他说既然是人，便得为人类谋幸福，孔子决然不肯和长沮、桀溺那样做个辟[4]世之士。这是孔子的热衷。热衷不是一件不可告人的事，用不着讳饰。居正也是不容讳饰的热衷，他曾说起："当嘉靖中年，商贾在位，货财上流，百姓嗷嗷，莫必其命，比时景象，曾有异于汉、唐之末世乎？幸赖祖宗德泽深厚，民心爱戴已久，仅免危亡耳！"[5]这是怎样的景象！在这个时期，自负清流的君子们也许只是优游林下了，偏有不辞赴汤蹈火的人，纵在林下，还是不断地怅念，他的热衷还不值得后人同情吗？

居正又有《闻警》[6]一首：

初闻铁骑近神州，杀气遥传蓟北秋。间道绝须严斥堠，清时那忍见毡裘。临戎虚负三关险，推毂谁当万户侯？抱火寝薪非一日，病夫空切杞人忧。

嘉靖三十四年九月，俺答犯大同、宣府，十二日后，进犯怀来，北京戒严，这首诗大致指此。国家已经乱到这个地步了：皇帝在那里斋戒祷告，祈求长生；商贾式的严嵩在那里继续"货财上流"；清醒的徐阶只是束手无策，把整个的心力精治青词，逢迎帝心。居正在朝也没有办法，何况在野！他的心绪只向诗集里倾泻，最沉痛的一篇是《七贤咏叙》[7]：

竹林七贤图

明朝著名画家仇英的经典作品，反映的是东晋竹林七贤的雅致生活。

余读《晋史·七贤传》，慨然想见其为人，常叹以为微妙之士，贵乎自我，履素之轨，无取同涂，故有谤读言盈于一世，而独行者不以为悔；沉机晦于千载，而孤尚者不以为闷。斯皆心有所惬，游方之外者也。夫幽兰之生空谷，非历遐绝景者，莫得而采之，而幽兰不以无采而减其臭；和璞之蕴玄岩，非独鉴冥搜者，谁得而宝之，而和璞不以无识而掩其光。盖贤者之所为，众人固不测也。况识有修短，迹有明晦，何可尽喻哉？今之论七贤者，徒观其沉酣恣放，哺啜糟醨，便谓有累名教，贻祸晋室，此所谓以小人之腹，度君子之心，独持绳墨之末议，不知良工之独苦者也。尝试论之。《易·翼》有言："天下同归而殊涂，一致而百虑。"故语默不同，其撰一也；弛张异用，其旨归也。巢、由抗行，稷、契宣谟，并容于尧代；箕子佯狂，比干死诤，俱奖于宣尼，岂有异议哉！余观七子皆履冲素之怀，体醇和之质，假令才际清明，遇适其位，上可以亮工宏化，赞兴王之业，下可以流藻垂芬，树不朽之声，岂欲沉沦滓秽，无所短长者哉！

等待罢，到了"遇适其位"的时候，居正决定要做出一番大事业，为国家致太平，为个人求不朽，一切都待着适当的时机。

但是嘉靖三十三年，居正已经请告回籍了，国家大事只有交付给"货财上流"的政府，他自己正准备做一个"沉沦滓秽"的人物。在朝廷大政没有清明的时候，要在外省找一片净土，事实上不可能。地方行政永远是中央行政的反映，居正没有不知道的。在他回到荆州府以后，他只觉得在明代最初一百年间，荆州的情况还好，但是"其继也，醇俗渐漓，网亦少密矣，变而为宗藩繁盛，骪权挠正，法贷于隐蔽。再变而田赋不均，贫民失业，民苦于兼并。又变而侨户杂居，狡伪权诈，俗坏于偷靡。故其时治之为难。非夫沉毅明断，一切以摘奸剔弊，故无由胜其任而愉快矣"。[8]

事情是显然的。宗藩乱政，当然给宗藩以限制；大地主兼并土地，贫民失业，当然给大地主以制裁；机巧变诈的人多，当然只有痛快地施行法治。一切都在居正的眼里，但他只是一个在野的人，尽管有加以制裁的决心，但是没有加以制裁的权势。他只有种田了，一篇《学农园记》描写了他的生活：

余少苦笃贫，家靡儋石，弱冠登仕，裁有田数十亩。嘉靖甲寅，以病谢，自念身被沉疴，不能簪笔执简，奉承明之阙，若复驰逐城府，与宾客过从，是重增其戾。乃一切谢屏亲故，即田中辟地数亩，植竹种树，诛茆结庐，以偃息其中。时复周行阡陌间，前田夫、佣叟，测土地燥湿，较穜稑先后，占云望祲，以知岁时之丰凶。每观其被风露，炙熇日，终岁仆仆，仅免于饥；岁小不登，即妇子不相眄；而官吏催科，急于救燎，寡嫠夜泣，逋窾宵行；未尝不恻然以悲，惕然以恐也。或幸年谷顺成，黄云被垄，岁时伏腊，野老欢呼，相与为一日之泽，则又欣然以喜，嚣然以娱。虽无冀缺躬馌之勤，沮、溺耦耕之苦，而咏歌欣戚，罔不在是。既复自惟，用拙才劣，乏宏济之量，惟力田疾耕，时得甘脆以养父母，庶获无咎。[9]

田赋以外，还有商税。洪武十八年令："各处税课司局商税，俱三十分税一，不得多收。"[10] 这是一个原则，但原则是原则，执行是执行，商税的额外苛求无形转嫁，更加重了一般人民的负担。这也被居正看在眼中。他说：

异日者，富民豪侈，莫肯事农，农夫藜藿不饱，而大贾持其盈余，役使贫民。执政者患之，于是计其贮积，稍取奇羡，以佐公家之急，然多者不过数万，少者仅万余，亦不必取盈焉，要在摧抑浮淫，驱之南亩。自顷以来，外筑亭障，缮边塞，以捍骄虏，内有宫室营建之费，国家岁用，率数百万，天子旰食，公卿心计，常虑不能殚给焉。于是征发繁科，急于救燎，而榷使亦颇骛益赋，以希意旨，赋或溢于数矣。故余以为欲物力不屈，则莫若省征发，以厚农而资商；欲民用不困，则莫若轻关市，以厚商而利农。

周子曰，即如是，国用不足，奈何？

张子曰，余尝读《盐铁论》，观汉元封、始元之间，海内困弊甚矣，当时在位者，皆扼腕言榷利，而文学诸生，乃风以力本节俭。其言似迂，然昭帝行之，卒获其效。故古之理财者，汰浮溢而不骛厚入，节漏费而不开利源；不幸而至于匮乏，犹当计度久远，以植国本、厚元元也。贾生有言："生之者甚少，靡之者甚多，天下财力，安得不困？"今不务除其本，而竞效贾竖以益之，不亦难乎？[11]

居正只是一个在野的人，但是对于政治，他的主张已经很清楚地留下一个轮廓：要解除民众的痛苦，便得减轻负担。嘉靖三十年来最大的负担：首先是对外的国防经费，其次是皇宫的建筑。居正看清楚了，慢慢地在等候他的机会。

在他休假的三年当中，辽王宪㸅是一个往还甚密的同伴。真不幸，这两个同年同岁的人，眼看他们的命运永远纠结在一处。毛妃死了，宪㸅自由了，在辽王的崇衔以外，他是清微忠教真人。这是一重保障，崇奉道教的世宗，他是一个彻底的同道。修道只是一个名义，宪㸅最喜欢的还是女人，是游戏。亲王是不许擅自外出的，但是宪㸅有时会到数百里以外追求他的爱好，谁也管不着。你管得着皇帝的同道辽王殿下吗？居正回家，宪㸅又添了一种欢愉，他虽然不是什么游朋浪友，但是既是翰林院编修，诗是一定会作的了。宪㸅也喜欢作诗，嬲着居正作诗。唱和、催句，凡是酸秀才爱做的事，他都做到了。在喝酒、追女人这一类的生活以外，又添一种新的娱乐，这可够宪㸅高兴的了。居正想到当日祖父被宪㸅灌酒的创痕，料不到自己又身受这催诗的虐政。一切且忍耐着，他只得抽取空闲的时间，追陪这一个自命曹子建、李太白的辽王殿下。辽王自然有辽王的诗才。居正曾说：

盖天禀超轶，有兼人之资，得司契之匠。其所著述，虽不效文士踵蹑陈迹，自不外于矩矱。每酒酣赋诗，辄令坐客拈韵限句，依次比律，纵发忽吐，靡不奇出。或险韵奇声，人皆燥吻敛袂，莫能出一语；王援毫落纸，累数百言，而稳贴新丽，越在意表，倾囊泻珠，累累不匮。[12]

这是一种讽刺。所谓“越在意表”“靡不奇出”，当然是一种不上家数的态度。但是居正还得和他唱和。一杯苦酒，只得慢慢地咽下。诗集有《同贞庵殿下李罗村饮述斋园亭》[13]《味秘草堂卷为贞庵王孙赋》[14]《和贞一王孙八岭山韵》[15]《赠贞庵王孙二首》[16]，贞庵即贞一，又诗中屡言“瑶章惊锡蓬莱阙，羽节高悬太乙宫”[17]，“江上初闻小有洞，年来不住大罗天”[18]，显然是指宪㸅。李罗村名宪卿，湖广巡抚，嘉靖三十六年，擢左副都御史，总督湖广川贵，采办大木，开府江陵。

居正文集里有两篇关于辽府的文章：一篇是《辽府承奉正王公墓志铭》，[19]一篇是《王承奉传》。[20]《墓志铭》是他在休假中做的，对于宪㸅称为“英敏聪达，才智绝人”。作《王承奉传》时，居正已经还朝了，直言“王聪敏辩给，而嗜利刻害，及长，多不法，常出数百里外游戏，有司莫敢止”。斗争已经开始了，当然用不到讳饰，这是后事。在休假中，居正对宪㸅还是妥协。对于辽王的不法，一句没有提到，甚至对于宪㸅的私生子冒充嫡子的事，也没有说。《王承奉传》便尽情地揭露，并且指出在呈报的时候，照例应由承奉正署名，但是在王大用[21]拒绝以后，宪㸅偷偷地把承奉印盖上，其后大用竟因此气死。一切的事，居正在应酬唱和中，都看在眼里。直到隆庆二年，才得到一度的结束。

休假之中，居正曾经一度到过武昌，《贺少宰镇山朱公重膺殊恩序》[22]称"今年愚承乏，与浔阳董公偕，得辨材省中"，即指其事。镇山朱公即朱衡，浔阳董公即董份。

最使居正感到兴趣的还是衡山之游，文集有《游衡岳记》《后记》两篇[23]，诗集便有十篇左右。居正自言：

余用不肖之躯，弱冠登仕，不为不通显。然自惟涉世酷非所宜，每值山水会心处，辄忘返焉，盖其性然也。夫物唯自适其性，乃可永年，要欲及今齿壮力健，即不能与汗漫期于九垓，亦当遍游寰中诸名胜，游目骋怀，以极平生之愿。今当发轫衡岳，遂以告于山灵。[24]

这一次的旅行在嘉靖三十五年十月，同游者有应城李义河、湘潭王会沙、汉阳张甑山，山中盘桓八日，下山后遇长沙李石棠。他们看到岳庙、半山亭、祝融峰、观音岩、上封观、兜率寺、南台寺、黄庭观、方广寺、二贤祠。录两诗于此：

衡山南台寺

嘉靖三十五年，辞官的张居正浏览了衡山南台寺，并写下了《宿南台寺》一诗。

宿南台寺

一枕孤峰宿暝烟，不知身在翠微巅。寒生钟磬宵初彻，起结跏趺月正圆。尘梦幻随诸相灭，觉心光照一灯然。明朝更觅朱陵路，踏遍紫云犹未旋。[25]

出方广寺

偶来何见去何闻，耳畔清泉眼畔云。山色有情能恋客，竹间将别却怜君。瘦筇又逐孤鸿远，浪迹还如落叶分。尘土无心留姓字，碧纱休护壁间文。[26]

在游山期间，居正的心绪仍旧是在矛盾中的。这两首诗显见得他是无意功名了，但是《谒晦翁南轩祠示诸同志》[27] 说：

愿我同心侣，景行希令猷，涓流汇沧海，一篑成山丘，欲骋万里途，中道安可留？各勉日新志，毋贻白首羞！

什么是“万里途”“日新志”？当然不会是“遍游寰中诸名胜”之志。居正的心永远是热的。在他到上封观的途中，他的目光永远是向北方的。

最奇怪的是他一边请告回籍，一边还认定‘欲骋万里途，中道安可留”！请病假的是他，自称“齿壮力健”的也是他。号称“闭关不启”的是他，约李义河游山的也是他[28]。病假当然应当取消了，他的心绪正在不断地计划早日还朝。敬修《文忠公行实》解释嘉靖三十六年秋间居正出山的动机。

大父见太师居山中且三年，而坚卧不起，常邑邑不乐。前问“大人所为焦劳状云何”？大父辄起行若不顾，而又时时以其意语所亲者。以此恐伤大父心，遂出。

假如不是有意的曲解，这一定是敬修的无知。

居正的请告完全是因为对于政局的不满，也许还有一点儿惧祸的心理。《谢病别徐存斋相公书》已经给了我们一些启示，他的请告中的诗句更显然地指出：

民生各有性，迭用异柔刚，羡君倜傥概，千里何昂昂。而我荏弱姿，忍垢惧发铓，偏智守一隅，语默互相妨。[29]

昔我图南奋溟渤，身逢明主游丹阙，作赋耻学相如工，干时实有扬云拙。一朝肮脏不得意，翩翻归卧沧江月。故人知我烟霞心，遥传毫素寄云林，看图仿佛犹龙面，使我跌宕开尘襟。尘襟已消豁，世网谁能侵？休言大隐沉金马，且弄偏舟泛碧浔。他日紫阁如相忆，烟水桃花深更深。[30]

江陵的山水看厌了，他开始发现自己怀恋的只是北京的城阙。也许有一些危险，但是他顾不得。不相知的也许要责备他的热衷，但是也顾不得，居正终于毅然决然地回北京了。《独漉篇》[31]《宝剑篇》[32] 大致都是嘉靖三十六年他在北上途中的著作。

国士死让，饭漂思韩，欲报君恩，岂恤人言！[33]

君不见，平陵男子朱阿游，直节不肯干王侯，却请上方斩马剑，攀槛下与龙逢游，大夫磊砢贵有此，何能龌龊混泥滓！[34]

明紫禁城图

明朝时期的紫禁城。嘉靖三十六年，张居正回到了阔别三年的京城。

最透出居正个性的，是他的《割股行》。

割股行

割股割股，儿心何急！捐躯代亲尚可为，一寸之肤安足惜？肤裂尚可全，父命难再延，拔刀仰天肝胆碎，白日惨惨风悲酸。吁嗟残形，似非中道，苦心烈行亦足怜。我愿移此心，事君如事亲，临危忧困不爱死，忠孝万古多芳声。[35]

居正毅然地扔下一切。从此以后，他没有家庭，没有恋爱，只有国家。他热恋政权，一直到临死的时候，没有一天放下，然而他的热恋政权主要还是为的国家。他牺牲朋友，遗弃老师，乃至阿附内监；只要能够维持政权的存在，他都做得，因为维持自己的政权，便是报国的机会。父亲死了，不奔丧，不丁忧，不守制，不顾一切人的唾骂；政权是他唯一的恋人，政权是他报国的机会。“欲报君恩，岂恤人言！”居正大声地吼着。

注释

[1] 文集八。
[2] 诗一，约作于嘉靖三十三年。
[3] 诗一。
[4] 同避。
[5] 书牍十二《答福建巡抚耿楚侗》。
[6] 诗五，约作于嘉靖三十四年。
[7] 诗一。
[8] 文集九《荆州府题名记》。
[9] 文集九。
[10]《明会典》卷三十五。
[11] 文集八《赠水部周汉浦榷竣还朝序》。
[12] 文集八《种莲子戊午稿序》。

[13] 诗一。

[14][15][16] 诗五。

[17] 诗五《味秘草堂卷》。

[18] 诗五《赠贞庵王孙》。

[19] 文集五。

[20] 文集九。

[21] 承奉正为王府内监官名，大用为人名。

[22] 文集八。

[23] 文集九。

[24] 文集九《游衡岳记》。

[25][26] 诗五。

[27] 诗一。

[28] 诗三《与李义河给谏约游衡岳不至奉嘲二首》。

[29] 诗一《再寄胡剑西二首》之一。

[30] 诗二《曹纪山督学题老子出关图谢之》。

[31] 诗一。

[32] 诗二。

[33] 诗一《独漉篇》。

[34] 诗二《宝剑篇》。

[35] 诗二。

第四章 再投入政治旋涡

徐阶认识到居正是国家栋梁之才，他舍不得让他做杨继盛、吴时来，甚至也舍不得让他做邹应龙，冒着最后一次危险，他只让居正在幕后活动。严嵩失败以后，居正感觉到无限的高兴，对于自己的政治前途，抱着无限的希望。

嘉靖三十六年的秋天，居正从江陵入京，再投入政治的旋涡。这一次他的出山，多分是因为不甘寂寞。整个政治局面丝毫没有改进，世宗还是一意修玄，严嵩还是大权在握，徐阶还是精心结撰青词，不动声色。新起的政治势力还有严世蕃——严嵩的儿子。严嵩老了，逐日要到西内伺候世宗，一切官员，要和他接洽政务的，他都吩咐和他的“小儿东楼”商量。东楼是世蕃的别号，父亲对人称呼儿子的别号，在当时是一件诧异的事。世蕃从太常卿升工部左侍郎，这是一个名义，事实上，他是严嵩的代表。在当时的政治社会里，严嵩是“大丞相”，世蕃是“小丞相”。

在这个时期里，对外的方面，还是没有办法。俺答不断地向北京外围——古北口、通州、蓟州、大同、宣化进攻，国家的政治中心成为他最后的目标。东南的倭寇也是不断地进犯，他们没有远大的计划，但是全国富庶之区，长时期受到他们的蹂躏。内政方面，当然也谈不上什么地方治安。居正回到翰林院以后，曾经说起：

长安棋局屡变，江南羽檄旁午，京师十里之外，大盗十百为群，贪风不止，民怨日深！倘有奸人乘一旦之衅，则不可胜讳矣。非得磊落奇伟之士，大破常格，扫除廓清，不足以弭天下之患。顾世虽有此人，未必知，即知之，未必用。

此可为慨叹也。[1]

这个磊落奇伟之士正在那里等待时机。徐阶是他的知己，但是徐阶没有用他的机会。严嵩把他当作一个文士，没有注意。世蕃认为自己和陆炳、杨博是天下三大奇才，也没有注意。居正对严嵩父子只是一味地恭维，后来严嵩的夫人死了，居正在祭文中称颂他们父子：

唯我元翁，小心翼翼，谟议帷幄，基命宥密，忠贞作干，终始唯一，夙夜在公，不遑退食。……笃生哲嗣，异才天挺，济美象贤，笃其忠荩，出勤公家，入奉晨省，义方之训，日夕惟谨。[2]

这是后事，但是可看出居正对严嵩父子是怎样地应付。

正和居正所说的一样，翰林院是一个“敦本务实，以眇眇之身任天下之重，预养其所有为”[3]的地方。在这里他做过培养的功夫，也曾想到实际的事业。尽管别人把他当一个文士看，但是他的个性在书牍里已有不少的流露：

中世以后，大雄之法，分为宗、教二门。凡今吾辈之所讲研穷究，言语印证，皆教也。若夫宗门之旨，非略象忘诠，真超玄诣，讵可易言。然宗由顿契，教可依通，譬之法雨普沾，随根领受。而今之学者，皆舍教言宗，妄意揣量，执之为是；才欲略象，而不知已涉于象；意在忘诠，而不知已堕于诠。此竖拳喝棒、狗子矢橛之徒，所以纷纷于世也。[4]

近日静中，悟得心体原是妙明圆净，一毫无染，其有尘劳诸相，皆由是自触。识得此体，则一切可转识为智，无非本觉妙用。故不起净心，不起垢心，不起著心，不起厌心，包罗世界，非物所能碍。[5]

《易》所谓“困亨”者，非以困能亨人，盖处困而不失其宜，乃可亨耳。弟甚喜杨诚斋《易传》，座中置一帙，常玩之。窃以为六经所载，无非格言，至圣人涉世妙用，全在此书，自起居言动之微，至经纶天下之大，无一事不有微权妙用，无一事不可至命穷神。乃其妙，即白首不能殚也，即圣人不能尽也。诚得一二，亦可以超世拔俗矣。兄固深于《易》者，暇时更取一观之，脱去训诂之习，独取昭旷之原，当复有得力处也。[6]

学问既知头脑，须窥实际。欲见实际，非至琐细，至猥俗，至纠纷处，不得稳贴，如火力猛迫，金体乃现。仆颇自恨优游散局，不曾得做外官。今于人情物理，虽妄谓本觉可以照了，然终是纱窗里看花，不如公等只从花中看也。圣人能以天下为一家，中国为一人，非意之也，必洞于其情，辟于其义，明于其分，达于其患，然后能为之。人情物理不悉，便是学问不透。孔子云："道不远人。"今之以虚见为默证者，仆不信也。[7]

王阳明 王阳明是明代最著名的哲学家，『心学』创始人，张居正的思想和行为受其思想影响很大。

居正的时代，恰是阳明之学盛行的时代。这一派的学问融合儒家、释家的言论，而最后的目标是在事功方面的表现。居正所谓"本觉可以照了"，正是阳明学派的启示。但是，他对于这一派的讲论始终采取不妥协的态度。嘉靖三十二年至三十四年间，聂豹在北京讲学的时候，居正直谓"近时论学者，或言行颇不相覆，仆便谓其言尽不足信，是以孤孑迄于无闻。窃谓学欲信心冥解，若但从人歌哭，直释氏所谓'阅尽他宝，终非己分'耳"。[8]其后居正当权，禁止讲学，只是这个态度的演变。但是他说"信心冥解"，其实还是心学的学风。用这种学风治经，当然只有"脱去训诂之习，独取昭旷之原"。万历八年，居正答朱睦论《春秋》云，"《春秋》本鲁史旧文，仲尼稍加笔削，盖据事直书，而美恶自见，非有意于褒贬也。自三传启穿凿之门，世儒袭见闻之陋，圣人记事之意，寖以弗存。所谓以小人之腹，度君子之心！"[9]主张还是如此。

嘉靖三十七年，戊午，崇端王翊鏓袭封，居正奉命到汝宁册封崇王。汝宁去江陵不远，居正便道回家，这是他最后一次看到他的父亲。万历六年三月居正上《再乞归葬疏》："痛念先臣生臣兄弟三人，爱臣尤笃。自违晨夕十有九年，一旦讣闻，遂成永诀。"其言指此。在他回家的时间，依然免不了辽王宪㸅的纠缠。

《种莲子戊午稿序》，是一篇奉命的文章。序言“今年秋，以使归谒王，王手诗三册曰：‘此近稿也。’不佞受而读之”，可证。“种莲子”是辽王宪㸅的别号。

就在这一年，严嵩和徐阶的斗争逐渐具体了。嘉靖三十七年三月，刑科给事中吴时来、刑部主事张翀和董传策同日上疏，弹劾严嵩。

> 顷陛下赫然震怒，逮治偾事边臣，人心莫不欣快。边臣朘军实，馈执政，罪也。执政受其馈，朋奸罔上，独得无罪哉！嵩辅政二十年，文武迁除，悉出其手，潜令子世蕃出入禁所，批答章奏，世蕃因招权示威，颐指公卿，奴视将帅，筐篚苞苴，辐辏山积。犹无餍足，用所亲万寀为文选郎，方祥为职方郎，每行一事，推一官，必先秉命世蕃而后奏请。陛下但知议出部臣，岂知皆嵩父子私意哉！他不具论，如赵文华、王汝孝、张经、蔡克廉，以及杨顺、吴嘉会辈，或祈免死，或祈迁官，皆剥民膏以营私利，虚官帑以塞权门。陛下已洞见其一二。言官如给事中袁洪、张璒，御史万民英，亦尝屡及之。顾多旁指微讽，无直攻嵩父子者。臣窃谓除恶务本，今边事不振，由于军困，军困由官邪，官邪由执政之好货，若不去嵩父子，陛下虽宵旰忧劳，边事终不可为也。[10]

张翀疏称：

> 臣每过长安街，见嵩门下，无非边镇使人，未见其父，先馈其子，未见其子，先馈家人。家人严年，富已逾数十万，嵩家可知。私藏充溢，半属军储，边卒冻馁，不谋朝夕，而祖宗二百年豢养之军，尽耗弱矣。边防既隳，边储既虚，使人才足供陛下用，犹不足忧也。自嵩辅政，藐蔑名器，私营囊橐，世蕃以驵侩资，倚父虎狼之势，招权罔利，兽攫鸟抄，无耻之徒，络绎奔走，靡然从风，有如狂易，而祖宗二百年培养之人才尽败坏矣。

传策疏中更列举严嵩坏边防、鬻官爵、蠹国用、党罪人、骚驿传、坏人才六罪。三人同日上疏，同样着重边防，很容易引起严嵩的猜疑。

严嵩知道吴时来、张翀都是徐阶的门生，董传策是徐阶的同乡，认定有人主使，便一力在世宗面前挑拨。世宗不听，后来时来遣戍横州，张翀遣戍都匀，传策遣戍南宁，与杨继盛的惨祸显然不同。徐阶的地位已经逐渐提高了，对他们隐隐地成为保障。后来穆宗即位，徐阶当权的时候，三人都起复原官。

嘉靖三十八年五月，徐阶晋吏部尚书。这是一个崇衔，因为实缺的吏部尚书还有吴鹏。嘉靖三十九年徐阶再从少傅晋太子太师，就在这一年，居正从翰林院编修，升右春坊右中允，管国子监司业事。

翰林院编修正七品，右中允正六品，在官阶上进了一品。明代有左春坊、右春坊，管太子奏请、启笺及讲读之事，长官为春坊大学士，其次则有庶子、谕德、中允、诩善、司直郎等官。但是后来都成为翰林官升转的虚衔，没有一定的职务，所以居正实际的职务只是国子监司业。明代南北两京都有国子监，是当时的国立大学，但是因为只有两个国子监，所以比现在的国立大学地位更高。国子监的长官是祭酒，其次是司业，就是国立大学校长和副校长。在居正当司业的时候，国子监祭酒是高拱。徐阶、高拱、张居正是嘉靖末年直到隆庆六年政治界的三个主要人物。

高拱，新郑人，字肃卿，又号中玄。嘉靖二十年中进士，曾为裕王侍讲九年，和裕王的关系很深。世宗自庄敬太子死后，不立太子，裕王便是实际的太子。东宫宫僚照例是大学士的候补人，所以严嵩、徐阶当政的时候，对高拱都非常得器重，以后高拱升国子监祭酒，便是他们的主张。高拱和居正在国子监共事的时候，他们相互了解，都看到日后两人在政治界的地位。

嘉靖四十年春，俺答自河西踏冰入寇，七月犯宣府，九月犯居庸关。十一月俺答的侄儿吉能犯宁夏，进逼固原，十二月他的弟弟把都儿犯辽东盖州。这一年鞑靼的攻势虽不特别紧张，但是范围很广泛，除正面的北方以外，东北和西北都受到他们的蹂躏，敬修在《文忠公行实》中特别提到“四十年犯蓟”的记载。这一年鞑靼的进攻给予居正一个新的刺激，他和敬修父子间大致时常谈到，后来便留下这个记载。

嘉靖四十年十一月，西苑大火，世宗因为所住的永寿宫被毁，只得暂住玉熙殿。他看到这个地方又窄又小，和严嵩、徐阶计较。严嵩劝世宗仍还大内，不料触动了世宗无限的伤感。十九年以前，即嘉靖二十一年十月底夜间，世宗宿在曹端妃宫里的时候，官婢杨金英定谋，差点儿把世宗勒死，幸亏方皇后来了，才把世宗救活。那时他在惊惶之间，话都说不出来。方皇后传圣旨，把杨金英、曹端妃都杀了。杨金英的死不说了，世宗眼看端妃被杀，连申辩的机会也没有。端妃被冤枉，世宗是明白的，但却怨不得救命的皇后。一个温馨的好梦，剩得血腥的回忆。从此以后，他不再回宫了，西苑是他的世界。“啊，严嵩，”世宗想，“大内是回不得的了！”在世宗的沉吟中，徐阶早看到他神态的不安。

“那倒不必，”徐阶说，“最近重盖奉天殿、华盖殿、谨身殿，所余的材料很多，交给工部尚书雷礼，用不到很久，尽可重盖一座。”

“就这样吧。”世宗高兴地说，一边加派徐阶的儿子徐璠为工部主事，负责督工。

嘉靖四十一年的春天，万寿宫盖好了，世宗住进以后很得意，升徐阶为少师，兼食尚书俸，徐璠也升太常少卿。从此严嵩的势力逐渐低落，徐阶的势力便逐渐地高涨。

严嵩

严嵩（1480—1567），字惟中，号介溪，分宜（今江西省分宜县）人，嘉靖年间专权长达二十年之久。

就在这年，御史邹应龙给严嵩一个严重的打击。初夏是多雨的时节，一个阴雨朦朦的日子，应龙在内监家里躲雨。淅淅的雨在窗外打个不住，应龙和内监说：“近来内里有些什么事咧？”

内监当然知道的，但却说：“啊，说不得，说不得！”

这一来便引起邹应龙的追问，内监只得说道：

事情是这样的。内里来了一个蓝道士，叫蓝道行，扶得一手好乩，皇上相信得了不得。一天皇上问乩仙：“天下为什么不治呢？”那时乩盘沙沙地动，你看上面留着几个什么字？啊，说不得，说不得！九个大字，“贤不竟用，不肖不退耳”！皇上吃了一惊，便问贤不肖是哪几个。乩仙判着，“贤如徐阶、杨博，不肖如嵩”。皇上又问：“那么乩仙为什么不除他呢？”沙，沙，沙！又是一阵，乩盘上还是六个字，“留待皇帝自殛。”相公，你看怎样？当时皇上着实沉吟了一下，不知道是个什么意思。

一场雨透漏了内里的消息，看看雨也小了，邹应龙谢过主人，在风雨料峭中回去。这一晚他对着烛光发愁。严嵩是奸臣，凡是御史、给事中，都得替皇上除害。但是想起沈炼、杨继盛、吴时来的前途，何尝不值得担心？一封奏章要是扳倒不了奸臣，至少便得充军三千里。可是也许皇上已经动心，只要再动一下，还愁扳倒不了一个严嵩！应龙真有些踌躇。朦胧之间，他竟昏昏地睡去了。

他做了一个梦，好像是在东风中，他带着随从出去打猎。远远地看见一座高山，他对准放了一箭，那箭飕飕地不知哪里去了。加上一鞭，他骑着马迎着东风走去，当前又是一座山，可是小得多了。山旁有一座楼，下面全是田。田里只看到一堆米，米上盖了草。他晓得北方没有稻田，就算有一点儿吧，也不会在春天把米苫在田里。奇怪得很。不管他，且发一箭。不发还好，一发以后，只听到哗啦一声，像天塌下一样，米堆倒了！楼倒了，小山倒了，连带大山也倒了。这一场大乱吓得应龙浑身大汗，从梦中惊醒。

烛光在东风中摇晃，因为烛花长了，显见得黯淡了许多，满桌都是烛泪。应龙把烛花剪过，重新对着烛光沉思。据说当时他在桌上乱画着“高山，高山”几个字。模糊中他看到“山”字连到“高”字，正是严嵩的“嵩”！“好啊！”应龙拍着案，得到了新的启示。事情是容易了，东面的楼是“东楼”。他在桌上写一个“田”字，上面是“米”，“米”上加草，明明是一个“蕃”字。他明白了，这一支箭，不让它飕飕地落空，一定对准了射去。在摇晃的烛光中，他起草，他誊清，一气呵成。这是御史邹应龙的奏章：

工部侍郎严世蕃凭借父权，专利无厌，私擅爵赏，广致赂遗，使选法败坏，市道公行，群小竞趋，要价转巨。刑部主事项治元，以万三千金转吏部；举人潘鸿业，以二千二百金得知州。夫司属郡吏赂以千万，则大而公卿方岳，又安知纪极！平时交通赃贿，为之居间者，不下百十余人，而其子锦衣严鹄、中书严鸿、家人严年、幕客罗龙文为甚。年尤桀黠，士大夫无耻者至呼为鹤山先生，遇嵩生日，年辄献万金为寿，臧获富侈若是，主人当何如！嵩父子故籍袁州，乃广置良田美宅于南京、扬州，无虑数十所，以豪仆严冬主之，抑勒侵夺，民怨入骨。外地牟利若是，乡里又何如！尤可异者，世蕃丧母，陛下以嵩年高，特留侍养，令鹄扶榇南还；世蕃乃聚狎客，拥艳姬，恒舞酣歌，人纪灭绝；至鹄之无知，则以祖母丧为奇货，所至驿骚百故，诸司承奉，郡邑为空。今天下水旱频仍，南北多警，而世蕃父子，方日事掊克，内外百司，莫不竭民脂膏，塞彼溪壑；民安得不贫，国安得不病，天人灾变安得不迭至也？臣请斩世蕃首，悬之于市，以为人臣凶横不忠之戒。苟臣一言失实，甘伏显戮。嵩溺爱恶子，召赂市权，亦宜亟放归田，用清政本！

嘉靖四十一年五月，严嵩的政权倒了。世宗一面降旨安慰严嵩，一面却叫他回籍休养；严世蕃交法司讯问，最后判决世蕃、严鹄、罗龙文充军边远。世宗对严嵩还是不时地眷恋，在西苑奉道修醮的时候，永远舍不下这一个撰进青词的老臣。但是徐阶和新进的大学士，那个慈溪才子袁炜，不还是一样吗？

严嵩的政权终于倒了。从嘉靖四十一年到四十四年三月，内阁中只剩徐阶、袁炜两人。袁炜是徐阶的门生，但这是老远的过去了，袁炜当然不再退让，一切章奏他都要过问。徐阶的经验多了，在微笑中，一切事务都和袁炜商量。徐阶在大学士直庐贴着标语，“以威福还主上，以政务还诸司，以用舍刑赏还公论”。他不做严嵩，他只要做贤相。他赢得一般的好感，但是他也正在计划怎样杀严世蕃，怎样饿死严嵩。对袁炜，他只是一味地微笑，“小孩子啊，”他想，“待我慢慢地计划。”无疑地，在风和日暖的状态中，整个政权是徐阶的了。

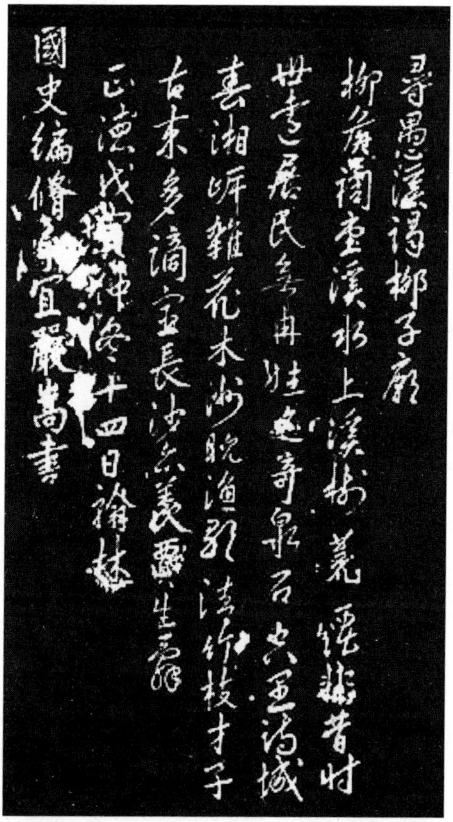

《寻愚溪谒柳子庙》碑

严嵩在国内的真迹遗墨只有三处，最具价值的是湖南永州柳子庙的《寻愚溪谒柳子庙》碑。

在严、徐政权的递嬗中，我们不要忘却张居正，他曾经劝过徐阶和严嵩明白地干一下。他的计划失败，然而徐阶的计划成功了，他正在重新跟老师学经验。徐阶认识到居正是国家栋梁之才，他舍不得让他做杨继盛、吴时来，甚至也舍不得让他做邹应龙，冒着最后一次危险，他只让居正在幕后活动。严嵩失败以后，居正感觉到无限的高兴，对于自己的政治前途，抱着无限的希望。嘉靖四十一年的秋天，他写了这样几句诗：

狂歌袅袅天风发，未论当年赤壁舟。[11]佳辰已是中秋近，万里清光自远天。[12]

这年他才 38 岁,究竟还是年轻。他激动了,但是“天风”只是一层虚响,“清光”也不免有些迟疑。“是老师忘去了吗!”他立刻又感到失望，他把希望和失望都交给诗卷。

赋得秋色老梧桐

凉露燕山秋自偏，高梧十寻殊可怜。萧萧落叶当寒井，瑟瑟悲风起暮烟。疑有凤凰鸣碧干，不堪哀怨付清弦。皎月夜窗闲对汝，外人谁识子云玄！[13]

这一首诗里“凤凰碧干”是期望，“哀怨清弦”是失望：从期望到失望，正是最大的痛苦,“外人谁识子云玄”，一语道破。居正只是怨切地说：“你们不认识，不认识啊！”究竟年轻，他还不免有些躁急。顾磷对于居正十六岁中举的事认为太早，倘使再迟五六年，也许他可以更沉着一点儿。

其实徐阶把居正留在幕后，一切的政治秘密，居正都有与闻的机会。嘉靖四十二年三月，吴维岳调任贵州巡抚，在明代贵州还是蛮荒，维岳一肚子的不高兴，居正对他说：

师翁绝才冠世，卓行范俗，当路且欲虚揆席以待，贵阳开府，只暂借耳。比奉手教，乃有东山之怀，岂群材所望乎？[14]

这里可看出居正说话的分量，关系更大的是景王夺嫡之事。徐阶掌握政权是嘉靖四十一年以后的事，景王虽然已经归藩[15]，但是因为裕王的名分始终没有确定，所以还是不断地计划。居正说过：

原任少师大学士徐阶，当世宗时，承严氏乱政之后，能矫枉以正，澄浊为清，惩贪墨以安民生，安经制以核边费，扶植公论，奖引才贤，一时朝政修明，官常振肃，海宇称为治平，皆其力也。是时先帝潜居藩邸，世庙一日忽有疑于先帝，命检成祖之于仁宗故事，阶为之从容譬解，其疑乃释。此一事则唯臣居正一人知之，诸臣皆不得闻也。[16]

成祖曾经一度决心废太子,立汉王高煦,所谓“故事”者指此。宫廷的秘密，徐阶都和居正商论，他们之间的关系可知。景王死于嘉靖四十四年，这是嘉靖四十一至四十四年中间的事。

嘉靖四十二年，是一个多难的年代，福建、浙江的倭寇还是不断地进攻，幸亏刘显、俞大猷、戚继光几个名将打了几次胜仗，把他们堵住了。正月里，北方的鞑靼在俺答领导下，进攻宣府，南掠隆庆。十月把都儿和俺答的儿子辛爱，破墙子岭入寇，北京戒严，直到十一月解严，中间他们曾经大掠顺义、三河。嘉靖年间，北京经过几度戒严，这是最后的一度。

世宗还是没有忘情文物制度的事。正德十六年，他从安陆州入都即位。嘉靖十年，升安陆州为承天府，命文学侍从之臣，为《承天大志》。徐阶当国的时候再修《承天大志》，大学士徐阶、袁炜都是《承天大志》总裁。嘉靖四十二年，徐阶荐居正为副总裁。居正集中留下一篇《承天大志纪赞》，[17] 还是不痛不痒的文章[18]。

嘉靖四十三年，《承天大志》完成，居正进官右春坊右谕德[19]，为裕邸日讲官。谕德是一个虚衔，居正的职务是裕王府讲官，为日后进官大学士订下一个基础，一切都表明徐阶为居正做一个从容不迫的布置。其后居正给徐阶两子书中，一再说“仆受太翁老师厚恩，未有以报”，[20] 流露了他衷心的感激。

裕邸进讲的事，居正自己曾经留下了下列记载：

> 臣追思皇上昔在藩邸，臣因进讲汉光武杀直臣韩歆事，反复开导，言人臣进言之难，叹息光武以明圣之主，不能容一韩歆，书之史册，甚为盛德之累。荷蒙皇上改容倾听。[21]

这是隆庆二年的奏疏，所称皇上，即是嘉靖年间的裕王。《文忠公行实》称“太师每进讲，必引经执义，广譬曲谕，词极剀切，以故皇考[22] 往往目瞩太师，加礼焉”，指此。

嘉靖四十三年，御史林润再劾严世蕃，逮世蕃下狱。四十四年，林润上疏数世蕃父子罪，世宗发三法司审讯。世蕃只是得意地说：“任他燎原火，自有倒海水！”他的计划，认定自己的罪状，只要承认受贿的事，其余还不难洗刷，最好是要三法司上疏的时候提到严嵩坑陷沈炼、杨继盛的事实。两人的被杀，固然是严嵩的策动，但是都取过圣旨。一经提到，世宗想到前事，必然发怒，这样一来，一切的判决都被推翻了，世蕃不但会免罪，而且还有蒙恩的可能。计划好了，世蕃的党徒只是一味地数说：“啊，不好！要是三法司提起沈炼、杨继盛的前事，严世蕃就没有活命了。”空气在北京城里激动，刑部尚书黄光升、左都御史张永明、大理寺卿张守直果然中计，他们正要上疏，把严世蕃父子陷害沈炼等的罪状痛快地数责一番。草稿起好了，三个人去拜访徐阶。

徐阶早知道了。“三位的疏稿，可以看得吗？”他说。

三位法司把疏稿递给徐阶。

徐阶一边说：“法家的断案，再好没有了，钦仰得很。”一边领着三人到内室里去。大家静静地坐下，左右支使出去了，门也被掩上。

“诸位的意思是要严公子死呢，还是要他活？”徐阶问。

“这是死罪，”三位都说，“当然要他死。”

“那么，办这件案子，”他又问，“是杀他，还是救他？”

“在奏疏里提到沈炼、杨继盛，正是给他死罪的根据。”他们都说。

“话是不错的，”徐阶慢吞吞地说着，“可是另外有一层道理。杀沈炼，杀杨继盛，诚然是犯了天下的众怒，但是沈炼攻击严嵩以后，严嵩把沈炼的名字放在白莲教徒的供词中，只算杀了一个白莲教徒，这是圣旨。因为疏中‘召问裕、景二王’一句，严嵩认为杨继盛‘诈传亲王令旨’，圣上大怒，传旨定罪，成为日后被杀的张本，这是皇上的特旨。皇上是最英明的，不会认错。诸位的奏疏一上，皇上疑心三法司借此归罪皇上，必定勃然震怒，恐怕大家不免问罪，严公子也自在地回家了。诸位以为怎么样？”徐阶又问。

听了这一问，大家愕然了。最后决定还是由徐阶主稿，不提沈炼和杨继盛，只说世蕃“交通倭寇，潜谋叛逆”。一切都是非常机密，非常敏捷。终于由世宗降旨，把世蕃杀了。不久严嵩也被抄了家，得银二百万两以“上”，在当时几乎和国家一年的总收入相等。

有人称赞徐阶铲除了大奸，徐阶蹙了眉头，慨然地说：“严惟中（嵩）杀夏公谨（言），惟中的儿子又由我杀了，必然有人不会见谅，我的心境，只有上天知道罢。”严嵩的政权完全没落了，整个政局都在徐阶手里。

嘉靖四十五年，居正由右春坊右谕德进翰林院侍读学士，[23] 掌翰林院事。在官阶上没有进展，但在翰林院的地位提升了，《翰林院读书说》[24] 大致是这一年的作品。

在嘉靖四十四年和四十五年之间，内阁又起了变化。本来是徐阶、袁炜二人的内阁。四十四年三月，袁炜病重罢归，四月，补严讷、李春芳二人；就在这年十一月，严讷又病了，内阁只剩徐阶和李春芳。春芳是一个好好先生，一切都很安定。但是到了嘉靖四十五年的三月，徐阶又引进郭朴和高拱。郭朴从嘉靖四十年起已经是吏部尚书，在资历上，久已应当入阁；高拱在当时是数一数二的人才，而且曾经做过裕王府讲官，大学士本来是他的本分，徐阶及早引进，认为这是一种政治手腕。他看定高拱对他必定感激，至少也是政治上的友人，但是徐阶却看错了。

这一年，世宗更加衰老了，因为多病，斋醮得更积极，一切目标只是长生。“啊，长生，长生！只有生命是值得追求的，朝章国政自然有人担负着。”世宗这样想。二月里户部主事海瑞委实看不过，决定上书直谏。直谏！一切直谏的榜样都在那里，世宗的朝廷里正充满了血腥。海瑞买好棺材，准备后事，一边吩咐妻子，“这条性命，就献给皇上吧！”他慨然地说。他回头一看，书僮和长随都跑掉了，大祸临头，他们平时伺候主子，现在用不着逗留，什么人愿意陪主子坐监呢！海瑞点点头，他很明白。终于他上疏了，他还记得最激昂的几句：

海瑞

海瑞（1514—1587），字汝贤，自号刚峰，海南琼山人，明代著名政治家。

陛下诚知斋醮无益，一旦幡然悔悟，日御正朝，与宰相侍从言官讲求天下利害，洗数十年之积误，置身于尧舜禹汤文武之间，使诸臣亦得洗数十年阿君之耻，置其身于皋夔伊傅之列，天下何忧不治，万事何忧不理！此在陛下一振作间而已。释此不为，而切切于轻举度世，敝精劳神以求之于系风捕影、茫然不可知之域，臣见劳苦终身而终于无所成也。

这不仅是一个刺激，简直是一个霹雳！世宗把海瑞的奏疏扔在地上，大声地说：“把他捉住，不要让他走了。”内监黄锦接着道：“奏明皇上，这人不会走的。”

他把海瑞上疏以前的一切行为奏明。世宗待他把奏疏检起，读了一遍又是一遍，长叹了一声："我虽不是纣王，此人可方比干了。"

世宗的衰迈显然地增加了。有时他想传位裕王，让自己安心养病。他和徐阶商量，他说："海瑞说得也不错，但是我病久了，事情怎样办得？"徐阶是明白的，他不敢劝皇帝退位，只是请皇上顾念祖宗基业，天下苍生。当然，世宗不再谈传位了，他只是一意修玄。事情不是很明白吗？前年五月的夜里，正当世宗坐在天井里的时候，御座上"降"下一个仙桃。内监们都看得清清楚楚，从空中降下的。你不相信？五天以后，又"降"下一个，这不是上天的赏赐是什么？五月的天气，北京会有仙桃吗？以后的以后，白兔生子了，白鹿又生子了，这是瑞兔瑞鹿。翰林院进过奏章，还不相信吗？上帝的恩赉多着呢！只要耐心等着。

皇上正在修玄，道士们的工作越发积极，王金、陶仿、陶世恩、刘文彬、高守中纷纷地进仙丹和丸药。他们有的是道士，也有的是医士。不管他，自古不是说巫医吗？一概升官。太医院使、太医院御医、太常寺卿、太常寺博士：一切斋戒祷祀、望闻问切的官儿都给他们。然而，皇上的病还是一天一天地沉重。除了从这些道士和太医的嘴里，看不出一点儿痊愈的现象。

皇上在西苑病重的时候，大学士们都在各人的办公室里徘徊。在徐阶的直庐里，常看到居正的踪迹。他们是在那里计划。一天，长随报告："高阁老从直庐搬出去了。"徐阶只是微笑。他晓得高拱自到西苑直庐以后，把家眷接到西安门外，得空的时候便偷偷地回去。"大致这几天宫内的消息不好，不晓得他想什么心事，也许以为有些长短，要准备搬家吧。"徐阶一边想着，一边摇头，"也难怪，肃卿（拱）是五十以外的人了，儿子没有一个，谁能怨他偷空回去呢？"

这一年的冬间，世宗的病势越发沉重了。十二月，世宗禁不住徐阶的忠谏，终于搬回大内乾清宫。徐阶想起武宗死于豹房的故事，知道皇帝死在宫外究竟是一件不光彩的事，所以一力奉劝世宗回宫。当然，在昏沉之间，世宗不会知道这事的究竟。就在这一天，在位四十五年的世宗皇帝经过无数的斋醮，服过无数的仙丹，同样地也蒙过无数的上帝"恩赉"，终于在寒风凌厉中舍弃了六十年的岁月而逝世了。

皇帝逝世以后，第一件事是发表遗诏。在明朝，遗诏常是大臣们的手笔。遗诏草成的时候，皇帝早已一瞑不视，所以实际上皇帝没有什么交代。但在一个浑乱的局面过后，久负重望的大臣常常能趁皇帝逝世的当中，把前朝的一切

世宗永陵

明世宗永陵由三进院落组成，规模位居十三陵之首。

弊政用遗诏的名义来一个总清算，因此在政治上，遗诏往往产生重大的影响。武宗逝世以后，杨廷和草遗诏：罢威武团练诸军，散遣入卫边军，守京城九门及南北要害，罢遣番僧，释南京逮系罪国，放遣四方进献女子。这是一个最好的例证。

现在是徐阶的机会了，他和居正计划了一切。在遗诏之中，他们决心要扫清嘉靖一朝的弊政。斋醮是一件，土木是一件，求珠宝、营织作也是一件，一切都用遗诏的名义停止了。嘉靖初年，追尊兴献王，朝中发生争执，这是所谓"大礼"。嘉靖五年，李福达因倡弥勒佛教，"诱惑愚民"，被逮入京。刑部尚书颜颐寿主张杀李福达，但是武定侯郭勋为福达代辩，引起政治中的大波，这是所谓"大狱"。大礼、大狱两案连累了许多大臣，死的已死，遣戍的遣戍，仅仅罢官遣归的还算是大幸。徐阶用遗诏的名义把大礼、大狱两案言事得罪诸臣一概复官——这都是世宗遗诏的德政。

一切好感集中到徐阶身上，然而徐阶忘记了同僚的高拱和郭朴。他们痛切地感到徐阶的疏忽，他们的愤怒慢慢地凝结成怨恨和仇视，终于在穆宗一朝种下内阁纷争的种子。

注释

[1] 书牍十五《答耿楚侗》。

[2] 文集十《祭封一品严太夫人文》。

[3] 文集六《翰林院读书记》。

[4] 书牍十五《答周鹤川乡文论禅》。

[5] 书牍十五《寄高孝廉元谷》。

[6] 书牍十五《答胡剑西太史》。

[7] 书牍十五《答罗近溪宛陵尹》。

[8] 书牍十五《启聂司马双江》。

[9] 书牍十二《答周宗侯西亭言春秋辩疑》。

[10] 用《明史》卷二一〇《吴时来传》节录本。

[11] 诗四《壬戌七月望夕初幼嘉陈子嘉二年兄过访次韵》。

[12] 诗四《中秋前二夜与诸君共集双河寺》。

[13] 诗四。

[14] 书牍十五《答贵阳开府霁岩吴老师》。

[15] 嘉靖四十年。

[16] 奏疏十一《请乞优礼耆硕以光圣治疏》。

[17] 文集一。

[18] 敬修《文忠公行实》言嘉靖四十一年居正领副总裁，甫八阅月，手自脱稿，为十二纪以献。今案《承天大志》成于嘉靖四十三年，居正以书成进官谕德，前八阅月为嘉靖四十二年,不应言嘉靖四十一年,“十二纪”之说亦与本集不合。

[19] 从五品。

[20] 书牍十四《答奉常徐仰斋》，又同卷《答符卿徐继斋》。

[21] 奏疏一《请宥言官以彰圣德疏》。

[22] 指裕王。

[23] 从五品。

[24] 文集六。

第五章 内阁中的混斗（上）

这一年居正四十三岁了，也许他还记得荆州张秀才的那两句诗，『凤毛丛劲节，只上尽头竿』。努力，努力！在三十年以后的那天，他已经直上尽头竿了，但是他还得努力，他要一直赶上尽头竿的顶点。

嘉靖四十五年十二月，裕王载垕即位，这是后来的穆宗。他即位的时候，年三十岁。

世宗是一位干练的君主。他崇信道教，从事斋醮，然而他永远没有忘却他是君主。杨延和、杨一清、张孚敬、夏言、严嵩、徐阶——这一群有名的首辅固然曾经掌握政权，但是威柄依然在世宗手里。穆宗和他的父亲不同，他完全是另外一个范畴的人物。世宗在位的时候，他只是一味的谨慎小心，甚至连父亲都不敢看一面。世宗逝世了，他自己做君主，但君主的威权在他眼中简直是一种痛苦的经验。朝会的时候，他照例是不发一言。如此一年一年地过去，起初还不妨说是什么"高宗谅阴，三年不言"，但是一直到第四年，他还没有感觉到说话的必要，这确有些骇人了。隆庆三年，尚宝丞郑履淳上疏：

陛下御极三祀矣，曾召问一大臣，面质一讲官，赏纳一谏士，以共画思患豫防之策乎？高亢睽孤，乾坤否隔，忠言重折槛之罚，儒臣虚纳牖之功，宫闱违脱珥之规，朝陛拂同舟之义。回奏蒙谴，补牍奚从？内批径出，封还何自？

隆庆四年刑部主事陆树德上言："上下交为泰，今睽隔若此，何以劘君德，训万几？"但是一切的规诤对穆宗没有发生什么影响。

当然，穆宗不是白痴，他只是对于实际的政治厌倦。在宫廷里面，他有他的爱和憎。他爱女人，爱喝酒，爱和内监们一起游玩，爱鳌山，爱宫苑，爱秋千，爱龙凤舰，爱金匮玉盆：一切消闲的娱乐他都爱，一切实际的政治他都憎。事实上，实际的政治用不着他自己操心。他有徐阶、高拱、张居正这些干练的政治家，他也有李春芳、陈以勤、郭朴这些忠谠的大臣。政权交给他们好了，穆宗自己想。不幸他连驾驭大臣的威柄，也一齐放手，因此穆宗一朝，内阁里面只见到不断的混斗。

隆庆皇帝

朱载垕（1537—1572），即明穆宗，世宗第三子，封裕王，世宗病死后继位。在位六年，死后葬于昭陵。

穆宗是一个宽厚的君主，这是他和世宗绝对不同的地方。在他即位的初年，诏令户部购买珠宝，户部尚书马森执奏，不听；给事中、御史们进谏，不听。最后激怒了御史詹仰庇，他上疏说："陛下玩好之端渐启，弼违之谏恶闻，群小乘隙，百方诱惑，害有不可胜言者。"这是直接攻击皇帝了，穆宗只给他一个不答复。穆宗对陈皇后日渐疏远，皇后迁居别宫，慢慢地郁出病来，仰庇又上疏道：

先帝慎择贤淑，作配陛下，为宗庙社稷内主，陛下宜遵先帝命，笃宫闱之好。近闻皇后移居别宫，已近一载，抑郁成疾，陛下略不省视。万一不讳，如圣德何！臣下莫不忧惶，徒以事涉宫禁，不敢颂言。臣谓人臣之义，知而不言，当死，言而触讳，亦当死。臣今日固不惜死，愿陛下采听臣言，立复皇后中宫，时加慰问，臣虽死，贤于生。

这样的切直，在世宗的时候久已应当受到廷杖的处分了，穆宗只批着："后无子多病，移居别宫，聊自适以冀却疾。尔何知内庭事，顾妄言！"在明代，这真是难得了，一切都显示穆宗是一个平庸的然而宽厚的君主。

穆宗即位的时候，内阁大学士是徐阶、李春芳、郭朴、高拱四人。徐阶是首辅，内阁中最不平静的分子是高拱。

短短的十二月过去了，第二年便是穆宗隆庆元年。开了新年，居正由翰林院侍读学士进礼部右侍郎，兼翰林院学士。侍郎是正三品，这已是进官了，但只是一个阶梯。二月居正晋吏部左侍郎兼东阁大学士，入阁。同时入阁的还有他的房师陈以勤。二人入阁，当然都是因为曾为裕邸讲官的缘故。

这一年居正四十三岁了，也许他还记得荆州张秀才的那两句诗，“凤毛丛劲节，只上尽头竿”。努力，努力！在三十年以后的那天，他已经直上尽头竿了，但是他还得努力，他要一直赶上尽头竿的顶点。

奉诏入阁以后，他著有《辞免恩命疏》，这是一篇可以纪念的文章，全录于此：

奏为辞免恩命事，隆庆元年二月初九日，准吏部咨，节奉敕谕：“原讲官、今礼部右侍郎兼翰林院学士张居正，升吏部左侍郎兼东阁大学士，著入内阁，同徐阶等办事，如敕奉行。钦此。”非常之命，特出宸衷，不次之恩，滥及庸品，臣不胜感激，不胜惶悚。窃以内阁之职，几务是司，以代王言，以熙帝载，必有宏深奥衍之学，蕴经纶康济之才，然后足以协赞皇猷，弼成圣化。臣学不足以造古人之微，识不足以通当世之务，既无才望，又鲜旧劳，徒以东朝劝讲之

《明会典》插图

《明会典》是明代官修典章制度大全，记载了明代开国至万历十三年，二百余年间职官的建置沿革及所掌职事。

微勤，幸逢圣主龙飞之景运，因缘机遇，骤被恩慈，擢贰铨衡，晋参密勿，力微于蚊蟓，任重于丘山，退自省循，若为堪受。昔唐李泌、陆贽，遇代、德二主于藩邸，先臣杨博、刘健，事仁、孝两庙于青宫：咸以旧劳，遂跻台席。然当时不以为幸得，后世咸仰其休声者，盖以四臣闻望素隆，勋庸茂著故也。臣之谫劣，何足以远企前贤，近希先哲，而一旦以后进之士，厕迹于老成耆旧之间，以庸众之流，滥竽于俊乂英贤之列，将何以致物情之允协，昭天鉴之无私？即微人言，能不自愧？况圣明临御之始，正海内观听之时，倘举措不惬于公评，则激劝有亏于国典，颠之咎，宁独在臣！伏愿皇上察臣悃诚，非由矫饰，特停成命。改授时贤，俾臣仍以旧官，勉图自效。庶程才量力，在微臣免覆之忧；为官择人，在国家有栋隆之吉。臣无任战栗陨越俟命之至。[1]

当然，这是一篇例行的文章。明代关于大臣的任命，到了中叶以后演成会推的制度。《明会典》载："阁臣，吏、兵二部尚书，会大九卿、五品以上官及科、道，廷推上二人，或再上三四人，皆请自上裁。"[2] 就是指的此事，廷推便有些议会选举制的意味了。不过名为会推，其实主持者自有其人，其余的只有承认，未必公开地取决于多数的赞同，所以后来颜继祖论为"会推但六科掌篆者为主，卿贰台臣罕至，且九卿台谏，止选郎传语，有唯诺，无翻异，何名会推"！[3] 这是指主持之权落在六科都给事中[4] 以后的情形。但是自万历以来，大权只在吏部尚书和文选司郎中之手，廷推只是一个形式[5]。其实即在西方议会制盛行的国家，选举也只是公开的形式，一切的决定还是由一二人主持。所以，大体方面本来有不少的类似。

但是，会推的制度以外还有特简。任用大臣的时候，会推和特简是两种选用的方式。有时大臣认为特简是一种偏私的恩典，甚至拒绝皇上的荣命。孝宗用中旨改徐恪为南京工部右侍郎，恪疏称"大臣进用，宜出廷推，未闻有传奉得者。臣生平不敢由他途进，请赐罢黜"[6]，这是一个好例子。可是特简的制度永远和会推的制度并存，干练的君主用人行政的时候甚至大都出于特简。在宽厚、平庸的君主手里，特简的大权依然存在，但是简用的大臣不是出于首辅的推荐，便是出于近幸的引进。居正这次入阁，全是徐阶的力量。居正自言"圣主念甘盘之旧，不弃簪履；元翁垂接引之慈，无遗管蒯"[7]，所谓"元翁"，即指徐阶。

入阁以后，便有入阁以后的措施。无疑地，居正是热恋政权的。自隆庆元年入阁以后，直到万历十年身死为止，在这长长的十六年之中，他没有一天不在积极地巩固他的政权，也没有一天曾经放弃他的政权。政权在手中了，他要有一番作为。隆庆元年，他还只是一个新进，阁中有很多他的老师和前辈，只有李春芳是他的同年，但在他入阁以前，春芳已经是二年大学士了。可是居正既经入阁，便有一番抱负。也许在做翰林学士的时候，他还预备做一个文人，现在事情不同了，一切都在他的眼里。入阁之初，他写了这样的几封信：

仆以浅薄，骤冒非分，日夕惶惶，罔知攸措。思所以酬主恩而慰知己者，唯虚平此心，不敢向人间作好恶耳。至于转旋之机，未免有迹非心是之判，士大夫责望素深，或不能尽如其意，然亦不暇顾矣。[8]

深惟谫薄，任过其才，夙夜念之，若为称塞。唯当坚平生硁硁之节，竭一念缕缕之忠，期不愧于名教，不负于知己耳。[9]

仆以谫薄，获依日月之末光，猥从末阶，骤跻三事，束栌作柱，用荷为梁，庸愚之人犹将嗤之，况高明者硕如翁者乎？乃辱不鄙，远赐问贺，奖借过情，重增其愧。至勉仆以作者之事，尤不敢当。古人以行谊文章兼显于时者，世不多见。明兴二百余年，名世之辅，专门之彦，凡几作矣，而一代文章，犹未能追踪古昔，乃欲责之于椎鲁人，讵能耶？若使以其硁硁小人之守，惓惓纳诲之心，朝夕俟衮职有缺，时用一缕补之，以仰答隆遇而免于罪戾，或庶几耳。[10]

关于居正入阁之初，还有一段记载应当辨正的。王世贞在《张居正传》中称“当居正之进阁，阁臣凡六人……居正最后拜，独谓辅相体当尊重，于朝堂倨见九卿，他亦无所延纳；而间出一语，辄中的，人以是愈畏惮之，重于他相矣”。其后《明史》居正本传亦称“时徐阶以宿老居首辅，与李春芳皆折节礼士，居正最后入，独引相体，倨见九卿，无所延纳，间出一语，辄中肯，人以是严惮之，重于他相”。《明史》本传的记载完全根据王传，连字句方面都可以指出雷同的地方，其实两传都是错误的。

这段记载的错误是时间的错误。居正倨见九卿，为众严惮的时候是有的，但这是万历以后的事了。万历元年九月，吏部尚书杨博致仕，十二月礼部尚书陆树声致仕，三年六月左都御史葛守礼致仕，老成人退休了，九卿之中，不是居正所汲引，便是他的亲戚，居正身为首辅，连带阁中的吕调阳、张四维都几乎成为他的僚属，何况九卿！“倨”是诚然有的，“惮”也理有固然。但是隆庆元年，居正入阁之初，杨博为吏部尚书，葛守礼为户部尚书，都是居正平时严惮的人物，在官阶方面，他们都在居正之上，本来谈不到“倨”。隆庆六年六月，神宗即位，居正当国，七月命陆树声为礼部尚书。树声是嘉靖二十年进士，比居正前两科，居正见树声，用后辈见先辈礼。有一次树声到内阁拜访居正，因为客座稍偏，简直不肯入座，直待居正亲自改正席次以后，方肯接谈。这里固然看到树声的严正，但是同样也看出居正的礼遇。居正当然有居正的气魄，但是要说入阁之初“倨见九卿”，这是时间的错误。

王世贞

王世贞（1526—1590），明代文学家、史学家，做《张居正传》。他倡导文学复古运动，认为“文必秦汉、诗必盛唐”。

隆庆元年四月，居正进礼部尚书，兼武英殿大学士。据《文忠公行实》，这次进官因为“永乐大典成”的缘故，当然这是指重修《永乐大典》的故事。

就在这短短的时期里，内阁里发生一次阁潮。隆庆初年的内阁实际是三个名臣的内阁——徐阶、高拱、张居正。居正和徐阶、高拱都有相当的关系，现在还没有到他崭露头角的时机，但是徐阶、高拱的对立正在逐日地尖锐。

第一个攻击高拱的是吏科给事中胡应嘉。世宗病重的时候，高拱从直庐里偷偷地回去，准备搬家。应嘉知道了，提出弹劾，世宗在昏眩中一切不问，但是高拱认为胡应嘉和徐阶同乡，一定受了徐阶的指使，事态便扩大了。高拱有仇必报，本来谈不上容忍，一切正在等待机会。隆庆元年，吏部尚书杨博主持京察。京察是明代的制度，宪宗成化四年奏准，京官五品以下，吏部会同都察院及各堂上掌印官共同考察。孝宗弘治十七年奏准，每六年举行一次。六年京察的制度确定了，但是万历以前，有时还来一个特别考察，这便是所谓“闰察”。

本来明朝的文官制度是终身制，像那些“改组”“裁员”，以及“手谕”开除这一类的制度，都还没有制定。在大臣手里的威柄，只是“京察”。这个威柄照例握在吏部尚书手中，除了都御史可以随时过问以外，不受任何的干涉。现在权柄在杨博手中了，这一次的京察连御史、给事中都降黜了，算得上雷厉风行。偏偏杨博的同乡——山西人没有一个降黜的，这一来动了御史和给事中的公愤。第一个攻击杨博的又是胡应嘉。

应嘉弹劾杨博挟私愤，庇乡里，错是没有说错，可是恰恰错在应嘉的吏科给事中上面。在吏部办理京察的时候，吏科给事中应当参加。

事前没有提出异议，事后偏要提出弹劾，连宽厚的穆宗也认为抵牾，下令内阁商量处罚，这一来高拱报复的机会到了。

内阁当中，郭朴和高拱同乡，这一次首先发言的是郭朴。他毅然地说：“胡应嘉出尔反尔，全不是人臣事君的道理，应当革职。”

“应当革职为民。”高拱也说。

徐阶看了郭朴，再看高拱，两位阁老都紧张得了不得，无可奈何，只得点点头，胡应嘉的革职算是革定了。

明朝的言官真是了不得。他们是一窝胡蜂，你动了一个，他们会来一群。都察院有的是御史，六科里有的是给事中，你瞧吧！京察的时候，吏部尚书对于言官，照例谈不到降黜。偏偏杨博给他们一次降黜，偏偏郭朴、高拱又主张胡应嘉革职为民，胡蜂窝被惊动了，兵科给事中欧阳一敬先劾高拱‘奸险横恶，无异蔡京”。给事中辛自修、御史陈联芳上疏再劾高拱，御史郝杰直攻高拱“无宰辅器”。事态更加严重了，一切的责任都在徐阶身上。徐阶拟旨调胡应嘉为建宁推官，处分减轻了，但是一般的言官们还不满意。欧阳一敬再劾高拱“威制朝绅，专柄擅国，亟宜罢”。高拱当然不能承认，便来一次答辩，事情又到徐阶手里了。徐阶拟旨一边慰留高拱，一边斥责言官：他满心以为从此结束了一件公案。

可是高拱不满意。高拱希望徐阶拟旨，给言官们一次廷杖。杖，杖，杖！高拱记得世宗的时候，言官们弹劾大学士以后，通常是一次廷杖，说不定还有更坏的在后面，杖一下算什么？徐阶也记得这是严嵩掌握政权的故事；他知道穆宗不是世宗，自己也不是严嵩，至于为了高拱，再和言官们结怨，那更犯不着；他再三考虑，只是摇摇头。徐阶决定不和言官们结怨，但是高拱却决定和徐阶结怨了。“你手下有言官，”高拱想，“我手下也有一两个。”

高拱手下的御史是齐康。在应嘉事后不久，齐康便对徐阶提出一次弹劾。可是这一次却犯了言官们的众怒，大众聚齐了，痛痛快快地先给他一次唾骂。一敬劾齐康，齐康也劾一敬。“你说我是高党，我便说你是徐党。”北京城里有的是纸张，弹劾，弹劾！但是齐康这一边人数太少了，究竟抵不上欧阳一敬的气势，从此高拱成为众矢之的。但是，最后的一支箭，却从南京放过来。

京察的大权操在吏部和都察院手里，在京察的时候，得到贬黜处分的连皇帝也留不得，神宗万历以后，偶然还留几个，这真是偶然了。隆庆以前，京察是无上的威权，五品以下的官吏一经“察典”,便是终身的耻辱,这是“上剋下”。但是明朝的制度一切都有个平衡，有了“上剋下”，当然便有‘下剋上”。四品以上的官是京察管不了的，他们在京察这一年，每人照例“遵诏自陈”。自陈便是陈述个人的阙失，听候皇帝的处分。当然，这是一种形式，自己不妨来一个“学疏才浅”，用不着直抉隐微，自行攻击。但是给事中、御史们可以提出“京察拾遗”，经过“京察拾遗”的，没有幸免的机会。这一次高拱和北京的言官闹翻了，因为要顾全身份，北京的言官到底不好提出拾遗，拾遗的责任落在南京的给事中和御史肩上。就在隆庆元年五月,高拱致仕。高拱去了以后,言官对郭朴还是不断地攻击，到九月间，郭朴也致仕。这一次阁潮里，徐阶又得了决定性的胜利。

午门

明朝开创了廷杖大臣的恶劣传统，执行地点在午门，受刑者非死既重伤。

当然，这是一个严重的阁潮，然而居正毕竟渡过了，在左右为难的当中，总算没有得罪老师，也没有得罪朋友，但是他对于言官们的嚣张，留下一个不可磨灭的印象。他认为“士习人情，渐落晚宋窠臼”[11]，正在计较怎样给他们一个处分。言官们得到徐阶的保障，议论逐日地激昂起来，穆宗感觉厌倦，吩咐徐阶惩诫，徐阶只是传谕言官，自行省改，事情又平息下去了，这样度过了隆庆元年。

二年正月，居正加少保兼太子太保。

这一年的上半年，政局又发生了一些波澜。内阁里面，除了徐阶、居正，只有李春芳、陈以勤，都是忠厚长者，本来不会有什么波澜的，波澜却发生在皇帝的宫中。穆宗是一个宽厚的人，但是他爱玩好，爱游幸。这算得什么呢？但是古代的大臣对于皇上私人的行为负有政治上的责任。徐阶一再谏阻，免不了皇帝左右的厌恶。六月间，穆宗又要幸南海子，而徐阶再来一次切谏。也许穆宗委实有些厌倦了，也许他还不十分清楚，他毕竟往南海子去了。七月间，给事中张齐又给徐阶提出一次弹劾。终于，徐阶也致仕了，十七年的大学士，七年的首辅，就在隆庆二年七月间舍弃了北京的政治生活，回到江南的故乡。临行的时候，徐阶把朝廷大事和个人家事都托付给居正。对于朝廷大事，居正当然应当担当的。徐家的事，也许还有一些曲折。徐阶有三个儿子，当徐阶在朝的时候，在家乡委实有些作威作福。尽管父亲在那里高讲心性之学，但是儿子们所爱的只是钱财。亲戚陆家的家长死了，孩子还小，巨万的家财都到了徐家，家乡的怨读言正在那里滋长，连在北京城里也成了公开的消息。齐康不曾为此提出弹劾吗？高拱致仕了，但是会不会长在林下？谁都不能说。徐阶知道自己是林下的人了，处处都得提防。他只有吩咐居正，他知道唯有居正是自己一手提拔的人，也唯有居正可以替自己担当这些大事[12]。

和徐阶分别以后，居正给他写了一封信：

不肖受知于老师也，天下莫不闻；老师以家国之事，托之于不肖也，天下亦莫不闻。丙寅之事，老师手扶日月，照临寰宇，沉几密谋，相与图议于帷幄者，不肖一人而已。既而获被末光，滥蒙援拔，不肖亦自以为不世之遇，日夜思所以报主恩、酬知己者。后悟人事不齐，世局屡变，使老师经纶匡济之业，未获尽纾；不肖感激图报之心，竟成隔阂。故昨都门一别，泪簌簌而不能止，非为别也，叹始图之弗就，慨鄙意之来伸也。天实为之，谓之何哉！大丈夫既以身许国家，许知己，唯鞠躬尽瘁而已，他复何言。[13]

“丙寅之事”，指立穆宗、发遗诏的事。这一书看出徐阶和居正中间的密切关系。其后隆庆四年，居正又著一书，述及在两度政潮中自己的立场：

捧读台翰，涕泗交零。以不肖之浅薄，猥辱老师甄陶引拔，致有今日，恩重于丘山，报微于毫末。元年之事，选懊自立，不能昌言，以树正帜，一罪也。及谗言外哄，中人内构，不能剖心以明老师之诚节，二罪也。公旦远避流言，于今三年，不能以一语寤主，使金縢久闻，郊礼不行，三罪也。今日之事，惟以逭积愆而释大惭耳，其视古人所以报知己，何如哉！翰教远贻，弥以为愧。计自今以往，世局又当一新矣。冥鸿迹远，缯缴安施？惟强饭自持，以慰耿耿。[14]

此书大致作于隆庆四年，最迟不出五年。隆庆三年十二月高拱召还，兼掌吏部。所谓“世局又当一新”者，自指高拱复政事。“冥鸿迹远”两句给徐阶一些安慰。大致在高拱复政以后，徐阶寒心，所谓“台翰”，当然又是一番吩咐，所以居正再与安慰。从此书中又可看出隆庆二年徐阶的失败完全是因为内监们的攻击，所谓“中人内构”者指此。明白了徐阶失败的原因，便可以明白高拱复政的原因。一个宽厚的皇帝，自己不能亲政，和士大夫间失去了应有的联系，一切的耳目寄在内监身上，政治上的波澜都从宫廷中发出，这是穆宗的失策。《明史》责备穆宗“柄臣相轧，门户渐开，而帝未能振肃乾纲，矫除积习”[15]，只是一个平庸的论断。

徐阶去位，李春芳代为首辅，政权应当是春芳的了，但他只是一个好好先生，谈不上什么作为。到八月间，居正上陈六事疏。六事是：（一）省议论；（二）振纪纲；（三）重诏令；（四）核名实；（五）固邦本；（六）饬武备。这是居正的大政方针。有什么远大的政见？没有的，这里只有平凡的见地，没有高超的理论。居正不是政论家，他只是一个现实的大臣，一切的主张都针对当时的需要。省议论、核名实、饬武备三事，对于现代的国家都有相当的价值，移录如次：

一、省议论　臣闻天下之事，虑之贵详，行之贵力，谋在于众，断在于独。汉臣申公云，“为治不在多言，顾力行何如耳”。臣窃见顷年以来，朝廷之间，议论太多，或一事而甲可乙否，或一人而朝由暮跖，或前后不觉背驰，或毁誉自为矛盾，是非淆于唇吻，用舍决于爱憎，政多纷更，事无统纪。又每见督抚等官，初到地方，即例有条陈一疏，或漫言数事，或更置数官。文藻竞工，览者每为所眩，不曰“此人有才”，即曰“此人任事”。其实莅任之始，地方利病，岂尽周知？属官贤否，岂能洞察？不过采听于众口耳。读其辞藻，虽若烂然，究其指归，茫未有效，比其久也，或并其自言者而忘之矣。即如昨年，皇上以虏贼内犯，特敕廷臣，集议防虏之策，当其时，众言盈庭，群策毕举，今又将一年矣，其所言者，果尽举行否乎？其所行者，果有实效否乎？又如蓟镇之事，初建议者曰“吾欲云云”，当事者亦曰“吾欲云云”，曾无几何，而将不相能，士哗于伍，异论繁兴，讹言踵至，于是议罢练兵者，又纷纷矣。臣窃以为事无全利，亦无全害，人有所长，亦有所短，要在权利害之多寡，酌长短之所宜，委任责成，庶克有济。今始则计虑未详，既以人言而遽行，终则执守靡定，又以人言而遽止，加之爱恶交攻，意见横出，谗言微中，飞语流传，寻之莫究其端，听之不胜其眩，是以人怀疑贰，动见诪张，虚旷岁时，成功难睹。语曰：“多指乱视，多言乱听！”此最当今大患也。伏望皇上自今以后，励精治理，主宰化机，扫无用之虚词，求躬行之实效。欲为一事，须审之于初，务求停当，及计虑已审，即断而行之，如唐宪宗之讨淮蔡，虽百方阻之，而终不为之摇。欲用一人，须慎之于始，务求相应，既得其人，则信而任之，如魏文侯之用乐羊，虽谤书盈箧，而终不为之动。再乞天语，丁宁部院等衙门，今后各宜仰体朝廷省事尚实之意，一切章奏，务从简切，是非可否，明白直陈，毋得彼此推诿，徒托空言。其大小臣工，亦各宜秉公持正，以诚行直道相与，以勉修职业为务，反薄归厚，尚质省文，庶治理可兴，而风俗可变也，伏乞圣裁。

一、核名实　臣闻人主之所以驭其臣者，赏罚用舍而已。欲用舍赏罚之当，在于综核名实而已。臣每见朝廷欲用一人，当事者辄有乏才之叹。窃以为古今人材，不甚相远，人主操用舍予夺之权，以奔走天下之士，何求而不得，而曰“世无才焉”！臣不信也。惟名实之不核，拣择之不精，所用非其所急，所取非其所求，则士之爵禄不重，而人怀侥幸之心，牛骥以并驾而俱疲，工拙以混吹而莫辨，才恶得而不乏，事恶得而有济哉！臣请略言其概。夫器必试而后知其利钝，马必驾而后知其驽良，今用人则不然。称人之才，不必试之以事，任之以事，不必更考其成，及至偾事之时，又未必明正其罪。椎鲁少文者，以无用见讥；而大言无当者，以虚声窃誉；倜傥伉直者，以忤时难合；而脂韦逢迎者，以巧宦易容。其才虽可用也，或以卑微而轻忽之；其才本无取也，或以名高而尊礼之；或因一事之善，而终身借之以为资；或以一动之差，而众口訾之以为病。加以官不久任，事不责成，更调太繁，迁转太骤，资格太拘，毁誉失实。且近来又有一种风尚，士大夫务为声称，舍其职业，而出位是思，建白条陈，连篇累牍，至核其本等职业，反属茫昧。主钱谷者，不对出纳之数，司刑名者，未谙律例之文。官守既失，事何由举？凡此皆所谓名与实爽者也。如此则真才实能之士，何由得进？而百官有司之职，何由得举哉？故臣安以为世不患无才，患无用之之道。如得其道，则举天下之士，唯上之所欲为，无不应者。臣愿皇上慎重名器，爱惜爵赏，用人必考其终，授人必求其当，有功于国家，即千金之赏，通侯之印，亦不宜吝；无功国家，虽嚬笑之微，敝袴之贱，亦勿轻予。仍乞敕下吏部，严考课之法，审名实之归，遵照祖宗旧制，凡京官及外官，三、六年考满，毋得概引复职，滥给恩典，须明白开具"称职""平常""不称职"，以为殿最。若其功过未大显著，未可遽行黜陟者，乞将诰册、勋阶等项，酌量裁与，稍加差等，以示激劝。至于用舍进退，一以功实为准，毋徒眩于声名，毋尽拘于资格，毋摇之以毁誉，毋杂之以爱憎，毋以一事概其平生，毋以一眚掩其大节。在京各衙门佐贰官，须量其才器之所宜者授之，平居则使之讲究职业，赞佐长官。如长官有缺，即以佐贰代之，不必另索。其属官有谙练故事、尽心官守，九年任满者，亦照吏部升授官职，高者即转本衙门堂上官。小九卿堂官品级相同者，不必更相调用。各处巡抚官，果于地方相宜，久者或就彼加秩，不必又迁他省。布、按二司官，如参议久者，即可升参政，佥事久者，即可升副使，不必互转数易，以滋劳扰。如此则人有专职，事可责成，而人材亦不患其缺乏矣。此外如臣言有未尽者，亦乞敕下该部，悉心讲求，条列具奏。伏乞圣裁。

一、饬武备　臣惟当今之事，其可虑者，莫重于边防；庙堂之上，所当日夜图画者，亦莫急于边防。迩年以来，虏患日深，边事久废。比者屡蒙圣谕，严饬边臣，人心思奋，一时督抚将领等官，颇称得人，目前守御，似亦略备矣。然臣以为虏如禽兽然，不一创之，其患不止，但战乃危事，未可易言，须从容审图，以计胜之耳。今之上策，莫如自治，而其机要所在，莫如皇上赫然奋发，先定圣志。圣志定，而怀忠蕴谋之士，得效于前矣。今谭者皆曰"吾兵不多，食不足，将帅不得其人"。臣以为此三者皆不足患也。夫兵不患少而患弱。今军伍虽缺，而粮籍具存，若能按籍征求，清查隐占，随宜募补，着实训练，何患无兵？捐无用不急之费，并其财力，以抚养战斗之士，何患无财？悬重赏以劝有功，宽文法以伸将权，则忠勇之夫，孰不思奋，又何患于无将？臣之所患，独患中国无奋励激发之志，因循怠玩，姑务偷安，则虽有兵食良将，亦恐不能有为耳。

故臣愿皇上急先自治之图，坚定必为之志，属任谋臣，修举实政，不求近功，不忘有事，熟计而审行之，不出五年，虏可图矣。至于目前自守之策，莫要于选择边吏，团练乡兵，并守墩堡，令民收保，时简精锐，出其空虚以制之，虏即入犯，亦可不至大失。此数者昨虽已经阁、部议行，臣愚犹恐人心玩愒日久，尚以虚文塞责。伏乞敕下兵部，申饬各边督抚，务将边事，著实举行。俟秋防毕日，严查有无实效，大行赏罚，庶沿边诸郡，在在有备，而虏不敢窥也。再照祖宗时，京营之兵数十万，今虽不足，尚可得八九万人，若使训练有方，亦岂尽皆无用，但士习骄惰，法令难行，虽春秋操练，徒具文耳。臣考之古礼，及我祖宗故事，俱有大阅之礼，以习武事，而戒不虞。今京城内外，守备单弱，臣常以为忧。伏乞敕下戎政大臣，申严军政，设法训练。每岁或间岁，季冬农隙之时，恭请圣驾，亲临校阅，一以试将官之能否，一以观军士之勇怯，有技艺精熟者，分别赏赉，老弱不堪者，即行汰易。如此，不惟使辇毂之下，常有数万精兵，得居重驭轻之道，且此一举动，传之远近，皆知皇上加意武备，整饬戎事，亦足以伐狂虏之谋，销未萌之患，诚转弱为强之一机也。伏乞圣裁。

三条以外，振纪纲条则言："伏望皇上奋乾刚之断，普离照之明，张法纪以肃群工，揽权纲而贞百度；刑赏予夺，一归之公道而不必曲徇乎私情，政教号令，必断于宸衷而毋致纷更于浮议。法所当加，虽贵近不宥，事有所枉，虽疏贱必申。"重诏令条则言"伏望敕下部、院等衙门，凡大小事务，既奉明旨，须数日之内，即行题覆，若事理了然，明白易见者，即宜据理剖断，毋但诿之抚、按议处，以致耽延。其有合行议勘问奏者，亦要酌量事情缓急，道里远近，严立限期，责令上紧奏报，该部置立号簿，发记注销。如有违限不行奏报者，从实查参，坐以违制之罪，吏部即以此考其勤惰，以为贤否。然后人思尽职而事无壅滞也"。固邦本一条，从国家经费的立场立论。本来居正对于嘉靖以来民穷财尽的情形，目睹心伤，所以一面言"伏望皇上轸念民穷，加惠邦本，于凡不急工程，无益征办，一切停免，敦尚俭素，以为天下先"；一面又说"今风俗侈靡，官民服舍，俱无限制。外之豪强兼并，赋役不均，花分诡寄，恃顽不纳田粮，偏累小民。内之官府造作，侵欺冒破，奸徒罔利，有名无实。各衙门在官钱粮，漫无稽查，假公济私，官吏滋弊，凡此皆耗财病民之大者，若求其害财者而去之，则亦何必索之于穷困之民，以自耗天下之元气乎"？

居正二十五岁时著《论时政疏》，上《陈六事疏》的时候，已经四十四岁了。二十年当中，固然有许多前后一贯的地方，但是二十年的经验在他的主张中发生了不可磨灭的变化。他的议论已经摆脱少年文士的习气，一切扼着要点，他所陈的六事，我们不妨分为两大项：第一是论政本，第二是论急务。

第一条到第四条是论政本。他希望穆宗有主张，有决断，一切的诏令要实现，一切的政策要贯彻，一切的议论要控制。用现代的术语来说，他希望穆宗实行独裁政治。不明白君主政治的内容的人也许以为君主政治都是独裁的，其实这是观念的错误。君主政治只能加强独裁的地位，不一定是独裁政治。在一个优柔寡断的君主手里，整个政局常有多头政治的倾向，这不是独裁。居正的主张是希望穆宗独裁。振纪纲，崇诏令两条，提高君主的地位；省议论一条，取缔一般的言论；校名实一条，完成独裁的机构。独裁，独裁，唯有独裁，才是居正的理想。他歌颂成汤，歌颂秦始皇，歌颂明太祖。他曾说过：

三代至秦，混沌之再辟者也，其创制立法，至今守之以为利，史称其得圣人之威。使始皇有贤子，守其法而益振之，积至数十年，继宗世族，芟夷已尽，老师宿儒，闻见悉去，民之复起者，皆改心易虑，以听上之令，即有刘项百辈，何能为哉！惜乎扶苏仁懦，胡亥稚蒙，奸宄内发，六国余孽尚存，因天下之怨而以秦为招，再传而麋，此始皇之不幸也。假令扶苏不死继立，必取始皇之法纷更之，以求复三代之旧，至于国势微弱，强宗复起，亦必乱亡。后世儒者，苟见扶苏之谏焚书坑儒，遂以为贤，而不知乱秦者扶苏也。高皇帝以神武定天下，其治主于威强，前代繁文苛礼，乱政弊习，刬削殆尽，其所芟除夷灭，秦法不严于此矣。又浑沌之再辟也。懿文仁柔，建文误用齐、黄诸人，踵衰宋之陋习，日取高皇帝约束纷更之，亦秦之扶苏也。建文不早自败，亦必亡国。幸赖成祖神武，起而振之。历仁、宣、英、宪、孝，皆以刚明英断，总揽乾纲，独运威福，兢兢守高皇帝之法，不敢失坠，故人心大定，而势有常尊。至于世庙，承正德群奸乱政之后，又用威以振之，恢皇纲，饬法纪，而国家神气，为之再扬。盖人心大则难变，法之行，不可虑始，即有不便于人者，彼久而习之，长而安焉，亦自无不宜矣。三代惟商之规模法度，最为整肃，成汤、伊尹，以圣哲勇智，创造基业，其后贤圣之君六七作，故国势常强，纣虽无道，而周取之甚难。以文、武、周公之圣，世历三纪，始得帖然顺服，盖天下之归殷大矣。余尝谓本朝立国规模，大略似商，周以下远不及也。列圣相承，纲维丕振，虽历年二百有余，累经大故，而海内人心，晏然不摇，斯用威之效也。腐儒不达时变，动称三代云云，及言“革除”事，以非议我二祖法令者，皆宋时奸臣卖国之余习，老儒臭腐之迂谈，必不可用也。[16]

张居正手迹

《杂著》不知是哪一年的著作，从太祖洪武元年到穆宗隆庆元年，恰恰二百年，所以这一段是隆庆二年以后写的了，也许是和《陈六事疏》同时或略后。在这一段时间里，居正期望穆宗做成汤，他自己也准备做伊尹。但是居正的《陈六事疏》和《论政事疏》一样，没有达到应有的目的。事情再简单不过了，穆宗不是成汤，不是秦始皇，不是明太祖、成祖，也不是世宗，他只是一个宽厚的君主，谈不上“总揽乾纲，独运威福”。当然，居正显然憧憬到景帝任用于谦的故事。那时只要有一个负责的大臣，国家一样可以转危为安，但是隆庆二年，整个国家在粉饰太平当中，皇帝对居正未必像景帝那样地信任，而且内阁还有李春芳、陈以勤这几位大臣，一切的大权也轮不到居正掌控。等待，等待，居正还得等待。他所得的只有朱批“览卿奏，俱深切时务，具见谋国忠恳，该部、院看议行”二十个字。

成效不能说是没有的。都御史王廷覆振纪纲，重诏令二事，分为八条。户部尚书马森议固邦本事，言财用之当经理者十条。兵部尚书霍冀议饬武备事，一议兵，二议将，三议团练乡兵，四议守城堡，五议整饬京营；又奏请亲临大阅，一切都是空文。

但是毕竟还有一些成绩，这便是省议论。隆庆二年八月以后，议论少得多了。居正自己屡次说过：

近来士习人情，似觉稍异于昔，浮议渐省，实意渐孚。鄙人疏发其端，而太宰公力助之。太平之休，庶几可望，但不知后来何如耳。[17]

近来士习人情，似觉稍异于昔。李石翁宽和沉静，斡握机衡，仆亦竭其驽钝，以共相疏附，诗所谓“伯氏吹埙，仲氏吹篪”者，或庶几焉。[18]

近来士习人情，纪纲法度，似觉稍异于昔，实自小疏发之，然忌我者，亦自此始矣。念既已深荷重任，义当直道正言，期上不负天子，下不负所学，遑恤其他。[19]

太宰指吏部尚书杨博，李石翁即李春芳，字石麓。本来从嘉靖末年起，内阁里面就种下了斗争的种子，许多议论发生了，“或一事而甲可乙否，或一人而朝由暮跖”，这是事实。现在高拱去了，徐阶去了，吏部尚书有老成练达的杨博，内阁首辅有宽和、沉静的李春芳，一切的风波平定下来。不过这只是暂时的停止，到隆庆三年的秋天，风波又起，以后波涛汹涌，直到隆庆六年的秋天。隆庆四年，居正曾说：“声容盛而武备衰，议论多而成功少，宋之所以不竞也，不图今日，复见此事。仆不度德量力，欲一起而振之，而力不从心，动见龃龉，茹堇怀冰，有难以言控者，唯当鞠躬尽瘁，以答主知而已。其济与否，诚不可逆睹也。”[20]我们由此可以想象居正当时的处境。

李春芳、陈以勤等这几位大学士只是太平的宰相，在动乱当中，他们谈不到干济。相传徐阶致仕以后，春芳长叹一声，“徐公致仕了，我说不到久留，只有早晚也去。”他说。“只有这样，才可保全今名。”居正接着说。据说因此春芳连上三疏，请求致仕。[21]事情也许不一定如此，但是居正对于当时的朝政委实十分得忧虑。后来他也说“窃见嘉、隆以来，纪纲颓坠，法度陵夷，骎骎宋、元之弊”。[22]他真没料到在这个困难中，“一起而振”的抱负只存在自己的腔子里。当他看到这几位雍容进退的大臣时，他会想起孔子的议论：“危而不持，颠而不扶，则将焉用彼相矣。”孔子不是过激，他只觉得处在有责任的地位，应当把责任切实担起来。孔子又曾经提起质问：“虎兕出于柙，龟玉毁于椟中，是谁之过与？”居正当然记得朱熹在《集注》中说的“典守者不得辞其过”。猛兽从笼子里出来，宝贝在柜子里被毁掉，这都是负责任者的罪过。居正慨然地感觉到一切都是自己的责任。“鞠躬尽瘁，死而后已”，居正自己看得很明白。

当时第一重任便是国防。明朝的制度完全是战时体制，国家的政治中心放在第一道战线上，永远脱离不了战争的威胁，忧国的大臣当然也抱定国防第一的方略。万历三年，北边的大局已经渐渐稳定，居正还说“仆内奉宸扆，外忧边境，一日之内，神游九塞，盖不啻一再至而已”。[23] 那么在隆庆初元，他对于边境的忧虑当然更可知。他的方针是先行整理边防的布置，随时再做出击的计划。

从明朝初年直到张居正所处的时代，最大的敌人只是北方的鞑靼。明朝对外的策略，第一是修筑北方的边墙，这就是有名的万里长城，当时的国防工事。在长城以内设有九镇：辽东、蓟州、宣府、大同、榆林、宁夏、甘肃、太原、固原。用现在的术语来说，便是九个军区，居正所谓“神游九塞”者指此。河套一带，敌人的势力比较薄弱，因此西部四镇不十分吃重，包括太原在内长城以内也还安定，吃紧的是辽东、蓟州、宣化、大同四镇。嘉靖二十九年，设总督蓟辽、保定等处军务一员，总督宣大、山西等处军务一员，简称蓟辽总督、宣大总督，这是北京的左、右两翼，拱卫国家的中心。兵部左、右侍郎出为蓟辽总督、宣大总督；总督入京，便是兵部尚书；有时特任兵部尚书，出为总督。从一切的体制里都可看出明朝对于蓟辽、宣大的重视，四镇之中最吃紧的还是蓟州。

最初，在辽东还没有受到外来的威胁以前，这里距离鞑靼的中心还远，所以不十分吃紧，宣化、大同外面也有山险可守，所以最危险的还是蓟州。自从放弃三卫以后，北京东北直至山海关，明王朝和鞑靼的交界只剩一座边墙，敌人可以随时从喜峰口、黄崖口、古北口入境。等到敌人入境以后，他们可以随时包围北京，蓟辽总督只能在外线挣扎，情势真是危险极了。所以，隆庆五年蓟辽总督刘应节上言“以今上计，发精兵二十余万，恢复大宁，控制外边，俾畿辅肩臂益厚，宣、辽声援相通，国有重关，庭无近寇，此万年之利也。如其不然，集兵三十万，分屯列戍，使首尾相应，此百年之利也。又不然，则选主客兵十七万，训练有成，不必仰借邻镇，亦目前苟安之计”。应节三计，上策是战略的大成功，恢复大宁以后，东北的国防线缩短，东西声息相通，北京的外围增加几重保障。但是自从成祖放弃大宁，整个明朝就没有恢复三卫的决心，于是，一切重心都落到了蓟州。

嘉靖年间，杨博早就看到了蓟州的重要，嘉靖三十八年杨博上疏：“今九边蓟镇为重，请饬边臣逐大同寇，使不得近蓟，宣大诸将从独石侦情形，预备黄花、古北诸要害，使一骑不得入关，即首功也。”他看定当时没有大举进攻的可能，所以他主张坚守。隆庆五年，杨博再起，任兵部尚书的时候，他说："议者以守墙为怯，言可听，实无实效。墙外邀击，害七利三，墙内格斗，利一害九。夫因墙守，所谓'先处战地而待敌'，名守实战也。臣为总督，尝拒打来孙十万众，以为当守墙无疑。"他和刘应节的议论都是隆庆五年的议论。那时蓟州已经有一番布置，明王朝和鞑靼也暂时维持和平的局势。

隆庆元年九月，俺答寇大同，陷石州，掠交城、文水，烽火照遍山西的中部。同时上蛮进犯蓟镇，掠昌黎、卢龙，直至滦河，整个北京又陷入战争的恐慌中，直到十月才解严。穆宗下诏群臣议战守事宜。居正在《陈六事疏》中所称"众言盈庭，群策毕举"者指此。这时吴时来已自横州回朝，进工科给事中了；时来上疏荐谭纶、俞大猷、戚继光：他主张用这三位讨破倭寇的大将，练兵蓟州，抵抗北方的敌人。一则时来是徐阶的门生，二则谭纶等也是当时第一等的人才，这个主张终于实现了。谭纶本来总督两广军务，立即召为兵部左侍郎兼右佥都御史，总督蓟辽、保定军务。大猷老了，仍旧驻扎广西，为广西总兵官，没有动。继光召为神机营副将，隆庆二年五月，奉令总理蓟州、昌平、保定三镇练兵事，总兵官以下，悉受节制。从此谭纶、戚继光都到北边练兵，居正也和他们发展了深切的关系。隆庆六年，居正当国，谭纶入为兵部尚书，直到万历五年四月病殁为止；继光镇守蓟州十六年，也直待居正病殁以后，方才被调往广东。

谭纶就任蓟辽总督以后，第一招儿便是练兵，疏称：

蓟昌卒不满十万而老弱居半，分属诸将，散二千里间，敌聚攻，我分守，众寡强弱不侔，故言者亟请练兵，然四难不去，兵终不可练。夫敌之长技在骑，非召募三万人勤习车战，不足以制敌，计三万人月饷五十四万，此一难也。燕赵之士锐气尽于防边，非募吴越习战卒万二千人杂教之，事必无成。臣与继光召之可立至，议者以为不可信，任之不专，此二难也。军事尚严，而燕赵士素骄，骤见军法，必大震骇，且去京师近，流言易生，徒令忠智之士掣肘废功，更酿他患，此三难也。我兵素未当敌，战而胜之，彼不心服，能再破乃终身创，而忌嫉易生，欲再举祸已先至，此四难也。以今之计，请调蓟镇、真定、大名、井陉，及督、抚标兵三万，分为三营，令总兵、参、游分将之，而授继光以总理练兵之职。春秋两防，三营兵各移近边，至则遏之边外，入则决死边内，二者不效，臣无所逃罪。又练兵非旦夕可期，今秋防已近，请速调浙兵三千，以济缓急，三年后边军既练，遣还。

一切的计划都照准，一切困难都解决，在内阁中主持的全是居正。继光到镇以后上疏备言练兵之害七，士卒不练之失六，虽练无益之弊四。继光又言“臣官为创设，诸将视臣为缀疣，臣安从展布”？“缀疣”委实是“缀疣”，有了蓟州、昌平、保定三个总兵，又有戚继光的总理。总理只能练兵三万，名为总兵官受其节制，其实三镇额兵十余万，总理无从节制。所以继光的地位，正是非常困难。在困难当中，兵部尚书霍冀想到了解决的方法。

戚继光

戚继光（1528—1588），明代著名抗倭将领、民族英雄、军事家和武术家。

假如我们认识明代的政治，不妨认为当时的政治中心组织完全是二元制。中叶以后，内阁的地位渐渐地成为政治中心，但在名义上只是皇帝的秘书处，大学士的责任在名义上至多只能“票拟”，在名义上，他们对于六部，也谈不到统制。用人的大权在吏部尚书手里，国防的大权在兵部尚书手里，因此吏、兵二部在六部中的地位特高。吏、兵两部尚书的实权有时在大学士之上：景帝的时候，国家大政，完全在兵部尚书于谦手里，这是一个实例。吏、兵尚书的实权有时完全在大学士之下，居正大权独揽的时候也是一个实例。但是，事实上内阁和吏、兵二部永远在牵制和摩擦当中，有时还能妥协，有时竟会冲突。在困难当中，只有赋有政治才能的人方能安稳地度过。

戚继光的问题来了，恰巧蓟辽总督谭纶对蓟州镇总兵郭琥有不满意的消息，这是兵部的职权。兵部尚书霍冀看到了，事情再简单不过，他奏明了，郭琥解职，调戚继光补蓟州镇总兵。但是事情偏不这样简单，郭琥是一位得力的将官，谭纶对他没有什么不满意，戚继光由节制三镇的总理改为一镇的总兵，实权尽管增加，名义上只是降黜，三个人都受到委屈。兵部尚书不管，内阁中的李春芳、陈以勤也不管，调处的责任只得由居正负起。我们看到他给谭纶的几封信，怎能不钦服他的苦心孤诣呢？

前闻道体小违和，无任悬念，今想勿药矣。近日处分戚帅，诚出下策，然非得已也。顷会霍司马云，“公本欲论郭琥”，则属者之举，似亦与高见悬符。且事权归一，法令易行，兵不远索，浮议自省，假之以便宜，需之以岁月，蓟镇之事，亦未必不可振也。但以总理体面，比之镇守为优，今既易衔，则上、下承接，自有常分，用之虽重，而礼则少损矣。昨本兵题复，虑不及此，不知公议疏中，亦可为一处否？如不可处，则于常礼之外，少加优借以鼓舞之。[24]

戚帅以总理改总兵，诚为贬损！缘渠当仆以书相问之时，不急以此意告我，而本兵又仓卒题覆，故处之未尽其宜，然及今尚可为也，望公于议疏中，委曲为言。不但体面降抑，为下所轻，且督、抚标兵皆欲付之训练，若不兼总理，何以行便？也特致一书于阁中二公及虞坡、思斋，仆得从中赞之，更易为力也。倘得如意，当于敕书中增之，其关防当改铸矣。[25]

戚帅覆总理，不载疏中，谅公有难言者，已据部疏，拟特旨行之，即有言者，无足虑矣。[26]

向有人告仆云，“戚帅求望太过，志意太奢，虽公亦甚苦之。”故仆以为问。今奉来教，知昔之所怏怏者，徒以削其总理旧衔耳。今既力为光复，更将何求？近屡得渠禀帖，极为感奋，颇务收拾人心，渐图实事，仍望公时时教督之！虽然，仆何私于戚哉？独以此辈国之爪牙，不少优假，无以得其死力。今西北诸将如赵、马辈，仆亦曲意厚抚之，凡皆以为国家耳。缕缕之忠，惟天可鉴，若此辈不为国家尽力，是负天矣！郭琥之贤，诚如来教，即召至，面谕以公相知之意。嗟乎，人诚难知，知人亦未易也。[27]

“阁中二老”指李春芳、陈以勤，虞坡是吏部尚书杨博，思斋是兵部尚书霍冀。蓟镇的事情和吏部无涉，但是因为杨博是中枢的军事专家，当然要听取他的意见，从一切的布置中可看出居正对继光是怎样地维护。谭纶不便申请，终于由居正用特旨改蓟州镇总兵官为总理练兵事务，兼镇守[28]，这是隆庆二年的事。

居正与谭纶书称“但乞谕意戚帅，努力功名以答群望，仆亦与有光焉”[29]，又说“戚帅不知近日举动何如？折节以下士夫，省文以期实效，坦怀以合睽贰，正己以振威棱，乃渠今日最切务也。相见幸一勉之”[30]。对于继光，其后一般的议论还是认为人地不宜，居正尽力调护，《与凌参政书》又称“戚之声名，虽著于南土，然观其才智，似亦非泥于一局，而不知变者。且既已被镇守之命，有封疆之责，岂宜别有注画乎？今人方以此窥戚之衅，恐不知者又将以为口实也。公如爱戚，唯调适众情，消弭浮议，使之得少展布，即有裨于国家矣”[31]。凌参政是凌云翼，居正的同年进士。在继光镇守蓟州十六年当中，虽然没有赫赫的战绩，但是整个北边从此安静，这是继光的大功，当然也是居正的大功。

居正对于北边的关心真是无微不至。谭纶提议增筑敌台，居正立即答复：

昨议增筑敌台，实设险守要之长策，本兵即拟复行。但据大疏谓一台须五十人守之，则千台当五万人矣。不知此五万人者，即以摆守者聚而守之乎？抑别有增益乎？聚则乘垣者无人，增则见兵止有此数，不知又当何处也？又四面周广，才一丈二尺，虽是收顶之式，度其根脚，当亦不过倍此数耳。以五十人周旋于内，一切守御之具，与士卒衣粮薪水之类，充物其中，无乃太狭乎？便中仍望见教。[32]

关于蓟镇军粮之事，他又说过：

仆近访得蓟镇军粮，有关支于一二百里之外者，士卒甚以为苦。夫以数口之家，仰给于一石之粟，支放不时，斗斛不足，而又使之候支于数百里之外，往返道路，雇倩负戴，费将谁出？是名虽一石，其实不过八九斗止矣！况近日又有“抚赏”“采柴”等项名色，颇出其中，如是欲士皆饱食，折冲御侮，能乎？闻旧制，各区随在皆有仓口，该官守支。今各仓廒或颇圮坏，而其制犹有，其官犹在，独不可并廒修理，就近坐派乎？此事不必疏请，但与管粮郎中一计处可也。[33]

大致因为居正和谭纶的关系较深，所以对于蓟辽方面的书牍特多，但是对于宣大方面，他并没有忽略，所以又说：

近来边臣，人思奋励，而宣、大二镇，督抚将领，尤为得人。仆以浅薄，谬膺重寄，其于该镇之事，苦心积虑，虽寝食未尝忘也。奈何人心不同，议论不一，如马、赵二帅去岁出塞之功，实数年仅见，即破格优赉，岂足为过？而人犹有议其功微赏厚者！本兵遂慉缩疑畏，而不敢为之主，其掩春防之功，抑王公之请，咸以是耳！一二年来，言者率云“责实，责实”矣，而又不明赏罚以励之，则人孰肯冒死犯难，为国家用哉？辱教，容与本兵议之。督、抚宽洪持重，王公明达敏练，马之沉勇，赵之才气，皆仆素所敬信者。文武辑睦，事乃克济，不知云中事体，得如宣镇否也？[34]

督、抚指宣大总督陈其学，宣府巡抚王遴，马、赵指宣府总兵马芳，大同总兵赵岢。本兵即兵部尚书霍冀，“慉缩疑畏”，当然是他一贯的作风。隆庆二年以来，国防的重任，都落在居正的肩头。也许他想到几个分担责任的大臣，但是时机还早，一切还得等待。

隆庆二年十二月，废辽王宪㸅。本来隆庆元年，御史陈省弹劾宪㸅，诏令削去清微忠教真人名号，事情还很简单。二年巡按御史郜光先再劾宪㸅十三罪，穆宗派刑部侍郎洪朝选彻查。宪㸅倘是崇信道教的，不妨等待皇天上帝的保佑，但是他来不及等待，也不敢相信洪侍郎的彻查，有什么有利的报告。现在他是四十四岁的人了，但是他还年轻，他爱游戏，爱女人，一切生活久已戏剧化了，也许他想起《窦娥冤血洒幡竿》这一类的杂剧。“管他呢，”他想，“不妨试一试。”他树起一面白旗，写着“讼冤之纛”四个大字，这样一来事情便不简单了。按察副使施笃臣正在江陵，认定辽王造反，立刻调军遣将，五百个兵士把辽王府围住，直待刑部侍郎的光临。“讼冤”不成，惹上造反的大冤，据说笃臣平时和辽王不和，所以趁此陷害。

造反要有造反的气魄，也要有造反的布置。宪㸅只是一个贵族的无赖，他的布置也只有一面白旗，这是什么造反呢？洪朝选一看便明白了，在他的复奏里，他指实宪㸅淫酗暴虐，甚至也指实宪㸅僭拟不法，但是他没有说到宪㸅造反。朝选只把事实奏明，伏候皇上的圣裁。诏书降下了，宪㸅被废为庶人，禁锢高墙，同时废辽王，所有辽府诸宗一概改属楚王管辖，由广元王管理辽府事。这件大案解决以后，大家都指目居正，居正还记得他的祖父张镇的死吧，处分也太严厉了一点儿。三十一年以前的预言没有错，宪㸅终于被居正牵着鼻子走！但是事情还不止这样。万历十年，居正死了，宪㸅的次妃王氏还在，她看到御史羊可立正在追论居正，于是出面讼冤，指实居正公报私仇，成为居正身后抄家的张本。经过这个挫折以后，议论更多了。有的说居正因为羡慕辽府壮丽，所以陷害辽王。有的又说居正因为洪朝选不肯诬报辽王造反，所以在万历八年吩咐福建巡抚劳堪，陷害朝选，朝选下狱，绝了三天食，死在狱中。一切只是传说，不可尽信。康熙十二年，居正曾孙同奎进京，请求删正，《明史·张居正传》的记载因此被修正了，但是《辽王传》[35]《孙玮传》[36]还留下了不可磨灭的叙述。从嘉靖十六年起到乾隆四年《明史》完成为止，首尾二百零三年，这一件公案还没有确定。倘使毛妃看到这老远的将来，也许她在两个十三岁的孩子中间不会种下这样的祸根。

隆庆三年的几件大事：第一，赵贞吉入阁；第二，大阅；第三，高拱再入阁。

贞吉，内江人，和南充人陈以勤同乡，但是科名却早了两科，他是嘉靖十四年中的进士，所以不但嘉靖二十六年的进士李春芳和张居正是他的后辈，连嘉靖二十年的进士陈以勤也是他的后辈，他有才具有气魄。嘉靖二十九年，俺答围困京城，要求"入贡"的时候，大家正在束手无策，第一个反对的是他。这一次贞吉出了名，也因为这一次，受到严嵩的嫉忌，贬为荔波典史。以后他又慢慢地升起来，隆庆初年，他做到礼部左侍郎，廷推南京礼部尚书。明代，南京和北京一样，也有六部，有尚书、侍郎，可是南京官没有实权，只是一种养老的位置。穆宗看到贞吉议论侃侃，把他留下。隆庆三年八月，命为礼部尚书，兼文渊阁大学士。贞吉入阁以后便有一番规模。他谢恩的时候指出朝纲边务一概废弛，准备拼此一身，整顿国事。他和兵部尚书霍冀发生冲突，隆庆四年二月，霍冀解职，这是后话。贞吉的才具是有的，热心报国也是真的，但他是六十以外的人了，眼看内阁里的同僚都是自己的后辈，一切的举措难免带来些傲慢的心理，因此引起一般的怨恨。居正觉得贞吉可厌，同时也难免觉得他可笑。后来万历二年，他对宣府巡抚吴兑说："因忆前隆庆庚午，宣大忽报西虏犯蓟，蓟人侦探者，因遂称见虏已西行，犯在旦夕。各路之兵，婴墙摆守，京师亦为之戒严。庙堂皇皇，即议守城之策。是时内江方幸虏之来，以信其言，兴化不能主持，举错纷纷，皆极可笑，而虏终无影响，防守一月见罢，费以数十万计。"[37]庚午为隆庆四年，内江、兴化指赵贞吉、李春芳。从这封信里我们可以看出春芳的无能、贞吉的专横，以及居正的冷眼。隆庆四年的内阁正在酝酿另外一个变局。

居正在《陈六事疏》中提起大阅之事，以后兵部覆奏，认为大阅之礼宣宗、英宗都行过，仍请亲临校阅。当时穆宗批道："大间既有祖宗成宪，允宜修举，其先期整饬，俟明年八月举行。"事情是决定了，隆庆三年，南京刑科给事中骆问礼言"大阅古礼，非今时所急，不必仰烦圣驾"。居正只得奏称：

原臣本意，止以京营戎务，废弛日久，缓急无备。先年虽屡经言官建白，该部题奉钦依，厘革整饬，迄今数十余年，竟无成效。臣窃以为国之大事在戎，今人心懈惰如此，若非假借天威，亲临阅视，不足以振积弱之气，而励将士之心。又自皇上御极以来，如耕耤以示重农之意，视学以彰崇儒之美，一二大典礼，皆已次第举行，则大阅之礼，亦古者圣王诘兵治戎，安不忘危之意。且稽之列朝实录，在祖宗朝，亦间有行者，遂尔具奏冒昧上请，其意但欲借此以整饬戎务，振扬威武而已。然自臣原疏观之，此不过饬武备中之一事，其惓惓纳忠之意，委不在此，揆之当今时务，委非所急。[38]

居正乞下兵部，再加详议，当然只是一种形式。大阅仍在隆庆三年九月举行，《明史》卷五十七留下一篇隆庆大阅的仪注。万历九年，神宗再举行一次，当然也是居正的主张。

注释

[1] 奏疏十二。

[2] 万历重修本卷五。

[3]《明史》卷二四八《颜继祖传》。

[4] 明代六部皆有都给事中，掌科印，故曰掌篆，又称科长。

[5]《明史》卷二二四《陈有年传》。

[6]《明史》卷一八五《徐恪传》。

[7] 书牍一《答中丞洪芳洲》。

[8] 书牍一《答南中提学御史耿楚侗》。

[9] 书牍一《答中丞洪芳洲》。

[10] 书牍一《答宗伯董浔阳》。

[11] 书牍一《答少司马杨二山》。

[12] 书牍三《答上师相徐存斋十八》。

[13] 书牍十四《答上师相徐存斋一》。

[14] 书牍十四《答上师相徐存斋七》。

[15]《明史》卷十九《穆宗本纪赞》。

[16] 文集十一《杂著》。

[17] 书牍一《答中丞梁鸣泉》。

[18] 书牍一《答御史顾公曰唯》。

[19] 书牍一《答奉常罗月岩》。

[20] 书牍二《答藩伯施恒斋》。

[21]《明史》卷一九三《李春芳传》。

[22] 书牍十《答司马雷古和叙知己》。

[23] 书牍七《答吴环洲论边臣任事》。

[24] 书牍一《与蓟辽总督谭二华》。

[25] 书牍一《又与蓟辽总督谭二华》。

[26] 书牍一《与蓟辽总督》。

[27] 书牍一《与蓟辽督抚》。

[28] 万历《明会典》卷一二六,《明史·戚继光传》不载。

[29] 书牍一《与蓟辽总督》。

[30] 书牍一《与蓟辽督抚》。

[31] 书牍一《答凌参政》。

[32] 书牍一《又与蓟辽总督谭二华》。

[33] 书牍一《与蓟辽督抚》。

[34] 书牍一《与蓟镇巡抚》。

[35]《明史》卷一一七。

[36]《明史》卷二四一。

[37] 书牍六《答蓟镇吴环洲料虏虚报诳赏》。按吴兑为蓟辽总督,事在万历九年,"蓟镇"二字误题。

[38] 奏疏一《再乞酌议大阅典礼以明治体疏》。

第六章 内阁中的混斗（下）

高拱入阁以后，居正所处的是一个最困难的地位，一步一步都需要最大的审慎。热衷的人不肯轻易放弃政权，但是要想维持政权，便不是一件容易的事。高拱对居正固然感到威胁，但是居正对高拱也时时感到危险。『尔虞我诈』成为高、张联立内阁的标语。

隆庆三年十二月，内阁中的大波来了。吏部尚书杨博致仕，穆宗召高拱复入内阁，兼掌吏部事。从此内阁和吏部的大权集中到高拱手里，他成为事实上的首相。

据王世贞《首辅传》及《明史·张居正传》，高拱的复起完全出于居正的策动，居正和司礼监李芳勾结，由李芳提出高拱入阁，兼掌吏部。据说居正的计划不但要引进高拱，抵制赵贞吉，而且要借此剥夺首辅李春芳的大权。其实，春芳在位始终不曾独揽政权，居正对于蓟辽的布置也始终不曾受到春芳的牵制。贞吉入阁以后，因为个性倔强，居正当然感到不快，但是引进高拱，抵制贞吉，简直是引虎拒狼，居正不会做这样的蠢事。而且穆宗二年十一月间，李芳因忤旨已交刑部监禁待决，穆宗四年四月，发充南京净军[1]。要说刑部监禁的内监能够推荐内阁大臣，这实在是一件骇人听闻的故事。

高拱这一次入阁出于内监的力量，是无可疑的。穆宗是一个宽厚的人，但是因为他和大臣失去了应有的联系，左右的内监处处影响他的主张。隆庆初年最得意的内监是滕祥、孟冲、陈洪，引导穆宗游幸、玩鳌山灯、作长夜饮的都是他们。隆庆二年，徐阶致仕，便是因为和内监不和，也许便是滕祥、孟冲、陈洪这一群人作祟。高拱入阁以后，司礼掌印太监出缺，冯保认为应由自己顶补，偏偏高拱推荐陈洪。以后陈洪又出缺了，高拱推荐孟冲，再令冯保失望，因此冯保和高拱结下不共戴天的大仇，成为隆庆六年居正勾结冯保、推翻高拱的张本。假如我们认识到徐阶失败的原因，同时再推求高拱甘心结怨冯保，一再推荐孟冲、陈洪的原因，显然便会知道高拱第二次入阁完全得力于滕祥、孟冲、陈洪这一群人；而且因为以后的故事，也知道高拱入阁与冯保无涉，与居正也无涉。那么，为什么隆庆元年高拱会罢相呢？事情也很显然，一则徐阶的首辅大权尚在，二则高拱和内监们还没有发生相当的关系。隆庆三年，徐阶和高拱失职家居，丹阳“大侠”邵方先和徐阶接洽复职的事，徐阶不用；邵方再和高拱接洽，妥当以后，邵方立刻入京，不久高拱也入阁了[2]，这就是当时“名倾中外”[3]的故事。所以这一次高拱入阁，推荐的人有了，居间的人也有了，一切都见于《明史》，但是《明史·张居正传》却认为居正策动，不能不算是荒谬。“大侠”只是一个交通中外的恶棍，隆庆六年六月居正当国以后，吩咐应天巡抚张佳胤把邵方杀掉，确是一件痛快的事。

李春芳

李春芳（1511—1585），字子实，号石麓，江苏兴化人，隆庆年间曾任内阁首辅。

居正对于高拱的入阁虽然没有什么策动，但是也没有任何反感，毋宁说他对高拱还有相当的期待。自己和徐阶的关系是公开的事实，但自己和高拱不是也有相当的关系吗？在国子监共事的时候，他们有过相互的了解，他们也知道日后在政治界应有的地位。高拱死后，居正说：“追惟平昔期许，萧、曹、丙、魏，今一旦遂成永诀，每一念之，涕泗盈襟。”[4]又说“不穀与玄老为生死交，所以疏附后先，虽子弟父兄，未能过也”[5]。这时居正已经当国多年了，用不着讳饰，所言自有可信。即使在高拱炙手可热的时候，居正也曾说过：“今天子基命宥密，孰与成王贤？其委任公，不在周公下，薄海内外，皆跷足抗手，歌颂盛德。即余驽下，幸从公后，参预国政，五年于兹，公每降心相从，宫府之事，悉以谘之，期于周、召夹辅之谊，以奖王室，此神明所知也。”[6]高拱六十岁生日，是隆庆五年十二月十三日，这时内阁只有高拱、居正二人。“周、召夹辅”恰恰适合，也可看出高拱对居正还给予相当的地位，所以居正提到周、召的故事。但是高拱错了，“周公为师，召公为保，相成王为左右，召公不说”[7]，何尝不是经传的成文？“专权”虽然成为史册的贬词，但是大权独揽，便不愿意共揽，留着一个有政治抱负的人在左右，而自己又没有卓越的地位，可以笼罩一切，必然会引起政治上的不安。居正亲眼看到了，所以后来当国的时候，只肯引进吕调阳、张四维、马自强这一群三等的人才；他引进的申时行也许高明一些，但是时行是嘉靖四十一年的进士，和居正的辈行差得太远，不能构成威胁。高拱的失败，正是居正的借鉴。

高拱入阁，同时兼掌吏部，用人行政的大权一手包办，在政府里，成为最大的势力。内阁中最能感受到威胁的是赵贞吉。恰巧左都御史王廷在隆庆四年正月致仕，贞吉和首辅李春芳说明了，在二月中兼掌都察院。一边是行政权，一边是监察权，真是旗鼓相当。从隆庆三年十二月高拱入阁以后，到隆庆四年十一月赵贞吉致仕为止，他们是内阁中两个对峙的势力。首辅李春芳和陈以勤只是旁观，居正和高拱比较接近，这是这一年中内阁的大势。

高拱真是第一流的吏部尚书。以前吏部当局照例不和外间来往，算是避嫌疑。到徐阶为吏部侍郎的时候，才打破这种惯习。高拱到部，吩咐吏部司官把一切官员的姓名、籍贯编造成册，同时在下边注明贤否，所以对当时的人材竟是按图索骥，一求便得。他认定国防的重要，以后兵部侍郎出为总督、总督入为兵部尚书的计划，便从此确定。他认为军事行政需要专门人才，所以对兵部司官不轻加更动，以后兵备道和边防督抚也常用兵部的人员。这是他的主张。

在国家大政方面，他的第一招儿便是和徐阶为难。他还记得徐阶不经商量，发表世宗遗诏的故事！等待三年了，现在他要报复。世宗因为大礼曾经贬窜许多人，徐阶用遗诏起用了，高拱对他们再来一次罢黜。他疏称“明伦大典，颁示已久，今议事大臣，假托诏旨，凡议礼得罪者，悉从褒显，将使献皇在庙之灵，何以为享？先帝在天之灵，何以为心？而陛下岁时入庙，亦何以对越二圣？臣以为未可”。世宗垂死的时候相信王金、陶仿、陶世恩、刘文彬、高守中这一群人的医药，他们一个个升官。世宗死了，徐阶发表遗诏，归罪他们，于是他们一齐入狱，等待死刑的执行。从隆庆元年到隆庆四年，事态迁延下来了，也许是皇天上帝的“保佑”吧，高拱入阁以后奏称：“人君殒于非命，不得正终，其名至不美。先帝临御四十五载，得岁六十有余，末年抱病，经岁上宾，寿考令终，曾无暴遽。今谓先帝为王金所害，诬以不得正终，天下后世视先帝为何如主？乞下法司改议！”穆宗批准了，王金等因此免死，改编口外为民。遗诏当然只是大臣们的主张，但是主持世宗遗诏的除了徐阶，还有居正。现在遗诏被推翻了，我们看到居正的文章，“肃皇帝[8]凭玉几而授顾命，天下莫不闻，而论者乃罪及方士，污蔑先皇，规脱己责，公为抗疏分辩之，君臣父子之义，若揭日月而行也”。[9]这是隆庆五年的事，一杯苦酒，居正慢慢地咽下。隆庆六年政变的种子正在他胸中逐日发芽。

隆庆三年，高拱起用的时候，居正曾经说过：“喜高老起用，素在同心，世事尚可为也。”[10]四年之初，他也曾说：“中玄再相，未及下车，区区即以忘怨布公之说告之。幸此公雅相敬信，近来举动，甚惬舆情。区区在位一日，当为善类保全一日，但其中人心不同，而区区去留，亦不能自必也。”[11]这一封信便是非常的闪烁。什么是“其中人心”？何以去留“不能自必”？高拱的势力正在逐日发展，居正已经感觉到威胁，然而他要挣扎，他不肯放弃政权。

第一个放弃政权的是陈以勤。在混斗的内阁中，他永远处于中立的位置。酣斗的战士们高拱是裕邸的旧同事，赵贞吉是同乡，张居正是自己的门生，你叫我怎样办？担当国家大事的人多着呢，自己也不眷恋这一个地位。隆庆四年七月，以勤致仕了。

这年十月，高拱提议考查科道，科是六科给事中，道是十三道监察御史。高拱上次去职，失败在言官手里，现在便要考察言官。考察当然是一种临时京察，照例由吏部和都察院会同举行的，于是兼管吏部的高拱便和兼管都察院的赵贞吉来一次正面冲突。贞吉疏称：“顷因御史叶梦熊言事忤旨，陛下严谕考核言官，并及升任在籍者，应考近二百人。其中岂无怀忠报主、謇谔敢言之士，今一以放肆奸邪罪之，窃恐所司奉行过当，忠邪不分，致塞言路、沮士气，非国家福也。”穆宗接受高拱的提议，事情还得办。考察的时候，高拱主张斥逐贞吉的左右，贞吉当然有他的办法，凡是高拱的左右，主张一概斥逐。僵局形成了，需要调解，调解的结果是双方人员一概保留，但是高拱的政敌只要与贞吉无关，还是贬斥。这一次考察，贬斥二十七人：御史王圻贬斥了，曾为给事中已迁大理少卿的魏时亮去了，曾为御史已迁大理寺右丞的耿定向去了，曾为给事中已迁广东巡抚右佥都御史的吴时来也去了。其他还有因为曾劾高拱，此时不待考察，自行去职的御史郝杰，一切都很痛快。高拱手下有的是言官：韩楫、宋之韩、程文、涂孟桂。谁不同意，便给谁一次弹劾。到了现在，居正慢慢地有些“去留不能自必”了！吴时来是徐阶的门生，耿定向是自己的朋友，他们都去了，居正当然有些不安。但是，高拱还得先行对付赵贞吉，这一次是韩楫出马。调解尽管调解，攻击还得攻击。韩楫弹劾贞吉庸横，考察有私。贞吉上疏答辩，自称："臣自掌院务，仅以考察一事，与拱相左；其他坏乱选法，纵肆作奸，昭然耳目者，臣噤口不能一言，有负任使，臣真庸臣也。若拱者，斯可谓横也已。臣放归之后，幸仍还拱内阁，毋令久专大权，广树众党。"贞吉决定致仕回籍了，他只是请求解除高拱兼掌吏部的大权，以免私党的建立。但是在他解职之前，国家大计，因为意外的转变，一切还待贞吉的赞襄。

从明代开国之初直到隆庆年间，鞑靼永远和中原处在战争的地位。鞑靼的领袖是小王子，但从世宗以后，领导权落到俺答手中。进攻北京的是他；京师屡次戒严，为的是他；世宗杀兵部尚书，杀蓟辽总督，也为的是他，他手下有的是鞑靼武士，但是同样也有汉人。在已往的时代，四邻的文化比中原低，各个战士的战斗力也许比中原强，但是组织的能力不如中原，所以战事还是处于劣势。汉人去了以后，组织力加强了，更加影响到战斗力，中原的地位便从优势转到劣势，这便是内奸的"成绩"。明世宗的时候，丘富、赵全这一群人投了鞑靼，慢慢地诱合沿边的汉人，一直到几万人，成为内奸集团。他们在丰州筑城堡、开水田。这个地方称为"板升"，"板升"是鞑靼语的"房屋"。他们替俺答计划战争，有时也领导敌人进攻长城。

丘富死在进攻祖国的战役中，但是还有赵全。赵全引导俺答进攻大同。赵全计划尊俺答为帝，自己也准备称王，一切顺利得和流水一样，但是祸难来了，赵全终于败在一个女人身上。

俺答的第三个儿子铁背台吉死了，遗下一个小孩把汉那吉。俺答把他交付妻子一克哈屯，长大以后替他娶妻比吉。偏偏把汉那吉还不满足，他又爱上姑母的女儿三娘子，把她娶了。他应当满足了，不幸俺答也爱上了他的外孙女，三娘子便转移到外祖的怀抱中，嫉妒、羞愤、惭恨、怨毒，都集中到这一个青年的身上。鞑靼的帐幕容不下失恋的痛苦，他诅咒鞑靼，终于携同比吉和乳母的丈夫阿力哥一共十几个人脱离了北边。

十月的霜风里，十几匹鞑靼马匆匆地赶到长城的边界。他们要到大同，和大同巡抚方逢时见面。最近的过去，宣大边外，勉强偷安了几时，现在降人到了，大家晓得后边必有追兵，所以方逢时通知宣大总督王崇古的时候，便有人主张不受，他们认为孤竖无足重轻，但是逢时认为机不可失，崇古也认为奇货可居。在督抚同心的情态下面，终于由方逢时派了骑士五百人迎接把汉那吉，这一个失恋的青年暂时成为巡抚衙门的上宾。

崇古、逢时都是这一年调到宣大的。崇古还记得在从三边总督调任的时候，居正和他说过：

> 但此中事情，与关西稍异。虏强，一也。云中北直虏廷，板升叛逆，倚虏为患，二也。士无斗志，惟务贿免，三也。卒惰而玩，将令不行，四也。密迩畿甸，畏避情深；小入则大虏势以为解脱之地，小胜则张虚声以邀式遏之功；积习故套，牢不可破，五也。夫世必有非常之人，然后有非常之事，有非常之事，然后有非常之功。公所谓非常之人也，五者之患，庶其有瘳乎！愿熟计而审图焉。[12]

崇古看定这一次是非常之事。把汉那吉来了，其实是为了一个俘虏，崇古的计划是交换俘虏。一个鞑靼少年的失恋不值得考虑，他和方逢时决定要趁此索回赵全。逢时准备派百户鲍崇德出云石堡，和俺答接谈。事情正在进行，居正已经得到消息，他立刻和崇古说：

三娘子

清代画家康涛所绘三娘子图。三娘子（1550—1612），蒙古右翼土默特部女首领，主政期间力促鞑靼与明朝和解。

> 昨有人自云中来，言虏酋有孙，率十余骑来降，不知的否。俺答之子见存者，独黄台吉一人耳，其孙岂即黄台吉之子耶？彼何故率尔来降？公何不以闻？若果有此，于边事大有关系，公宜审处之。望即密示，以信所闻。[13]

居正的情报很快，但是还不甚精确。等到崇古的报告到了，居正才决定对策：

虏种来降，虽朝廷有道，能使远人向化，亦公威德所及也。庆幸庆幸！顾此事关系至重，制虏之机，实在于此。往年桃松寨事，庙堂处置失宜，人笑之，至今齿冷[14]。今日之事，又非昔比，不宜草草。顷据报，俺酋临边索要。仆正恐彼弃而不取，则我抱空质而结怨于虏，今其来索，我之利也。公第戒励将士坚壁清野，扼险守要以待之，使人以好语款之曰："吾非诱汝孙来降，彼自慕吾之化，丑彼之俗故耳。中国之法：'得虏酋若子孙首者，赏万金，爵通侯。'吾非不能断汝孙之首以请赏，但以彼慕义而来，又汝亲孙也，不忍杀之，且给赐衣服饮食甚厚。汝欲得之，自当单词效款，或斩吾叛逆赵全等之首，盟誓于天，约以数年，骑不入吾塞，乃可奏闻天朝，以礼遣归。今乃肆其凶逆，称兵挟取，吾岂畏汝者？今宣大人马，非复往年之比，汝来则来，吾有以待之！……"虏之入犯，乃其常事，即其孙不降，彼亦必入，我亦必防。公宜坚持初意，审定计谋，毋为众言所淆。……但那吉数人，置之镇城，宜加防范，毋令与外人相通，厚其给赐，毋使复萌归念。续降之人，真虏分配将士，华人各与宁家，亦不宜聚于一处，恐生他虞。[15]

一切都应了居正的策划。崇古、逢时联名上疏："俺答横行塞外，几五十年，威制诸部，侵扰边圉。今神厌凶德，骨肉离叛，千里来降，宜给宅舍，授官职，丰饩廪、服用以悦其心，严禁出入以虞其诈。"这个奏疏上去以后，朝廷立刻起了一次激烈的辩论。御史叶梦熊、饶仁侃、武尚贤主张不受降，他们认为宋代受郭药师、张瑴之降，以致引起最大的战祸，现在应当送把汉那吉回去，以免引起北方的战祸。但是王崇古、方逢时主张受降，张居正主张受降，高拱也主张受降。事情决定了，把汉那吉授指挥使，阿力哥授正千户，各赏大红纻丝衣一袭。

叶梦熊等的见地并没有错，果然鞑靼骑士来了！俺答统领大军进攻平虏城，同时分令儿子辛爱统兵两万人弘赐堡，侄儿永邵卜统兵趋威远堡，整个北边的形势紧张起来，死亡和虏掠的空气又在荡漾。但是当初为什么用王崇古、方逢时呢？蓟辽有谭纶、戚继光，陕西三边有王之浩，也是一个不怕战争的总督。那么，来吧！这里已经有了最好的准备。居正知道，自从隆庆以来，对于北边的国防正在逐日加强，于是准备和他们决战。

俺答何尝不知道？他要把汉那吉，他禁不住一克哈屯的催促。事情也怪不得，这个孙儿是妻抚育大的，怎能怪她的迫切要求呢？但是他对于战争没有把握，也没有决心。这个时候，方巡抚派的鲍崇德来了。

“我的大兵一到，你们的将领便会立刻死亡。”俺答愤然地说。

“不错，”崇德说，“但是我们的将领究竟不比你自己的孙儿。朝廷待你的孙儿真是宽厚，战事一动，你的孙儿便没有了。”

俺答还不知道把汉那吉的消息。他派人打听，把汉那吉果然活着。鲍崇德进一步和他提议，只要俺答交还赵全这一群内奸，把汉那吉随时可以回去。俺答虽然不肯承认，但是对崇德表示非常的好感，临别的时候，吩咐他选择一匹鞑靼的好马。这些消息由崇古传到居正，居正又有一番布置。他回信说：

承教，谓宜乘老酋欲孙之急，因与为市。诚然！但朝廷纳降和戎，须自有体。今既与之以官，即为吾人，若谩然而纳之，率然而与之，事属挟取，迹同儿戏，损威伤重，取轻外夷，非计之得者也。据巡抚差人鲍崇德，亲见老酋云云，回时又令自拣好马，其言虽未必皆实，然老酋舐犊之情，似亦近真。其不以诸逆易其孙者，盖耻以轻博重，非不忍于诸逆也。乳犬驽驹，蓄之何用？但欲挟之为重，以规利于虏耳。今宜遣人先布朝廷厚待其孙之意，以安老酋之心。却令那吉衣其赐服，绯袍金带，以夸示虏。彼见吾之宠异之也，则欲得之心愈急，而左券在我，然后重与为市，而求吾所欲，必可得也。……或虑虏久住不退，兵连财费者，此不揣于利害者也！今日之事，幸而成，即可以纾数年边患，其所省岂直数十百万而已哉？而又何惜于目前之少费哉？恐公为众议所格，措画少失，遂弃前功，故敢陈其愚。[16]

明王朝和鞑靼都有作战的准备，但是都没有绝对的把握。在朝廷方面，内阁和督抚都不愿意开启边衅。对于鞑靼方面，俺答进攻是不难的，但是战事一动，朝廷便会立即杀掉把汉那吉：自己不是为索取孙儿动兵吗？绝没有自行置之死地的道理。战争与和平是一个难以解决的问题。赵全的主张没有错，他劝俺答屯兵边外，以资要挟。但是赵全估错了王崇古，崇古不但不怕要挟，而且把汉那吉在手，随时可向俺答索取一个不太小的代价。赵全知道只有两个力法：第一个办法是放弃把汉那吉，但是他不敢和俺答提起；第二个办法赵全想到了，他打一个寒战，不敢往下再想。这一个办法王崇古、方逢时想到，鲍崇德说到，最后俺答也居然承认了。但是居正还不放心，他和王崇古说：

降虏事，前已悉。若彼果能执送诸逆，则当以礼遣归那吉，厚其赏赉，以结其心，却责令奉表称臣，谢朝廷不杀之恩，赐赉之厚，因求讲和，纳款效贡。俟其诚心向化，誓永不犯，乃可议其封爵贡额耳。但仆犹有意外之防，不敢不告。赵全诸人，背华即夷，为日久矣，彼岂不预结于俺酋之左右，边墩之人，亦岂无为之耳目者？今我明以此要求，彼亦慨然允许，此辈岂得全不知觉？若知之，彼亦安肯坐而待缚如鸡狗乎？万一语泄，彼得而谋，或聊以胁从数人塞责，而朝廷明旨，一出不可复返，轻弃重质，但获其毛贼数人，则于国家威重，岂不大损？此其可虑者一也。据鲍崇德所传，俺酋之言，虽若哀恳，然犹身驻近边，拥兵自强，平虏城外，游骑不绝，转饷哨探，俱属艰难，名虽哀求，事同强挟，未见其为诚款也。今必责令将有名逆犯，尽数先送入境，返其巢穴，掣回游骑，然后我差官以礼遣归其孙，则彼之诚款既伸，我之怀柔有体。若拥兵变质，两相交易，则夷狄无亲，事或中变，唐时吐蕃劫盟之事，取笑强胡，此其可虞者二也。今之议者皆以小酋为祸媒，急欲遣之，图眼前无事耳，至于封爵、贡市二事，皆在可、否之间。若鄙意则以为今边防利害，不在于那吉之与不与，而在彼求和之诚与不诚。若彼果出于至诚，假以封爵，许其贡市，我得以间修战守之具，兴屯田之利，边鄙不耸，穑人成功。彼若寻盟，则我示羁縻之义；彼若背盟，则兴问罪之师：胜算在我，数世之利也。但恐其孙一归，彼愿已遂，求和之意，必乖本图：或请乞多端，难于听许，明年当复来侵，虽获赵全等数人，恐于彼无大损益。此可虑者三也。大疏早晚即复，其中委曲，难以一一指授，望公与金湖[17]兢兢图之。[18]

一切处置都很机密，但是消息已经透漏了一半。巡按御史姚继可上疏，弹劾方逢时通敌，事情又意外地紧张起来。幸亏高拱、张居正都是局中人，总算安然无事。居正再吩咐王崇古安慰逢时："姚子之言甚妄，恐金湖闻之，意或灰阻，愿公曲加慰勉。"[19]俺答营中也正在机密进行。赵全奉召来了，他有许多计划要和俺答商量。但是俺答无须赵全的计划了，他吩咐手下出其不意地把赵全、李自馨等十几个汉人[20]，在十二月的朔风里送到云石堡。这一次他们回国了，由云石堡送到大同，由大同转送北京。穆宗在午门楼受俘以后，祭天、告太庙，之后才把他们磔死。受俘、祭天、告太庙，都是当时最隆重的典礼。赵全、李自馨经过几度隆重的仪式，最后传首九边，也许不懊悔吧！

因为这一次的成功，王崇古升太子少保、兵部尚书，宣大总督如故，方逢时升兵部右侍郎兼右佥都御史。兵部尚书郭乾，侍郎谷中虚、王遴一概升赏，连带加恩辅臣李春芳、高拱、张居正、殷士儋。赵贞吉已经在十一月致仕了，但是因为赞襄这次的大计，所以一同加恩。士儋，历城人，和居正同年进士，隆庆二年礼部尚书。高拱入阁以后，士儋想起陈以勤、高拱、张居正都因为裕邸讲官的关系，先后入阁了。自己不曾也在裕邸，和他们同僚吗？他希望高拱提携，但是高拱正预备提携翰林学士蒲州张四维，谈不到提携殷士儋。他知道四维恭顺，士儋倔强，当然要用一个恭顺的同僚。这条路显然不通，但是另外还有一条大路。士儋终于取得内监陈洪的援助，十一月间由穆宗特旨入阁了。高拱厌恶士儋，士儋也怨恨高拱，隆庆五年的内阁仍旧充满不平静的气氛。

隆庆四年的成功完全出于意外。把汉那吉的投降是意外，俺答承认以赵全这一群人交换把汉那吉，也是意外，然而意外的事情终于实现了。把汉那吉经过方巡抚的款待以后，穿着特制的纻丝大红袍，再回到鞑靼的帐幕，祖父、祖母都感动得了不得。三娘子久已是祖父的人了，现在不管她。俺答的眼角挂着感激的眼泪，他派人谢谢王崇古，他说从此以后不再侵犯大同了。居正、崇古本来不曾希望讲和，居正还和崇古说过："彼亦人也，能不怀感，他日有事，卒相遇于疆场，知军中有'王太师'[21]，亦必避公三舍矣。"[22]俺答立誓不侵大同，当然又是一个大意外。一切都走上了崇古的计划，他只是踏稳一步，再踏上第二步。他派人和俺答说，要他请求入贡，重行开市。打仗，有什么好处呢？虏掠的好处，是部下的，不是俺答的；失败的危险，是俺答的，不是部下的。那么，为什么要冒极大的危险，替部下争取一些与己无关的好处呢？一切的主张都是替俺答打算。俺答也明白崇古是好人，不然他会让孙儿穿着簇鲜的红袍回来吗？他决定入贡了。崇古要他和土蛮、昆都力哈、吉能一齐入贡，土蛮是自己的主人，原谈不得；昆都力哈是弟弟，吉能是侄儿，俺答都代他们承认了。

意外当然是意外，然而也何尝不是意内？朝廷和鞑靼永远是对立的：鞑靼强了，可以进攻中原；朝廷强了，也可以挟制鞑靼，这是实力的问题。我们不要以为俺答屡次进攻北边，有什么极大的野心。他和英宗时代的也先一样，他有武力，他可以屡次进攻北边，但他只是鞑靼中的一个首领。也先上边有脱脱不花，俺答上边也有土蛮小王子。假如他们的野心太大了，野心便应当先从鞑靼部落以内发展。但是他们所争并不在此。他们只要保全自己的利益，不妨承认主人的存在。那么，赵全不曾尊俺答为帝吗？其实这只是赵全的一种做法，俺答并没有因此要取消小王子。俺答既然承认主人的存在，王崇古、张居正的主张便容易实现了，他们要俺答请求入贡，只是要他承认明朝是他的主人。也许有一些不舒服吗？但是，不妨事，主人换了姓名，关系原属不大，而且还有重行开市的好处在后面。只要值得，俺答当然愿意。

长城卫兵腰牌

镇守长城的士兵出入的凭证。

困难不在鞑靼而在朝廷。正在王崇古诱令俺答入贡的时候，朝廷方面的议论一齐发动。他们认为封贡不便，他们记得仇鸾开马市的故事，他们要做杨继盛，他们也提起世宗最后曾经禁开马市，最后的最后，他们要主张封贡的人担保百年之内边境不至生事。然而，他们却忘去现在不是世宗的时代，高拱、张居正不是严嵩，王崇古不是仇鸾。至于担保百年以内不至生事，那么世界上除去不负责任的预言家，谁能保证呢？居正真激动了，他两次和王崇古说：

仆窃禄无补，滥被恩私，夙夜省循，颠跻是惧，乃辱华翰遣贺，益增其愧耳，感谢感谢。封贡事乃制虏安边大机大略，时人以媢嫉之心，持庸众之议，计目前之害，忘久远之利，遂欲摇乱而阻坏之。国家以高爵厚禄，畜养此辈，真犬马之不如也。仆受国厚恩，死无以报，况处降纳叛，既以身任之，今日之事，敢复他诿！待大疏至，仍当极力赞成，但许贡之后，当更有一番措画。金湖既去，代者恐未必相成，须借公威望，屈留数月，庶可免事后之虑耳。[23]

金湖是方逢时，在把汉那吉回去以后，逢时因为丁忧回里了，沿边的责任都落到王崇古身上，在言官们众议纷纭的时候，崇古也感觉棘手，但是居正一力挽留，直到万历元年，居正当国，才把他调回北京为戎政大臣，担负一个更重要的责任。

逢时离任以后，继任者是刘应箕，巡抚都带都察院职衔，或是副都御史，或是佥都御史，下文称刘院者指此：

今之议者皆谓讲和示弱，马市起衅，为此言者，不惟不忠，盖亦不智甚矣。夫所谓和者，谓两敌相角，智丑力均，自度未足以胜之，故不得已而求和，如汉之和亲，宋之献纳，是制和者，在夷狄而不在中国，故贾谊以为倒悬，寇公不肯主议。今则彼称臣纳款，效顺乞封，制和者在中国而不在夷狄，比之汉、宋之事，万万不侔，独可谓之通贡，而不可谓之讲和也。至于昔年奏开马市，官给马价，市易胡马，彼拥兵压境，恃强求市，以款段驽罢，索我数倍之利，市易未终，遂行抢掠，故先帝禁不复行。今则因其入贡之便，官为开集市场，使与边民贸易有无，稍为之约束，毋得阑出中国财物及应禁者，其期或三日或二日而止，如辽开原事例耳，又岂马市可同语乎？……至于桑土之防，戒备之虞，此自吾之常事，不容一日少懈者，岂以虏之贡不贡，而有加损乎？今吾中国亲父子兄弟相约也，而犹不能保其不背，况夷狄乎？但在我制御之策，自合如是耳，岂能必虏之不吾背乎？数十年无岁不掠，无地不入，岂皆以背盟之故乎？即将来背盟之祸，又岂有加于此者乎？利害之归较若黑白，而议者犹呶呶以此为言，故仆又以为不智甚矣。刘院既知此事颠末，又与公同心，必能共襄大事，幸采取其议，及镇守、兵备以下所呈，折以高见，并图上贡额、贡期、市易事宜，仆与元老，当备闻于上，请旨行之，浮议虽多，不足恤也。[24]

朝廷和鞑靼的关系到了现阶段共有三个关键之处：一是封，指封俺答为王及其昆弟子侄为官之事；二是贡，指俺答及其部下入贡之事；三是互市，指封贡以后，明代北边和俺答所属诸部在限定的日期、指定的货物以内，实行择地通商之事。这三个关键又有当前种种不同的难题。俺答只是一个首领，固然不能指挥土蛮，就是对自己的子弟也不一定都能绝对指挥。假如一部通市，一部不通市，那么因为鞑靼是整个的，难免以交易所得的资源供给尚处在敌对状态中的部落。而且即是对于俺答直接的部下，谁也不能担保将来不发生意外的变化，所以互市以后的困难还是不少。从好的方面来讲，要顾虑到封贡、互市成立以后，明王朝的边防不至因此颓废，以致引起后来的外侮。从坏的方面来讲，也还有一部分边将指望每年秋天向鞑靼方面抄掠，以饱私人的欲壑。顾虑愈多，障碍愈多，事情就愈困难了。但是为整个国家的利害计算，不能不有一个切实的决定。兵部尚书郭乾指出世宗禁止马市的故事，反对互市；给事中章端甫指摘王崇古“邀近功，忽远虑”。但是居正在内策动，再由崇古上疏。崇古曾说：“朝廷若允俺答封贡，诸边有数年之安，可乘时修备。设敌背盟，吾以数年蓄养之财力，从事战守，愈于终岁奔命，自救不暇者矣。”又说：“夫先帝禁开马市，未禁北敌之纳款。今敌求贡市，不过如辽东开原、广宁之规，商人自以有无贸易，非请复开马市也。俺答父子兄弟，横行四五十年，震惊宸严，流毒畿辅，莫收遏刘功者，缘议论太多，文网牵制，使边臣无所措手足耳。昨俺答东行，京师戒严，至倡运砖聚灰，塞门乘城之计。今纳款求贡，又必责以久要，欲保百年无事，否则治首事之罪。岂惟臣等不能逆料他时，虽俺答亦恐能保其身，不能制诸部于身后也。……夫揆之时势，既当俯从，考之典故，非今创始，堂堂天朝，容荒服之来工，昭圣图之广大，以示东西诸部，传天下万世，诸臣何疑惮而不为耶？”崇古这一次上疏，和居正平时的主张相同的太多了。他同样地要省议论[25]，同样地指摘隆庆四年的守城之策[26]。是居正的手笔吗？我们不敢说，但是这不免给我们一种他们曾经商讨的印象。

崇古的奏疏里又议封贡八事：（一）议封号；（二）定贡额；（三）议贡期；（四）立互市；（五）议抚赏；（六）议归降；（七）审经权；（八）戒狡饰。内阁方面，李春芳、高拱、张居正赞同了，殷士儋不反对。兵部尚书郭乾认识到有关国防的事都是兵部的事，但是没有方法解决，最后还是由皇帝下诏，召集廷议。廷议是当时的大臣会议，每人都有发言权，但是决定权却属于皇帝。这一次的大臣会议当中，定国公徐文壁、吏部右侍郎张四维等二十二人以为封贡、互市可许；英国公张溶、户部尚书张守直等十七人以为不可许；工部尚书朱衡等五人以为封贡可许，互市不可许。用现在的术语来说，封贡是多数通过了，但互市还是不能通过，一切又成了僵局。郭乾把会议的结果奏明皇上，只候皇帝的决定。

这是穆宗裁决的时候了。他和大学士商量：居正是策动人，当然认为可许，高拱也在后边策动；通过封贡，全是高拱指挥、张四维四处活动的结果。在这几个人的怂恿之下，穆宗决定“外示羁縻，内修守备”——便是一面诏许封贡、互市，一面整顿国防的政策。政府的大政方针确定了：诏封俺答为顺义王，赐红蟒衣一袭；昆都力哈、黄台吉授都督同知，各赐红狮子衣一袭；其余授官的一共六十一人，把汉那吉封昭勇将军，指挥使如故。都督同知是现代的中将，指挥使是现在的上校。从此以后，鞑靼骑士都成为明王朝的贵族和军官，有王，有中将，有上校。他们的铁蹄不再践踏中原的田野，他们的刀枪不再濡染中原的膏血。当然，朝廷谈不到使用鞑靼作战，但是朝廷也用不着对鞑靼作战。高拱、王崇古、方逢时是嘉靖二十年的进士，谭纶是嘉靖二十三年的进士，李春芳、张居正是嘉靖二十六年的进士。他们回想到在自己出身的时代，正是俺答屡次南下，北京屡次戒严的时代：京师九门被围，侥幸没有失守；如今的国家在他们手里苏醒过来了，整个的北边解除了敌人的威胁，而且在人力和物力不再感受压迫的时候，可以从容布置，他们感觉到一种从未有过的愉快。朝廷所费的只是几十件红袍，让红蟒、红狮子安慰鞑靼吧，当时所得的是北方的安全。

长城防卫示意图

长城的防卫体系相当严密，在冷兵器时代堪称经典。

隆庆五年辛未会试，居正为主考，吏部左侍郎翰林学士吕调阳为副主考。居正嘉靖三十二年曾为同考官，那一次的进士，如庞尚鹏、梁梦龙、陈瑞、曾省吾都是居正的门生，以后成为有名的人物。辛未科第一名进士张元汴和第三名进士邓以同入《明史·儒林传》，但在事功方面，他们同样没有什么表现。同科唯有徐贞明留下一部有名的著作和一项伟大而始终没有完成的事业，他认定北方只知水害，不知水利。他也认定水害未除，正是由于水利未兴。在他谪居潞河的时候著《潞水客谈》，列举修北方水利十四利。万历十三年，贞明迁尚宝司丞，兼监察御史，奉诏垦田永平，于是招南人，大兴水利，次年垦田三万九千余亩。一切计划正在逐步完成，但是北方人唯恐水田成功以后，江南的漕粮必定被派到北方，于是御史王之栋奏称水田必不可行，又称开滹沱河不便者十二事。经过这一个打击，贞明的计划终于功败垂成，但他不能不算是辛未科杰出的人才。最有表现的是刘台、傅应祯、吴中行、赵用贤，他们都是隆庆五年的进士，都是居正的门生，其后对居正都曾经提出弹劾，因此在历史上都留下了不朽的盛名。居正的不树立党羽和刘台等的不阿附座主，都是可以称道的事件。不过从大体上讲起，辛未一科的人才还是贫乏，这一科里，任何方面都没有第一流的人物。

俺答封贡的决策中，兵部尚书郭乾的表现太差了，没有办法，没有决断。五年三月，郭乾免职。高拱想起第一流的军事专家杨博，但是杨博曾经做过吏部尚书，他已经是六部的领袖，也许不愿意回兵部。不妨事，官衔仍是吏部尚书，由他管理兵部的事。整个政局因为高拱以大学士管理吏部事，杨博以吏部尚书管理兵部事，显见得畸形，但高拱和杨博都算是用当其才。

政权是高拱的了，首辅李春芳放任一切，自己既不眷恋政权，为什么要争权呢？而且春芳也明白，大学士只是皇帝的私人秘书，首辅的地位在政治制度上没有明确的规定，一切都是演变的结果，既然是演变，根本就说不上固定，那么由他去吧。但高拱决绝不能容许春芳的存在。高拱想起自己和徐阶的夙仇，正要报复，都被春芳挡住了，因此决定攻击春芳。春芳也看见了，认得高拱不能相容，索性上疏请求致仕，一次不行，再来一次。穆宗还在留他，禁不起南京给事中王祯又提出一次弹劾，五月间，春芳终于致仕而去。他从隆庆二年七月至五年五月，一共做了两年十一个月的首辅。据说王祯这次的弹劾完全是仰承高拱的意旨，从此，高拱是首辅兼管吏部尚书事。凭着穆宗的信任和他自己的才具，以及那有仇必报的气度，他已经成为事实上的独裁者。

在封贡、互市的争论中，居正占据主要地位。这次决策的大功当然应由高拱、王崇古和居正平分，但是居正却尽了最大的努力。在郭乾徬徨歧路的时间，向皇帝请旨召集廷议的是他。封俺答一事尚未决定的时间，检出成祖敕封和宁、太平、贤义三王的故事以为前例的是他。决定以后，拟旨敕行的也是他。他正在和王崇古计议四件事：（一）开市之初，民间不愿和鞑靼交易，所以最初必须由官中布置，使人知有利，自易乐从。（二）鞑靼要求买锅，锅是铁铸的，日后便是武器的来源，轻易卖不得。广锅不能铸造兵器，不妨出卖广锅，但是卖的时候要拿破旧的铁锅调换。（三）鞑靼使者一概不许入朝，也不许入城，只许在边堡逗留。（四）朝廷和鞑靼休战，沿边将士失去掳掠的机会，不免生怨，应当加意防备。种种方面，他都顾虑到了。讲和也罢，封贡也罢，这是一个名称，居正只认为是停战。停战是继续战争的准备，他要修城堡、开边荒，他要消灭赵全这一群汉奸的余党，他要训练将士以防鞑靼的进攻[27]。

居正对于国事的筹措，没有使他忘去对老师的维护。徐阶是一位有能力、有办法的首辅，但是对自己的三个儿子竟是毫无办法。隆庆三年应天巡抚海瑞到了，这是有名的铁面御史，他对于属内的大绅巨室一概不买账。最先感到威胁的便是徐阶的三位少君。他们写信给居正，居正一边告诫，一边安慰他们说：

辱翰贶，深荷运情。近来人情风俗，诚为可骇，俟海公人至，当作一书善譬之。太翁老师年高，恐不能堪此，望公朝夕保护。事有可了者，宜即自了之，勿致贻戚可也。恃在通家，敢尔妄及。[28]

这一阵风波过去以后，高拱再相，徐阶更感觉不安，居正和应天巡抚朱大器说：

存斋老先生，以故相家居，近闻中翁再相，意颇不安，愿公一慰藉之。至于海刚峰（瑞）之在吴，其施虽若过当，而心则出于为民。霜雪之后，少加和煦，人即怀春，亦不必尽变其法以徇人也。唯公虚心剂量之，地方幸甚。[29]

隆庆五年，事态更加严重。这年，徐阶生日，居正去信，自称“不敢走介，畏行多露”。又说：“鄙怀种种，亦噤不敢言，临楮惆怅而已。”[30] 内阁的大权完全在高拱手里，言官们又听他指挥，一步走错不得，一句说错不得，这是隆庆五年居正所处的地位。徐阶的处境更糟了，三个儿子同时被逮，田产充公了，两个儿子也问了充军的大罪，只留得徐阶慢慢地回味会不会得到和严嵩一样的结果。在严重的局势之下，居正还是苦心调护。他不愿得罪高拱，但是他要保障徐阶，集中留着下列几封信：

忆公昔在姑苏，有惠政，士民所仰，故再借宪节以临之。乃近闻之道路云：“存翁相公家居，三子皆被重逮”；且云：“吴中上司揣知中玄相公[31]，有憾于徐，故为之甘心焉。”此非义所宜出也。夫古人敌惠、敌怨，不及其子。中玄公光明正大，宅心平恕，仆素所深谅，即有怨于人，可一言立解。且中吉公曾有手书奉公，乃其由中之语，必不藏怒，而过为已甚者也。且存翁以故相终老，未有显过闻于天下，而使其子皆骈首就逮，脱不幸有伤雾露之疾，至于颠陨，其无乃亏朝廷所以优礼旧臣之意乎！亦非中玄公所乐闻也。仆上惜国家体面，下欲为朋友消怨业，知公有道君子也，故敢以闻，惟执事其审图之。[32]

松江事，高老先生业已寝之，似不必深究。仲尼不为已甚，报怨亦自有当。牵牛以蹊人之田，而夺之牛。蹊者固有罪矣，而夺之牛，无乃过乎？今全吴亦所以爱郑也，公有道者，故敢以此言告，幸惟裁之。[33]

往者奉书云云，盖推玄翁之意以告公也。辱回示，业已施行，自难停寝，但望明示宽假，使问官不敢深求，早与归结，则讼端从此可绝，而存老之体面，玄翁之美意，两得之矣。仆于此亦有微嫌，然而不敢避者，所谓“老婆心切”也，望公亮之。辱教，有欲告我者，此仆之所欲闻也，倾耳以承，幸勿终靳！[34]

这三封信都很闪烁，尤其是后面的两封。高拱和徐阶结怨，急图报复，久已成为公开的秘密。所指高拱给蔡国熙的信，大致是解释仇怨的话，这是表面文章，居正认为“宅心平恕”，“必不藏怒蓄恨”，只是顺水推舟，一种无可奈何的办法。《答梁鸣泉函》不知是否误题，梁梦龙（鸣泉）为居正门下士，函中语气，似不类。徐阶松江人，高拱新郑人，所谓“全吴”“爱郑”者指此。答应天巡抚函所谓“辱回示业已施行”，正指来函“无可挽回”的表示，至于“有欲告我者”一句，是不是对居正的一种谣言，正取一种欲说不说的姿势？现在不管他，但对居正还是一种威胁，“是仆之所乐闻也”是一句挣扎的话。

隆庆五年居正还遇到一个问题，然而也居然被他度过了，这是胶莱河的问题。

隆庆四年九月，黄河在邳州决口，从睢宁到宿迁一百八十里河水骤浅，江南来的粮船一概不能北上。在明代这是一个异常重大的问题，明代的政治中心在北京，但是明代的经济中心却在南京。一切的资源出在南方，尤其是四百万石粮食全有赖南方的接济。从南方到北方，唯一的生命线是运河，运河发生了问题，南方和北方失去联络，整个的国家立刻受到影响。偏偏运河不是我们所想象的那一条安全的水道，从瓜洲渡江，要经过邵伯湖、高邮湖、汜光湖、宝应湖、白马湖，这些地方还好；再上去便是洪泽湖，淮水从安徽来，在清口和黄河交汇，这是最大的难关。再上去，从清口到徐州茶城，黄河就是运河，运河要靠黄河的接济。水量太大了，南方来的粮船随时有漂没的危险；可是水量太小了，粮船便要胶搁半途。国家的前途完全寄托在这一条不可捉摸的水道上面，真是太危险了。因此明代一面重视河道总督和漕运总督的职责，一面仍是不时提出海运的问题。海运是从太仓、嘉定沿东海绕成山角，入天津的一条航线。在现代当然是一条很简单、很安全的航线，但在十六世纪的中国，航海和造船的技术不比现代，所以一路的危险还是很多。有了危险，便不免要牺牲人命。

牺牲人命，不是一件简单的事，在明代，连皇帝杀一个罪犯还要经过法司五次的执奏，何况是平常的官吏！隆庆年间，漕运总督王宗沐运米十二万石，自淮入海，直抵天津，不能不算很大的成功，但是因为八舟漂没，失米三千两百石，引起南京给事中张焕的弹劾。三百二十石只是不足百分之三的损失，本来不算太大，但是张焕质问："米可补，人命可补乎？"便无从答复了。运河既然时常发生困难，海运的危险又太大，因此便有缩短海程、避免成山角的提议，这便是胶莱河。

胶莱河出自山东高密县，分南北二流：南流至胶州麻湾口入海，北流至掖县海仓入海，这是天然的水道。单凭这一条水道，当然谈不上漕运，因此便有人提议在中间另凿新水道，沟通南端的胶河、北端的莱河，这便是所谓胶莱新河。胶莱新河始终不曾完成，但却不断地涌现在明人的脑际。隆庆五年，给事中李贵和旧事重提，上疏请开胶莱新河。恰恰在隆庆四年黄河再决，高家堰大溃，运河水量不足，潜运中断以后，这一个问题重新引起很大的注意。高拱极力主张重开胶莱河，这不是他的好大喜功，而是他的公忠体国。有了胶莱河，漕运便可以由淮入海，由胶州湾入胶莱河，再由海仓口出海直入天津，漕运便利了，北边的粮饷有了把握，国防问题、经济问题跟着胶莱河一同解决，为什么不要开？居正的公忠体国和高拱一样，但是他不能不顾虑到水源的问题。胶河和莱河的分水岭要凿，已经够困难了，还不算是困难的中心；有了水道，便要有水，水从哪里来？山中不是没有水，但是不够行船，更谈不到刷沙；在河水不能刷沙的时候，海沙侵入河身，那又怎样办？这些问题，居正都顾虑到，但是他更不能不顾虑自己的问题。他的境遇已经很困难，他不愿意和高拱冲突，最后他想起胡槚。胡槚也是给事中，是高拱的一系，不过他是一个有定见、不随声附和的人。居正提议派胡槚查勘，高拱当然同意。胡槚到了山东以后，把事情看清楚，他也主张不开胶莱河。居正又安稳地渡过一次难关。他和胡槚说起：

新河之议，原为国计耳。今既灼见其不可，则亦何必罄有用之财，为无益之费，持固必之见，期难图之功哉！幸早以疏闻，亟从寝阁。始者建议之人，意差甚美，其说虽不售，固亦无罪也。[35]

始虑新河水泉难济，臆度之见，不意偶中。辱别揭所云，剀切洞达，深切事理。

自胜国以来，二百余年，纷纷之议，今日始决，非执事之卓见高识，不能剖此大疑，了此公案。后之好事者，可以息喙矣。书至，即过玄翁，言其不可成之状，玄翁亦慨然请罢。盖其初意，但忧运道艰阻，为国家久远计耳，今既有不可，自难胶执成心。盖天下事，非一人一家之事，以为可行而行之，固所以利国家；以为不可行而止之，亦所以利国家也。此翁之高爽虚豁，可与同心共济，正在于此，诚社稷之福也。[36]

李贵和提议的时候，梁梦龙尚在山东巡抚任内。地方官当然有地方官的立场，照例是不愿多事，他曾经上疏反对。现在事情被打消了，居正给他一函，因为这是自己的门生，所以把政治上的秘密一齐告诉他。

胶莱新河，始即测知其难成，然以其意出于玄翁，未敢遽行阻阁，故借胡掌科[37]一勘，盖以胡固玄翁所亲信，又其人有识见，不随众以为是非，且躬履其地，又非臆料遥度者，取信尤易也。昨观胡掌科揭呈，明白洞切，玄翁见之，亦慨然请停，不必阻止而自罢。以是知执事向者之言，虽极痛切，未免预发其机也。区区今处天下事，大率类此，虽竭尽心力，不过小补而已，终无能有所建明，此《易》所谓“屯其膏，施未光”者也。王敬所在齐中，政事何如？两司及诸郡长史，孰为可用？统希见教，不悉。[38]

王敬所即王宗沐，时为山东左布政使，也是反对开胶莱新河的一个人。

隆庆五年的冬天，内阁中又掀起一次风浪，这一次却发生在殷士儋身上，士儋入阁完全倚仗内监的力量，因此和高拱形成对立。高拱正要提携张四维，偏偏御史部永春给四维一次弹劾。是谁主使的？高拱计算到士儋。于是他动员部下，御史赵应龙弹劾士儋由陈洪进用，不可以参国政。士儋正在答辩，高拱部下第一员大将都给事中韩揖出动。韩揖还没有提出弹劾，他先行扬言威胁。士儋忍耐不住了，终于在一个适当的机会，任情爆发了一次。

明朝的故事，每月初一、十五，给事中都到内阁和大学士们见面，大家作一个揖，称为“会揖”，原是一个沟通声气的办法。这一次都给事中韩揖到了，会揖以后，士儋对韩揖说：

“听说科长对我不满意，不满意是不妨的，可是犯不着给别人利用！”

真想不到大学士会在内阁里发出这样的议论，韩揖倒有些愣住了。高拱看看不像话，只是忿忿地说："这算什么体统！"

高拱一发言，事态立刻单纯化，不成体统的体统多着呢！少保、武英殿大学士殷士儋捋起袖子，一手指着少师、建极殿大学士兼署吏部尚书高拱痛痛快快地大骂：

"驱逐陈阁老的是你，驱逐赵阁老的是你，驱逐李阁老的也是你，如今因为要提拔张四维，又来驱逐我，内阁永远是你一个人的！"

就在内阁里面，少保握起双拳，准备给少师一顿毒打，少傅、建极殿大学士张居正看不下去了，正要替他们劝解，冷不防少保也给少傅迎头一顿痛骂。真热闹，堂堂的内阁变成全武行的战场。幸亏穆宗是一个懈怠而且宽大的君主，假使他在文华殿看到少师、少傅、少保们的活剧，不知道会给怎样一个处分。

经过这一次的武斗，御史侯居良对士儋又提出一次弹劾。士儋也厌倦了，一再上疏请求致仕，终于在十一月间，这位山东来的大学士悄然离开内阁。

士儋一去，内阁便成为高拱、张居正二人的联立内阁，一直维持到隆庆六年四月高仪入阁为止。"周、召夹辅"，真正只剩周公、召公了！高拱一连驱逐了四位大学士，气概正是逐日增长。居正单凭那套谨慎小心的作风，还是时时感觉到不安于位。殷士儋这一场痛骂真冤枉，高拱手下这一群人的目光正在转移到居正的身上。

居正和高拱的私交本来不错，但是现在他们的地位太逼近了。逼近便是一种威胁，高拱当然不会愉快，而且高拱有他的一群人，他们要立功，便要先替高拱制造敌人，然后再把敌人打倒。政治的主张是由黑暗走向光明，但是政客的阴谋是由光明走向黑暗。高拱死后，居正和高拱的亲戚说："不穀与玄老为生死交，所以疏附后先，虽子弟父兄，未能过也。叵耐中遭人，交构其间，使之致疑于我，又波及于丈，悠悠之谈，诚难户晓。"[39] 黑暗中的动物，永远在黑暗中蠢动。

居正已经是一路提心吊胆，"畏行多露"了，但是，"不行，为什么他要帮助徐阶说话呢？"黑暗中的声音要问。黑暗中的动物没有道义，没有感情，他们也不相信人类还有道义和感情，"势利呀！"他们要说，"一切都是势利，在朝的首辅便捧他一把，在野的首辅便踢他一脚：这是人情。再不然，便有另外的动机！"黑暗中的动物又被动员了，他们要报效高阁老，便得搜求居正帮助徐阶的动机。他们把发明当作发现，终于认定已经发现了居正的动机。

这个消息很顺利地传达到高拱那里。事情是这样的：徐阶的儿子送三万两银子给居正，于是居正承认替他们维持。在大学士的朝房里，高拱看见居正，便半真半假地讽刺了一顿。这一个刺激太大了，居正变了色，指天誓日地否认这件事。经过这样的剖白以后，高拱承认这是误会，事情勉强结束。

内阁的政潮正在准备着新的发展。隆庆六年三月尚宝卿刘奋庸上疏条陈五事：（一）保圣躬，（二）总大权，（三）慎俭德，（四）览章奏，（五）用忠直。第二条和第四条都很活跃。奋庸说："今政府所拟议，百司所承行，非不奉诏旨，而其间从违之故，陛下曾独断否乎？国事之更张，人才之用舍，未必尽出忠谋，协公论。臣愿陛下躬揽大权，凡庶府建白，阁臣拟旨，特留清览，时出独断，则臣下莫能测其机，而政柄不致旁落矣。"他又说："人臣进言，岂能皆当，陛下一切置不览，非惟虚忠良献纳之诚，抑恐权奸蔽壅，势自此成。望陛下留神章奏，曲垂容纳；言及君德则反己自修，言及朝政则更化善治。听言者既见之行事，而进言者益乐于效忠矣。"奋庸请穆宗总大权，大权旁落，必有所在；又说权奸蔽壅，"权奸"二字必有所指。同时给事中曹大埜上疏劾高拱不忠十事，据说这是居正主使。政治的斗争从言官发动了。高拱的部下立刻应战，给事中涂梦桂劾刘奋庸动摇国是；给事中程文再劾奋庸、大埜"渐构奸谋，倾陷

十三陵石牌坊

位于十三陵陵区的入口，是中国现存最大的石牌坊。

元辅，罪不可胜诛”。结果奋庸谪兴国知州，大埜谪乾州判官，高拱又得到小小的胜利。

在不断的政治战争中，端拱无为的穆宗皇帝终于感觉厌倦，在隆庆六年五月逝世了，是年三十六岁。

注释

[1]《明史》卷三〇五《宦官传》。

[2]《明史》卷三〇二《列女传・邵氏》。

[3]《明史》原文。

[4]书牍十四《答司寇曹傅川》。

[5]书牍十四《答司马曹傅川》。

[6]文集七《门生为师相中玄高公六十寿序》。

[7]《书・君奭序》。

[8]世宗庙号。

[9]文集七《门生为师相中玄高公六十寿序》。

[10]书牍一《答山西按院饶成山》。

[11]书牍十四《答冏卿徐敬吾》。

[12]书牍二《答蓟镇抚院王鉴川论蓟边五患》，按官衔及标题皆误。

[13]书牍二《与抚院王鉴川访俺答为后来入贡之始》，按题衔误。

[14]嘉靖三十六年，俺答子辛爱之妾桃松寨降，兵部尚书许论给其西走，阴告辛爱执而杀之，见《明史》卷二二七《鞑靼传》。

[15]书牍二《答鉴川策俺答之始》。

[16]书牍二《与王鉴川言制俺酋款贡事》。

[17]方逢时。

[18]书牍二《与王鉴川谋取板升制虏》。

[19]书牍二《与王鉴川计送归那吉事》。

[20]《明史》卷二二二《王崇古传》作十余人，卷三二七《鞑靼传》作数人，《明史纪事本末》卷六十作九人。

[21]鞑靼人称明代临边大臣为太师，不必其人官为太师也。

[22] 书牍二《与五鉴川计送归那吉事》。

[23] 书牍二《与王鉴川议坚封贡之事》。

[24] 书牍二《答王鉴川计贡市利害》。

[25] 奏疏一《陈六事疏》。

[26] 书牍六《答蓟镇吴环洲书》。

[27] 书牍三《与王鉴川计四事四要》。

[28] 书牍十四《与符卿徐仰斋》。

[29] 书牍十四《答应天巡抚朱东园》。

[30] 书牍十四《答上师相徐存斋九》。

[31] 高拱。

[32] 书牍十四《答松江兵宪蔡春台讳国熙》。按国熙承高拱旨，穷治徐阶事，见王世贞《首辅传》卷六。

[33] 书牍十四《答河南巡抚梁鸣泉》。

[34] 书牍十四《答应天巡抚》。

[35] 书牍三《答河道按院胡玉吾》。

[36] 书牍三《又答河道按院胡玉吾》。

[37] 檟为给事中，故称掌科。

[38] 书牍三《答河南巡抚梁鸣泉》，“河南巡抚”四字误题。

[39] 书牍十四《答司马曹傅川》。

第七章 大政变

十九日居正上朝的时候，高拱已离开北京，内阁中的资望更没有比居正深的，因此他便循序坐升，成为首辅，而且因为高仪随即于二十三日逝世的缘故，居正成为唯一的顾命大臣，他在政治上的地位更加巩固。这一次政变的结果，居正是最大的收获者。

世宗在位的时候，穆宗在裕王府，娶妃昌平李氏，后来谥为孝懿皇后。嘉靖三十七年四月，李妃死了，八月裕王娶继妃通州陈氏，穆宗即位以后，封皇后，后来谥为孝安皇后。昌平李妃生子翊釴，五岁时死了。翊釴之下，便是翊钤，母氏无考，不满一岁也死了，所以嘉靖四十二年裕王第三子翊钧出生的时候，因为他是独子，特别得到裕王的宠爱。

裕王爱女人，最得意的是漷县李氏，后来谥为孝定皇后。李氏入宫的时候只是一个宫娥，当时称为都人。这是翊钧的母亲，隆庆元年，穆宗即位以后封贵妃。李贵妃是一位有能力、有办法的人。她的父亲李伟，漷县人，因为乡间不安静，避到北京，后来索性把女儿送进裕王府，做一名宫娥，却想不到以后的富贵都从这里来了。穆宗即位，礼部尚书高仪请立皇太子，大臣们都认定翊钧是一位聪明的皇子。事实是显然的，这个五岁的孩子已经读书了，在明代皇帝不甚注意皇子教育的情形之下，这是一个特例。隆庆二年，内阁大学士合疏公请立翊钧为太子，三月间，实行册立。穆宗也委实喜欢，他记得一天自己正骑着马在宫中游玩，皇太子跟他说："爸爸，你一个人骑着马，摔下来，怎么办？"

穆宗看见儿子的关心，真愉快，连忙下马，着实抚慰一下。这时期陈皇后因为多病，住在别宫里，每天早晨，李贵妃挈带太子到皇后宫中请安，皇后听到小靴子在阶道上橐、橐、橐！便连忙起来。自己没有儿子，但是看见这样聪明的孩子也实在高兴。皇后把经书取出来，一句一句地问他，太子对答如流，因此更加讨得皇后的欢心。皇后和贵妃之间尽管有一些利害冲突，但是当陈皇后看到李贵妃的知礼和皇太子的聪明，心里也平静下来，皇太子的稚弱的心里正在逐渐意识到政治的作用。

隆庆六年四月，高拱推荐前礼部尚书高仪入阁。是月穆宗命仪为文华殿大学士，入阁办事，一切都很正常。

最大的祸变来了，五月的一天，穆宗在坐朝的时候突然站起来，走了几步，不知说了什么，只是嘴上不断地歪动，[1] 显然这是中风。内监冯保在旁，赶上扶住，居正也抢前去扶。在大众诚惶诚恐当中，穆宗入宫。随即召大学士高拱、张居正、高仪至乾清宫，穆宗斜倚在御榻上，皇后、皇贵妃都在，皇太子立在御榻的左边。三位大学士跪在御榻前面。穆宗困乏了，由内监冯保宣诏：

“朕嗣统方六年，如今病重，行将不起，有负先帝付托。太子还小，一切付托卿等。要辅助嗣皇，遵守祖制，才是对于国家的大功。”

真是一幅惨淡的景象。看见朋友托孤，尚且目不忍睹，何况他们是裕王府中的讲官，六年以来的内阁大臣！但乾清宫不是他们痛哭的地方。高拱、张居正含了满眶的热泪，和正在呜咽的高仪叩了头，回到内阁，这是五月己酉。次日庚戌，穆宗皇帝逝世。大臣们在内阁里痛哭。高拱号啕地嚷着：“十岁的太子，怎样治天下啊！”他越发感觉到责任的重大。

穆宗逝世以后，政治上跃起一个新兴的势力，这就是冯保。冯保在世宗朝已经是司礼秉笔太监，穆宗登极，冯保屡次想升掌印太监，但是因为高拱反对，始终没有达到目的，所以他和高拱结下了不解之仇。明朝的政治本来充满了弹性，因此司礼监的职权没有确定的范围。名义上司礼掌印太监是“掌理内外章妻及御前勘合”，秉笔太监“掌章奏文书，照阁票批朱”，事实上，他们的职权可以无限地扩大。掌理章奏是一个“上下其手”的机会。照阁票批朱，是对于内阁票拟的谕旨，用朱笔加以最后的判定。这本是皇帝自己的事[2]，后来皇帝不负责任，“批朱”的事落到司礼秉笔太监手里，于是大学士虽是皇帝的私人秘书，而秉笔太监则成为皇帝的机要秘书。《明史·职官志》[3] 称“内阁之拟票，不得不决于内监之批红，而相权转归之寺人”，在明代政制里，这正是变态中之常态。武宗时候，司礼监刘瑾甚至把章奏带回私宅，和妹婿孙聪、食客张文冕共同批答。皇帝的机要秘书可以随时邀集亲友，同参国政，更是变态中的大变。武宗正德二年到五年间，刘瑾成为事实上的皇帝，五年八月，刘瑾失败以后，武宗下诏自正德二年后，所更政令一概如旧，其实只是对于这三年中刘瑾的地位加以实际的认识。

从五月庚戌穆宗逝世到六月初十甲子神宗即位，这十五天，是冯保活跃的时期。冯保的策划是驱逐司礼掌印太监孟冲，夺取他的位置：因为皇后、皇贵妃的支持，这一个策划实现了[4]，但是实现的时间却不能确定。《冯保传》称为刚刚在穆宗逝世以后[5]，《胡滢传》[6]称为在神宗即位的第六天，中间有二十天的距离。其实神宗即位以前，执行诏旨的机构尚未完成；至于神宗即位的第六天，这是大政变的一日，没有冯保事前的活跃，根本不会发生政变。所以我们不妨假定冯保升掌印太监在神宗即位之日，或其后，至迟必早于第六日。这个策划的完成大致在神宗即位以前，只待神宗即位而履行发表的手续。

《明史·冯保传》称"保又矫遗诏，令与阁臣同受顾命"，《明史纪事本末》则称冯保矫传大行遗诏云"阁臣与司礼监同受顾命"，这也是一个骇人的记载。内监和大臣同受顾命，在明代本来不是一件没有的事。熹宗天启中，御史王允成劾魏进忠疏，"内延顾命之珰，犬食其余，不蒙帷盖之泽；外延顾命之老，中旨趣出，立见田里之收"[7]，确实指出大臣、内监同受顾命的事。但是高拱、居正、高仪同受顾命，并无他人在内，这是事实。穆宗逝世的时候，孟冲尚为掌印太监，亦无越过孟冲、托孤冯保的理由。所以冯保矫遗诏是有的，但是只是矫遗诏用为司礼掌印太监，并不是矫遗诏同受顾命。最切实的证据见《居正文集》：

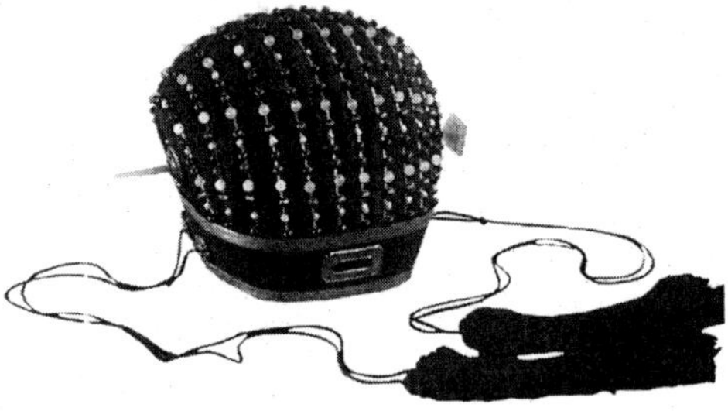

神宗皮弁

皮弁是皇帝视朝、降诏和接见朝贡使者时用的礼冠。

公昔以勤诚敏练，早受知于肃祖，[8]常呼为"大写字"而不名。无何，即超拜司礼，管内政。嘉靖丙寅，迎立穆宗皇帝，以功荫其弟、侄数辈。穆宗不豫，召辅臣至御榻前，受顾命。公宣遗诏，音旨悲怆。令上践祚，奉先帝遗命，以公掌司礼监事。[9]

这一篇文章作于万历二年，正在居正掌握政权，结好冯保的时候，假如冯保曾经矫遗诏同受顾命，记中何以不把他的地位提清；而且后段又称冯保掌司礼监，"宫中府中，事无大小，悉谘于余而后行，未尝内出一旨，外干一事"，更和同受顾命的身份完全不合。所以根据居正的记载，可以证实冯保没有矫遗诏同受顾命，同时也可以证实冯保为掌印太监，在神宗即位以后。《冯保传》又称："穆宗得疾，保密嘱居正豫草遗诏，为拱所见，面责居正曰，'我当国，奈何独与中人具遗诏？'居正面赤谢过"。[10] 显然也是一件莫须有的事。穆宗突然中风以后，随即召大臣入宫，面授顾命[11]。第二天逝世，其间更无犹豫的时期，可以给冯保密嘱居正豫草遗诏的机会。而且以居正那样的精细，绝无密草遗诏，更容高拱看见的道理；同样地，以高拱那样的强干，也不会在揭破居正勾结冯保的秘密以后，随即把自己推翻冯保的计划更和居正商榷[12]，处处都露出矛盾。本来这一次政变是一件突如其来的大事，以后居正当权，不免引起一部分人的反感，冯保更是众矢之的，于是以讹传讹，发明成为发现，传说成为事实。到了清初修史，没有整理史实的决心，所以在记载里不但充满了许多矛盾，而且描写高拱、居正，有时竟至忘去本来的面目。

从隆庆六年六月初十日甲子起到十六日庚午止，这七天之中，整个朝廷沉没在滔天的波浪之中。在政治机构方面，是司礼监和内阁的对立，在人的方面，是冯保和高拱的对立。冯保的后盾是皇后、皇贵妃，尤其是皇贵妃，神宗只有十岁，当然和母亲站在一边。高拱的后盾是六科给事中和十三道监察御史。高拱是政治界的老斗士了，他战胜了几位元老，当然看不上一个新讲的堂印太监，他后面有的是舆论和群众。内阁的内部，他知道除了自己，只有高仪和张居正。高仪是自己引进的，入相仅仅两月，当然唯自己"马首是瞻"，至于居正，高拱认定这是十几年以来的同僚，而且和自己志同道合。"'周、召夹辅'，居正不是曾经说过吗？"高拱想着。后方的布置没有任何的缺隙，高拱正准备和冯保做一次生死的决战。

最使高拱痛恨的便是中旨。中旨是皇上的手谕，在现代的立宪君主国，一切的诏令要经过内阁的副署，中国古代也是如此。有中书省等的时代，诏令要经过中书省等，明代改为内阁，诏令便要经过内阁。唐朝武后在位，政治算是混乱了，但是当时人还能提出"不经凤阁鸾台，何名为诏"的口号。[13] 明代在内阁以外，有通政司和六科，对于皇帝的诏令都有随时覆奏封驳之权，因此皇帝随时颁布手谕的自由更受到重重的约束。不过法制是法制，事实是事实，在不上轨道的政治状况中，手谕仍旧不免出来，成为史册所记的"斜封墨敕"和"中旨"，这正是负责任的大臣所最痛恨的事。

神宗一经即位，中旨随即被颁到内阁，其中的一件便是引用穆宗遗诏，授冯保为司礼掌印太监。高拱痛恨极了，对传旨的太监说："中旨是谁的旨意？

皇上的年龄小得很呢！一切都是你们做的，早晚要把你们赶走。”

一番声色俱厉的言论，小内监都传达给冯保，这可使冯保怔住了。他到皇后、皇贵妃那里去撺掇，他指出穆宗逝世那一天，高拱在内阁里嚷着：“十岁的孩子，怎样做皇帝啊！”

“这是什么意思？”冯保把高拱的语句改造以后又提出质问。皇后、皇贵妃都吟味着“这是什么意思”？她们感到悚惕，连十岁的皇帝也突然变色。在这方面，冯保正在布置他的阵线。

高拱采取的攻势当然一刻也不懈怠。他认定自己和居正、高仪是顾命大臣，他要报答穆宗皇帝，也要辅佐神宗皇帝；自己是首辅，更加责无旁贷。冯保的气焰一天大似一天，他是司礼掌印太监，现在又用中旨提督东厂。司礼掌印管的宫内，提督东厂便管到宫外来了，特务工作又落到他手里，冯保不是成为独裁了吗？高拱容不得，他决定进攻了。第一道火线由六科给事中程文、十三道御史刘良弼等一齐向前，他们的奏疏和排炮一样地发出了，共同的目标只是一个冯保。第二道火线是礼科都给事中陆树德，吏部都给事中雒遵。树德攻击冯保掌司礼监一事，他在奏疏中说：

> 先帝甫崩，忽传冯保掌司礼监。果先帝意，何不传示数日前，乃在弥留后？果陛下意，则哀痛方深，万几未御，何暇念中官？

这是用的最合逻辑的论法，唯一的答案当然是既非穆宗，又非神宗，而只是冯保矫诏。矫诏便有矫诏的处分，高拱正准备着。雒遵是高拱的门生，更是一员大将，他看到神宗坐朝的时候，冯保站在御座旁边，于是提出攻击：

陈太后

陈太后做裕王妃八年，隆庆元年被册封为皇后，神宗当政初期支持张居正改革。

保一侍从之仆，乃敢立天子宝座。文武群工拜天子邪？抑拜中官邪？欺陛下幼冲，无礼至此。

两道奏疏又一齐发出了，共同的目标也只是冯保，这时已经是六月十五日己巳，是神宗即位的第六日。奏疏接二连三地发出了，冯保是司礼掌印太监，掌理内外章奏，没有不知道的事。不关事，战争是战争，用不着保密。一切的计划是高拱发动的，给事中和御史们也受高拱主使，这也用不着保密。自隆庆四年以来，高拱和言官们打成一片，久已是公开的事实，何况冯保提督东厂、侦缉的特权和机构，都在他手里，那还有什么秘密？高拱只准备用“堂堂之阵，正正之旗”，打倒一个横行跋扈的内监。他晓得奏疏上去了，皇上便会发交内阁拟旨，权柄在自己手里，不愁冯保有什么办法。他自己也曾上疏，请把司礼监掌理章奏的大权交还内阁。他准备负全责，当然他可以要求揽全权。他认定在缜密的布置之下，这样一来可把冯保打倒了。

他所顾虑的还是内阁的同僚。四月中高仪入阁的时候，他就称病，再三推阻。居正也曾给他去信：“辱教，知东山情切，高驾夷犹，殊失朝野之望。兹温再颁，敦劝愈笃，恐上命不可屡抗，物望不可终孤。”[14] 后来高仪果然来了，然而他也果然病了。在同受顾命的时候，高仪曾经豫闻，但是现在他确是病倒了，在这一方面，高拱看不到什么援助，还有张居正呢！在皇上即位以后，他奉诏到大峪岭视察葬地，这是准备穆宗皇帝的葬事，当然应由一位得力大臣去办的。天又热，路上又辛苦，据说他回来以后又病倒了，这几天正在请病假，没有到内阁。高拱看到两位同僚都病倒了，一切的责任都在自己肩上。不要紧，他准备一个人担负着。

居正这几年以来逐渐地感到岌岌不安的情况。内阁中的同僚都去了，这是为的什么？六年三月间，礼部尚书潘晟又去了，又是为什么？潘晟去位以后，曾经来一封信，居正答复道：

辱别谕，一一领悉。白首相知，犹按剑也，况他人乎？然义命之学，窃尝闻之矣。自检平生，不敢有一事负国家，不敢有一念负于天下贤士大夫，至于去就，有命存焉，惟静以俟之而已。猥辱至爱，中心藏之。[15]

那时他认为高拱的目标只是自己，斗争没有把握，刘奋庸、曹大埜又去了，所以只得静以俟命，他的心绪正从烦闷转为恬淡。万想不到穆宗逝世以后，政治方面又跃起新兴的势力，演变成内阁和司礼监的决斗。“什么内阁？”居正想到，“只是高拱一人！”他明白冯保和自己没有什么渊源，高拱的策略，冯保不是没有耳目，自己也犯不着去告密[16]，他采取的方式只是坐观成败。高拱胜了，居正自然还有他的“义命之学”；冯保胜了，居正明白，收拾政局便非自己不可，而且对于冯保，居正也自信还有对付的本领。穆宗逝世只有二十天，神宗即位只有五六天，空气已经紧张得了不得，暴风雨就要发作了，等着吧。在这个情况之下，居正只说是受了暑，在内阁请假几天。

六月十六日庚午，天还未明，神宗召集大臣到会极门。高拱去了，满心以为这一次就是驱逐冯保的机会。居正还在假中，没有去[17]。高拱向上一看，少年的皇帝旁边正立着自己的敌人冯保。这一刹那的注视，高拱知道已经失败了。冯保传皇后、皇贵妃和皇帝的谕旨道：

告尔内阁、五府、六部诸臣：大行皇帝宾天先一日，召内阁三臣御榻前，同我母子三人，亲受遗嘱曰，“东宫年少，赖尔辅导。”大学士拱揽权擅政，夺威福自专，通不许皇帝主管，我母子日夕惊惧。便令回籍闲住，不许停留。尔等大臣受国厚恩，如何阿附权臣，蔑视幼主！自令宜洗涤忠报，有蹈往辙，典刑处之。[18]

高拱果然失败了。高拱的后盾是外庭，冯保的后盾是深宫；高拱只能主使言官，直攻冯保的罪恶；冯保便能撺掇后妃，怀疑高拱的忠诚。高拱的这一次失败深深地给居正一个教训，以后居正当国，在主持国政以外，对于奉承后宫和联络内监两件事，都花费不少功夫。

明朝大臣解职回里的时候有给驿的故事。所谓“给驿”，便是在驿站里支使车马人夫，由国家供给。这本来是特许，但是后来慢慢成为常例了。偏偏这次高拱卸任，限定立刻回籍，不许逗留，驿站的马车谈不到了，他只得自己雇车，有的说是乘牛车出北京[19]，有的说是骡车[20]，押行的兵役还在后面一路追逐，成为当时的新闻。六月十九日，居正入见以后，再为高拱请恩，幸而成功，高拱才免去道途间无谓的困顿。七月间居正在信中对王崇古说：

主少国疑，艰难之会，正宜内积悃诚，调和宫壶，外事延接，收揽物情，乃可以扶危定倾。而玄老一切皆易其道，又昵比谗佞，弃绝石交，语之忠告，不惟不纳，反致疑怒，竟至于此，岂非天哉！当其时，人情汹汹，祸且不测，仆犹冒死为之营诉，为之请驿，仅得解脱，然国体士气，所损多矣。嗟乎，自古谗人乱国，可胜痛哉！幸新皇聪颖异常，虽幼冲已具大有为之度，区区愚忠，幸蒙俯鉴。方今官府一体，上下一心，内外事情，幸已大定，但边事虏情，日夕在念，腹心虽安，四肢安可忽哉？万望留神，以慰宵旰。辱教云云，诚高见渊识，石画鸿谟，非公爱我之深，曷得闻此？三复三叹，敬佩良箴。[21]

所谓“冒死为之营诉”，必有所指。据王世贞的《首辅传》，冯保在皇后面前，曾经提起高拱谋废太子，迎立周王的谣言；又说冯保还买通其他的内监，造成同样的空气，所以皇后震怒，事情不可收拾。这一件事《明史纪事本末》和《明史》都不载，但是证以六月十六日传谕“通不许皇帝主管”，和居正“人情汹汹，祸且不测”两句，后面的情形绝不简单。万历六年高拱死后，妻张氏请求恤典，神宗将奏疏发下内阁，派文书官田义口传圣旨：“高拱不忠，欺侮朕躬，今已死了，他妻还来乞恩典，不准他。钦此！”居正再行上奏，神宗始准开复原职，给予祭葬，但是还说：“高拱负先帝委托，藐朕冲年，罪在不有。”这时神宗已经十六岁，他对高拱的痛恨真是深切。假使不是冯保造出废立的谣言，不会给神宗这样一个不可磨灭的印象。

居正对于六月十六日的政变，事前定有所闻。高拱的作风，他是知道的。冯保虽然只是一个生疏的内监，但是内监们那一贯的阴贼险狠的手段，居正也不会不知道。他看定暴

李太后

明神宗生母，漷县（今北京市通州区漷县镇）人，对小皇帝要求非常严格，支持张居正改革。

风雨要来了，所以他只是托病请假。等到风暴过去，十九日居正上朝的时候，高拱已离开北京，内阁中的资望更没有比居正深的，因此他便循序坐升，成为首辅，而且因为高仪随即于二十三日逝世的缘故，居正成为唯一的顾命大臣，他在政治上的地位更加巩固。这一次政变的结果，居正是最大的收获者。对于双方的策划，他不是不知道；对于冯保的诬蔑，他不会不明白；高拱固然没有拥立周王的阴谋，而且从宗支亲疏的关系方面来讲，周王也没有入承大统的可能。从政体的立场来讲，司礼监一部分的职权应当交给内阁，“宫府一体”原是居正的口号。从友谊的立场讲，居正更应当援助高拱，他们不是十几年的同僚吗？然而他们的友谊已经生疏了！这不能不责备高拱，但是也何尝能放过居正？他只是坐观成败，希望高拱失败，以完成自己掌握政权的目标。他对王崇古说“冒死为之营诉”，是一句遁辞，为什么要请假规避呢？不在会极门营诉而只凭事后的空言，要想博得外人的同情，希望不免太奢了！话又说回来，徐阶失败以后，居正曾经自咎以为“中人内构，不能剖心以明老师之诚节”。对于曾受大恩的老师，还谈不到剖心营诉；那么对于中经生疏的同僚，更从哪里说起！“政治家”不是圣贤，而只是“政治家”，谁愿意为着别人，牺牲自己的政权呢？

经过这一次政变，高拱的政权被推翻了，居正的政权树立起来，一切只是人事的变动，不是政策的变动。高拱是一个强干的“政治家”，自兼吏部尚书，上午到内阁，下午到吏部，没有一件积案，这是他办事的能力。居正不兼部，但是对于内阁和六部的事情，没有一件不曾洞察，他的精明正抵上高拱的强干。高拱对同僚不免高亢，居正稍为谦抑；高拱对政敌照例是不能容忍，有仇必报，居正稍知容忍，甚至量才录用。不过，这个分别只是一个大概。最初掌握政权的时候，居正还有一些笼络人才的意味，以后便日渐高亢，到了万历六年以后，简直和高拱一样。在这方面，他们之间的区别，只是年龄的区别；等到居正过了五十岁以后，他的行为便和高拱没有分别。在应付宫廷和内监方面，居正比高拱高明多了，他知道敷衍和迁就，他知道走曲线，然而他永远认清政治目标，宫廷和内监对于实际的政治没有过问的余地。高拱提高内阁政权的目标，在居正手里完成，但是居正没有遇到高拱所谓的挫折。不过这是高拱失败以后居正所得的教训：假使高拱有第三次入阁的机会，以他那样的能力，不是办不到的。简单一句，高拱和居正只是同一范畴的人物，因为环境的不同，不免有少许的差异。不明白实际政治的人也许因为他们不能合作产生诧异，其实整个的政权不能容许两个“政治家”共同掌握，正和整个家庭不能容许两个主妇共同主持一样。

六月十六日过去了，十九日神宗召见居正。这时是反刻，比平常的早朝稍微迟一点儿。神宗吩咐居正跪到宝座面前，他说：“先生为父皇陵寝，辛苦受热，国家事重，只在内阁调理，不必给假。”

居正叩头，承认在阁调理，神宗又说：“凡事要先生尽心辅佐。”

在神宗提起穆宗对于居正的言论，称为忠臣之后，居正感激涕零，不能仰视，俯伏奏称：“臣叨受先帝厚恩，亲承顾命，敢不竭才尽忠，以图报称。方今国家要务，唯在遵守祖宗旧制，不必纷纷更改。至于讲学亲贤，爱民节用，又君道所当先者，伏望圣明留意。”

“先生说的是。”神宗说。

“今天气盛暑，望皇上在宫中，慎起居，节饮食，以保养圣躬，茂膺万福。”居正说。

“知道了。”神宗又说，“与先生酒饭吃。”[22]

居正在召见以后著《谢召见疏》，历称：“臣之区区，但当矢坚素履，罄竭猷为，为祖宗谨守成宪，不敢以臆见纷更；为国家爱养人才，不敢以私意用舍：此臣忠皇上之职分也。仍望皇上，思祖宗缔造之艰，念皇考顾遗之重，继今益讲学勤政，亲贤远奸，使宫府一体，上下一心，以成雍熙悠久之治，臣愚幸甚，天下幸甚。”

这一次的召见是居正为首辅以后的第一次召见。他发表大政方针，只说“遵守成宪”。这是居正和王安石不同的地方。宋神宗的时候，安石充满了一头脑的理想，他要改革，要创制；但是明神宗的时候，居正只是充满了一头脑的“成宪”，他只要循名，要核实。安石是理想的政治家，而居正是现实的政治家。居正所称的祖宗旧制，便是太祖的旧制，一年以前，他为会试主考的时候曾经说过：

> 夫高皇帝之始为法也，律令三易而后成，官制晚年而始定，一时名臣英佐，相与持筹而算之。其利害审矣！后虽有智巧，莫能逾之矣！且以高皇帝之圣哲，犹俯循庸众之所为，乃以今之庸众，而欲易圣哲之所建，岂不悖乎？车之不前也，马不力也，不策马而策车，何益？法之不行也，人不力也，不议人而议法，何益？下流壅则上溢，上源窒则下枯：决其壅，疏其窒，而法行矣。今之为法壅者，

其病有四：恳请颂言而毋讳，可乎？夫天下之治，始乎严，常卒乎弛；而人之情，始乎奋，常卒乎怠。今固已愈美，干蛊之道，如塞漏舟，而今且泄泄然，以为毋扰耳。一令下，曰："何烦苛也？"一事兴，曰："何操切也？"相与务为无所事事之老成，而崇尚夫坐啸画诺之惇大，以此求理，不亦难乎？此病在积习者一也。天下之势，上常重而下常轻，则运之为易。今法之所行，常在于卑寡，势之所阻，常在于众强。下挟其众而威乎上，上恐见议而畏乎下，陵替之风渐成，指臂之势难使。此病在纪纲者二也。夫"多指乱视，多言乱听"，言贵定也。今或一事未建，而论者盈庭，一利未兴，而议者踵至：是以任事者多却顾之虞，而善宦者工遁藏之术。此病在议论者三也。夫屡省考成也，所以兴事也，故采其名，必稽其实，作于始，必考其终，则人无隐衷而事可底绩。今一制之立，若曰"著为令矣"，曾不崇朝，而遽闸停罢；一令之施，若曰"布海内矣"，而畿辅之内，且格不行。利害不究其归，而赏罚莫必其后。此病在名实者四也。四者之弊，熟于人之耳目，而入于人之心志，非一日矣。今不祛四者之弊以决其壅，疏其室，而欲法之行，虽日更制而月易令，何益乎？[23]

以上所说的是制度方面。在人才方面，居正曾说过："为国家爱养人才，不敢以私意用舍。"这一点显示出居正的精明。高拱掌握政权的时候，异己的人一概排斥，这是高拱的偏私，以后高拱得到揽权擅政的恶名，未始不由于此。居正从这方面得到教训，绝不重蹈覆辙，这是一。其次高拱是一个干练的吏部尚书，他所提拔的人都是当时的人才。隆庆三年的冬天，内阁决定进攻广西古田"叛"僮的时候，高拱用殷正茂为广西巡抚。正茂有才，但贪污是免不了的。高拱说："给他一百万，正茂也许吞没一半，但是只有正茂会把事情办好。"后来正茂果然"平定"古田。隆庆五年辽东巡抚李秋去职，高拱主张任用张学颜。旁人不以为然，高拱说："张学颜的才具，大家不知道，遇到盘根，自然会认识利器。"正在说着，吏部侍郎魏学曾来了，高拱向他要辽东巡抚。学曾思索很久以后，答复道："张学颜去得。"高拱得到这个印证，随即提出学颜，后来在辽东也有极好的成绩。不用高拱赏识的人才，那才糊涂，这不是居正做的。居正曾经说过：

孤虽不肖，其于人之贤否，略窥一斑，内不敢任爱憎之私，外不轻信毁誉之说。自当事以来，鉴前人之失，首陈皇权之论，以开悟上心，消弥偏党。[24]

最有趣的是张佳胤。佳胤是当时有名的才子，也是有名的能臣。但是他和高拱的关系太深，又因为在应天巡抚任内，办事棘手，他有些消极，居正接连去过两次信：

自公在郎署时，仆已知公，频年引荐，实出鄙意。不知者，乃谓仆因前宰之推用为介，误矣。天下之贤，与天下用之，何必出于己？且仆于前宰[25]素厚，顷者不恤百口，为之昭雪，区区用舍之间，又何足为嫌哉？“蔡人即吾人”，况前宰非蔡人，而公又吾人也？何嫌何疑之有？愿努力勋名，以副素望。[26]

惟公俊才厚蓄，又富于春秋，不以此时取旗常，勒钟鼎，乃顾恋庭闱，忘“在公”之义，非所望也。兹属休明之会，方将招遗佚于轴，宁肯纵鸾鹤于云林？大疏已属部复，而雅志必不得遂。愿勉奉简书，以徇国事。[27]

但是居正对于高拱的爪牙，绝然不能容忍，他和汪道昆说：“二三子以言乱政，实朝廷纪纲所系，所谓‘芝兰当路，不得不锄’者，知我罪我，其在斯乎！”[28]

高拱去了，政治中枢当然重有一番布置。要求干练如高拱的吏部尚书是不可能的，但是当时有一个最负重望的大臣，这是管兵部尚书事的杨博。杨博自嘉靖三十四年以来，三任兵部尚书，嘉靖四十五年，调任吏部尚书，隆庆五年复以吏部尚书起用，在资望方面没有比杨博再高的了，因此提出杨博仍还吏部尚书。居正曾说过：

今上登极，首命公还秉铨衡，余受先帝遗托，方欲与公同心戮力，共佐休明。[29]

居正又说到杨博历佐三朝，以及自己和杨博始终相与的关系：

桓桓世庙，经武纬文，公媚天子，耆定策勋。穆穆庄皇[30]，垂衣拱手，公佐太平，声色不有。迨于今皇，两作继明，询兹黄发，还公宰衡。我求一德，惟公是与，不吊昊天，夺我心侣。有谋孰谘，有难孰夷，山颓木坏，怆矣其悲。[31]

杨博被调回吏部，遗下兵部尚书，照高拱定下的原则，应由总督继任。当时的口号是“国防第一，北边第一”。北边三位总督：前任蓟辽总督谭纶，现任宣大总督王崇古，以及前任三边总督王之诰，都有重望。杨博和居正商定，起谭纶为兵部尚书。居正给崇古去信说：

昨本兵虚席，公论咸归公与西石，[32]乃太宰[33]谓渠复铨之始，嫌于首用其亲，且贡市方殷，犹借重望以镇之，计非久当别有简命也。[34]

正在布置当中，高仪死了，内阁只剩居正一人。问题又到了他面前，应当补怎样一个人呢？不知明朝政体的人也许以为既是杨博的资望最好，当然应补杨博。但是，事实不是如此的。明朝的中枢是二元制：吏部尚书的地位本来在内阁大学士以上，即使到了内阁权重以后，吏部尚书终于不曾落到内阁以下。当时的故事，吏部尚书在路上遇到大学士，照例不避道，便是有力的证据。[35]孝宗弘治年间，吏部尚书王恕的声望始终不受内阁的压制，更是实例。还有，由吏部尚书入阁的不是没有，但这是特旨。在推举的时候，通常是礼部尚书、吏部侍郎，或是翰林学士。因此，神宗吩咐居正推举阁员的时候，居正不能推举吏部尚书杨博，[36]只能推举礼部尚书吕调阳。其实居正的经验多了，他知道内阁里除了自己，只需要一位忠厚老实、和衷共济的长者，并不需要一位雄才大略、气度恢弘的重臣。这是居正的私心，但是这是隆庆年间内阁混斗的经验。为国求贤，固然是对的，但是为内阁谋安定，也何尝不是为国家？居正对于调阳在辛丑会试主考的时候已经认识了，现在正准备和他长期合作。万历七年调阳死后，居正曾说过：

余与公同政府，知公深。公为人，外温而心辨，中毅而貌和，于事呐呐不轻为可否，于人恂恂不苟为异同；尝曰：“大臣协心体国，苟利社稷，嫌怨共之，安事羯羠其间？无论彼己懻忮，即贤者各是所见，政本之地，龂龂而争，如国体何？世儒嘐嘐，猥小曹参而卑丙吉，然则，虞廷云‘寅恭’者非邪？”自余柄政，与公共事者六年，内奉冲圣，勤缉熙，外赞密勿，定计划，莫逆于心，莫违于口，六年如一日也。[37]

吕调阳入阁，递遗礼部尚书，居正便起用陆树声。树声嘉靖二十年会试第一，嘉靖中，屡掌南京翰林院，南京国子祭酒，后来召为吏部右侍郎，称病不拜。隆庆中，再起故官，仍不就。这是一位声望隆重的大臣，现在居然来了，居正用后辈进见先辈之礼待遇他。

七月间户部尚书张守直、刑部尚书马自强致仕。守直在封贡的一件事，意见和居正不一致，自强也有些不满意，他们去了，居正便补进王国光、王之诰。王国光原来以户部尚书，总督仓场，现在调回管部，后来在任内完成《万历会计录》，是一部有关国计的著作。王之诰是居正的亲家[38]，但是之浩在隆庆三年总督陕西三边军务，进南京兵部尚书，资望久已够了，而且卓然自守，并不附和居正，因此更得一般的推重。

诸人以外，工部尚书朱衡、左都御史葛守礼留任，朱衡在河工方面的成绩和守礼的操守都在当时物望所归。明朝的内阁当然不是现代的内阁，对于阁中同僚和六部首长以及都察院的人选，首辅没有进退的大权，但是居正对于人选的布置确曾费了一番苦心，而且也确曾达到自己的主张。后来他曾经自负地说：

> 《书》曰："无侮老成人，皤皤良士，膂力既愆，我尚多有之。"宓子贱治单父，孔子使人觇之，见与老者二十余人议政，孔子喜曰："吾知不齐能办单父矣。"今以幼主当阳，而朝多长者，岂非盛事乎？[39]

大政方针既经发表，中枢人选也分别确定，居正准备负起国家的重任。从隆庆六年六月起，到神宗万历十年六月为止，这整整十年当中，他逐渐完成他的政治理想。在他掌握政权的期间，除了当前的政治问题以外，他还得应付三个重要的人物：第一，皇贵妃——后来的慈圣皇太后；第二，冯保；第三，神宗。这三个都是他的主人，三个人各有自己的立场，因此在应付方面不时地发生困难，幸亏居正有他的政治天才，总算安稳度过了，但是毕竟因为没有应付完全得当，在他身后发生意外的波折。

皇贵妃是一个有办法的人。居正还记得穆宗病重，冯保宣读遗嘱的时候，皇妃在帷中的口谕："江山社稷要紧，先生每要尽忠为国。"[40]这是一个有决断的呼声。神宗即位以后，不久召居正至平台面谕："皇后是朕嫡母，皇贵妃是朕生母，尊号上先生可多加几字。"

问题立刻被提出了，皇后当然被尊为皇太后，但是皇贵妃也要称皇太后！这个还不要紧，以往还可以对一位皇太后加上尊号，以示分别，但是现在办不到了。居正疏称：

仰稽我祖宗旧典，惟天顺八年宪宗皇帝尊嫡母为慈懿皇太后，生母是贵妃为皇太后，则与今日事体，正为相同，但于嫡母特加二字，而于生母止称皇太后，则尊尊亲亲之别也。然今恩德之隆，既为无间，则尊崇之礼，岂宜有殊？且臣居正恭奉面谕，欲兼隆重其礼，各官仰体考思，亦皆乐为将顺。今拟两宫尊号，于皇太后之上，各加二字，并示尊崇，庶于祖制无愆，而于圣心亦慰。[41]

就这样决定了，皇后陈氏尊称仁圣皇太后，皇贵妃李氏尊称慈圣皇太后，一切都透露了居正迁就事实的心理。居正是一个干练的政治人才，但他在政治方面所受的训练还是世宗嘉靖年间的训练，对于皇室永远是那样诚惶诚恐，有时竟不免有些阿谀附和。万历元年翰林院产生白燕，居正把它和内阁所开并蒂莲花一并进献，神宗随即下一道手谕：

白燕、莲花俱进献圣母，甚是喜悦，却独产翰林院中，先开于密勿之地，上天正假此以见先生为社稷祥瑞，花中君子。朕赖先生启沃，固不敢颠纵，何德之有！[42]

《明史·余懋学传》[43]称居正进《白燕颂》《白莲颂》。《白莲颂》不可考，《白燕颂》大致即是《白燕曲》：

白燕飞，两两玉交辉，生商传帝命，送喜傍慈闱。有时红药阶前过，带得清香拂绣帏。[44]

这是一篇贡慈圣太后的诗句，诗集中如《恭颂母德诗》：

猗欤我圣母，世德宜重光，扶天致升平，毓圣纂灵昌，履盛弥勤恪，秉礼日矜庄。内庭政无哗，外家恩有常，明达信如此，马邓岂足望？[45]

如《皇上祝圣母诗》：

女中颂德称尧舜，膝下承欢有帝王。[46]

文集中如《神母授图万年永赖颂》[47]《圣母图赞》[48]都是同样的作品。居正受的训练太久了，他自己无法摆脱这个形态，然而也正凭着这种训练博得了慈圣太后的好感。

冯保是司礼掌印太监，在内廷他只是一个奴才，但是正因为掌握章奏的大权，他也成为居正的主人。冯保的大权全靠慈圣太后，所以居正更不能不结好太后，借此减轻冯保的压迫。李太后要做功德，建涿州二桥，冯保主持，居正便写一篇《敕建涿州二桥碑文》；李太后建承恩寺、海会寺、东岳庙、慈寿寺、万寿寺，又是冯保主持，居正又是每一处来一篇碑文[49]。他甚至说："臣以是益信佛氏之教，有以阴诩皇度，而我圣母慈光所烛，无远弗被，其功德广大，虽尽恒河沙数，不足以喻其万分也。"[50]

居正不是不晓得这是胡诳，但是他只有胡诳。隆庆初年，江西龙虎山张真人的道号被革去了；万历五年张国祥入京，通过冯保走通李太后的路线，复封张真人，居正无可奈何，只说："张真人事，委为过举，初时发自慈闱，不穀未敢骤谏。"[51]

居正对李太后是将顺，对冯保是敷衍。正因为在太后方面，居正也得到信任，所以在居正当国的十年之中，内阁和司礼监没有任何冲突。冯保不是一个安分守己的人，他在北郊郊祭的时候，甚至传呼直人，北面拈香[52]。在当时委实有些骇人听闻，但是居正不管，只要冯保不干政，他就满足了，他曾说：

主上虽在冲年，天挺睿哲，宫府之事，无大无小，咸虚己而属之于仆，中贵人无敢以一毫干预，此公在北时所亲见也。仆虽不肖，而入养君德，出理庶务，咸独秉虚公以运之，中贵人无敢有一毫阻挠，此亦公在北时所亲见也。[53]

在大体上把握住了，居正在其他方面都可以迁就。冯保引用锦衣指挥们知徐爵入宫，代阅章奏，拟诏旨；居正吩咐仆人游七和徐爵结为兄弟，以资联络，徐爵、游七后来都成为炙手可热的人物。冯保要在故乡深州建坊，居正甚至吩咐保定巡抚孙丕扬代建。冯保自建生扩，居正便有一篇《冯公寿藏记》，称为仁智忠远。在记中他又说：

> 语曰："人貌荣名，岂有既乎？"今以公建立，视古巷伯之伦何让焉？诚由此永肩一心，始终弗替，虽与霄壤俱存可也，又奚俟于寿藏而后永乎？[54]

这里在推许以外，便有一层期望。他期望冯保继续努力，永保令名。居正身后，他的儿子懋修收集居正遗著的时候说起：

> 懋修谨案先父之与冯司礼处也，亦官府相关，不得不然，谢世之后，言者用为罪端。今观其于豫藏文，惓惓勉以令名，固非阿私贿结者。……可见先父当主少之时，于左右侍近，其调处之术，可谓深矣。不然，以先父之严毅，使左右不服其调处，亦将来之何哉！苦心国事者，自当有推谅其衷者矣。

居正当国的时候，他要应付三个重要的人物——李太后、冯保、神宗。从表面上来看，当然是十岁的神宗最容易应付了，但事实上这是最大的困难。居正身后发生种种波折，完全因为这一方面的失败。

神宗这时只有十岁，无论高拱当时在内阁里是怎样说的，"十岁太子"毕竟只是"十岁孩子"。但是神宗年龄虽小，已经开始明了政治。他知道他是主人，然而他也知道在他没有支配实际政治的时候，他还得受人支配，甚至对于他的支配者，还得博取应有的好感。在当国的十年之中，居正是首辅，是独裁者，是皇帝的师傅，实际上他是神宗的支配者；神宗当然时时感到博取居正好感的必要，但同时他也知道他是居正的主人。他对于自己的地位正感到一种不平，他甚至要企图报复，所以他对居正的好感，因为自卑心理的缺陷，日后突变为对居正的恶感。居正是一个精明不过的人，但是正因为神宗年纪太小，一切都被瞒过了。假如历史的重演可信，我们不妨说居正和明神宗的关系很有一些与霍光和汉宣帝的关系类似，但是正因为重演不会是完全的重演，所以还有许许多多的不同。

穆宗和他的父亲世宗全不一样，但是神宗和他的祖父便有许多类似的地方，这是所谓"隔代遗传"。世宗十六岁即位，享国四十五年，神宗十岁即位，享国四十八年；世宗是一个全权的统治者，神宗亲政以后也是如此；世宗自嘉靖二十年以后不亲朝政，神宗中年以后也是怠于国政。在这些方面，神宗正和他的祖父一样，然而他也是李太后的儿子。他从母亲那里所得的是谨慎小心，是胆怯，是恭顺，但是在政权到手的时候，他便知道怎样运用。他一步不肯退让，甚至因为满足自己的欲望，他可以打破惯例，给对方以不必要的难堪。母亲不是曾领着自己，在清晨的甬道上，走到嫡母皇后那里去请安吗？但是现在母亲和嫡母还不是同样的皇太后？这小小的心灵正在遗传的本能以外，又加上一些习得的经验。

李太后对神宗而言正是一个最能干、最负责任的母亲。穆宗逝世以后，皇上所住的乾清宫照理只能由皇帝住了。仁圣太后本来是住在别宫的，现在退居慈庆宫；但是慈圣太后因为神宗年幼的关系，仍旧陪着儿子住在乾清宫，直到神宗大婚为止。平时她督责儿子读书，在书没有读熟的时候，便罚在地上长跪。皇帝跪在地上，还像什么皇帝，但这是太后的懿旨，所以他还是跪下了。在讲官们讲书以后，神宗回到宫中，李太后又得下令复讲，当然还得复讲。三、六、九这几天是早朝的日期，天亮还远得很呢，一听到五更“柝、柝”的声音，李太后自己来了，把十岁的孩子从睡梦蒙眬中喊起，宫娥给洗过脸以后，便得赶紧坐上肩舆上朝。做皇帝真不是一份好差使，但是神宗也明白，“谁敢违背母亲的意旨呢”？

居正在神宗即位以后随即请御日讲，他和吕调阳疏称：

> 臣等谬以菲陋，职叨辅弼，伏思培养君德，开导圣学，乃当今第一要务。臣居正又亲受先帝顾托，追惟凭几之言，亦惓惓以讲学亲贤为嘱，用敢冒昧上请。今一应大典礼，俱已次第修举，时值秋凉，简编可亲。[55]

明代皇帝的教育一种是经筵，一种是日讲。经筵是最隆重的，在每月逢二的日期举行。照例盛暑和严寒的时候都停止经筵来说，用现代术语来说，就是放寒假、暑假。举行经筵的时候，勋臣、大学士、六部尚书、都御史、翰林学士等都要到齐，由翰林院春坊等官及国子监祭酒进讲经史。一切典礼都很隆重，不过皇帝不御经筵，自动放假的事，不是没有，但是神宗的最初十年谈不到自动放假。由万历元年规定以后，每年春讲以二月十二日起，至五月初二日止；秋讲以八月十二日起，至十月初二日止，不必题请。简单说，就是上学期九讲，下学期九讲，都有固定的日期。

神宗的经筵虽自万历元年二月起，但是隆庆六年八月间，日讲就开始了。日讲在文华殿举行，不用侍卫、侍仪、执事等官，只用讲读官、内阁学士侍班。

开始日讲的功课，居正给神宗规定如次：

一、伏睹皇上在东宫讲读，《大学》至传之五章，《尚书》至《尧典》之终篇。今各于每日接续讲读，先读《大学》十遍，次读《尚书》十遍，讲官各随即进讲毕，各退。

二、讲读毕，皇上进暖阁少憩，司礼监将各衙门章奏，进上御览，臣等退在西厢房伺候。皇上若有所咨问，乞即召臣等至御前，将本中事情一一明白敷奏，庶皇上睿明日开，国家政务，久之自然练熟。

三、览本后，臣等率领正字官恭侍皇上，进字毕。若皇上不欲再进，暖阁少憩，臣等仍退至西厢房伺候。若皇上不进暖阁，臣等即率讲官再进午讲。[56]

四、近午初时，进讲《通鉴节要》，讲官务将前代兴亡事实，直解明白，讲毕各退，皇上还宫。

五、每日各官讲读毕，或圣心于书义有疑，乞即下问，臣等再用俗说讲解，务求明白。

六、每月三、六、九视朝之日，暂免讲读。仍望皇上于宫中有暇，将讲读过经书从容温习。或看字体法帖，随意写字一幅，不拘多少，工夫不致间断。

七、每日定以日出时，请皇上早膳毕，出御讲读；午膳毕，还宫。

八、查得先朝事例，非遇大寒大暑，不辍讲读。本日若遇风雨，传旨暂免。[57]

这是神宗的课程表，后来《通鉴节要》讲完，续讲《贞观政要》。

神宗这时还不足十岁，但是居然担负这样繁重的课程。他对张居正真是十分亲近和尊崇。在这一年，居正曾经屡次说到神宗和自己的关系：

所幸主上年虽幼冲，聪睿异常，又纯心见任，既专且笃，即成王之于周公，恐亦未能如是也。但自愧菲劣，不足以堪之。目前景象，似觉穆清，自今而往，惟当益积悃诚，恒存兢业，恪循轨辙，按辔徐行耳。[58]幸主上虽在冲年，已具大有为之度。近又日御便殿讲读，因而商榷政事，从容造膝，动息必咨，仆亦得以罄竭忠悃，知无不言，言无不信。[59]

近来朝政愈觉清泰，宫闱之内，蔼然如春，肃然如冬。主上锐意学问，隆寒不辍，造膝谘访，史不弹书。[60]

隆庆六年十二月，居正进《历代帝鉴图说》，自称：

谨自尧舜以来，有天下之君，撮其善可为法者八十一事，恶可为戒者三十六事。……每一事前，各绘为一图，后录传记本文，而为之直解，附于其后，分为二册，以辨淑慝。[61]

这是一种绘图立说的故事书，对不满十岁的皇帝来说，不能不认为是富有教育意义的著作。神宗在文华殿看到居正捧着这两册故事书，快活得站起来，忙教左右把《图说》翻开，居正从旁指点讲解。一次讲到汉文帝劳军细柳的故事，居正说：“皇上应当留意武备。祖宗以武功定天下，如今承平日久，武备日弛，不可不及早讲求。”神宗听到，只是一连地称“是”。居正把自己整饬武备、抵御外侮的主张完全提出。

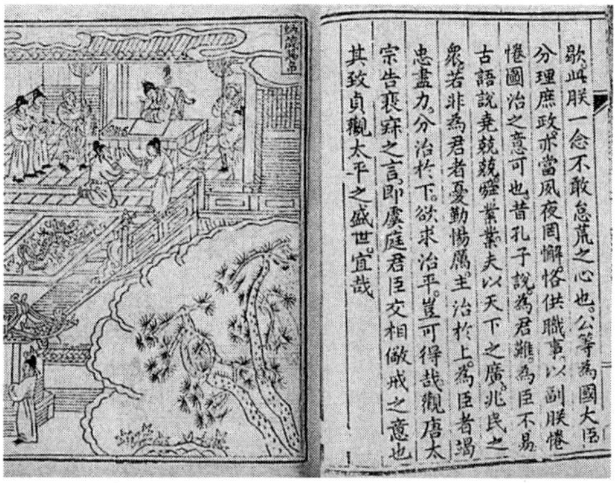

帝鉴图说

张居正亲自编撰，供小皇帝万历阅读的教科书，由小故事加插图的形式构成，分上册“圣哲芳规”和下册“狂愚覆辙”。

还有一次关于居正进讲的事情，在万历四年二月二十九日，这一年神宗十四岁。神宗早些时在习字的时候，进讲官写好太祖的《大宝箴》作为影格，居正看见便说：“这一篇文章和君德治道都很关切。皇上不仅是摹写，还要能背诵；不仅是背诵，还要能讲解。”

随后居正进《大宝箴注解》一篇。二十九日神宗在文华殿召居正到御座面前，自己站起来，高高地举起《大宝箴》交给居正。居正站着，神宗把全文高声背诵一遍。背诵以后，居正再行讲解，关于《大宝箴》引用的故事，神宗全明白。最后讲到“纵心乎湛然之域”一句，“这不过说人应当虚心处事。”神宗说。

居正拱起两手称贺说：“正是‘虚心’两字可以解释这一条的意义。人心所以不虚的缘故，全是因为私意的混杂。水是最清的，混了泥沙以后，水便不清；镜是最明的，蒙上灰尘以后，镜便不明。皇上只要涵养此心，除去私欲，和明镜、止水一样，自然好恶刑赏，无不公平，万事都办好了。”[62]

居正对神宗正和一位尊严的小学教师一样，利用一切的机会，要把自己的学生领上理想的境界。他看到小学生正在一步步地跟着自己迈进，心里感觉到无限的喜悦。然而，他忘去学生只是一个人，是人便有人的无限的光景，同样也有人的必然的缺陷。何况神宗是世宗的孙子，是穆宗和李太后的儿子，在他的血管里，正动荡着倨傲、颓废和那委屈迁就、伺机图逞的血液！

神宗在讲官们的教导中逐日成长了，但是小学教师只看到一个驯伏听话的学生。一次神宗朗诵《论语》的时候，失于检点地竟把“色勃如也’读作“色背如也”。在旁站着的居正厉声说：“应当读作‘勃’字。”这一下神宗真有些“勃如”，但是居正没有看到。

性质倔强的人遇到压迫的时候常会感到非常的烦闷，成人如此，小孩子也如此。有时小孩子受到父母和师长的压迫以后，便对弟妹发作一番；再不然，看到小狗、小猫，也得踢一脚，这是方向的移转，发作还是发作。神宗对居正真是恭敬万分，慈圣太后要他这样，他能不恭敬吗？还有司礼监冯保呢！这是管理宫内一切事务的人，慈圣太后都听他的话，自己更得听话了，神宗称他“大伴”，连名字都不便提，正和只称居正为“先生”一样。小小的心灵对于“大伴”已是非常得悚敬，何况在文华殿的时候，连“大伴”也肃然地站在那里，自己能不用心听话吗？居正讲到国家大事，“大伴”又那样耳提面命地道：“‘先生’是先帝托孤的忠臣，‘先生’说的话，皇上要得仔细听啊！”于是居正面上又蒙上一重特有的庄严，神宗被驯服得和小羊一样。

但是，神宗常时感到异常得烦闷。十岁的时候，慈庆宫后房被毁了，御史胡涍疏请放归后宫宫人，内称“唐高不君，则天为虐”。神宗大怒，要他明白回奏，经过居正再三解释，胡涍还得到斥逐为民，永不叙用的处分。十二岁的时候，内监张进醉酒放肆，言官交章弹劾，神宗勃然大怒，认为言臣干涉宫内琐事，完全是欺蔑皇上[63]。十四岁的时候，看到奏疏中提到江洋大盗“缚王劫印”一句，神宗震怒非常，认为抚按处罚太轻。居正说：“盖主上恒以冲年，恶人之欺己，故以失事为可，而以隐匿为深罪也。”[64]居正看到神宗因为自己年幼常时痛恨诸人之相欺，但是居正没有预料到这和万历十年以后，神宗痛恨居正是有同样的心理根据。

经过隆庆六年的政变，居正所得的是国家的重任，同时他还得应付慈圣太后、冯保和神宗这三位不能轻易应付的主人。

注释

[1] 敬修《文忠公行实》。《明史》不载穆宗病状。

[2] 奏疏五《进世宗御笔疏》。

[3]《明史》卷七十二。

[4]《明史》卷三〇五《冯保传》。

[5] 传称穆宗“甫崩”。

[6]《明史》卷二一五《陈吾德传》附。

[7]《明史》卷二四六《王允成传》。

[8] 世宗。

[9] 文集九《司礼监太监冯公豫作寿藏记》。

[10]《明史》卷二一三《高拱传》及《张居正传》皆不载。

[11]《文忠公行实》记扶持还宫以后，即言“坐稍定，先帝召太师榻前，执太师手，嘱托甚至”。

[12]《明史·高拱传》。

[13] 武后光宅元年，改中书省为凤阁，门下省为鸾台。

[14] 书牍三《答宗伯高南宇》。

[15] 书牍四《答宗伯潘水帘》，居正有《义命说》，见文集六。

[16]《明史·高拱传》称，拱使人报居正，居正阳诺之而私以语保。《冯保传》称保与居正定谋逐拱。

[17]《明史纪事本末》言“促居正至”，《明史·高拱传》言“拱伏地不能起，居正掖之出”，似居正是日曾至会极门。以周圣楷《张居正传》考之，则言居正卜视陵寝，“比归而拱已去位矣”，又似居正是日尚在大峪岭未回。周《传》做于崇祯间，应可信。再考居正奏疏二《谢召见疏》则言“祗役山陵回还，中署致病，具奏请假调理。本月十九日辰刻，忽闻中使传奉圣旨，宣召臣人”，是十六日居正实已还京，尚在假中。

[18]《明史纪事本末》卷六十一原文。

[19]《明史纪事本末》。

[20]《明史·高拱传》。

[21] 书牍四《答王鉴川》。

[22] 奏疏二《谢召见疏》，对话用原文。

[23] 文集三《辛未会试程策》二。

[24] 书牍十一《答南列卿陈我度》。

[25] 前宰指高拱。

[26] 书牍五《答总宪张崌崃言公用舍》。

[27] 书牍五《答总宪张崌崃》。

[28] 书牍五《答汪司马南溟》。

[29] 文集五《襄毅杨公墓志铭》。

[30] 穆宗。

[31] 文集五《襄毅杨公墓志铭》。
[32] 王之诰。
[33] 杨博。
[34] 书牍四《答王鉴川》。
[35]《明史》卷二二四《孙传》。
[36] 推举吏部尚书入阁非故事，见《明史》卷二二四《陈有年传》。
[37] 文集五《豫所吕公墓志铭》。
[38] 居正第四子简修娶之诰女。
[39] 书牍六《与南台长言中贵不干外政》。
[40] 奏疏六《谢皇太后慈谕疏》。
[41] 奏疏二《看详礼部议两宫尊号疏》。
[42] 奏疏三《谢宸翰疏》。
[43]《明史》卷二三五。
[44] 诗四《白燕曲》四首之一。
[45] 诗一。
[46] 诗四。
[47][48] 文集二。
[49] 皆见文集四。
[50] 文集四《敕建五台山大宝塔寺记》。
[51] 书牍十二《答南科吴公琯》。
[52] 见《明史》卷二一〇《邹应龙传》。
[53] 书牍六《与南台长言中贵不干外政》。
[54] 文集九《司礼监太监冯公寿藏记》。
[55] 奏疏二《乞崇圣学以隆圣治疏》。
[56] 按正字官“掌缮写、装潢、诠其讹谬而调其音切”，见万历本《明会典》卷五十二。
[57] 奏疏二《拟日讲仪注疏》。
[58] 书牍四《答两广殷石汀》。
[59] 书牍四《与王鉴川言虏王贡市》。
[60] 韦牍四《与河道万巡抚论河漕兼及时政》。
[61] 奏疏三《进帝鉴图说疏》。
[62] 奏疏十一《送起居馆讲〈大宝箴〉记事》。
[63] 书牍六《与南台长》。
[64] 书牍八《答操江王少方》。

第八章 初步的建设（上）

居正是一个现实的政治家，他知道政务的办不通不是机构的缺乏，所以他不主张增加政治机构。他也知道公文政治不能打倒公文政治，所以他不主张提出新的法令、章程，增加纸笔的浪费，他只要清清白白的一个交代。办法在纸上说过了，究竟办到没有？

隆庆六年六月以后，政权落到居正手中了。他的志愿是把整个生命贡献给国家。他还记得在隆庆五年的冬天，内阁中的斗争愈演愈烈，自己的政治生活岌岌不保的时候，他曾经有过两句偈语："愿以深心奉尘刹，不于自身求利益。"他对于政治的认识是只有把握，没有放弃；只有前进，没有后退；只有牺牲，没有畏缩。现在是他的时代了。万历元年，他曾讲到这时的心理状态：

去年，当主少国疑之时，以藐然之躯，横当天下之变，比时唯知办此深心，不复计身为己有。[1]

他认定嘉靖年间的废弛和隆庆年间的混乱，一切的症结只是纪纲不振，所以他入手的方略便是整饬纪纲。明代掌握政权者的武器是京察，京察的大权在手，便可以澄清吏治，整肃官常。就在隆庆六年七月间，居正奏请举行京察，五品以下的由吏部、都察院会同考察，四品以上的责令自陈。京察终了，十六日神宗下诏戒渝群臣，这是居正的手笔：

朕以幼冲，获嗣丕基，夙夜兢兢，若临渊谷，所赖文武群臣，同心毕力，弼予寡昧，共底升平。乃自近岁以来，士习浇漓，官方刓缺，钻窥隙窦，巧为躐取之媒，鼓煽朋俦，公肆挤排之术，诋老成廉退为无用，谓谗佞便捷为有才。爱恶横生，恩仇交错，遂使朝廷威福之柄，徒为人臣酬报之资，四维几至于不振，九德何由而咸事。朕初承大统，深烛弊源，亟欲大事芟除，用以廓清氛浊，但念临御兹始，解泽方覃，铦锄或及于芝兰，密网恐惊乎鸾凤，是用去其太甚，薄示戒惩，余皆曲赐矜原，与之更始。《书》不云乎？“无偏无党，王道荡荡，无党无偏，王道平平。”朕方嘉与臣民，会归皇极之路，尔诸臣亦宜痛湔宿垢，共襄王道之成。自今以后，其尚精白乃心，恪恭乃职，毋怀私以罔上，毋持禄以养交，毋依阿淟涊以随时，毋噂沓翕訿以乱政。任辅弼者当协恭和衷，毋昵比于淫朋，以塞公正之路。典铨衡者当虚心鉴物，毋任情于好恶，以开邪枉之门。有官守者，或内或外，各宜分猷念以济艰难。有言责者，公是公非，各宜奋谠直以资听纳。大臣当崇养德望，有正色立朝之风；小臣当砥砺廉隅，有退食自公之节。庶几朝清政肃，道泰时康，用臻师师济济之休，归于荡荡平平之域；尔等亦皆垂功名于竹帛，绵禄荫于子孙，顾不美欤？若或沉溺故常，坚守旧辙，以朝廷为必可背，以法纪为必可干，则我祖宗宪典甚严，朕不敢赦。百尔有位，宜悉朕怀，钦哉故谕！[2]

在举行察典时，居正对于“以言干政”的人确实去了几个，他自己也说“芝兰当路，不得不锄”。但是在执行的时候，居正自有相当的分寸，所以在慰留张佳胤的书中，引用韩愈“蔡人即吾人”一句；后来《与南台长书》[3]又言“或曰，‘某为新郑[4]之党，不宜留之。’或曰，‘某为新郑所进，不宜用之。’纷纷藉藉，日引月长，甚无谓也”！在当时，他曾把自己的主张和杨博说起，后来又和李渐庵说：

天生一世之才，自足一世之用，顾持衡者，每杂之以私意，持之以偏见，遂致品流混杂，措置违宜，乃委咎云“乏才”，误矣！仆之浅薄，虽不足以与知人，然一念为国之公，实无所怍。故自当事以来，谆谆以此意告于铨曹，无问是谁亲故乡党，无计从来所作眚过，但能办国家事、有礼于君者，即举而录之。用三驱以显比，悬一镜以虚照，故一时群才，咸有帝臣之愿。今部署已定，以后仍当综核名实，一一而吹之。第恐人乐混同，必有以为刻核者，然非是无以考成绩而亮天工也。[5]

居正进用人才，要求“能办国家事、有礼于君者”，这是为的国家，但是何尝不是为的士大夫。但是从那一群不能办事、履进履退、坐食养望的人看来，便是刚很刻核。直到万历四年，居正已经当国五年，大众还不能体谅，居正曾说：

仆一念为国家，为士大夫之心，自省肫诚专一，其作用处，或有不合于流俗者，要之欲成吾为国家为士大夫之心耳。仆尝有言，“使吾为剑子手，吾亦不离法场而证菩提。”又一偈云，“高冈虎方怒，深林蟒正嗔，世无迷路客，终是不伤人。”丈深于佛学者，岂不知此机乎？[6]

尽管隆庆六年的士大夫不能体谅，万历四年的士大夫不能体谅，甚至永远不能体谅，但是居正抱定决心，为国家担负这一个重大的责任。他的待人是“旁求贤哲，共熙帝载”[7]；他自称是“别无他长，但性耐烦耳”[8]。忍耐，忍耐！这是他从徐阶那里学到的秘密：徐阶忍耐着应付貌合神离的同僚，居正忍耐着应付千头万绪的政局。七月间举行京察，上仁圣皇太后、慈圣皇太后尊号。九月葬穆宗，居正又赶到大峪岭，“周视山川形势”[9]，真是烦极了，居正还忍耐着。

居正准备实行大政，一般大臣也期待他实行大政。他们读过圣贤之书，希望居正做孔子、孟子，他们要行王政。他们还记得建文帝在位的时候，烽火已经照遍南、北二京，皇帝还和方孝孺这一群人讨论周礼应门、皋门的制度：固然那一次还是失败了，但现在是太平时代，为什么不可以再试一下？然而居正的行为又使得他们失望了，他们甚至公然说道：“我们以为张公在朝，当行帝王之道。现在看他的议论，不过是富国强兵，仅仅这样，真真使人失望。”

居正听了以后，只是一笑道：“这是太客气了，我怎样能使国富兵强呢？”

到了万历七年，在这方面有了一些把握，居正才昌言道：

孔子论政，开口便说“足食”“足兵”。舜令十二牧曰，“食哉维时”。周公立政：“其克诘尔戎兵！”何尝不欲国之富且强哉？后世学术不明，高谈无实，剽窃仁义，谓之“王道”，才涉富强，便云“霸术”。不知王霸之辨，义理之间，在心不在迹，奚必仁义之为王，富强之为霸也？仆自秉政以来，除密勿敷陈、培养冲德外，其播之命令者，实不外此二事。今已七八年矣，而闾里愁叹之声，尚犹未息，仓卒意外之变，尚或难支，焉在其为富且强哉！[10]

居正对于国事的认识是富国强兵，但是这一群人要行王政，要谈尧舜，谈周孔。居正便提出尧、舜、周、孔的议论和他们辨难。他们有时谈到宋朝周、程、张、朱的主张，居正便不客气地认为“皆宋时奸臣卖国之余习，老儒臭腐之余谈”。但是居正是政治家，他没有公开喊出，只是说：“这是太客气了，我怎样能使国富兵强呢？”

事实上，居正还是感觉到很大的困难。难在哪里？难在自嘉靖、隆庆以来，积弱之势已成。世宗时代的萎靡不振，不要管了；穆宗时代，又因为内阁中的斗争，几个名臣的力量都浪费在正负相消的局面中。居正曾说过：

天下之势最患于成，成则未可以骤反。治之势成，欲变而之乱难；乱之势成，欲变而之治难。[11]

国势强则动罔不吉，国势弱则动罔不害。譬人元气充实，年力少壮，间有疾病，旋治旋愈，汤剂针砭，咸得收功；元气衰弱，年力衰惫，一有病患，朴东则耗西，实上则虚下，虽有扁卢，无可奈何！[12]

幸亏隆庆末年的积弱还没有到不可救药的境界，这是一个关键，居正绝不能放过。他正预备实现自己的主张：“是以君子为国，务强其根本，振其纪纲，厚集而拊循之，勿使有衅，脱有不虞，乘其微细，急扑灭之，虽厚费不惜，勿使滋蔓，蔓难图矣。”[13]

富国强兵，其实只是一件事：富国是中间的过程，强兵是终极的目标。要有良好的经济基础，才谈得上国防建设。居正当国之初，在军事方面，广东、广西的僮人，福建的人民，不断起义，情势固然相当严重，但是这些无关国防。重点只在北边，这是对于鞑靼的防御。隆庆五年，俺答封贡的事情已经确定了，之后吉能、切尽台吉这一群西部首领的贡市又告成功。北边是安静了，但是居正始终只认为这是停战，不是和平，他永远主张“外示羁縻，内修战守”。他认为对于鞑靼的方略是“犬摇尾乞怜，固可投之以骨，如其狂噬，则大杖加焉”[14]。大杖始终要握在手里。他的计划是足食足兵。他和王崇古也说过：

天生五材，民并用之，谁能去兵？孔子称必不得已而去。今之时，非有甚不得已也，乃不务为强兵而务为去兵，则唐季世是矣。然足食乃足兵之本，如欲足食，则舍屯种莫繇焉。诚使边政之地，万亩皆兴，三时不害，但令野无旷土，毋与小民争利，则远方失业之人，皆襁负而至，家自为战，人自为守，不求兵而兵自足矣。此言似迂，然在往时诚不暇，今则其时矣，故愿公留意焉。[15]

这还是隆庆五年的事。居正对于北边的国防永远没有松手，但是他对于一般人谈守边设险的计划，总还不能放心。隆庆初年，有人提议沿边种树，居正就说“种树设险，固是守边要务，但如议者所言，决无成效”。当时大家不以为然，但是尽管种了多年的树，一株也没有长成。居正只有切实地说：“天下事岂有不从实干而能有济者哉！”[16]

这也是隆庆五年的事，就在这一年，居正曾说过：

来岁拟遣大臣阅视，大行赏罚。如犹玩愒难振，则仆自请如先朝故事，杖钺巡边。人臣受国厚恩，坐享利禄，不思一报，非义也。[17]

隆庆六年十月，一切烦杂的事都有了头绪，居正实行派遣大臣巡边的计划：第一，兵部左侍郎汪道昆巡视蓟、辽；第二，兵部右侍郎吴百朋巡视宣、大、山西三镇；第三，兵部侍郎协理京营戎政王遴巡视陕西四镇。这三位都是嘉靖二十六年的进士，恰恰是居正的同年。这一次阅视的成绩，并不十分完满，在居正和百朋、王遴的私交上，发生了不小的裂痕。

汪道昆到蓟、辽去，事情很简单，临去的时候，居正给戚继光写了一封信：

汪司马知足下素深，相待之礼，必从优厚，顷已面嘱之，然渠亦自不俟嘱也。但足下自处，又且务崇谦抑，毋自启侮。昔李愬属櫜鞬谒裴度于道，唐史美之。盖重命使，所以尊朝廷也。司马此行，于蓟甚有关系，幸留意焉。[18]

道昆去后，一切很顺利；事毕上疏，议额饷，议增设墩台，都是些例行公事。居正给他去信说：“敷奏明切，文辞粹美，读之再过，叹挹弥襟。”[19]道昆本来只是一个文人，文人的才能只有在文辞方面表现，所幸蓟辽是谭纶、戚继光经营的局面，居正没有什么不放心。

王遴和居正本不十分融洽，到陕西去后，把巡阅的事情办妥，不久便告病还乡，这个当然是有些不满了，居正去信说：

唐虞之世，九官十二牧，师师济济，各效其能，岂必人为禹稷，位皆百揆，而后惬于心哉？诚欣于时世之遇也。方今尧舜在上，属任忠贤，仆躬履贯鱼之行，寤寐孜孜，用天下贤者，效之于上。士生于今，义无所逃，以其时则可矣。公乃独傲然远引，慨慕巢由，嘲哂禹契，欲自越乎不可逃之分，而背乎不易得之时，此愚蒙之所未譬也。虽然，人各有志，何可相强？聊为道其区区如此，惟高明裁之。[20]

明朝军官图

军官的甲衣是特制的，在战场上能起到良好的保护作用。

吴百朋到宣大、山西去的时候，便发生困难。宣大总督王崇古唯恐百朋要来掣肘，百朋的朋友又认为这是一种贬谪，居正无法，只有向双方解释：

比者奉翰教，薄冗未能随答，然诸所请者，一一具如尊指，属所司复行矣。尧山少司马[21]行时，已屡嘱之云："宣大事体，与他镇不同，北门有寇公，诸无足虑者，归来但可告成事耳。无烦刻核，徒乱人意。"然此公爽朗阔大，必能成也。[22]

辱教，满纸皆药石之言，但谓仆骄抗，轻弃天下士，则实未敢，然因此而益加警惕，无不可也。吴尧山奉命阅视宣大，仆数年以来，经营此地，颇费心力，今以托之，属望匪浅，不知肯为国家措一臂否也？[23]

百朋去后，着实做出一番成绩。他以粮饷、险隘、兵马、器械、屯田、盐法、番马、逆党，一共八项考核边臣。他对宣大总督王崇古、宣府巡抚吴兑，以及山西总兵郭琥这一群人，都分别指出功过，奏请升黜。同时，他对大同总兵马芳严重地提出弹劾。他认定马芳行贿，当然非严加惩处不可。百朋是阅视大臣，这一点完全没有做错；但是居正是首辅，便不免有无限的迟疑。明代的军队久已是一个腐化的机构，从下层到上层，是层层的剥削。总兵官是最上层的了，他再把剥削所得分润京官。科道受贿，兵部受贿，有时大学士也受贿，舞弊贪赃成为一般的风气。遇到清明的高级长官，谈不到贿赂，总兵官便和长官的家丁联络，高级长官也难免受到一些嫌疑。明朝中叶以后，武人在社会中的地位正在逐日地低落。当他们到兵部领取公文的时候，三军司命的总兵官都要长跪，这是奴才，不是长官。他已经取得奴才的身份，那么和大官的家丁联络，也正是恰巧适合，整个国家的命运付托给这一群人物，不能不算是前途的大虑。居正看到这一点，所以到万历元年便有西北边用书生为将的意念[24]。书生受的文化陶冶多了，自然会比较地注重名节和操守，这是后话。但是隆庆六年，居正还是迟疑。吴百朋弹劾马芳的奏折到了，言官们又在弹劾宣府总兵赵岢，居正只是说：

仆与马、赵，素不识面。异时当国者之家奴，率与边将结拜，鲜不受其啖者。自仆任事以来，内外隔绝，幸门尽墐，朝房接受公谒，门巷间可张罗，亦无敢有以间语谮言，入于仆之耳者，又何所私庇于人。即此两人之狡猾无状，仆岂不知？第以其俱嘎嗜宿将，部下又多犷少，代者未必能驭，即有疵，犹可驱策而用之。贡市羁虏，本难久恃，猝有缓急，无可使者，故为保全，徒以为国家耳。士大夫乃独不谅鄙心，谓之何哉！[25]

但是居正保全不得了。吴道南正在攻击居正，认定他是包庇马芳，忽略吴百朋。怎样办呢？马芳被免职了，同时居正再给百朋去信：

马帅褫职，国法已彰。仆以浅薄，谬肩重任，虽不足以当天下事，然一念公虚平直，则可以告于天地祖宗之灵，不敢措一毫私意于其间也。乃昨吴少参[26]有书，甚为公不平，其辞怨愤，使人难堪。今九边之事，宣大为重，不以付之他人而托公者，以公为心知故也。又面请于上，特赐命服以宠其行，公视仆此心为何如哉！渠乃以仆为厚猾帅而薄故旧，岂不厚诬我哉？区区之心，惟公垂鉴焉。[27]

居正的一番苦心没有得到同僚的谅解，但他对于北边的布置始终是着着不懈。对于九边重镇，他派人巡阅；对于九边督抚，他注重人选：这是对内的事。他对外的策略也是不断筹措：北方的鞑靼，除了土蛮一支以外，俺答这一个系统已经通过封贡手续，和明朝处在停战状态中了。俺答对于几个重要的领袖，如他的胞弟昆都力哈，胞侄永邵卜、吉能，以及他的儿子黄台吉，本来是可以指挥的，但因为那时的鞑靼是一个组织不健全的部族，实际上不能合作。居正的计划是要尽量地使他们分离为无数的单位，单位的增加，便是力量的减小。鞑靼没有联合向北边进攻的能力，国家的安全便增加了一层保障。

隆庆五年，谣传昆都力哈（把都）和吉能死了，居正准备扶植把都的儿子青台吉，使他和黄台吉对抗。他说：

把酋之子，不知何如。仆料黄酋必思东并，今当扶植青把都，使之力抗黄酋。黄酋若有东并之志，只可责之以大义，亦不必力禁之。待其两敝而归命于我。[28]

把都、吉能一时俱殒，黄酋亦且病发，天之亡彼，于兹见矣。但在我处之，须以恩信。其子但能管束其部落，即令告于顺义，奏请袭职，不必择贤。要令其势分而衅构，则我可因其机而制之，数十年之利也。[29]

俺答的问题解决了，但是一个桀骜不驯的黄台吉，连俺答也无可奈何。昆都力哈之妻又联络永邵卜，不肯进贡，事情有些棘手。隆庆六年，居正当政以后又说起：

昆妇愚悍，似无来期，永邵卜虽为所牵，终贪嗜关市财物，可招而致，然皆无足为轻重，第常以大义责之，时出小利诱之，毋令东合土蛮，为蓟镇害，足矣。[30]

就在这一年，昆都力哈提出要求来了，他要和俺答一样封王。封王只是一个名义，在明王朝没有什么损失，但是明王朝不能受他的威胁。居正明白现在不是世宗时代了，明王朝有的是准备。所以他再和王崇古说：

辱示昆都力、黄台吉二酋事情，先已有人言之。黄酋骄悍，诚为难驯，然刚躁寡谋，部下多怨，且其子父不和，势难独逞，将来疆场小衅，或不能无，然使处置有方，亦终当归吾羁绁也。昆都老而谲，数年以来，东纠土蛮，西合俺酋，皆此人为之，比之黄酋，反为难制。然俺答既已帖服，黄酋素不附之。昨已令蓟人散布流言于边外云："昆都与吾有约，将合兵以击土蛮。"虏性多疑，必相猜忌，则此酋亦孤立，无能为也。如再言封王事，可以好语款之云："俺答汝兄，伦序为长，且首发归顺之端，又执吾叛人，奉吾约束，朝廷嘉其悃诚，故厚赉而王之。汝频年为患，于中国未有尺寸功，何得遂与汝兄等？我皇上并包兼容，何惜一王号而不汝畀，但于事体，有未顺耳。汝若能依汝兄之言，遵奉约束，坚守盟誓，二三年后，当与汝奏闻朝廷，一体封正加赉。若欲借此事以启衅，则我唯有一战耳。"渠闻此言，必不敢动。量此孤虏，以上谷一镇之兵当之，东连云朔，彼虽入，亦不足畏也。[31]

居正对付鞑靼的计划是充实边防，准备随时出击，同时利用一切机会使鞑靼分裂。这样一来，北边的敌人只是散漫的部落而不是整个的集体，无形中减轻北方的威胁，北方的军队便随时有决胜的可能。这一点很有些类似帝国主义"分而灭之"的政策，但是中间有一个绝大的区别。帝国主义的目标，是对敌人加以奴役或剿灭；居正的目标，是容许敌人的存在，而消弭敌人的威胁。帝国主义是攻势的，居正是守势的；帝国主义只希望片面胜利，居正却希望双方共存。中国强盛的时候，对外采取的方略经常和居正的主张一致，这是中国文化和近代帝国主义之间的区别。

金山岭长城

隆庆四年，由时任蓟镇总兵的戚继光督建。

隆庆六年过去了，次年改元万历，是年正月庚子，发生王大臣之狱。

事情本来很简单。这一天神宗在乾清宫看到一个人神色仓惶地走过，吩咐左右把他拿下。经过讯问之后，才知道这是王大臣，从蓟州来的一个逃兵。逃兵的处分也还简单，但是消息到了冯保那里，便不简单了。冯保认定这是一个机会，他想起高拱，真是恨之切骨。高拱已经卸任回籍了，但是冯保的怨恨没有消灭。唯有血、血、血，才能洗尽冯保的怨愤。王大臣被送到东厂了，经过东厂的搜检，在王大臣身上果然搜出刀来。证物有了，这一定是行刺，而且在乾清宫外走过，不是谋刺皇上是刺谁呢？谁主使的？东厂所录的供词里明明写着，是高拱主使的。凶手有了，凶刀有了，主使的人也有了，冯保决定要彻查这一件案子。

彻查又怎样呢？东厂的威权在冯保手里，要杀王大臣，杀高拱，不是很容易吗？但是冯保手中的东厂和宪宗时代汪直手中的西厂，以及熹宗时代魏忠贤手中的东厂相比，差得远了。冯保的人品不知道比汪直、魏忠贤究竟怎样，但是神宗初年的朝廷确实比宪宗、熹宗时代高明了。居正曾经说过，“朝多长者”。在这个环境之下，即使冯保有作恶的意志，也没有作恶的机会。“朝多长者”，一切出于居正的布置，这里更显出居正的作用。

不幸的是，居正和冯保的关系太密切了，而且高拱解职后，居正又是最大的收获者。“冯保的阴谋，有居正参预吗？甚至还是他主谋吧！驱逐高拱已经过分了，现在又要杀高拱！”一般人的怀疑又集中到居正身上。从嘉靖二十七年杀夏言以来，掌握政权的人最后都发生身家性命的危害。严嵩当权，杀夏言；徐阶当权，杀严世蕃，八十几岁的严嵩也被平白逼死；高拱当权，徐阶的儿子充军，徐阶也旦夕莫保。二十五年的传统了，唯有血，才是政权的代价，现在大致又是高拱付出代价的时候了。这个传统真是既惨酷，又凶暴。大众指着居正，认定他正要压迫高拱，支付最后的血债。

大臣中最有声望、最有气魄的是杨博和葛守礼，守礼约杨博一同去拜访居正。

“已经和他说过了。”杨博说。

“一般的舆望都在杨公，”守礼说，“认定只有杨少能不杀人媚人。目前事情更吃重了，谈不得已经说过，不便再说啊。”

他们一同拜访居正。他们替高拱辩护，他们指明东厂没有良心，他们唯恐株连大众，甚至以全家百口担保高拱的无辜。

也许他们说得太热切了一点儿，居正有些气愤了。他不期望一般人的谅解，然而他不能想象平生所钦佩的人也会对自己怀疑。

“两位以为我也愿意这样吗？’他愤愤地说。

“不是的，”杨博说，“但是只有相公才有回天之力。”

居正决定了办法，东厂的讯问只是初审，居正奏明神宗，交掌锦衣卫左都督朱希孝和左都御史葛守礼以及冯保复审。葛守礼和冯保当然责无旁贷。希孝是第二名靖难功臣成国公朱能之后，第六代成国公朱希忠之弟。明朝自成祖以后特别看重靖难功臣，第一名靖难功臣淇国公丘福的后代被削除了，所以成国公是当时的第一世家。加以希忠、希孝，自世宗以来都是特蒙恩宠的勋臣，居正提出希孝，正是看重他的资望。但是事情却把希孝难住了，他和希忠商量。遵照冯保的计划吧，他们不愿意得罪士大夫；遵照良心吧，他们又不愿意得罪冯保。希孝认定了事情的困难，他向居正请教，居正教他再和杨博、葛守礼商量。审讯的经过相当复杂，但是这件事情的结果非常简单。万历二年，希孝逝世，居正在他的神道碑记着：

今上践祚之元年，有贼挟刃至宫门，惊跸。捕得，下东厂治，贼冀缓死，妄言有主者。于是内外错愕，索贼甚急。然余心知其诬，乃见上，言斯事重，请令锦衣卫与东厂杂治之。上曰："可。"公既受命，即独宿外舍，燕居深念，多设方略，密侦之，如是十余日，乃得其情，趣具狱上，戮止一人，余无所问。当是时，微公，搢绅祸且不测，其所存活，不啻数百千人矣。[32]

王大臣灌下一杯生漆酒，哑了。他不能诬赖高拱指使，也不能陈述冯保唆供，就这样糊涂地交给刑部拟罪，得到斩首的处分。王大臣无辜的血液洗清高拱的被诬，但是没有洗去居正的嫌疑。居正在给总理河道万恭的信中说起：

昨会舍亲西石公言：顷者内狱之起，众情汹汹，独公以为朝有人焉，无足虑者。此足以见公知我之深也。今士大夫亲见仆行事，无一人知及于此者，而公乃在外得之，人之相去，岂不远哉。[33]

居正对当时士大夫之不相知真有些愤懑了。他对高拱不是不恨，但是他没有置之于死地的意念。他在这一年曾和吴百朋说起："仆平生所厚士大夫甚多，见背者亦不少，然终不以是而易其好贤之心，即今日内狱之事，可以观矣。"[34]这几句话透露出他对高拱的怨恨，但是他没有要杀高拱的意思。居正在《杂著》[35]中痛责王猛计陷慕容垂的错误，他说："猛盖自揣才略，不能驾驭垂，故百计欲去之，以为足以弭将来之患，而乃出于阴贼险狠之谋，类小人女子妒宠忌能者之所为，此诸葛孔明辈所不道也。”他知道高拱已经倒了，自己有控制的力量，何必得罪清议，更揭示自己的不能容物。居正的自信力正在逐日加强。

万历元年六月，内阁上疏请随时考成。在居正的一生，这是一件重要的政治事业。居正平时常说遵循祖宗成宪，假如我们要探求居正创制的行为，那便只有他的考成法。全文如次：

臣等窃闻尧之命舜曰，“询事考言，乃言底可绩。”皋陶之论治曰：“率作兴事，屡省乃成。”盖天下之事，不难于立法，而难于法之必行；不难于听言，而难于言之必效。若询事而不考其终，兴事而不加屡省，上无综核之明，人怀苟且之念，虽使尧舜为君，禹皋为佐，亦恐难以底绩而有成也。臣等窃见近年以来，章奏繁多，各衙门题复，殆无虚日。然敷奏虽勤，而实效盖鲜。言官议建一法，朝廷曰“可”，置邮而传之四方，则言官之责已矣，不必其法之果便否也。部臣议厘一弊，朝廷曰“可”，置邮而传之四方，则部臣之责已矣，不必其弊之果厘否也。某罪当提问矣，或碍于请托之私，概从延缓；某事当议处矣，或牵于可否之说，难于报闻。征发期会，动经岁月，催督稽验，取具空文。虽屡奉明旨，不曰“著实举行”，必曰“该科记着”，顾上之督之者虽谆谆，而下之所之者恒藐藐。鄙谚曰“姑口顽而妇耳顽”，今之从政者殆类于此。欲望底绩而有成，岂不难哉？臣居正当先帝时，曾上《便宜六事》，内《重诏令》一款，亦尝亹亹言之，随该支部题复，欲各衙门皆立勘合文簿，事下各抚按官，皆明立程限，责令完报，然亦未闻有如期令而以实应者，甚者寝格如初。兹遇皇上躬不世出之资，励精图治，百执事亦皆兢兢务修其职业，无敢以玩愒弛废者；独所谓考言屡省者，尚未加之意焉，窃恐致理之道，有未尽也。查得《大明会典》内一款，“凡六科每日收到各衙门题奏本状，奉圣旨者，各具奏目，送司礼监交收；又置文簿，陆续编号，开具本状，俱送监交收。”又一款，“凡各衙门题奏过本状，俱附写文簿，后五日，各衙门具发落日期，赴科注销，过期稽缓者，参奏。”又一款，“凡在外司、府衙门，每年将完销过两京六科行移勘合，填写底簿，送各科收贮，以备查考，钦此。”及查见行事例，在六科，则上下半年，仍具奏目缴本；在部院，则上下半月，仍具手本，赴科注销。以是知稽查章奏，自是祖宗成宪，第岁久因循，视为故事耳。请自今伊始，申明旧章，凡六部都察院，遇各章奏，或题奉明旨，或复奏钦依，转行各该衙门，俱先酌量道里远近，事情缓急，立定程期，置立文簿存照，每月终注销。除通行章奏不必查考者，照常开具手本外，其有转行复勘，提问议处，催督查核等项，另造文册二本，各注紧关略节，及原主程限，一本送科注销，一本送内阁查考。该科照册内前件，逐一附簿候查，下月陆续完销，通行注簿，每于上下半年缴本，类查簿内事件，有无违限未销。如有停阁稽迟，即开列具题候旨，下各衙门诘问，责令对状。次年春、夏季终缴本，仍通查上年未完，如有规避重情，指实参奏。秋、冬二季亦照此行，又明年仍复挨查。必俟完销乃已，若各该抚、按官，奏行事理，有稽迟延阁者，该部举之。各部、院注销文册，有客隐欺蔽者，科臣举之。六科缴本具奏，有容隐欺蔽者，臣等举之。如此，月有考，岁有稽，不惟使声必中实，事可责成，而参验综核之法严，即建言立法者，亦将虑其终之罔效，而不敢不慎其始矣。致理之要，无逾于此。伏惟圣明裁断施行。[36]

奏疏上去以后，奉圣旨：

卿等说的是，事不考成，何由底绩？这所奏，都依议行。其节年未完事件，系紧要的，著该部、院另立期限，责令完报。若不系钱粮紧要，及年远难完的，明白奏请开除，毋费文移烦扰。[37]

居正曾经说过："法之不行也，人不力也，不议人而议法何益？"现在他创制了，这是他有名的考成法。事情真是异常简单，他只要各衙门分置三本账簿。一本记载一切发文、收文、章程、计划，这是底册。在这许多项目之中，把例行公事无须查考的概行剔除以外，再同样造成两本账簿：一本送各科备注，实行一件、注销一件，如有积久尚未实行，即由该科具奏候旨；一本送内阁查考。居正的综核名实，完成万历初年之治，最得力的还是这三本账簿。

政治只是民族精神的表现。十六世纪的中国民族血液里已经渗入因循的成分，"置邮而传之四方"，成为一切政令的归宿。法令、章程，一切的一切，只是纸笔的浪费。几个脑满肠肥的人督率着一群面黄肌瘦的人，成日办公，其实只是办纸！纸从北京南纸店里出来，送进衙门，办过以后，再出衙门，经过长短不等的公文旅行以后，另进一个衙门归档，便从此销声匿迹，不见天日。三百七十年了，想到已往的政治情况，真是不胜警惕。

居正是一个现实的政治家，他知道政务的办不通不是机构的缺乏，所以他不主张增加政治机构。他也知道公文政治不能打倒公文政治，所以他不主张提出新的法令、章程，增加纸笔的浪费，他只要清清白白的一个交代。办法在纸上说过了，究竟办到没有？他要在各科的账簿上切实注明。在内阁里，他自己也有账簿，可以随时稽考。他以六科控制六部，再以内阁控制六科——这是居正的政治系统。

六科是明朝特有的政治机构，一切行政事务分属吏、户、礼、兵、刑、工六部，各部行政长官有尚书、左右侍郎，同时又有吏、户、礼、兵、刑、工六科，各科有都给事中、左右给事中、给事中。尚书是二品，都给事中只有七品，但是对于六部的封驳、纠劾之权完全在六科手里。明朝的大官可以统率小官，但是小官同样可以牵掣大官，这是明朝的立法精神。六科实际上是六部的监察机关，各科给事中分管各科的事，但是对于国家大事同样可以建言；对于奉旨会推内阁大学士，吏、兵二部尚书，以及在外总督、总兵的场合，各科都给事中同样地可以参加；至于光宗逝世的时候，杨涟以从七品的兵科右给事中和内阁同受顾命，更是特有的创例。

居正以六科控制六部，是明朝的祖制，但是以内阁控制六科便是一种创制。内阁本来是皇帝的秘书处，事实上不负行政责任，更谈不上监察责任，实施考成法以后，内阁实权显然扩大，所以万历四年刘台劾居正疏，称“居正定令，抚、按考成，章奏每具二册，一送内阁，一送六科。抚、按延迟则部臣纠之，六部隐蔽则科臣纠之，六科隐蔽则内阁纠之。夫部院分理国事，科臣封驳奏章，举劾其职也。内阁衔列翰林，止备顾问，从容论思而已。居正创为是说，欲胁制科臣，拱手听令。祖宗之法若是乎”？刘台的言论其实没有错。

考成法的实施在整理赋税的方面发生的影响最大。中国人受圣经贤传的影响太大了，孟子见梁惠王，第一句便是“王何必曰利，亦有仁义而已矣”。孟子又劝梁惠王：“王如施仁政于民，省刑罚，薄税敛，深耕易耨，壮者以暇日，修其孝悌忠信，入以事其父兄，出以事其长上，可使制梃以挞秦楚之坚甲利兵。”政治家谈到理财，好像做了一件亏心的事。汉武帝时代，桑弘羊领大农，在整个国家因为对外战争已经走上经济崩溃的路线以后，居然靠着平准政策的运用，“民不益赋而天下用饶”[38]。这是多么大的贡献，但是卜式对他的批评只是“烹弘羊，天乃雨”。其实一个有组织的国家，不能没有国家的经济政策。没有经济，便没有政治。孟子的主张是十分取一，白圭问道：“吾欲二十而取一，何如？”孟子说：“子之道，貉道也。”孟于是说无组织的民族，才能二十取一，有组织的国家，不能不十分取一，这是孟子的经济政策。他那“薄税敛”的主张用现代的术语来说，其实只是“养税源”。国家对于人民的赋税不能太重，人民才可以谋经济发展，人民的经济发展了，国家便增加十分取一的机会，孟子的主张其实不过是“崇礼义，退财利，复往古之道，匡当世之失”[39]那一套。

居正当国以后，他的主张是富国强兵。要强兵便先要富国，富国不外是开源、节流。在这两方面，他都尽了最大的努力。考成法是开源，在考成法以外，当然还有节流。

隆庆二三年间的预算，每年国家收入二百五十余万两[40]，支出四百余万两。这是一个岌岌可危的预算。当时没有屋上架屋的构机，也谈不到亲戚故旧的汲引，所以要节流便不仅是裁减“骈枝机关”“闲散人员”。隆庆年间的节流是从皇帝和国防入手，这是大处着墨的方法。所以隆庆三年穆宗向户部索银三十万两，内阁便把岁入、岁出的状况奏明，请求停取银两，其结果穆宗只是说：

> 朕览卿等所奏，户部银两缺乏。内库亦缺银两，朕方取。既这等说，且取十万来。卿等传示，不必再来奏扰。[41]

这时的内阁大臣真是负责任的大臣，穆宗的态度有一些惫赖，但是皇帝索款，立刻打了三折，不能不算是好的。

隆庆六年居正当国以后，在节流方面，真是“锱铢必较”。神宗开馆纂修《穆宗实录》，居正上疏，请求免循旧例赐宴。他说：

> 臣等夙夜皇皇，方切兢惕，岂敢为此饮食宴乐之事，非唯于礼有不可，于心亦实有不安也。且一宴之费，动至数百金，省比一事，亦未必非节财之道。[42]

这一年的冬天，居正在日讲的时候请求次年正月早开日讲，不必设宴，并免元夕灯火。神宗真是一个听话的孩子，他说：

> 早吩咐停止了。伺候圣母用膳的时候，都很简单，逢到节期，只有果宴。

筵宴停止了，光禄寺春节的供应又省去七百余金。万历元年十月，居正进讲，言及宋仁宗不爱珠饰，“贤臣才是宝贝，珠宝有什么用处！”神宗说。

“是呀，”居正又说，“明君贵五谷而贱珠玉；五谷养人，珠玉饥不可食，寒不可衣。”

“正是，”神宗说，“宫人们喜欢珠玉，但是朕在岁赐上没有一次不减省。”

“皇上说到这一点，真是社稷苍生的福泽。”居正切实感到少年皇帝的“圣明”，同时也替户部宽心，他知道岁出方面又省去一些不必要的开支。这年内承运库太监崔敏上疏请买金珠，奏疏发交内阁，居正看到以后，立即封还，切实给他一个否认。

居正对付鞑靼也随时考量到国家的财政问题。宣大边外，俺答的问题解决了。隆庆五六两年的抚赏，所费不过万余，而所省已达百余万，居正在给宣大总督王崇古的信中曾经说起：“今所与虏者，国家不啻若九牛一毛，而所获兹如此，若公与仆所为国谋者，忠乎否耶！”[43] 他真有些自负。但是他对于蓟辽又是一种感想，蓟辽边外的“属夷”请求加赏，他认为不值得。他说：

今户、兵二部，已议为曲处。但此数一增，后来遂为岁例，帑藏之入有限，大羊之欲无穷，岁复增加，曷有纪极？此其弊源，必有所在，不塞其源而徒徇其欲，将不知其所终矣！蓟门事体，与他镇不同，仆日夜念之，未尝少释。凡有所求，所司未尝不频而语，屈意而从也。仆亦生是，往往见恶于人，若仆有所私庇于蓟者。然司农所藏，委为匮乏，固亦无怪其频也。幸仆今谬司国柄，俟边警少暇，望公与镇、巡诸君，虚心商量，思一长策，著实整顿一番，庶为经久之计。若但拆东补西，支持目前，费日增而无已，兵复弱而莫支，将来必有以为口实者，恐仆与诸公，皆不能逭其咎也。[44]

应当节省的钱都节省了：光禄寺采办的钱，世宗末年，每年用十七万，现在只用十三四万，节约的力量一直支配到皇上的御厨。但是节流只是一个方面，主要的方面还是开源。考成法实行了，开源便得到合法的立场。考成法是一根鞭子，它的目标是督促一切政务的进行。但在财政方面，考成法的成绩最显著。居正曾说过：“考成一事，行之数年，自可不加赋而上用足。”[45] 这一句揭开了居正的胸怀。

“不加赋而上用足”和桑弘羊的“民不益赋而天下用饶”似乎神秘，实际上一点儿也不神秘。弘羊的武器是平准法，他打倒当时的富商大贾，把一切囤积居奇的利益收归国有，这样应付了汉武帝时代的财政困难。居正的武器是考成法，他要实收粮赋，停止减免这样便可以摧残当时的一部分大地主，维持国家的岁收。

明朝对于江南和浙西的税额特重，尤其是苏州府。明初苏州府岁征秋粮二百七十四万六千万余石，和浙江全省相等，实在是一个骇人的数字，因此反而造成土地集中的情势。贫农的生活困难了，田地卖给富家；富家的势力扩大了，不但坐食田租的收入，而且因为地位优越，可以获得减免的特惠，大地主的地位从此形成。大地主在减免的时候可以优先享受，在科役的时候可以设法避免，甚至在征税的时候可以任意拖延。一切的利益都归大地主，一切的负担都归贫农。到了贫农担负不了的时候，于是便把田地卖给地主，从小农的地位降为佃农。有的贫农索性连同土地和自由一齐卖给地主，于是成为农奴；农奴对于主人，固然丧失了平等的身份，但是对于国家，反而获得了意外的自由，催租科役的差人从此不会上门，就是这一点，便可以引起小农的羡慕。在小农的经济状况还不十分困难的时候，自己也会到大地主家里，请求收为农奴，这就是所谓“投靠家人”。所以从经济的立场来讲，国家和大地主显然成为对立的形势。大地主的势力愈扩大，国家的岁入便愈减少。因为大地主的拖欠赋税，以及投靠家人的逃避徭役，于是国家不得不把赋税徭役分摊到无力拖欠或逃避的小农，其结果更把小农驱入佃农或农奴的地位，越发增加大地主的势力，国家的力量只增加事态的严重。

这时是十六世纪，社会革命的呼声没有发动，平均地权的主张没有提出。有心的当局只有从“摧豪强，抑兼并”的途径入手。隆庆三年海瑞为应天巡抚，他的目的便是摧残大户。贫农的田产并入大户的，海瑞设法替他们夺还，实行他所看到的社会政策。后来万历十五年海瑞在南京死了，小民罢市，当他的棺柩出城的时候，沿江号哭相送的人百里不绝，但是隆庆四年，海瑞就因为“鱼肉搢绅，沽名乱政”的名义被劾，解除应天巡抚。从这里可以看出当时的地主利益和小民利益的冲突，而为了国家对付地主的大臣，又常常因为地主阶级的势力而终归失败。居正和海瑞的立场本来不是绝对一致的，但是他对于海瑞的去职却绝对同情，所以他说：“至于海刚峰之在吴，其施虽若过当，而心则出于为民；霜雪之后，少加和煦，人即怀春，亦不必尽变其法以徇人也。”[46]

现在是居正的时代了。他用不到夺田还民那些不易实行的政策，他有的是考成法，他发动政治的力量，增加岁入，打击地主，同时也减轻贫民的负担。他给应天巡抚宋仪望的信是当时一篇有价值的文献：

来翰谓苏松田赋不均，侵欺拖欠云云，读之使人扼腕。公以大智大勇，诚心任事，当英主综核之始，不于此时剔刷宿弊，为国家建经久之策，更待何人？诸凡谤议，皆所不恤。即仆近日举措，亦有议其操切者，然仆筹之审矣。孔子为政，先言“足食”，管子霸佐，亦言“礼义生于富足”。自嘉靖以来，当国者政以贿成，吏朘民膏以媚权门，而继秉国者又务一切姑息之政，为逋负渊薮，以成兼并之私。私家日富，公室日贫，国匮民穷，病实在此。仆窃以为贿政之弊易治也，姑息之弊难治也。何也？政之贿，惟惩贪而已，至于姑息之政，依法为私，割上为己，即如公言，豪家田至七万顷，粮至二万，又不以时纳。夫古者大国公田三万亩，而今且百倍于古大国之数。能几万顷而国不贫！故仆今约己敦素，杜绝贿门，痛惩贪墨，所以救贿政之弊也；查刷宿弊，清理逋欠，严治侵渔揽纳之奸，所以砭姑息之政也。上损则下益，私门闭则公室强。故惩贪吏者所以足民也，理逋负者所以足国也。官民两足，上下俱益，所以壮根本之图，设安攘之策，倡节俭之风，兴礼义之教，明天子垂拱而御之。假令仲尼为相，由、求佐之，恐亦无以逾此矣。今议者率曰：“吹求太急，民且逃亡为乱。”凡此皆奸人鼓说以摇上，可以惑愚暗之人，不可以欺明达之士也。夫民之亡且乱者，咸以贪吏剥下，而上不加恤，豪强兼并，而民贫失所故也。今为侵欺隐占者，权豪也，非细民也，而吾法之所施者奸人也，非良民也。清隐占，则小民免包赔之累，而得守其本业；惩贪墨，则闾阎无剥削之扰，而得以安其田里。如是，民且将尸而祝之，何以逃亡为？公博综载籍，究观古今治乱兴亡之故，曾有官清民安，田赋均平而致乱者乎？故凡为此言者，皆奸人鼓说以摇上者也。愿公坚持初意，毋惑流言。异时宰相不为国家忠虑，徇情容私，甚者辇千万金入其室，即为人穿鼻矣。今主上幼冲，仆以一身当天下之重，不难破家以利国，陨首以求济，岂区区浮议可得而摇夺者乎？公第任法行之。有敢挠公法，伤任事之臣者，国典具存，必不容贷。[47]

居正对江南的大地主印象太坏了，他还记得徐阶和他谈起的话，“异时每闻存翁言，其乡人最无天理。及近时前后，官于此土者，每呼为鬼国，云他日天下有事，必此中倡之。盖谓朝廷之政令，不能行于此地，而人情狡诈，能忍人之所不能忍，为人之所不敢为故也”。[48] 但是他对于自己的办法，具有信心；他不怕时人的攻击，而且也相信终会得到大众的谅解。他说：

吴中事势已极，理必有变。今得丈稍稍振刷，使知朝廷法纪之不可干，上下分义之不可逾，汰其太甚，而无至于盭横决，而不可收拾，则吴尚宜尸祝公以报德，而可以为怨乎！婴儿不剃头则肠痛，不痤则浸疾，然剃头、痤，固不能止婴儿之不啼也。近来彼中人，不独侧目于丈，且推本于仆，造为横议，欲以摇撼国是，如昨南余云云，意皆有所由来，故不得不一创之。今上意已定，正论不摇，文宜自审画，无为山鬼所惑。[49]

居正的时代，国库的主要收入是田赋，唯有对田赋有把握，才能谈到整理财政，才能谈到富国。隆庆五年已经有过征赋不及八分，有司停俸的诏令[50]。神宗登极以后下诏：隆庆元年以前的积欠，一概豁免；隆庆四年以前的积欠，免三征七[51]。换句话讲，便是隆庆五年以后的积欠，一概追缴，同时还得追缴以前三年的七成积欠。考成法实行以后，规定征赋不足额的，巡抚和巡按御史听纠，府、州、县官听调，事态确实有些严重了。从书生的立场来看，一切只觉得操切，但是除了整理田赋以外，在当时的环境之下，有什么方法可以增加国库收入，弥补岁入、岁出的巨大的差额呢?

元年，户部尚书王国光奏称：

国初天下州县存留夏税、秋粮，可一千二百万石，其时议主宽大，岁用外计赢银百万有余。使有司岁征无缺，则州县积贮自丰，水旱盗贼，不能为灾患。今一遘兵荒，辄留京储，发内帑。由有司视存留甚缓，苟事催科，则谓扰民，弊遂至此。请行天下抚、按官，督所司具报出入存留逋负之数，臣部得通融会计，以其余济边。有司催征不力者，悉以新令从事。[52]

这是一个整理地方财政的计划。王国光主张由地方当局整理田赋收入，除去规定截留作为地方经费者以外，一概呈报中央，再由户部统筹，作为国防的经费。这一个计划的提出、批准和实行，当然都有居正在内。经过嘉靖、隆庆两朝虚耗以后，从神宗登位起，直至万历十年，国家称为富庶[53]，不能不认为是居正的大功。

万历元年，六部的人事发生了两次变动。九月间吏部尚书杨博因病致仕，不久逝世。杨博的去位当然是一个很大的损失，居正曾说过：

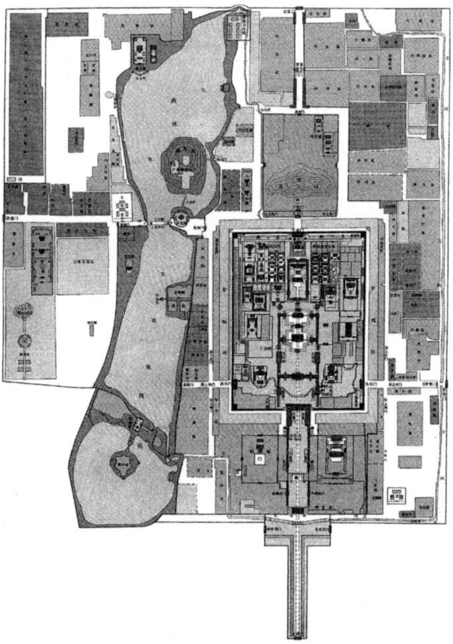

明皇城示意图

> 自余登朝，则见故少师太宰杨公，心窃向慕之，公亦与余为忘年之契。公在本兵大，又遍历诸镇，躬履戎行，练习兵事。余每从公问今中国所以制御夷狄之策，及九塞险易，将士能否，公悉为余道所以，如指诸掌。故自余在政府，所措画兵事，盖得之公为多。[54]

杨博逝世以后，延推吏部尚书，候补人第一名，左都御史葛守礼，第二名，工部尚书朱衡，第三名，南京工部尚书张瀚。守礼资望最好，朱衡在河工方面成绩最佳，但是居正认定张瀚清贞简靖，独用张瀚。本来第三名称为陪推，照例是用不到的，因此张瀚对居正真是感激，在人才进退的方面，不免受内阁的影响。

礼部尚书陆树声因为对于内阁感到不愉快，请求致仕，居正托树声的弟弟树德去挽留，但是树声去志坚决，只得由他去了。居正自己到树声家中，要他推荐代替人，树声推荐南京礼部侍郎万士和。十二月间，礼部尚书也换了人。

在边疆方面，最重要的变动是宣大总督的更换。宣大是当时最重要的地方，对付俺答封贡，王崇古尽了最大的努力，但是崇古需要休息了，居正提出方逢时。一次在文华殿上，神宗问道："宣大重镇，为什么要取回工总督？"

"朝廷用人，不宜把他的力量用尽。王崇古在宣大久了，应当休息一下，他日不妨再用。"居正说。

"谁可以代王崇古？"神宗又问。

"方逢时可代。"居正答[55]。

这样决定了王崇古入理京营戎政，方逢时补宣大总督的诏令。逢时本来是和崇古共事的，一切都很顺利。

北边的问题暂时稳定了，但是广东、广西和四川还需要处分。处分的方法，第一便要使得地方负责官吏，感觉地位的稳定。居正和神宗也说起：

“现在南北督抚皆臣亲自选用，能为国家尽忠任事之人。皇上宜加信任，不要听浮言，加以苛求，使他们无从展布。”

“先生的话说得是，”神宗说，“先生公忠为国，所用的人哪有不当的。”[56]

广东离北京太远，地方又太富庶了。中央鞭长莫及，吏治不能澄清，贪官愈多，民愤愈大。政治的不良，成为地方治安的大祸。嘉靖中年以后，和平、龙南一带，李文彪、谢允樟、赖清规都称王，占据江西、广东交界的地方，但是政府因为受到倭寇的牵掣，始终无力应付，直到四十四年，才算稍为安定。隆庆年间，惠州蓝一清、赖元爵，潮州林道乾、林凤、诸良宝，琼州李茂都起事了，整个的社会不能安定。居正曾经说过：“嘉、隆之间，广州处处皆盗，议者谓岭表非我版图矣。”[57] 形势真是非常得严重。隆庆五年八月，高拱和居正商定，调殷正茂总督两广军务，决定进兵。居正和正茂说起：“治乱国，用重典。广固乱国也，其势非用兵威以震荡之，奸宄不畏，良民无依。”[58] 以后募浙兵，发马价，一切都由正茂放手去做。居正当国以后，更和正茂说：

广事之坏，已非一日，令欲振之，必宽文法，假便宜乃可。近来议者纷纷，然朝廷既以阃外托公，任公自择便宜行之，期于地方安宁而已，虽弹章盈公车，终不为摇也。[59]

万历元年，潘季驯又和居正谈起悬念广东的兵事。居正肯定地说：“广事近以属之殷司马，此君才略，足以办此，又假以便宜，兵食期一二年，当得荡定。”[60] 果然就在这一年，将广东方面逐步安定，只剩诸良宝、林风未平，不幸广东军队，在进攻中受到一些意外的挫折，居正和正茂再说：

诸良宝必死之寇，而各官乃易视之，其败固宜。一撮许残贼不能克，则诸山海逃伏之盗，必将乘势再起，将来广事，不可便谓无虞。大抵南贼，譬之蔓草，铲尽还生。从古以来经略南方者，皆未能以一举而收荡平之功，其势然也。今当申严将令，调益生兵，大事芟除，见贼即杀，勿复问其向背。诸文武将吏有不用命者，宜照敕书，悉以军法从事，斩首以徇。了此，则请不逞之人，皆破胆而不敢旁睨矣。不惜一朝之费，而贻永世之安，惟公留意焉。[61]

统治者下了镇压的决心，正茂当然出力，万历元年四月，潮州一带的军事成功了，只有林凤和部下出海，在福建、广东的海岸线活动，最后完成他在海外发展的使命。

广西方面，当殷正茂由广西巡抚调任两广总督的时候，继任的是郭应聘，这时府江瑶也起了一次大动乱。府江是从桂林到苍梧的桂江，在阳朔到昭平三四百里这一段，两岸都是瑶山。瑶人进攻永安州、荔浦县，掳去知州杨惟、都指挥胡潮，桂江交通中断，各县城门，白天都不敢开，形势严峻极了。居正一面吩咐应聘调集大军，一面说：

两江[62]寇盗，为患久矣，异时居官者，皆畏首事，莫敢发，故其患滋甚。今乘古田[63]之余威，用足下之妙算，歼此狐鼠，谅不为难。但炎荒瘴疟之地，屯数万之众，役不宜淹久，贵在临机速断，沉谋遄发，先并力以破其一巢，则余贼自然破胆，次第可平。若以三万之饷，与之相持于钦、岑之间，使贼跧伏溪涧，以逸待劳，非计之得者也。兵机不敢遥制，特献其瞽见如此，惟高明采择焉。[64]

应聘正在调集大军六万，进讨府江瑶的当中，怀远[65]的瑶人又起义了，杀知县马希武，情势也很吃紧。这时已经是隆庆六年的秋后，居正当国，更有决定的全权。他和应聘商定，先定府江瑶，一面招抚怀远，等到府江平定以后，随即进兵。冬天以后，府江已经安定，但是万历元年正月进兵怀远，又因为雨雪的关系停顿。居正说：

怀远之兵，既未得天时地利之便，暂宜解归，以俟大举。若有他巧可取之，尤妙矣。此事若非县令苛急，亦未遽叛。事之未形，一夫制之有余，祸端已构，数万人取之不克，至兵连祸结，师老财费，使朝廷廑南顾之忧，疆场有不讨之贼，彼激乱启衅者，死何足恤哉！以是知天下之事，惟知几识微者，可与图成，而轻躁锋锐者，适足以愤事阶乱而已。[66]

但是战事已经决定，没有徘徊的余地。应聘调兵十万，积极进行，居正只是说："不谓其怙恶不俊，敢行称乱如此，则天讨所必加，虽费财动众，亦难中止矣。一切剿处事宜，公所画俱当，惟公自裁便宜行之，不敢中制。"[67] 就在这一年，怀远兵事结束，广西平定。居正主张彻底荡平，他说："兵已深入，须尽歼之，毋使易种于斯土，又烦再举也。"[68]

万历元年，四川方面发生平定都掌的军事。都掌"蛮"盘踞叙州府高、珙、筠连、长宁、江安、纳溪六县地方。"蛮"首踞九丝山、鸡冠岭、都都寨、凌霄峰，四处掳掠，成为四川的心腹之患。四川巡抚曾省吾决心进兵，居正也认为"都掌为害多年，不容不除"[69]。省吾调兵十四万，奏留总兵刘显统兵出发。刘显在福建平倭和俞大猷、戚继光齐名，但武官的积习太深了，贪赃行贿，不守法纪，一切的事都有，这时正被劾罢。居正和省吾说："若其人果可用，不妨特疏留之，立功赎罪；如不可用，则当别授能者。公宜以此意明示刘显，俾鼓舞奋励；如玩寇无功，必将前罪并论诛之，不敢庇也。地方大事，唯公熟计之。"[70] 三月中，刘显准备完毕，一举击破凌霄峰，居正再寄书给省吾，督促追击：

凌霄既破，我师据险，此天亡小丑之时也。宜乘破竹之势，早收荡定之功。计蛮众不过数千，我师当数倍之，无不克者。攻险之道，必以奇胜，今可征兵积饷，为坐困之形，而募死士，从间道以捣其虚。……若不奋死出奇，欲以岁月取胜，此自困之计。兵闻拙速，未睹巧之久也，惟公熟计之。刘帅功名，著于西蜀，取功赎过，保全威名，在此一举。其一切攻围之计，宜听其自为便利，勿中制之，唯与之措处军前赏功募士之费。计军中一月当费几何，与其旷日迟久，不若暂费速罢之为愈也。[71]

九月中，刘显平定都掌。捷音到京，居正说："十月十四日，闻九丝捷音，不觉屐齿之折。殄此巨寇，不惟蜀民安枕，且国家神气，借此一振，四方有逆志干纪之人，亦将破胆而不敢恣睢矣。"[72] 这里看出他心中的喜悦。

居正对于国事的计划是在稳定中求进展，他整顿赋税，节省支出，为国家打下经济的基础。对于北边的国防，他是一面分化鞑靼，一面整理军实。对于南方的动乱，他用最大的努力加以镇压，劳师费财，一点儿都不顾惜。但是，他的终极的目标还是北边。

注释

[1] 书牍五《答李中溪有道尊师》。
[2] 奏疏二《请戒谕群臣疏》。
[3] 书牍六。
[4] 高拱。
[5] 书牍五《答冏卿李渐庵论用人才》。
[6] 书牍八《答奉常陆五台论治体用刚》。
[7] 书牍四《答杜晴江》。
[8] 书牍四《答郧阳巡抚凌洋山》。
[9] 奏疏二《山陵礼成奉慰疏》。
[10] 书牍十一《答福建巡抚耿楚侗谈王霸之辩》。
[11][12][13] 文集十一《杂著》。
[14] 书牍三《答吴环洲策黄酋》。
[15] 书牍三《答王鉴川言边屯》。
[16][17] 书牍三《答凌洋山言边地种树设险》。
[18] 书牍四《与戚继光》。
[19] 书牍五《答汪司马南溟》。
[20] 书牍五《与王继津论君臣之义》。
[21] 吴百朋。
[22] 书牍四《答王鉴川》。
[23] 书牍四《答参议吴道南》。
[24] 书牍五《与王敬所论大政》。
[25] 书牍五《答蓟镇巡抚言优假将官》。
[26] 指吴道南。
[27] 书牍五《答阅视司马吴尧山》。
[28] 书牍四《答总督王鉴川计处黄酋》。
[29] 书牍四《答王鉴川论东运之衰》。
[30] 书牍四《与王鉴川言虏王贡市》。
[31] 书牍四《答总督王鉴川计处黄昆二虏》。
[32] 文集四《后军都督府在都督朱公神道碑》。
[33] 书牍五《答司马万两溪》。
[34] 书牍五《答吴尧山言宏愿济世》。
[35] 文集十一。
[36][37] 奏疏三《请稽查章奏随事考成以修实政疏》。

[38]《史记·平准书》。

[39] 桓宽《盐铁论·利议第二十七》。

[40] 奏疏一《请停取银两疏》。

[41] 附前疏。

[42] 奏疏二《辞免筵宴疏》。

[43] 书牍四《与王鉴川言虏王贡市》。

[44] 书牍四《答刘总督》。

[45] 书牍七《答山东抚院李渐庵言吏治河漕》。

[46] 书牍十四《答应天巡抚朱东园》

[47] 书牍六《答应天巡抚宋阳山论均粮足民》。

[48] 书牍八《答应天巡抚论大政大典》。

[49] 书牍七《答应天巡抚宋阳山》。

[50]《明史》卷二二七《萧彦传》。

[51]《明史》卷二二九《傅应祯传》。

[52]《明史》卷二二五《王国光传》。

[53]《明史）卷二二二《张学颜传》。

[54] 文集五《吏部尚书襄毅杨公墓志铭》。

[55] 书牍五《与王鉴川言兢业边事》。

[56] 书牍六《答殷石汀言终功名答知遇》。

[57] 书牍十一《答两广刘凝斋言贼情军情民情》。

[58] 书牍四《答两广殷石汀计剿广寇》。

[59] 书牍四《答两广殷总督》。

[60] 书牍五《答潘总宪笠翁》。

[61] 书牍五《与殷石汀经略广贼》。。

[62] 广西有左江道右江道，故云两江。

[63] 今广西古化县，隆庆四年殷正茂、郭应聘平古田。

[64] 书牍四《答两广郭华溪计剿广寇》。

[65] 今三江县。

[66] 书牍五《答巡抚郭华溪》。

[67] 书牍五《答郭华溪》。

[68] 书牍五《答广西抚院郭华溪》。

[69][70] 书牍五《与蜀抚曾确庵计剿都蛮之始》。

[71] 书牍五《与蜀抚曾确庵计剿都蛮》。

[72] 书牍五《答蜀抚曾确庵》。

第九章 初步的建设（下）

居正曾经自称别无他长，但能耐烦。这是一句谦虚的话，但是耐烦确是能使他成功的品德。耐烦的人对于一切事务有布置，有步骤。他不会一暴十寒，然而也不求一劳永逸，只是一步一步，脚踏实地去干。

万历元年，居正进《帝鉴图说》，第二年就发生效力。神宗这时才十二岁，他和吏部尚书张瀚、都察院左都御史葛守礼说，要召见廉能官员，面加奖谕。居正随即请定面奖廉能仪注，他在疏中说：“臣等窃惟致理之道，莫急于安民生；安民之要，惟在于核吏治。前代令主，欲兴道致治，未有不加意于此者。”[1]万历二年正月，神宗在会极门召见廉能官员浙江布政使谢鹏举等二十五人，特加奖励，各赐金币，便是这一次的结果。

九月间，刑部秋审，判定重囚应处死刑的，一概上奏。这是一件例行的公事，但是困难从宫内出现了。

“慈圣太后的懿旨，吩咐概行停刑，”神宗在文华殿和居正说，“先生以为怎样？”

“春生秋杀，天道之常，”居正说，“皇上即位以后，停刑已经不止一次：稂莠不去，反害嘉禾；凶恶不去，反害善良。愚臣看来，还是不必停。”

神宗听了以后，奏明太后，应处死刑的，一概准予执行。

这一点牵涉到古代统治阶级的政治思想问题。不负实际责任的人常常主张宽大，但是负担实际责任的人便认为这是一个难题。郑子产临死的时候和子太叔说：“我死后，国家大政是你的事了。有德的人也许能够以宽服民，其次莫如猛。火的威焰，人人看到都害怕，所以被烧死的人不多；水性懦弱，人人都觉得可爱可近，偏偏死在水中的人多了，所以宽大不是一件容易的事。”

子产死后，政权落到子太叔手上，这是一位官僚主义的统治者。被压迫的人民大众得到这个机会，发动起来，争取他们的自由。子太叔懊恨极了，他认为早听子产的话，一定不至于此，这才调动军队，把起义的人民镇压下去。

居正是主张猛的，他曾说过："使吾为刽子手，吾亦不离法场而证菩提。"他看到元末的大动乱完全因为当局的宽纵，以致演变成不可收拾的惨剧，所以，他认定"君子为国，务强其根本，振其纪纲，厚集而拊循之，勿使有衅，脱有不虞，乘其微细，急扑灭之，虽厚费不惜，勿使滋蔓，蔓难图矣"。[2] 他又说过："盗者必获，获而必诛，则人自不敢为矣。"[3] 关于捕"盗"的事，在考成法也有明文规定。万历七年，针对"盗犯"中途脱逃的事，他说：

张国用查系三月初间，已属顺天府着长解押发，乃至今尚未到，此必中途贿逃矣。顷已令该府捕长解家属监候，又行逐程挨查，于何处脱逃，务见下落，事系考成，期限已迫。若此时尚未到，执事亦宜上疏自白，请旨缉拿，务令得获正罪，庶足示惩。若已到，则照在京例，尽法处之，不可纵也。[4]

居正的主张是"盗"者必获，获则必"诛"，这是考成法的规定。但是如《明史》所载，居正当国之时，"大辟之刑，岁有定额"[5]，又称"居正法严，决囚不如额者罪"[6]，都难免有些以讹传讹。每年死刑要有一定的名额，就在当时，也不能不算是一件不可思议的事。但是《艾穆传》称艾穆为刑部员外郎，到陕西复审的时候，艾穆决定只有两个人处死刑，同审的人唯恐太轻了，要受到政府的处分，艾穆慷慨地说："我可不会拿别人的生命保障自己的地位。"

在居正大权在握的时候，地方官吏奉行过甚，也是不免的事。

万历二年十月辽东大捷，除了辽东总兵官李成梁进左都督以外，蓟辽督抚以及内阁诸臣一体加恩，居正具疏力辞，神宗亲笔下谕：

敕谕元辅张少师：朕以幼冲嗣位，赖先生匡弼启沃，四方治安，九边宁靖。我祖宗列圣，亦鉴知先生之功，就加显爵不为过。乃屡辞恩命，唯一诚辅国。自古忠臣，如先生者罕。朕令知先生实心，不复强，特赐坐蟒衣一袭、银钱五十两，以示优眷，申成先生美德，其钦承之。[7]

自从俺答封贡事定以后，战事的中心逐渐东移。东部的鞑靼在土蛮的领导下，继续和朝廷作战，最困难的问题是“属夷”。喜峰口、宣化境外有朵颜卫，锦州、义州、广宁境外有泰宁卫，沈阳、铁岭、开原境外有福余卫，这是所谓“大宁三卫”，迤东还有建州卫。在名义上他们都服属明王朝，所以称为“属夷”，但是事实上泰宁部长速把亥、炒花，朵颜部长董狐狸、长昂，以及建州卫都指挥王杲都和土蛮相通，成为蓟辽一带的边患。要对付土蛮，第一便得对付“属夷”，所以万历元年，居正就认定处置“属夷”之策为国家大事，急宜经理[8]。这一次辽东大捷，李成梁斩建州部落一千一百余人，后来连王杲也杀了，当然是对付“属夷”的一次“成功”。

战事中心到了蓟辽，但蓟辽最大的遗憾便是地形的缺陷。整个三卫盘据在热河和辽宁的西边，蓟州和辽东两镇失去应有的联系。居正的计划是遵守杨博固守边墙的遗策，一面整理蓟州一带的边墙[9]，以备鞑靼的进攻；同时也计划反攻。他联络辽东、宣府、蓟州三镇，主张由蓟州坚守，由辽东、宣府双方夹击。他对方逢时说起：

比者辽左之功，固为奇绝，朝廷赏功之典，亦极其隆厚，然仆于此，蓄意甚深，谨密以告公。今九边之地，蓟门为重，以其为国之堂奥也。自嘉靖庚戌以来，虏祸日中于蓟，至罢九边之力以奉之，而内地亦且困敝。然所以酿此祸者，皆属夷为之也。国初弃大宁之地与之，冀其为吾藩屏，而今乃如此！故属夷不处，则边患无已时。然欲处之非加之以威，彼固未肯俯首而服从也。今西虏为贡市所羁，必不敢动，独土蛮一枝，力弱寡援，制之为易。今拟于上谷练得战士二万，辽东二万，多备火器，却令蓟人平时将内地各城堡，修令坚固。视三镇士气已振，度其可用，则属夷求抚赏者，一切以正理处之；凡额外求讨，及捉军要赏者，悉正以军法。彼不遂所欲，必结虏来犯，我则据台以守，遏之边外，使之一骑不入，在我虽无所获，而在彼已为失利，亦策之上也。如其贼众溃墙而入，则亦勿遽为仓皇，但令蓟将敛各路之兵四五万人，屯据要害，令诸县邑村落，皆清野入保，勿与之战。而上谷、辽左，不必俟命，即各出万人，遣骁将，从边外将诸属夷老小尽歼之，令大将领一万人入关，不必卫京师，径趋蓟地，伏于贼所出路。彼虽已入内地，见我不动，必不敢散抢，不过四五日，虏气衰矣。衰则必遁，然后令蓟人整阵以逐之，而宣、辽两军合而蹙击。彼既饥疲，又各护其获，败不相救，而吾以三镇全力击其惰归，破之必矣。一战而胜，则蓟镇士气既倍，土苏诸酋，不敢复窥，而属夷亦皆可胁而抚之以为我用。蓟事举则西虏之贡市愈坚，而入援之兵，可以渐减，九边安枕无事矣。愚计如此，今先试之于辽左，盖辽人素称敢战，而李将军亦忠勇可用，故厚赏以劝之，悬利以待之，亦致士从隗始之意也。[10]

万历元年，居正和蓟辽总督刘应节说过，要“虚心商量，思一长策，着实整顿一番，庶为经久之计”[11]。这便是居正的长策了，但是这一条计策在居正手里始终没有用过。战事的中心逐渐东移，辽东成为明朝的重镇，这是后事。万历最初十年，戚继光坐镇蓟门，是当时的一重保障，土蛮不敢南侵，未必不由于此。居正对于三卫，始终设法羁縻。他自己说过，“要在当事者随宜处置。譬之于犬，摇尾则投之以骨，狂吠则击之以捶，既捶而复服，则复投之，投而复吠则击之：而可与之较曲直，论法守乎？前有书与方公，方答书云：‘耐烦二字，边臣宜书诸绅。’诚然。”[12]居正手上有的是大棒和骨头，这是他“羁縻‘属夷’”的方法。对于“抚赏‘属夷’”的缎布，正和对于赏赐俺答的缎布一样，居正逐件看过，都要美好、禁用，这是骨头。朵颜部长董狐狸、长昂和青把都是亲戚，居正吩咐宣府巡抚吴兑：“幸公示意青酋，令其传意长昂，勿复作歹，自取灭亡。”[13]这是大棒。这一年他又说过：

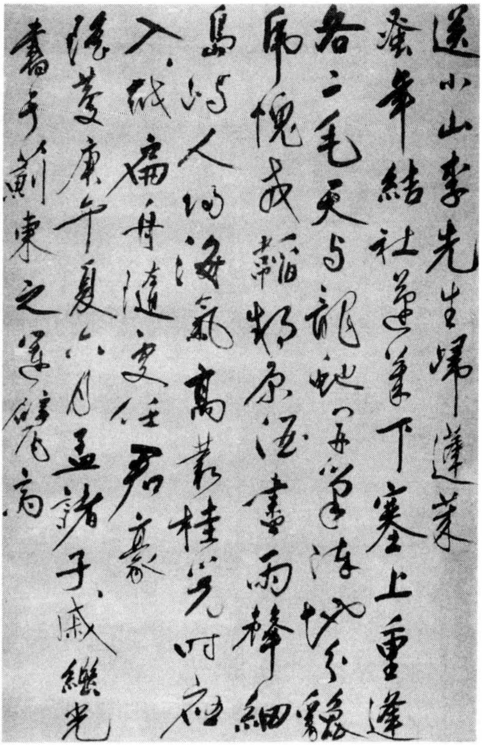

戚继光手迹

戚继光不是普通的武将，他有很好的文学功底。这是山西博物馆收藏的一幅戚继光的《送李小山归蓬莱诗》。

辱示蓟镇虏情，渊哉其言之也。已即密语彼中当事诸公，俾知所从事。属夷处置适宜，则土虏之真情可得，而两镇之贡市愈坚，当今边务，莫要于此矣。公在上谷，内修战守，外探虏情，东制西怀，自有妙用，仆复何忧。[14]

居正曾经自称别无他长，但能耐烦，这是一句谦虚的话，但是耐烦确是能使居正成功的品德。耐烦的人，对于一切事务，有布置，有步骤。他不会一曝十寒，然而他也不求一劳永逸，只是一步一步，脚踏实地去干。我们所不能满意的是居正对起义的人民没有正确的认识，因此只知道如何去镇压；同样地，他对于沿边的少数民族除了利诱威服以外，没有采取进一步靠拢和争取的方法。

在用人行政方面，他也是一步一步干着。万历二年四月，实行久任之法，这是他在隆庆二年《陈六事疏》中已经说过的。十二月内阁进职官书屏。居正上疏：

仰惟皇上天挺睿明，励精图治，今春朝觐考察，亲奖廉能；顷者吏部奏除，躬临铨选，其加意于吏治人才如此。顾今天下疆里，尚未悉知，诸司职务，尚未尽熟，虽欲审别，其道无由。臣等思所以推广德意，发达圣聪者，谨属吏部尚书张瀚，兵部尚书谭纶，备查两京及在外文武职官，府、部而下，知府以上，各姓名籍贯，及出身资格。造为御屏一座，中三扇绘天下疆域之图；左六扇，列文官职名；右六扇，列武官职名；各为浮帖，以便更换。每十日，该部将升迁调改各官，开送内阁，臣等令中书官写换一遍。其屏即张设于文华殿后，皇上讲读进字之所，以便朝夕省览。如某衙门缺某官，该部推举某人，即知其人原系某官，今果堪此任否？某地方有事，即知某人见任此地，今能办此事否？臣等日侍左右，皇上即可亲赐询问，细加商榷，臣等若有所知，亦得面尽其愚，以俟圣断。一指顾间，而四方道里险易，百司职务繁简，一时官员贤否，举莫逃于圣鉴之下。不惟提纲挈要，便于观览，且使居官守职者，皆知其名常在朝廷左右，所行之事皆得达于宸聪：其贤者将兢兢焉争自淬励以求见知于上，不才者亦将凛凛焉畏上之知而不敢为非。皇上独运神智，坐以照之，垂拱而天下治矣。[15]

在职官方面，明代定都北京以后，南京六部诸寺实际成为赘疣。嘉靖、隆庆间已经开始裁革了。万历三年二月裁南京官，以后再经过九年的裁革，除了养望的大官和必需的属官以外，差不多已经调整，这都是居正任内的成绩。

万历三年四五月间，居正上《请饬学政疏》，这是一个极大的改革。明朝的学制，两京国子监是直辖中央的国立大学，与地方无干。各府、州、县有府学、州学、县学，都有一定的学额，归各省提学官管辖。乡村之中又有社学，民间子弟自由入学，不受学额的限制，但是没有强迫入学的规定。当时的问题集中在地方学制的府学、州学、县学。

太祖洪武年间规定，府学四十人，州学三十人，县学二十人，日给廪膳，称为廪膳生员。洪武十五年定令，廪膳生每人每月领米一石，鱼肉盐醯，由官供给。宣宗宣德三年规定，府学、州学、县学各设增广生员，学额与廪膳生员相同，他们没有领米的权利，但是和廪膳生员一样，一家之内，除本身外，优免二丁差役。换句话说，就是家中只要一人入学，可以三人免役。以后增广生员以外，又添附学生员，用现代术语来说为特别生，他们当然更谈不到廪米，但是免役的权利还是一样。廪膳生员，增广生员，附学生员，简称廪生、增生、附生，有时只称廪、增、附。通常，人用汉朝科目秀才异等的名称，称为秀才。这些秀才有米可领，遇役可免。文理通顺、学问优长的，当然还可以考取举人、进士的出身，为国家做事；但是大多数永远只是秀才，做一世的府、州、县学生员，领米免役，成为地方的特权阶级。这一群特权阶级人物多了，发生连带关系，在地方上隐隐成为一种势力，可以欺侮一般民众，同样地也可压迫地方官吏。他们尽管满口孔子、孟子，圣经、贤传，讲道德，说仁义，但事实上只是地方的祸害，这便是所谓“学霸”。嘉靖十年题准：“生员内有刁泼无耻之徒，号称学霸，恣意非为，及被提学考校，或访察黜退，妄行讪毁，赴京奏扰者，奏词立案不行，仍行巡按御史拿问。”[16] 便指的这些人。

万历二年，特敕吏部“慎选提学官，有不称者，令其奏请改黜”。执行已经一年了，但是还没有看到成绩。居正认定唯有控制各省提学官，才可以控制生员，疏称：

臣等幼时，犹及见提学官，多海内名流，类能以道自重，不苟徇人，人亦无敢干以私者，士习儒风，犹为近古。近年以来，视此官稍稍轻矣，而人亦罕能有以自重。既无卓行实学，以压服多士之心，则务为虚谭贾誉，卖法养交；甚者公开幸门，明招请托；又惮于巡历，苦于校阅，高座会城，计日待转。以故士习日敝，民伪日滋，以驰骛奔趋为良图，以剽窃渔猎为捷径，居常则德业无称，从仕则功能鲜效，祖宗专官造士之意，骎以沦失，几具员耳。去年仰荷圣明，特敕吏部，慎选提学官，有不称者，令其奏请改黜。其所以敦崇教化，加意人才，意义甚盛。今且一年矣，臣等体访各官，卒未能改于其故，吏部亦未见改黜一人。良以积习日久，振蛊为艰，冷面难施，浮言可畏。奉公守法者，上未必即知，而已被伤于众口；因循颓靡者，上不必即黜，而且博誉于一时。故宁抗朝廷之明诏，而不敢挂流俗之谤议，宁坏公家之法纪，而不敢违私们之请托。盖今之从政者大抵皆然，又不独学校一事而已。[17]

疏后附列十八款，目标都在整饬当时的学风，列四款于此：

一、圣贤以经术垂训，国家以经术作人，若能体认经书，便是讲明学问，又何必别标门户，聚党空谭！今后各提学官督率教官生儒，务将平日所习经书义理，着实讲求，躬行实践，以需他日之用；不许别创书院，群聚徒党，及号召地方游食无行之徒，空谭废业，因而启奔竞之门，开请托之路。违者：提学御史，听吏部、都察院考察奏黜；提学、按察司官，听巡按御史劾奏；游士人等，许各抚、按衙门，访拿解发。

二、我圣祖设立卧碑，天下利病，诸人皆许直言，惟生员不许。今后生员务遵明禁，除本身切己事情，许家人抱告，有司从公审问，倘有冤抑，即为昭雪，其事不干己，辄便出入衙门，陈说民情，议论官员贤否者，许该管有司申呈提学官，以行止有亏革退。若纠众扛帮，聚至十人以上，骂詈官长，肆行无礼，为首者照例问遣，其余不分人数多少，尽行黜退为民。

三、廪膳、增广，旧有定额，迨后增置附学名色，冒滥居多。今后岁考，务须严加校阅。如有荒疏庸耄，不堪作养者，即行黜退，不许姑息；有捏造流言，思逞报复者，访实拿问，照例发遣。童生必择三场俱通者，始行入学，大府不得过二十人，大州县不得过十五人，如地方乏才，即四五名亦不为少。若乡官势豪，干托不遂，暗行中伤者，许径自奏闻处治。

四、生员考试，不谙文理者：廪膳十年以上，发附近去处充吏，六年以上，发本处充吏；增广十年以上，发本处充吏，六年以上，罢黜为民。

这就是居正整饬学风的计划：他要打倒游谈之士，所以不许创建书院；他要肃清学霸之源，所以裁减学额；至于禁止纠众，考验文理，固然是明初以来的遗规，但是居正有考成法在手，一切都得实行，因此尽管只是旧话重提，但是重提的旧话到了万历初年便增加了新的意义，不能再当具文看待。关于书院一方面，到万历七年诏毁天下书院，局势的推演更加积极；在学额方面，因为考成的关系，有司奉行，也是非常严格的。《明史·选举志》[18]言："嘉靖十年，尝下沙汰生员之命，御史杨宜争之而止。万历时张居正当国，遂核减天下生员，督学官奉行太过，童生入学，有一州县仅录一人者。"这大概不是一句诬蔑的话。

假如居正为自己的政治前途打算，关于整顿学风的事，也许还要重新考虑。各个时代有各个时代的领导阶层，得罪这个阶层，往往会发生极大的风波。周武帝灭高齐，统一北方，对于南方的陈国随时可加扑灭，只因为沙汰沙门，得罪当时的领导阶层，这一群僧侣消极反抗，武帝死后，不过数年，整个国家移转到一个猥琐、平庸的杨坚手里，知识阶层不曾提出一个反抗的呼声。明朝以来，秀才成为当时的领导阶层政府的官吏，出身于这个阶层，地方的舆论也操纵在这个阶层的手里。他们固然压迫一般民众，然而一般民众没有机会也没有能力喊出反抗的呼声，民众中的优秀分子又往往因为知识发展的关系，随时为当时的领导阶层所吸收，因此秀才们不但没有受到民众的反对，反而出乎意外地受到民众的拥护。在人民大众的认识没有提高以前，有时会把骑在头上的恶霸看作领导人物，何况在居正的时代！居正以前，世宗主张沙汰生员，但是毕竟没有沙汰。居正以后，思宗时，大学士温体仁又提出同样的主张，刑科都给事中傅朝祐立即提出弹劾，疏言体仁"又议裁减茂才（即秀才），国家三百年取士之经，一旦坏于体仁之手，此谓得罪于圣贤"[19]。温体仁固然是一个庸人，但是主张裁减生员，何尝得罪于圣贤？孔子尝为乘田、委吏，孟子也说"往役，义也"。孔子、孟子没有造成特权阶层，也没有提出领米免役的要求，那为什么主张裁减生员，为民众减轻负担，为公家平均劳役，就算是得罪圣贤呢？傅朝祐的议论只是拥护特权阶层的既得权利，不肯放弃。

居正提出整顿学风的计划，正是抱了最大的决心。万历八年，他曾经说起：

秉公执法，乃不穀所望于执事者，欲称厥职，但力行此四字足矣。至于浮言私议，人情必不能免。虽然，不容何病！不容然后见君子。不穀弃家忘躯，以徇国家之事，而议者犹或非之，然不穀持之愈力，略不少回，故得少有建立。

得失毁誉关头，若打不破，天下事无一可为者，愿吾贤勉之而已。[20]

这封信中，大致也是关于整顿学政的事。居正坚持宗旨，打破得失毁誉关头，所以能有当时的成功；也正因为他不顾人情物议，所以不免招致身后的诋毁。

万历三年五月，还有一次辽东报警的事。“属夷”传来的消息说，鞑靼武士又出动了。这一次的主谋是土蛮，他纠集青把都，率同二十余万骑士，准备向辽东开发，消息紧张得了不得。辽东巡抚立刻申报兵部，敌人已经开到大宁，所以请兵请粮一刻也缓不得，兵部尚书谭纶随即上奏。神宗虽然只有十三岁，但是对于国家大事，不容他不关心。他惊惶极了，他问居正怎样办。

“请皇上宽心，”居正说，“暑天不是敌人猖狂的时候，大致不会有什么大事。”

居正尽管这样宽慰神宗，但是言官们已经惊动了。一位给事中上疏，主张防守京城，浚濠堑，掘战坑：他恨不得立刻宣布戒严。居正悠悠地回想到隆庆四年李春芳、赵贞吉那一番仓皇失措的情形，他叹了一口气，但是同时也吩咐蓟镇戚继光和宣府巡抚吴兑打听虚实。不久，继光的报告来了，据说鞑靼诸部“酋长”久已解散，没有集合的行动。吴兑更说青把都始终没有出动，更谈不到进兵辽东。居正的估计没有错，一切只是虚报。但是，北京城里的空气从五月以来已经紧张了好久。秋天到了，又是准备秋防的时候。居正上《论边事疏》：

夫兵家之要，必知彼己、审虚实，而后可以待敌，可以取胜。今无端听一讹传之言，遽尔仓皇失措，至上动九重之忧，下骇四方之听，则是彼己虚实，茫然不知，徒借听于传闻耳，其与风声鹤唳、草木皆兵者何异？似此举措，岂能应敌？且近日虏情狡诈，万一彼尝以虚声恐我，使我惊惶，疲于奔命，久之懈弛不备，然后卒然而至，措手不及，是在彼反得“先声后实，多方以误之”之策，而在我顾犯不知彼己、百战百败之道，他日边臣失事，必由于此。故臣等不以虏之不来为喜，而深以边臣之不知虏情为虑也。兵部以居中调度为职，尤贵审察机宜，沉谋果断，乃能折冲樽俎，坐而制胜。今一闻奏报，遂尔张皇，事已之后，又寂无一语，徒使君父日焦劳于上，以忧四方，而该部以题复公牍，谓足以了本部之事耳。臣等谓宜特谕该部，诘以虏情虚实之由，使之知警。且秋防在迩，蓟、辽之间，近日既为虚声所动，征调疲困，恐因而懈怠，或至疏虞，尤不可不一儆戒之也[21]。

万历三年六月命各省巡抚及巡按御史，对于有司贤否，一体荐、劾，不得偏重甲科，这也是整顿吏治的一个表现。明初用人的制度分为三途：第一是进士，第二是举人、贡生，第三是吏员，这是所谓“三途并用”。后来因为长官都是进士出身，进士出身的官员特别受到关切，举人、贡生出身的已受歧视，更谈不到吏员出身了。于是吏员上进无门，自甘暴弃，就是举贡也绝不轻易就职，他们唯一的目标是考进士，考中了便是甲科出身，日后自有合理的发展，考不中，他们准备三年以后重考。如此一科又一科，精神才力完全消在故纸堆中，浪费精力，埋没人材，科举制遂成为大害。隆庆年间，高拱提议，明初举人为名臣者甚众，以后偏重进士，轻视举人，积弊日甚，请求自今以后，唯论政绩，不论出身。这是一个有见地的提议，但是没有实行。隆庆四年，吏科给事中贾三近上言：“抚、按诸臣遇州、县长吏，率重甲科而轻乡举：同一宽也，在进士则为“抚字”，在举人则为‘姑息’；同一严也，在进士则为‘精明’，在举人则为‘苛戾’。是以为举人者，非华颠豁齿，不就选人；或裹足毁裳，息心仕进。夫乡举岂乏才良，宜令勉就是途，因行激劝。”[22] 穆宗也曾批准贾三近的奏疏，但是实际上这个计划没有实现。这两件事居正都在大学士任内看到，现在自己当国，更积极地要想实现，但是即在居正任内并没有显著的效果，居正身后，当然更谈不到，科举的制度永远成为整顿吏治的障碍。

隆庆六年六月以后，内阁只有居正和吕调阳两人，到那时三年了。万历三年八月，居正疏请增加阁员。御批，“卿等推堪是任的来看”。居正推荐吏部左侍郎张四维及马自强、申时行二人入阁，御批“张四维升礼部尚书兼东阁大学士，着随元辅等在内阁办事”，因此四维在内阁中名为居正的同僚，其实只是居正的属员。首辅的权力无形中又提高一层。

张四维，字子维，蒲州人，嘉靖三十二年的进士。他是杨博的同乡，王崇古的外甥，和居正也有相当的关系。这是一个有办法、能忍耐，而且舍得花钱的人，因此在宦途上得到许多意外的方便。隆庆年间是一个盛谈边务的时期，四维当然很清楚，以后俺答封贡事起，朝议未定，奔走关说，主张封贡的便是四维，因此深得高拱的器重。高拱准备引进四维入阁，以致引起高拱、殷士儋间的冲突。其后四维也因为言官弹劾，乞假家居，但他和当道要人还是不断地联络。隆庆六年，高拱失败，这是四维潜伏的时期了，但是因为王崇古的关系，不久他和居正又发生联系。四维知道政治中枢，还有冯保和慈圣太后，于是他再联络冯保和李太后的父亲、武清伯李伟。万历二年，四维入京，以翰林学士掌詹事府，不久改吏部左侍郎，万历三年八月，改礼部尚书兼东阁大学士，入阁办事。做官的欲望，当然满足了。至于争权，四维很清楚，在居正当国的时候，谈不到争权。吕调阳入阁三年了，除在内阁公本照例署名，以及每逢庆典照例进官、蒙赏以外，还有什么呢？四维知道自己只是“随元辅办事”。这是圣旨，也不妨说是一个条件。大学士固然名为大学士，其实只是居正的一条尾巴。在这一点上，居正和四维达成一种默契。但是居正没有看清忠厚的人和有才华的人究竟有些不同。忠厚的人如吕调阳，也许可以遵守这个默契，并不感觉痛苦；有才华的人如张四维，便完全是两样了。他遵守这个默契，但在心里却充满怨愤。他不甘做尾巴，然而他只能做尾巴。他的恭谨只能增加他的仇视，这便成为居正身后四维极力报复的张本。万历十年，居正逝世；十一年抄家，他的长子敬修自杀，在他的血书后面写着：“有便，告知山西蒲州相公张凤盘[23]，今张家事[24]已完结矣，愿他辅佐圣明天子于亿万年也。”到了这时，敬修才知道四维是自己一家的大仇人，但在居正生前，居正只觉得四维是一个恭谨的同僚。

万历三年，在江浙海外发生了一次小规模的国际战事。嘉靖中年是倭寇猖獗的时代，经过谭纶、俞大猷、戚继光、刘显这一群人勘定以后，大局稍为安静，但是小股的倭寇还是不断地扰乱，隆庆年间，广东方面的动乱也有倭寇参加的踪迹。中国和日本是接近的邻国，本来应当好好相处，为国际争取和平，为人民争取幸福，但是那时双方的统治阶级都没有认识到这个道理。远在北京的皇帝高高在上，没有贯彻保卫祖国的职责；而日本方面，无数的封建主一边率领虏掠成性的武士，一边勾结中国沿海的汉奸，不断向大陆进攻，这是当时中国和日本相处的情势。居正也曾说到中国和日本的关系：

倭奴自元以来，为中国患。元尝以十万人，从海征之，舟泊其境，值海风大作，十万人没于海。本朝有天下，四夷君长，靡不向风，独倭王良怀不奉朝贡，寇掠直、浙，至遣某某等募兵船以御之，沿海诸郡俱罹其苦。洪武十四年，高皇帝命礼部移书，责其国王，亦只言天道祸福之理以导之耳，终不能一加兵于其国。是以其人骄悍狡诈，谓中国无如之何。侵侮之渐，有自来也。[25]

居正看到日本的祸害，但是他认为当时国家的敌人还是北方的鞑靼，所以在“北边第一”的口号之下，对于倭寇，谈不到根本解决，只能对于沿海督抚，尤其对苏、浙、闽、广诸省加以不断的戒饬。他的计划是用兵船巡弋近海，随时和倭寇在海面决战。万历三年，倭寇又到江浙海外黑水洋一带了。应天巡抚宋仪望调兵船和他开战，打了一个胜仗，居正一边奏请加官，一边致书奖励，同时警戒浙江巡抚谢鹏举。他说：

近年海寇息警，人心颇懈，仆窃以为忧，故昨年拟旨申饬。赖公伟略，起而振之。今果能一战而胜之，不俟登岸而遏之于外洋，功尤奇矣。天下事岂不贵豫哉！慰甚。彼前锋既折，必不敢窥吴，祸当中于浙矣。[26]

浙无倭患久矣，一旦联舟突犯，必有勾引之奸。且地方安恬日久，骤寻干戈，恐无以待寇，幸折以忠义，鼓以赏罚，悉力一创之，庶将来不敢再窥。亟剿此寇，然后徐究其祸本而除之，可也。浙人咸云：“谢公非用武之才，恐不能了此事。”仆曰：“不然，谢公沈毅有远虑，贼不足患也。”愿公勉就勋庸，以副鄙望。[27]

万历三年，居正决心整顿驿递，这也是他招怨的一件大事。

明代从北京到各省的交通干线都有驿站，驿站是当时的唯一交通制度。驿站有主管官吏，有马，有驴，有夫役；水驿有红船，有水夫，都很完备。马、驴从哪里来？马、驴来自民间。船只从哪里来？船只也来自民间。马、驴的草料，船只的装备，莫不来自民间。民间还要按粮出夫，马夫、水夫当然也来自民间，自备工食，三年一轮，周而复始。除马夫、水夫以外，各驿还有馆户，专为过往人等制造饭食，不许片刻稽留。当然，馆户也来自民间，自备工食。最初的时候，夫役还享到免粮的特权，从嘉靖二十七年议准以后，连这一点特权也被取消，于是夫役不仅没有权利，只有义务，而且还要供给马、驴、红船以及其他必要的配备，交通干线附近的人民实际上成为国家的奴役。

对于交通干线附近的人民，这不能不算一种虐政，但是国家如此庞大，为维持中央和各省的交通起见，在交通工具尚未发达以前，驿站制度纵是需要合理的调整，不是没有存在的理由。一切全看这个制度的运用。太祖时代，关于使用驿站的规定非常严密，非有军国大事，没有使用的权利，即是公、侯、驸马、都督奉命出差的时候，也只许随带从人一名。所以驿站制度虽然存在，人民的痛苦还得到一些缓和。有一次，吉安侯陆仲亨从陕西回京，擅行使用驿站车马，被太祖知道了，太祖痛责道："中原兵燹以后，百姓开始复业，买马出丁，非常艰苦。倘使大家和你一样，民间卖儿鬻女，也供给不起啊！"

太祖时代究竟是老远的过去了，以后的条例便逐日地宽大！太祖时代，给驿条例只有六条；到嘉靖三十七年，便扩充到五十一条。五十一条的使用者都有勘合，现代称为护照。勘合分为五等：温、良、恭、俭、让。北京的勘合由兵部发出，各省的勘合由巡抚和巡按发出。填发的机关总算还有相当的限制，但在填发的时候便来一种宽大的作风！兵部可以填发勘合送人，各省也可填发勘合送人。领用勘合的人没有缴还的限期，一张勘合成为终身的护照，而且自己不用，还可转赠旁人，姓名不合，更不妨洗去重填。宽大之外，还有宽大！交通干线附近的人民真是民不聊生。领用勘合的官员大都既不温良，也不恭俭，更谈不到让，勘合的五个号码只成为刻骨的讽刺。官员到了驿站以后，百般需索。他们要粮食，要柴炭，要酒席，要蔬菜，要夫，要马。有时在拉到夫马以后，人民也可按照道路远近，讲明价值，经过一番磋商，索性缴纳银两，放走了事。于是官员们除了在沿站滋扰以外，连带也成为掳人勒赎的强盗。对于这一点，官员们久已视为他们应有的特权。在宽大的政体之下，没有人敢于侵犯他们的特权，以至引起自身的不利。

直到万历三年，居正提出整顿驿递的计划：

凡官员人等非奉公差，不许借行勘合；非系军务，不许擅用金鼓旗号。虽系公差人员，若轿扛夫马过溢本数者，不问是何衙门，俱不许应付。抚、按有透明旨，不行清查，兵部该科指实参治。若部、科相率欺隐，一体治罪。

抚、按、司、府各衙门所属官员，不许托故远行参谒，经扰驿递；违者抚、按参究。

有驿州、县，过往使客，该驿供适应得廪粮蔬菜，州、县止送油烛柴炭，不许重送下程纸札，如有借此科敛者，听抚、按官参究。

凡经过官员有勘合者，夫马中火，止令驿递应付，有司不许擅派里甲。其州、县、司、府官朝觐，给由入京，除本官额编门皂，量行带用外，不许分外又在里甲派取长行夫、马，及因而计路远近，折干入己。

凡官员经由地方，系京职方面以上者，虽无勘合，亦令巡路兵快防护出境，仍许住宿公馆，量给新水烛炭，不许办送下程心红纸札，及折席折币礼物。

凡内外各官丁忧、起复、给由、升转、改调、到任等项，俱不给勘合，不许驰驿。[28]

这年又规定自京往外省者由兵部给内勘合：其中仍须回京者，回京之日缴还勘合；无须回京者，即将该项勘合，缴所到省份抚、按衙门，年终一并缴回兵部。自外省入京者，由抚、按衙门给外勘合，至京以后，一并缴部，其中有须回省者，另由兵部于回省之日换给内勘合。

居正的规定较之太祖时代的给驿条例已经太宽，但是从太祖到神宗这二百年间，整个时代变了，一切只能做到“去泰去甚”。就是这样的规定，也还有成为具文的危险，嘉靖、隆庆年间都曾有过类似的规定，其后只成为一张废纸！但是居正手中有的是考成法，他用六科控制抚、按，用内阁控制六科，章程、条例都要切实执行，不容成为具文，这是考成法的作用。

对于万历三年整顿驿递的心惰，居正自己说过：

近来驿递困敝至极，主上赫然思以厘振之，明旨屡饬，不啻三令五申矣，而犹不信！承教，谓外而方面，内而部属以上，凡得遣牌行者，有司不敢不一一应付。若如近旨，但无勘合者，皆不应付，则可尽复祖宗之旧，苏罢困之民。夫有司官卑，岂敢与大官相抗，所赖以行法振弊者，全在抚、按耳。抚、按官狃于故常，牵于私意，而责有司以奉法令，抗大官，势不能也。朝廷欲法之行，惟责之抚、按，不责之有司。异日倘有犯者，或别有所闻，则抗命之罪，必当有归。[29]

丈田、赈饥、驿传诸议，读之再三，心快然如有所获。盖治理之道，莫要于安民。究观前代，孰不以百姓安乐而阜康，闾阎愁苦而危乱者？当嘉靖中年，商贾在位，货财上流，百姓嗷嗷，莫必其命，比时景象，曾有异于汉、唐之末世乎？幸赖祖宗德泽深厚，民心爱戴已久，仅免危亡耳。隆庆间，仕路稍清，民始帖席，而纪纲不振，弊习尚存，虚文日繁，实惠日寡。天启圣明，虽在幼冲，留心治理。仆每思本朝立国规模，章程法度，尽善尽美，远过汉、唐，至于宋之懦弱牵制，尤难并语。今不必复有纷更，惟仰法我高皇帝怀保小民一念，用以对越上帝，奠安国本耳。故自受事以来，凡朝夕之所入告，教令之所敷布，惓惓惓惓以是为务，锄强戮凶，剔奸厘弊，有不得已而用威者，惟欲以安民而已。

奸人不便于己，猥言时政苛猛，以摇惑众听；而迂阔虚谈之士，动引晚宋衰乱之政，以抑损上德，矫扞文罔；不知我祖宗神威圣德，元与宋不同，哺糟拾余，无裨实用，徒以惠奸宄贼良民耳。[30]

驿递条例既经整顿，以后便是执行的事了。居正认定这是一个致理安民的大业，所以始终没有放松。执行的时候，当然从自己做起。儿子回江陵应试，吩咐儿子自己雇车；父亲过生日，吩咐仆人背着寿礼，骑驴回里祝寿。万历八年，居正次弟居谦病重，回里调理，保定巡抚张卤发出勘合，居正随即缴还，并附去一封信：

亡弟南归，辱给勘合，谨缴纳。禁例申严，顷有顽仆擅行飞票，骑坐官马，即擒送锦衣，榜之至百，其同行者，俱发原籍官司重究矣。仰惟皇上子惠穷民，加意驿传，前遣皇亲于武当祈嗣，亦不敢乘传，往来皆宿食逆旅，盖上之约已厚民如此。仆忝在执政，欲为朝廷行法，不敢不以身先之。小儿去岁归试，一毫不敢惊扰有司，此台下所亲见，即亡弟归，亦皆厚给募资，不意又烦垂怜也。此后望俯谅鄙愚，家人往来，有妄意干泽者，即烦擒治，仍乞示知，以便查处，勿曲徇其请，以重仆违法之罪也。前奉旨查朝觐官遣牌驰驿者，久不闻奏报，辱在知厚，敢以直告。[31]

唯有始终不懈，从自己做起，才算得“综核名实”，这是居正给我们的教训。在整顿驿递的过程中，一切都从大官做起。外勘合由抚、按衙门发出，所以便先行整顿抚、按。甘肃巡抚侯东莱的儿子擅行驰驿，言官提出弹劾了。甘肃虽然不是最吃紧的地方，但是究在北边，而且东莱是一个应付鞑靼号称得力的边臣。居正确实感到一点儿困难，但是不能因为一个巡抚的缘故破坏国家的定法。无可奈何，把东莱的儿子应得的官荫革去了，以后再慢慢地设法补救。保定巡抚张卤奉到居正的催促，恰好保定正在交通干线的要点，只得实行稽查。他发现违反规定的，一共十几人，一齐都奏报上去。这一次太严重了，居正只得稍行容忍，先把太仆寺和太原府的官员处分一下。他和张卤说：

两承翰示，一一领悉。前奉明旨所查，惟朝觐遣牌驰驿者，即所参苑寺、太原二人，亦足以应诏矣。若概及其他，恐干连人众，所伤者多。今姑为隐涵，后若再犯，即达官显贵，亦不能少贷矣。旧染颓俗，久难骤变，彼顽梗玩肆之人，以为法虽如是，未必行也，今量处数人，以示大信于天下，庶几有所惮而不敢犯乎！然惟在各抚、按以实奉行，不敢度格诏令可耳。今台谏诸君屡奉严旨诘责，常虑无以塞明诏，苟搜得一事，如获奇宝，一经指摘，声价颇损，故愿诸公之毋舍己以徇人也。至于三司官在本省地方，夫马廪饩，用之自不为过，惟出境则不可。若宣大之于蓟辽，则地隔两境，各有军门统属，自难以相通。若奉敕者，则不在此例矣。[32]

这一次的处分有一点儿出人意外的是太原府知府上书兵部和都察院，声明并非本人有意违例，因为山西巡抚派人护送，所以竟在省外使用驿站车马。责任落到山西巡抚身上。居正当然犯不着因为这个问题动摇边疆大臣，所以只得去信加以严重的告诫：

太原守投揭部、院，自辩驰驿非其本意，悉由相知者差人护送。都台即欲据揭并参，不穀喻之乃止。原揭奉览。盖闻智者不先人而后己也，仁者不危身以邀恩也。夫各抚、按、司、道之公背明旨，而以传驿徇人也，冀以避怨而施德也，今既不施德于人，而又有累于己，岂不两失之乎？仁智者不为也。公尝告我曰："今内之纪纲政事，已觉振肃，而外之吏治民风，尚未丕变，则诸大吏不以实奉行之故也。"不穀深韪其言。今若此，未可谓之奉法也！以公之高明强毅，而犹若此，况其他乎？已矣乎，吾无望于人已！恃在知厚，直献其愚。诗云，"他山之石，可以攻玉。"幸惟原谅。[33]

整顿驿递，当然不是一年的事。最棘手的是内监和衍圣公。内监是宫内的亲信，轻易干涉不得，居正只得吩咐他们的领袖去设法[34]。衍圣公是孔子六十四代孙尚贤，大圣的后人因此更应为世表率，偏偏尚贤忘去这一点。每年衍圣公自曲阜入京朝贡，沿途骚扰不堪，山东布政据实直合居正。居正曾说：

承示大监、圣公横索驿递。令内官、勋臣小有违犯，动被绳治，而圣公所过，百姓如被虏贼，有司亦莫之谁何，以其为先圣之后也。夫圣人秉礼为教，志在从周，假令生令之时，亦必斤斤守朝廷之法，不可逾越，况其后裔乎？后若再行骚扰，亦宜一体参究，庶为持法之公也。[35]

这是万历八年的事。次年，衍圣公家庭发生风波，尚贤的庶母郭氏攻讦尚贤，朝廷派员查勘，一面由居正和山东巡抚何起鸣把衍圣公每年入朝的事重行商定。居正曾说：

中间处分孔氏朝贡一节，极为得中。然仆窃以为今亲王俱下朝贡，孔氏何必亲行？朝廷亦不必借此为重。渠每岁一行，族人佃户，科派骚扰，不胜劳苦，沿途生事百端，军民避之，无异夷虏，及至京师，淹留数月，待私货卖尽，然后启行，此岂为现光修贡者耶？窃以为宜如王府例，每岁只差人进马入贺，不必亲行；或当朝觐之年，预期奏请，得旨而后行，亦为简便。公如以为可，疏请之。若今岁，则彼听勘未结，自不宜来矣。[36]

商定的结果是，衍圣公入朝定为三年一次。这样一来，对于衍圣公的走私夹带，当然不免发生稍许的不便，但是交通干线附近的居民却减去了不少的惊惶。

万历三年，发生了水利问题。这一年旧事被重提，再行发动疏凿泇河和胶莱河。对于这两件事，居正都尽了最大的努力，但是都没有成功。本来明朝的水利问题集中在黄河，这不是因为明朝人对于水利有特别的兴趣，而是因为政治和军事的关系，不能不着重漕运；着重漕运，便不能不着重黄河。明朝的京城在北京，整个国防形胜也着重在北边，因此每年由南而北的漕运四百万石，成为国家的生命线。隆庆六年，居正曾和漕运总督王宗沐说过：

今方内乂安，所可虑者，河漕为最。兹赖公之力，经理什七，江、淮之粟，方舟而至，来岁新运，又已戒期，计三年之后，京师之粟，将不可胜食矣，欣慰欣慰。[37]

万历元年，四百万石又安稳地北上，居正又说：

四百万军储江、海并运，洪涛飞越，若涉平津，自仆有知以来，实未见有如是之盛者。一日侍上，语及今岁漕事，天颜喜悦，殿上侍臣，咸呼万岁。仆因推言，此皆督臣之功也，宜加懋赏，重任之。上深以为然。[38]

次年，漕运还是如期北上，居正说起：

辱示知：运艘已于三月十一日，尽数过淮，无任忻慰。闻度江遇风，谅无大损，若前途通利，则额赋可以毕达，国储可以日裕矣。今计太仓之粟，一千三百余万石，可支五六年。鄙意欲俟十年之上，当别有处分，今固未敢言也。[39]

居正方做国储充实以后的计划，就在这一年，黄河在邳州决口，淮河也决口。万历三年，黄河又在砀山决口，黄水不断南流，一部分由淮安入运，直灌长江，淮、扬一带因此发生极大的恐慌。但当局的注意还是集中运道。这时从宿迁到韩庄的运河还没有，从淮安到宿迁，再从宿迁到徐州茶城，黄河就是运河，明朝人称为“借黄为运”，在借黄为运的情形下面，黄河的通塞和漕运有关，也就和国防有关。明朝人治河有几条牢不可破的原则：第一，黄河到开封以后，不许向北，因为向北便不能向南，淮、徐一线的漕运便发生问题；第二，黄河到徐州以后，不许向南，因为向南便影响明朝凤、泗一带的祖墓；第三，即使在这个范围以内，也不许轻易改道，因为改道便会产生浅滩，必然妨碍粮艘向北、空船回南的路线。在这几个原则之下，明人对于洪水横流、挟沙俱下的黄河，只有夹岸筑堤以防黄水的溃决。他们筑堤的技术非常发达，单就堤岸的名称便有遥堤、缕堤、月堤、格堤的不同，但是最后总有横溃的一日。黄河屡次决口，河水流入运河，复在高邮决口。事态严重极了，种种的主张都被提出，一切等待居正解决。

居正只有给河道总督傅希挚去信。万历二年，他说：

近闻淮、扬士大夫言海口益淤，以故河流横决四溢，今不治，则河且决而入于江，维扬巨浸矣。又有言前议筑遥堤为不便者。其说皆信否？从未行此道，不知利害所归，望公熟计其便，裁教。幸甚。[40]

希挚的复信来了，居正觉得游移，又去一信：

辱示《治河议》，一一领悉，但据公所言，皆为未定之论。海口既不可开；

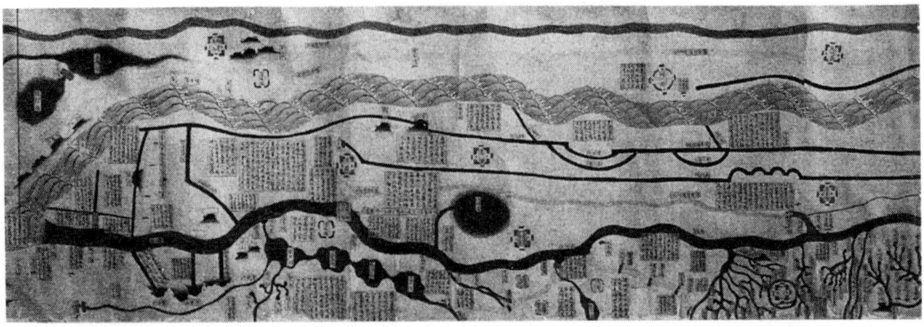

黄河运河图

这是明朝所绘的黄河与大运河交汇处地势图。运河在明朝承担着繁重的运粮任务。

遥堤又不必筑；开泇口，则恐工巨之难；疏草湾，又虑安安之贻患。然则，必如何而后为便乎？愿闻至当归一之论，入告于上而行之。[41]

最后希挚决定请求重开泇河。泇河二源，一出峄县，一出费县，称为东、西二泇河。隆庆四年，翁大立总理河道的时候，就提议开泇河，他主张上通微山、赤山等湖，中贯东、西泇河，下合沂水，过宿迁骆马湖，再入黄河。在隆庆万历年间，称为新水道，其实就是现在韩庄、宿迁间的运河水道。这一个计划，《明史》称为“引泗合沂”，当然不是专指泇河本身。大立的计划没有实现，希挚重行提出。万历三年二月，希挚疏称：“治河当视其大势，虑患务求其永图。顷见徐、邳一带河身垫淤，壅决变徙之患，不在今秋则在来岁……臣日夜忧惧，悉心讲求。禹之治水，顺水之性耳；今以资河为漕，故强水之性以从吾，虽神禹亦难底绩。惟开创泇河，置黄河于度外，庶为永图耳。”他提出工程计划，最后说：“若拼十年治河之费，以成泇河，泇河既成，黄河无虑溃决矣，茶城无虑填淤矣，二洪无虑艰险矣，运艘无虑漂损矣，洋山之支河可无开，境山之闸座可无建，徐口之洪夫可尽省，马家桥之堤工可中辍。今日不赀之费，他日所有省，尚有余抵也。故臣以为开泇河便。”奏疏上去以后，发户、工二部看议，工科都给事中侯于赵请求召集廷臣会议。居正认定会议只是虚文，一面奏派于赵和希挚会勘，一面再给希挚去信：

开河之策，议在必行，但以事体重大，且此中有言其费度七八百万乃足者，岂其然乎！故请差科臣会勘，徒以息呶呶之口耳。此事先年诸臣，亦知其便利，独以艰大之任，惮于承肩。今公赤忠，身任其责，更复何疑，愿坚持初意，勿夺群言。其中事体，亦须详慎，期在万全无害可也。[42]

于赵勘后，认定要开泇河，势必经过良城，良城伏石实勘五百五十丈，开凿之力，难以逆料。户部又谓“正河有目前之患，而泇河非数年不成，故治河为急，开泇为缓”。居正准备承肩“艰大之任”，但是户、工二部都不赞同，希挚的态度又不坚决，事情只得搁下。万历三年六月，奉旨：

候于赵等所奏，与傅希挚原议，大不相同。傅希挚久历河道，他当初若无的见，岂敢谩兴此役，此必该道等官，畏工久羁官，故难其说，阴肆阻挠。勘官据其所言，谩尔回奏，其言先开良城伏石，徐议兴工，都是搪塞了事之语，深负委托。今人平日都会说利道害，沽名任事，及至着落他实干，便百计推倭，只图优游无事，捱日待时，讵肯视国如家，忠谋远虑者？似这等人，如何靠得他成功济事？且泇口之议，止欲通漕，非欲弃河而不理，今他每既说治河即可以兼漕，便着他一意治河，别工不必再议。

万历三年开泇河的计划失败了，直到万历三十二年，到总河侍郎李化龙、曹时聘的手里，才予以完成。每年三月，粮船由泇河北上，秋天以后，空船仍由黄河南下，泇河、黄河成为徐州、宿迁间往还分途的水道。但是居正没有看到！居正所看到的只是一个大计划的失败。万历三年六月的上谕，充满焦急和愤恨，我们不难想象是谁的手笔。

开泇河的计划失败了，四百万石的漕粮重行寄托给全无把握的黄河。国家的命运真是非常的渺茫，居正方在踌躇着。这年九月，南京工部尚书刘应节、右侍郎徐栻上疏请开胶莱河。这两位都是居正的同年，尤其是刘应节，在他任蓟辽总督的时候，居正曾经和他有过不少的磋商。应节，山东潍县人，对于胶莱一带的情形更应当熟悉。居正记得隆庆五年自己曾经反对胶莱新河的计划，曾经考虑到水泉难济，但是现在的情形不同。黄河屡次决口，泇河计划不成，除勘探胶莱新河以外，他没有其他办法，而且经过几年以来的开源节流，在经费方面，他有相当的把握。所以他毅然地不待复勘，派徐栻前往山东开浚，会同山东巡抚李世达办理，一面再嘱世达极力协助。他对应节、徐栻、世达等说起：

胶河之可开，凡有心于国家者皆知之，独贵乡人以为不便，皆私己之言也。读大疏具见忘私徇国之忠，已奉旨允行。又承教，凤竹公[43]肯身任之，尤为难得，今即以属之。渐庵[44]亦曾有疏云，开泇口不若疏胶河。故宜与之会同，且委用属吏，量派夫役，亦必借其力以共济也。至于一应疏凿事宜，及工费多寡，俱俟凤竹公亲履其地，次第条奏。其河道官属钱粮，俱不必与之干涉，以破其弃河不治之说，庶浮言不能兴，大事可就也。[45]

胶河之可开，凡有心于国家者皆知之，乃竟为浮议所阻者，其端有二。一则山东之人，畏兴大役，有科派之扰，又恐漕渠一开，官民船只，乘便别行，则临清一带，商贩自稀，此昔年之说。一则恐漕渠既开，粮运无阻，将轻视河患，而不为之理，此近年之说也。凡此皆私己之言，非公天下之虑也。今当决计行之，无事再勘。仆尝念此，惟以不得任事之人为虑。昨奉百川公书，公雅不辞劳，审尔，大事济矣。已即面奏于上，特以属公。前得山东抚台李公书，谓开泇口不如疏胶河，意与公合，故宜会同，且委用属支，量派夫役，亦必借其力以共济也。诸疏凿、造船事宜，及工费多寡，俱俟公亲履其地，一一条奏。其河道官属、钱粮等项，俱绝不与之干涉，以破其弃河不治之说，庶浮言不兴，大工可就也。夫世必有非常之人，然后有非常之功，然又必遇非常之时，而后其功可成。故曰："非常之原，黎民惑焉。"今主上英明天启，志欲有为，而公以非常之才，适遘此时，可不努力以建非常之业乎？大功克成，当虚揆席以待。[46]

向承教胶河事，时方议凿泇口，未遑论也。今泇口既罢，刘、徐二司空复议及此，适与公议合，故特属之。望公协恭熟计，共济此事。仆以浅薄，谬膺重寄，主上虚己而任之，自受事以来，昼作夜思，寝不寐，食不甘，以忧国家之事，三年于此矣。今朝廷大政幸已略举，惟漕运、宗室，未得其理。宗室事巨，不敢轻动，漕运则宜及今图之。了此一二大事，仆即纳管钥，稽首归政，乞骸而去矣。千金之裘，非一狐之腋，所望海内英哲，共助不逮。[47]

万历三年，胶莱新河的开凿是一件最迫切的事。神宗上谕："这胶莱河议，即经行勘，俱为浮议所阻，刘应节等既的有所见，不必复勘。就着徐栻改工部石侍郎兼都察院右佥都御史，会同山东抚按官，将开浚事宜一一计处停当，具奏来行。朝廷屡议开河，上为通漕，与治河事务不相干涉，再有造言阻挠的，拿来重处。”在这道上谕后面，我们看到居正具有了最大的决心。居正对于运河工程不一定明白，但是他假定刘应节、徐栻应当明白，再加以李世达的赞同，他认为成功的希望可以看到，所以排除一切障碍，集合一切力量，为国家开辟新水道，替四百万石漕粮找一条安全的交通线。

但是，这一次又是一度严重的失败。山东方面，一则唯恐运河改道，对于西部的繁荣产生影响；二则眼见开凿新河，东部的劳役非常繁重：山东的舆论动摇了，山东巡抚李世达也动摇了，连带徐栻也起了动摇。居正立刻去信：

仆闻疑事无功，疑行无名，明主方励精图治，询事考成，岂宜以未定之议，尝试朝廷哉？神禹大智，犹必亲乘四载，遍历九土，至于手足胼胝，而后能成功。方其凿龙门之时，民皆拾瓦砾以击之。盖众庶之情，莫不欲苟安于无事，而保身自便者，孰肯淹留辛苦于泥涂横潦之中，此众议之所以纷纷也。愿公主之以刚断，持之以必行，心乎为国，毕智竭忠，以成不朽之功。凡粘滞顾忌，调停人情之说，一切勿怀之于中，又亲历工所，揆虑相度，分任责成。若惮劳不亲细事，徒寄耳目于人，则纷纷之议，将日闻于耳，虽勉强图之，亦具文而已，决不能济也，幸公熟图之。若果未能坚持初意，恐拂众心，则亦宜明告于上，以谢昔建议之为非，而后重负可释耳。此国之大事，不敢不尽其愚，幸惟鉴宥。[48]

这是万历三年冬间的事。万历四年正月，徐栻奏称估计凿山引水，筑堤建闸，工费该银九十余万。在国家岁出岁入，都在三百万上下的时候，这不能不算一个不小的数字。居正认定这是徐栻“故设难词，欲以阻坏成事”，这时刘应节已改戎政尚书，二月间，再着应节暂解营务，赴山东会同徐栻开河。事情似乎有了办法，但是应节到了山东以后，和徐栻发生了重大的异议。同样一条胶莱新河，应节主张通海，徐栻主张引泉，关于水源方面，有了绝对不同的主张。但在分水岭方面，势必动工开凿，这是应节和徐栻都不能不应付的问题。山东巡按御史商为正奉命挑验。据他的结论，“虽二百余万金，不足以了此”，经费方面，困难极大。应节主张通海，但是海水一来，海沙连带着也来，因此应节主张建闸障沙。山东巡抚李世达认为海沙和海水同来，他说：“窃以谓闸闭则潮安从入，闸启则又安从障也。”全河长二百七十里，据应节所计，海潮自南口入，凡五十里；自北口入，凡一百八十里：这是说在二百七十里之中可以通潮的二百三十里。但是据世达所计，除大风迅烈、海潮狂涌的时候以外，南潮所及，距海口二十里，北潮所及，距海口六十里，和应节的估计便有很大的距离。当然，在海潮不及的地方，可以引泉，但是世达论及泉水，以为“十月以后，日渐消耗，至春月泉脉微细，适值粮运涌到之时，虽置柜设闸，以时启闭，终不能使之源源而来，滔滔不竭也”。海潮不能来，泉水不敷用，水源发生问题，那么二百余万金还不是等于白费？

但是还有一个根本的问题。胶莱新河原是为着海运提出的动议，本来的计划是漕船由淮入海，再取道胶莱新河入渤海湾，所以必须保证淮安以下的运河没有问题，才谈到这个计划的实现。但在万历三四年间，运河沿岸高邮、宝应一带正是问题的中心。商为正说：“况海运必出自淮安海口，高、宝其所必经，高、宝不治，此河虽通，亦不能越而飞渡。”李世达说：“今当缉高、宝之堤，无徒殚财力于不可必成之胶河也。”他们也许有一些成见，但是他们的逻辑不容人不重加考虑。居正没有办法，只有交工部集议。工部尚书郭朝宾复称“事体委多窒碍，相应停罢以省劳费”。万历四年六月，罢胶莱新河，这是居正在漕运方面的第二次失败。以后他的注意力便集中到运河和黄河。

居正的两次失败本来不是意外。他自己没有治河的经验，而且平生没有经过这一带，凭什么可以构成正确的判断呢？他有坚强的意志，他能充分地运用政治的力量，但是在他没有找到得力的干才以前，意志和力量只能加强他的失败，所以在无法进行的时候，他便毅然地承认失败，这正是他的干练。最可惜的是，万历二年工部尚书朱衡致仕，失去一个有经验、有魄力的大臣，假如居正能够和他和衷共济，也许可以减少一部分失败。万历三年，工科给事中徐贞明上水利议，认定河北、山东一带都可兴水利，供军实。但是在交给工部尚书郭朝宾查复以后，朝宾只说“水田劳民，请俟异日”，打消了一个最有价值的提议。假如居正能够给贞明一些应得的注意，再推动政治力量，作为他的后盾，也许可以从根本上解决北方的粮食问题。

注释

[1] 奏疏三《请定面奖廉能仪注疏》。
[2] 文集十一《杂著》。
[3] 书牍八《答总宪吴公》。
[4] 书牍十一《答河漕姜按院》。
[5]《明史》卷二二〇《赵世卿传》。
[6]《明史》卷二二九《艾穆传》。
[7] 奏疏四《谢御札奖励疏》。
[8] 书牍五《与王敬所论大政》。
[9] 书牍六《答蓟辽督抚吴环洲言虏情》。
[10] 书牍六《答方金湖计服三卫属夷》。
[11] 书牍四《答刘总督》。
[12] 书牍八《答吴环洲》。
[13] 书牍六《答蓟镇吴环洲》。蓟镇误题，吴环洲即吴兑。
[14] 书牍六《答吴环洲》。
[15] 奏疏三《进职官书屏疏》。
[16] 万历本《明会典》卷七十八。
[17] 奏疏四《请申旧章饬学政以振兴人才疏》。
[18]《明史》卷六十九。
[19]《明史》卷二五八《傅朝祐传》。
[20] 书牍十二《答南学院李公言得失毁誉》。
[21] 奏疏四《论边事疏》。
[22]《明史》卷二二七《贾三近传》。
[23] 四维别号。
[24] 敬修自指。
[25] 文集十一《杂著》。
[26] 书牍七《答应天抚院宋阳山言防倭》。
[27] 书牍七《答浙抚谢松屏言防倭》。
[28] 万历本《明会典》卷一四八。
[29] 书牍九《答总宪李渐庵言驿递条编任怨》。
[30] 书牍十二《答福建巡抚耿楚侗言致理安民》。
[31] 书牍十二《答保定巡抚张浒东》。
[32] 书牍十二《答顾天张巡抚》。

［33］书牍十二《答山西徐巡抚》。

［34］书牍十二《答南京守备枢使乔诚斋》。

［35］书牍十二《答藩伯徐中台》。

［36］书牍十三《答山东巡抚何来山》。

［37］书牍四《答河漕总督王敬所》。

［38］书牍五《答河漕王敬所言漕运》。

［39］书牍六《答河漕王敬所》。

［40］书牍六《与河道傅后川》。

［41］书牍六《答傅后川议河道》。

［42］书牍七《答河道总督王敬所》。按王敬所三字误题。

［43］徐栻。

［44］李世达。

［45］书牍七《答河漕刘百川言开胶河》。按题衔误。

［46］书牍七《答河道徐凤竹》。按题衔误。

［47］书牍七《答山东抚院李渐庵言吏治河漕》。

［48］书牍七《答河道徐凤竹》。按题衔误。

第十章 第一次打击以后

明朝的政治充满了无数腐化的因素。现代认为不应存在的事实，在当时只是一种习惯。人毕竟不是免受环境支配的。假如居正不生在腐化的空气中，或即生在这种空气之中，而没有那样的父亲，也许他在『正己格物』的方面会有更大的成绩。

万历三年辽东大捷，辽东巡抚张学颜还没有奏报的时候，巡按御史刘台的捷奏先到北京。从程序上说，这是一种手续的错误。然而不仅是错误，这是越权。巡按既可越权，巡抚便可卸责，对于封疆大事，当然会产生不良的影响。从“综核名实”的立场来看,这是一个不能容许的错误,因此居正拟旨严加申斥。他还记得就在这一年，三边总督石茂华曾因御史督战太急，鲁莽进兵，以致受到不小的挫败。自己还曾去信告诫过：“今之时政，与先年异。公受分陕之寄，凡事当守便宜，谋定而后发，亦不必汲汲求解于群议也。”[1] 居正认定边疆督、抚不应受御史的牵掣。

刘台也有刘台的看法。辽东巡按御史固然是御史，但是张学颜是右副都御史，巡抚辽东地方，也是御史。明代官制的演变形成监察权高于一切的状态，地方长官文的有布政使司左布政、右布政；武的有都指挥使司都指挥使，以及镇守冲要的总兵官：这是最初的官制，但是后来添了巡按以及巡抚和总督。巡按、督、抚虽然各有疆域，但他们只是都察院的官，不是地方官。他们的官阶不一定高，但地方官不能不受他们的节制，这是监察的权威。刘台看到同是代表监察权的中央官，为什么一个可以调度军队，一个连报捷都不可呢？所以他的捷奏还是发出去了。

但在法制上，巡按和巡抚究竟不同。英宗正统四年巡按御史出巡事宜有这样的规定：“总兵、镇守官受朝廷委任以防奸御侮，凡调度军马，区划边务，风宪官皆无得干预。”所以巡按不得过问军事曾有明文的规定。辽东巡抚的全衔是“巡抚辽东地方，赞理军务”，因此调度军队正是巡抚的职权。一切都有法制的依据。明代巡抚和巡按的职权最容易混淆，居正对于这一点时时感觉到有纠正的必要。万历九年，他曾说过：

窃谓抚、按职掌不同，政体亦异。振举纲维，察举奸弊，摘发幽隐，绳纠贪残，如疾风迅雷，一过而不留者，巡按之职也。措处钱粮，调停赋役，整饬武备，抚安军民，如高山大河，奠润一方而无壅者，巡抚之职也。近来抚、按诸君，不思各举其职，每致混杂，下司观望，不知所守，以故实惠不流。至于直指使者，往往舍其本职，而侵越巡抚之事，违道以干誉，徇情以养交，此大谬也。[2]

《九边城》的辽东

辽东居长城九边之首，管辖区域西到山海关，东到鸭绿江，地理位置十分重要。

居正认为封疆大吏不应受到牵掣，在法制有成规，在事理有根据，不能不认为正确。假如我们想到万历四十七年，杨镐经略辽东，因为受到兵科给事中赵兴邦红旗督战的迫蹙，以致仓皇进兵，造成辽东空前大败的事实，我们更不能不承认居正的主张。

刘台经过这一次严旨申斥，充满怨愤，就在万历四年正月上疏弹劾居正。这是居正当国以来所受的第一次打击，也是他平生所受的最大的打击。原疏如次：

臣闻进言者皆望陛下以尧、舜，而不闻责辅臣以皋、夔。何者？陛下有纳谏之明，而辅臣无容言之量也。高皇帝鉴前代之失，不设丞相，事归部、院，势不相摄而职易称。文皇帝始置内阁，参预机务，其时官阶未峻，无专肆之萌。二百年来，即有擅作威福音，尚惴惴然避宰相之名而不敢居，以祖宗之法在也。乃大学士张居正偃然以相自处，自高拱被逐，擅威福者三四年矣。谏官因事论及，必曰："吾守祖宗法！"臣请即以祖宗法正之。

祖宗朝，非开国元勋，生不公，死不王。成国公朱希忠，生非有奇功也，居正违祖训，赠以王爵。给事中陈吾德一言而外迁，郎中陈有年一争而斥去。臣恐公侯之家，布惠厚施，缘例陈乞，将无底极。祖宗之法若是乎？

祖宗朝，用内阁、冢宰，必由廷推。今居正私荐用张四维、张瀚。四维在翰林，被论者数矣，其始去也，不任教习庶吉士也。四维之为人也，居正知之熟矣，知之而顾用之，夫亦以四维善机权，多凭借，自念亲老，旦暮不测，二三年间谋起复，任四维其身后托乎！瀚生平无善状，巡抚陕西，赃贿狼藉，及骤列铨衡，唯诺若簿吏，官缺必请命。所援引者非楚人亲戚知识，则亲戚所援引也，非宦楚受恩私，则恩故之党助也。瀚惟日取四方小吏，权其贿赂，而其他则徒拥虚名。闻居正贻南京都御史赵锦书，"台谏无议及冢宰"：则居正之胁制在朝言官，又可知矣。祖宗之法如是乎？

祖宗朝，诏令不便，部臣犹訾阁拟之不审。今得一严旨，居正辄曰，"我力调剂，故止是"；得一温旨，居正又回，"我力请而后得之"。由是畏居正者甚于畏陛下，感居正者甚于感陛下。威福自己，目无朝廷，祖宗之法若是乎？

祖宗朝，一切政事，台、省奏陈，部、院题复，抚、按奉行，未闻阁里有举劾也。居正令抚、按考成章奏，每具二册，一送内阁，一送六科：抚按延迟则部臣纠之，六部隐蔽则科臣纠之，六科隐蔽则内阁纠之。夫部院分理国事，科臣封驳奏章，举劾其职也。阁臣衔列翰林，止备顾问，从容论思而已。居正创为是说，欲胁制科臣，拱手听令。祖宗之法若是乎？

至于按臣回道考察，苟非有大败类者，常不举行，盖不欲重挫抑之。近日御史俞一贯以不听指授，调之南京，由是巡方短气，莫敢展布。所惮独科臣耳。居正于科臣，既啖之以迁转之速，又恐之以考成之迟，谁肯舍其便利，甘彼龁龁，而尽死言事哉？往年赵参鲁以谏迁，犹曰外任也；余懋学以谏罢，犹曰禁锢也；令傅应祯则谪戍矣，又以应祯故，而及徐贞明、乔岩、李祯矣。摧折言官，仇视正士，祖宗之法如是乎？

至若为固宠计，则献白莲、白燕，致诏旨责让，传笑四方矣；规利田宅，则诬辽王以重罪而夺其府地，今武冈王又得罪矣；为子弟谋举乡试，则许御史舒鳌以京堂，布政施尧臣以巡抚矣；起大第于江陵，费至十万，制拟宫禁，这锦衣官校监治，乡郡之脂膏尽矣；恶黄州生儒议其子弟幸售，则假县令他事，究治无遗矣；编修李维桢偶谈及其豪富，不旋踵即外斥矣。盖居正之贪，不在文吏而在武臣，不在内地而在边鄙。不然，辅政未几，即富甲全楚，何由致之？宫室、舆马、姬妾、奉御，同于王者，又何由致之？在朝臣工，莫不愤叹，而无敢为陛下明言者，积威之劫也。

臣举进士，居正为总裁；臣任部曹，居正荐改御史：臣受居正恩亦厚矣，而今敢讼言攻之者，君臣谊重，则私恩有不得而顾也。愿陛下察臣愚悃，抑损相权，毋俾偾事误国，臣死且不朽。

刘台的奏疏上去了，居正想起明朝开国二百余年，从来没有门生弹劾座主的事，偏偏自己在隆庆五年所取的进士，竟对自己提出弹劾，这是一个异常的刺激。三四年来，当国的辛苦刘台不一定明白，但是刘台既请皇上抑损相权，自己以后怎样办事？最使居正痛心的是刘台所提出的几点不一定是对的，然而也不一定全无根据。这是刘台的诬蔑呢，还是他的不能体谅？自己的门生是自己一手提拔的人，还不能体谅，以后又怎样办事？自己是大臣，当然谈不到和刘台辩驳，他和神宗说：“依法，巡按御史不得报军功；去年辽东大捷，刘台违制妄奏，法应降谪，彼时臣仅请旨戒饬，刘台已经愤愤不已。后来御史傅应祯妄言下狱，请旨穷诘党与，当时并不知道刘台和傅应祯同乡亲近，从中主持，因此刘台妄自惊疑，全不顾忌，对臣泄恨。二百年来，没有门生弹劾座主的事，如今臣唯有一去以谢刘台。”

神宗看到居正跪在御座前面，眼泪簌簌地直下，只有自己扶他起来，和他说：“先生起，朕当责台以谢先生。”

居正仍是具奏请求致仕，神宗下旨慰留道：“卿赤忠为国，不独简在朕心，实天地祖宗所共降监，彼谗邪小人，已有旨重处，卿宜以朕为念，速出辅理，勿介浮言。”

皇上的恩意很显然了，但是居正还是感觉到办事的困难，他再疏乞休道：

臣捧读恩纶，涕泗交集，念臣受先帝重托，既矢以死报矣。今皇上圣学，尚未大成；诸凡嘉礼，尚未克举；朝廷庶事，尚未尽康；海内黎元，尚未咸若；

是臣之所以图报先帝者，未尽其万一也，臣岂敢以去？古之圣贤豪杰，负才德而不遇时者多矣，今幸遇神圣天纵不世出之主，所谓千载一时也，臣又岂可言去？皇上宠臣以宾师不名之礼，待臣以手足腹心之托，相亲相倚，依然蔼然，无论分义当尽，即其恩款之深洽，亦自有不能解其心者，臣又何忍言去？然而臣之必以去为请者，非得已也！盖臣之所处者危地也，所理者皇上之事也，所代者皇上之言也。今言者方以臣为擅作威福，而臣之所以代王行政者，非威也则福也。自今以往，将使臣易其涂辙，勉为巽顺以悦下耶，则无以逭于负国之罪；将使臣守其故辙，益竭公忠以事上耶，则无以逃于专擅之讥。况今谗邪之党，实繁有徒，背公行私，习弊已久，臣一日不去，则此辈一日不便，一年不去，则此辈一年不便。若使臣之所行者，即其近似而议之，则事事皆可以为作威，事事皆可以为作福，睊睊之谗日哗于耳，虽皇上圣明，万万不为之投杼，而使臣常负疑谤于其身，亦岂臣节之所宜有乎？此臣之所以辗转反侧，而不能不惕于衷也。伏望皇上怜臣之志，矜臣之愚，特赐罢归，以解群议。博求廊庙山林之间，必有才全德备之士，既有益于国而又无恶于众者，在皇上任之而已。臣屡渎宸严，无任战栗陨越之至。[3]

神宗随即再下圣旨：

卿精诚可贯天日，虽负重处危，鬼神犹当护佑，谗邪阴计，岂能上干天道。朕亦知卿贞心不贰，决非众口所能动摇，已遣司礼监随堂官往谕朕意，卿宜即出视事，勉终先帝顾托，勿复再辞。

这是正月二十六日的事。神宗还不放心，再差司礼监太监孙隆前往慰留，并降手谕：

谕元辅：先帝以朕幼小，付托先生。先生尽赤忠以辅佐朕，不辞劳，不避怨，不居功，皇天后土祖宗必共鉴知。独此畜物，为党丧心，狂发悖言，动摇社稷，自有祖宗法度。先生不必介意，只思先帝顾命，朕所倚任，保安社稷为重，即出辅理。朕实惓惓伫望。特赐烧割一份、手盒二副、长春酒十瓶，用示眷怀，先生其钦承之，慎勿再辞。

在这种情形之下，居正没有再辞的理由，他只有重行出来辅理国事。居正对于政治有自己的理想和抱负，政权是贯彻这个理想和抱负的工具，他决不轻易放弃政权。在他认定神宗对于自己的信任不但没有动摇，而且更加坚定的时候，他慨然地说：

夫事惟求诸理之至当，心岂必于人之尽知。况臣区区之愚，既恃乎于昭鉴，则诸呶呶之口，诚无足为重轻。谨当仰体圣怀，益殚赤悃，冰霜自保，虽嫌怨以奚辞，社稷是图，何发肤之敢惜。[4]

政权在自己手中，居正准备继续贯彻自己的主张，“你们谅解也好，不谅解也好，我的行为，自然有我的标准。”他想。

神宗说起对于刘台自有祖宗法度，果然派文书官丘得用，口传圣旨：“刘台这厮，谗言乱政，着打一百充军，拟票来行。”拟旨是内阁的职务，但是交付廷杖，究竟有些困难。居正具疏论救，其结果刘台免去廷杖，只得“除名为民”的处分。这一点，当时颇有人认为是居正的宽宏。但是居正却坚决地否认，他说：

古之圣贤所遇之时不同，而处之之道亦异。《易·大过》：“栋挠。”《彖》曰：“刚过乎中。”当大过之时，为大过之事，未免有刚过之病；然不如是，不足以定倾而安国。栋桡而本末弱矣。伊、周当大过之时，为大过之事，而商、周之业赖之以存，虽刚而不失为中也。仆以一竖儒，拥十余龄幼主，而立于天下臣民之上，威德未建，人有玩心。况自嘉、隆以来，议论滋多，国事靡定，纪纲倒植，名实混淆。自仆当事，始布大公，彰大信，修明祖宗法度，开众正之路，杜群枉之门，一切以尊主庇民、振举颓废为务，天下始知有君也。而疾之者乃倡为异说，欲以抑损主威，摇乱朝政，故不得不重处一二人，以定国是，以一人心，盖所谓刚过手中，处大过之时者也。而丈乃以为失士心，误矣。吾但欲安国家，定社稷耳，怨仇何足恤乎！……仆今所处何时也？主上举艰巨之任，付之于眇然之身，今权珰贵戚，奉法遵令，俯首贴耳而不敢肆，狡夷强虏，献琛修贡，厥角稽首而惟恐后者，独以仆摄持之耳，其出处去就，所系岂浅浅哉？彼谗人者不畏不愧，职为乱阶，且其蓄意甚深，为谋甚狡，上不及主上，旁不及中贵，而独剸刃于仆之身，又无所污蔑，而独曰“专擅、专擅”云云，欲以竦动幼主，阴间左右，而疑我于上耳。赖天地宗庙之灵，默启宸衷，益坚信任。不然，天下之事，岂不为之寒心哉！自有此事，主上食不甘味，寝不安席，以痛恨于忌者，盖大舜疾谗说之殄行，孔子恶利口之覆邦，故去此人以安仆也，以安社稷也。离明允断，诚理法之正，而仆所以恳恳救之者，盖以仰答圣恩，下明臣节耳，非欲为沽名之事也。[5]

同期中，居正又有上徐阶书[6]，答胡邦奇书[7]。他说："颛蒙之见，果于自信，但知竭忠捐躯，可以报国，更不思身。"[8]他又说："盖仆素以至诚待人，绝不虞人之伤己。至于近日之事，则反噬出于门墙，怨敌发于知厚，又适出常理之外。"[9]经过三四年的政局，居正对自己充满了自信，他认定唯有自己，才能担当国家的大任，因此从居正看来，攻击居正便是攻击国家；摧毁居正，便是摧毁国家，这是必然的逻辑。居正说："其出处去就，所系岂浅浅哉？"自信力的扩大已经到达惊人的地位。但是倘使把居正当国十年的政局和万历十年以后直到明末的政局比较，我们不能不承认居正的见地的正确。

居正对刘台的怨愤真是深刻万分。救止廷杖的事，只是政治手腕的运用，他不愿意给一般人以强烈的刺激，所以刘台幸免廷杖的处分。万历八年，张学颜为户部尚书，揭发刘台在辽东受贿的事实，再经过辽东巡按于应昌、江西巡抚王宗载的彻查，刘台终于得到流戍浔州的处分，嫌疑的阴影又投射到居正身上。居正说："古云，'宁人负我，无我负人'，况冤亲平等，悉归幻妄，今转盼之间，已成陈迹矣，何足挂之怀抱乎？"[10]话虽说得淡泊，但是事实上居正不是一个淡泊的人。孔子曾说过："以直报怨。"什么是"以直报怨"呢？《礼记·表记》又记孔子之说："以德报德，则民有所劝；以怨报怨，则民有所惩。""直"只是应得的价值，因此"以怨报怨"和"以直报怨"适成为同义的语句。也许居正认为刘台只得到他应得的价值吧！从近代的政治风度来看，不能不算是可以惋惜的事。

刘台攻击居正的贪污，不是没有根据的诬蔑。居正当国以后曾说："仆自当事以来，闭门却扫，士大夫公言之外，不交一谈。"[11]又说："仆近来用人处事，一秉公心，谬持愚见，旁人无所关其说，士大夫公见之外，不延一客，公谈之外，不交一语，即有一二亲故，间一过从，不过相与道旧故、遣客怀而已，无一语及于时政。"[12]居正对于自己的生活不算没有把握。在操守方面，正因为居正对于政权的热衷，我们更可想象他对于货利的淡泊。在言论自由的时期，一旦贪污有据，经人指摘，往往不但成为终身的玷辱，而且会引起政权的动摇，这是一个热衷政权的人所不愿意看到的。然而，明代腐化的空气已经弥漫了，腐化的势力侵蚀了一切，笼罩了一切，何况一个全权在握的首辅更容易成为腐化势力的对象。北京只是居正的寓所，他的家在江陵；居正可以洁身自好，但是居正有仆役，有同族，有儿子，有弟弟，还有父亲。腐化的势力在北京找不到对象，便会找到江陵。居正也许还能管束子弟，他能管束父亲吗？尤其张文明那一副放荡不羁的形态，更不会给一个十几年不曾见面的儿子以说话的机会。

明朝的政治充满了无数腐化的因素。现代认为不应存在的事实，在当时只是一种习惯。最痛苦的是在未经指摘的时候，尽管认为是习惯，但是一经指摘以后，立刻又成为贪污。因此，从事政治生活的人随时随地都受着物质的诱惑，也就随时随地会蒙到仇敌的指摘，这是政治生活给予他们的创伤。隆庆六年，湖广巡抚、巡按提议为居正建坊。大学士建坊在明代只是一个寻常的事，但是建坊的工料一切又落到湖广民众身上。居正极力辞免，他说："敝郡连年水旱，民不聊生，乃又重之以工役，使万姓睊睊，口诅祝而心咨怨，将使仆为荣乎？辱乎？"不建坊也可以，他们便准备照工料折价，送给张家，这可算是异想天开，不过居正并不觉得离奇，他只说：

若欲给与折价，尤不敢当。家有薄田数亩，足为俯仰之资，仆又时时以其禄入，奉上老亲，击鲜为宾客费，家不患贫。而诸公所馈，铢两皆民膏也，仆何功以堪之，何德以享之？顷已有书恳控二公，恐未见谅。愿公再以鄙意固请，必望停寝，乃见真爱。若不可止，如向者面渎云云，准作废府纳价，贮库作数，仆亦受惠多矣。仆虽无德于乡人，而亦惧丛怨以重吾过。诸公诚爱我者，宜视其所无者而与之，奈何益其所有以滋毒于仆？恃公道谊骨肉之爱，故敢沥竭肝胆，直露其愚。若谓仆心或欲之，而姑饰辞以沽名，则所谓穿窬之徒，不可以列于君子之林矣。[13]

我们不能认居正为"穿窬之徒"，但是我们也没有看到坚决的拒绝。他只是不要建坊，不要折价，而希望以建坊之费准作废府纳价。在运用的方面，纵使不同，但接受就是接受，还不是同样的民脂民膏？废府即辽王府，隆庆二年辽王宪㸅被废以后，张家据为己有，直到隆庆六年才想起纳价的事。《明史纪事本末》卷六十一和《明史》原本称"居正攘以为第"，指此。居正曾孙张同奎对于此事的否认[14]，只是没有根据的说话，其后《明史》根据同奎的言论重行删订，便上了一次大当。

建坊不仅是建坊，坊价送到张家，立刻修建第宅，建筑工人由锦衣卫军士包办。这个原是明代的敝风，但是对于这一点似乎居正也不觉得离奇。他说：

新构蜗居，三院会计欲有所助。诸公厚意，岂不知感，但仆本心，原不敢以一椽一瓦劳费有司，故虽督造锦衣，亦止便差用措，诚恐惊扰地方也。今堤工方兴，疲民无措，公私嗷嗷，困敝至此，岂复有余羡为仆营私第乎？仆虽无德于乡人，实不敢贻累以贾怨。且去岁诸公所赐坊价，已即给付工匠，即有不足，以后逐年赐赉，及俸入田租，陆续凑办。需以二三年，可得苟完矣。若诸公创行此意，则官于楚者，必慕为之，是仆营私第以开贿门，其罪愈重。万望俯谅鄙衷，亟停前命，俾仆无恶于乡人，无累于清议，则百朋不为重，广厦不为安也。[15]

这是万历元年的事。这一座第宅的规模着实不小。居正自言："小宅，原拟赐金构一书舍耳。不意锦衣庞君遂摹京师第宅，大事兴作，费至不赀。屡屡垂念，给与频蕃，既乖本图，复益罪过，赧怍之衷，口不能悉。"[16]第宅之中，有堂有楼，神宗赐名为纯忠堂、捧日楼，又颁御笔大字二幅，对句一联，御前银一千两[17]。这次建坊、建第的计划发动的是湖广巡抚汪道昆[18]，完成的是继任巡抚赵贤[19]，恰恰做到"官于楚者，必慕为之"的地步。"给与频蕃"，适成为"营私第以开贿门"的注脚。万历六年，有人提议替张家创山胜[20]；万历八年，提议建三诏亭[21]；万历九年，提议重行建坊表宅[22]，而且一切动工进行都不待居正的同意。所以无论居正是否默认，这一个贿门在他当国的时期就一直没有关上。

贿门当然不仅在此。荆州江滨的沙滩出水，荆州府落得做人情，便撺掇张家出来报领。居正自己说起："又昨王太常言，府中有一淤洲，公欲寒家人领，极知公厚意。但利之所在，人争欲之，擅众所利，则怨必丛积。家有薄田数亩，可免饥寒，老亲高年，子弟驽劣，诚不愿广地积财以益其过也。"[23]居正的话没有说错，但是广地积财的事仍是不断地进行。居正身后，福王常洵奏乞居正所没产[24]，恰恰证实居正积产的成绩。

最直接的办法是把贿赂一直送到江陵张家。居正在书牍中曾屡次提到[25]。最阔绰的是两广的长官。万历七年，居正曾说："自不穀待罪政府以至于今，所却两广诸公之馈，宁止万金，若只照常领纳，亦可作富家翁矣。”[26]大致古来两广一带，腐化的空气，特别浓厚，所以岑参看到朋友往广东做官，仔细吩咐他：“此乡多宝玉，慎勿厌清贫。”[27]明朝的腐化空气本来很盛，最盛的还是广东[28]，吏治的腐化当然影响到人民的生活和地方的治安。两广动乱最多，这是一个最大的原因。

在贿赂的进行过程中，也有几件特别的趣事。一位知县的贿赂送来，居正拒绝了，知县认为嫌少，便设法加添。经不起再来一次拒绝，他索性借上一条玉带，一并献上。居正复信说：

往者别时曾以守己爱民四字相规，故屡辱厚惠，俱不敢受，盖恐自背平日相规之言，有亏执事守己之节。而执事乃屡却不已，愈至愈厚，岂以区区为嫌少而加益耶？至于腰间之白，尤为殊异，顾此宝物，何处得来，恐非县令所宜有也。谨仍璧诸使者。若假之他人，可令返赵。执事从此，亦宜思所以自励焉。[29]

这仅是小小的告诫，还不严重。最离奇的是一位郧阳巡抚，在解任以后，到处活动，声名已经不佳，偏偏又活动到居正门上来了。这是一件笨手笨脚的事，居正怎样提出呢？他只有开一次玩笑，说道已经给吏部提起，但是吏部因为空气不利，只有极力避嫌，不敢起用。说过以后，居正更重重地教训一顿：

仆之求士，甚于士之求己，虽越在万里，沉于下僚，或身蒙訾垢，众所指嫉，其人果贤，亦皆剔涤而简拔之，其为贤者谋也，又工于自为谋。公闻之往来之人，岂不诚然乎哉？胡乃不以贤者自处，以待仆之求，而用市道相与，馈之以厚仪，要之以必从，而又委之于私家，陷之以难却，则不知仆亦甚矣。古人言，非其义而与之，如置之壑中，诚不意公之以仆为壑也！以公夙所抱负，又当盛年，固时所当用者，此后阖门养重，静以俟之，弓旌之召，将不求而自至。若必欲如流俗所为，舍大道而由曲径，弃道谊而用厚贿，仆不得已，必将言扬于廷，以明己之无私，则仆既陷于薄德，而公亦永绝向用之路矣，是彼此俱损也。恃在夙昔至契，敢直露其愚，惟公亮而宥之，幸甚。[30]

这次居正的地位真是尴尬，所以只有痛快地数责。所谓“委之于私家，陷之以难却”，也许是指送到江陵张文明的手里，但是这只是悬想，没有证明。

文明是一个放浪不羁的人，居正当国以后，当然增加了他的威风。万历初年御史李颐前往广西，路过江陵，看见文明的气焰太大了，和他顶撞一下，居正便取消了李颐的御史。居正不是不晓得文明的放肆。他曾说过：“老父高年，素怀坦率，家人仆辈，颇闻有凭势凌铄乡里、混扰有司者，皆不能制。”[31]在“子为父隐”的社会中，居正只能这样说，但是文明的放恣，已经显然。参与这一切的有居正的弟弟，有他的儿子敬修，也有他的族人子弟。万历二年，居正曾说过：“敝族家人，虽颇知奉法，然小小扰混，未必尽无，衔勒钤制，不敢一日释也。”[32]这里透露了族中的情态。至于仆役的横肆，在书牍中看到的更不止一处。

从这许多方面看来，刘台所称“居正之贪，不在文吏而在武臣，不在内地而在边鄙”，又称居正“辅政未几，即富甲全楚”，不是没有根据的。但这是明代的风气。在腐化的空气中，居正曾经和两广总督刘尧诲谈起：

尊示谓稽察吏治，贵清其本源，诚为要论，顾积习之弊，亦有难变者。一方之本在抚按，天下之本在政府。不穀当事以来，私宅不见一客，非公事不通私书，门巷阒然，殆同僧舍，虽亲戚故旧，交际常礼，一切屏绝，此四方之人所共见闻，非矫伪也。屡拟严旨，奖廉饬贪，欲庶几以身帅众，共成羔羊素丝之风，而终不可易。乃苞苴之使，未尝绝也；钻刺之门，未尝墐也，虽飧荼茹堇，徒自苦耳，何裨于治理耶？虽然，不穀固不敢以人之难化，而遂懈其率之之心也，早夜检点，惟以正己格物之道，有所未尽是惧，亦望公俯同此心，坚持雅操，积诚以动之，有冥顽弗率，重惩勿贷，至于中伤毁排，则朝廷自有公论，可勿恤矣。[33]

居正当国以来，整顿财政，到那时已经有了相当的成就。在他整顿的时候，追比田赋积欠，每年带征三成。纳税的百姓看到增加三成，当然认为负担太重。万历三年，居正的门生御史傅应祯疏称“小民一岁之入，仅足给一岁，无遗力以偿负也。近乃定输不及额者，按、抚听纠，郡、县听调，诸臣畏谴，督促倍严，致流离接踵，怨咨愁叹，上彻于天”。这是一种说论。在应祯上疏的时候，居正当然有许多不快，但到了万历四年，他知道财政方面已经稳定，同时他也看清赋税方面有改革的必要。七月居正疏称：

臣等又查得隆庆六年六月诏书一款，自嘉靖四十三年、四十四年、四十五年，并隆庆元年钱粮，除金花银不计外，其余悉从蠲免，其二年、三年、四年，各量免十分之三。至于淮安、徐州以水旱，广东惠、潮二府以兵伤，则并隆庆二年、三年，亦从蠲免，恩至渥矣。乃该地方税不能追纳，至万历二年，户部乃议于拖欠七分之中，每年止带征三分而民犹以为苦。何也？盖缘各有司官不能约己省事，无名之征求过多，以致民力殚竭，反不能完公家之赋。其势豪大户，侵欺积滑，皆畏纵而不敢问，反将下户贫民，责令包赔。近来因行考成之法，有司官惧于降罚，遂不分缓急，一概严刑追并，其甚者又以资贪吏之橐橐，以致百姓嗷嗷，愁叹盈闾，咸谓朝廷催科太急，不得安生。夫出赋税以供上者，下之义也；怜其穷困，量行蠲免者，上之恩也；于必不可免之中，又为之委曲调处，是又恩之恩也。今乃不知感戴而反归过于上，则有司官不能奉行之过也。然愚民难以户晓，损上乃可益下，顷赖皇上力行节俭，用度渐纾，又以北虏纳款，边费稍省，似宜曲垂宽恤，以厚下安民。合无敕下户部，查各项钱粮，除见年应征者，分毫不免外，其先年拖欠带征者，除金花银遵诏书仍旧带征外，其余七分之中，通查年月久、近，地方饶、瘠，再行减免分数，如果贫瘠不能完者，悉与蠲除，以苏民困。至于漕运粮米，先年亦有改折之例，令查京、通仓米，足支七八年，而太仓银库，所积尚少，合无比照先年事例，将万历五年漕粮，量行改折十分之三，分派粮多及灾伤地方征纳。夫粮重折轻，既足以宽民力，而银库所入，又借以少充，是足国裕民，一举而两得矣。臣等待罪辅弼，日夜思所以佐皇上，布德元元，辑宁邦本，计无便于此者。伏乞圣明采纳施行，生民幸甚。[34]

疏中所称，除豁免积欠以外，还有漕粮改折的事。粮是实物的征收，因为北京、通州一带存粮已足，所以居正提议在漕粮定额太重和灾荒的地方折价收银，减轻人民的痛苦，同时也增加银两的存储。这一年积粮足支七八年，积银四百余万，[35] 国家财政遂造成不可动摇的基础。

万历四年，在水利方面也有相当的成绩。当时管理水道的大臣一位是河道总督，一位是漕运总督。漕督本来是管漕粮的，但是水道发生问题，漕船便无从北上，所以对于黄河和运河水利都不容不过问。二月间漕运总督吴桂芳疏称：

淮、扬二郡，洪潦奔冲，灾民号泣，所在凄然，盖滨海汊港，岁久道湮，入海止恃云梯一径，致海拥横沙，河流泛溢，而盐、安、高、宝，不复可收拾矣。国家转运，惟知急漕而不暇急民，故朝廷设官，亦主治河而不知治海。臣请另设水利佥事一员，专疏海道，而以淮安管河通判，改为水利同知，令其审度地宜，讲求捷径，如草湾及老黄河皆可趋海，何必专事云梯？

云梯关是当时黄河入海的海口，老黄河、草湾都在附近，是黄河屡次决口的所在。桂芳主张多开黄河入海之道，黄水去了，淮水随同出海，高邮、宝应的水患便可减轻。多开海口，不是整理黄河的根本大计，但在当时淮、扬一带民生痛苦的时候，不能不算救时的方法。居正没有治河的经验，但是他有治河的决心。在他看到吴桂芳的奏疏的时候，他决定发动整个力量，做桂芳的后盾。他说：

淮、扬之民，岁苦昏垫，朝廷未尝一日忘，顾莫有任其事者。兹读大疏，明白洞彻，底绩可期。夫治水之道，未有不先下流者。年来但讲治水，不求治海，虽费何益？但海口之淤，当必有因，似宜视水必趋之路，决其淤，疏其空，虽弃地勿惜，碍众勿顾，庶几有成也。设官及留饷诸事，一一如教，属所司复允，惟公坚定而力图之。[36]

得到居正的支持以后，桂芳便开始做疏浚草湾的工作。这时议论来了，大家唯恐草湾一开会使漕运产生问题。居正再给桂芳一度支持，他说：

淮、扬之民，方苦昏垫，被发缨冠而放之，犹恐不及，岂能豫忧运道之难处耶？今且拯此一方之民，从容讲求平江遗迹，为国家经久之图。今内外储积，幸已渐裕，法纪渐张，根本渐固，此等事他日自有贤者任之，公毋虑也。[37]

在疏浚黄河入海水道的过程中，桂芳曾经有一个大胆的提议，他认为要救上游的水灾，唯有牺牲安东县城[38]，他请求交工部议覆，在疏中说道：

语云，“救一路哭，不当复计一家哭”。今淮、扬、凤、泗、邳、徐，不啻一路矣。安东自众流汇围以来，独文庙县衙，仅存椽瓦，已不成邑，即使全河趋之，亦不过一家哭耳。况势又不得不然耶？创始为作事所难，独任乃人情共忌，乞下所司议。

工部尚书郭朝宾覆奏："委一垂陷之安东，以拯全淮之胥溺，漕臣言可听。"上谕立即俞允[39]。居正对于国家大事，只有果断，没有推诿；只有全力地推进，没有两可的游移。在这个情形之下，桂芳当然可以放手办事。万历四年七月，草湾功成；八月工部复奏。上谕赏吴桂芳银币，居正去信说：

海口疏通，淮、扬之间，欢声雷动，从此人得平土而居，繄谁之力与？以此知天下无不可为之事。"人存政举"，非虚语也。比者暂行薄赉，俟元圭既告之日，仍当有殊锡焉。[40]

草湾功成以后，桂芳便进行修筑高邮湖堤的工作。但在工作进行当中，淮水冲下来了，兴化、泰州一带又是一片汪洋。居正说：

高邮堤工闻已告成，乃久未完报者，想以大工甫就，新水暴涨，虑有变态，欲俟其坚定，乃完报耳。但微闻兴、泰之间，河塘溃决，复成巨浸，未审何以拯之？河流既自复故道，当无俟开浚。承教挽淮入河之策，甚善。考其泛地，多属河道衙门，然公欲为国家万年之计，救淮、扬目前之急，想当视为一家，同心共济也。议定，幸即疏闻，此既关系来岁漕计，自不容不预图也。年来方内乂安，庶几小康，独河漕一事，时往来于怀，而当事诸公亦既殚厥心力矣，乃竟不获底于平成，岂所谓可能者人，不可能者天耶？奈何！[41]

桂芳提议挽淮入河，牵涉到河道总督傅希挚身上来。居正再给希挚去信："河、漕意见不同，此中亦闻之。窃谓河、漕如左右手，当同心协力，以期共济。如所见必不能合，亦宜各陈，以俟宸断，不宜默默而已。国之大事，不妨公议。事君无隐，岂为失忠厚之道耶？"[42] 这是万历五年的事。但是希挚和桂芳的主张绝对不一致，到万历六年初，居正不得不出以断然的处置，这是后话。关于淮水的问题，自从至元二十年黄河改道以来，黄河夺了淮水出海的水道，在黄河水落的时候，黄、淮并流，一切没有妨碍；但是到了黄河水盛的时候，淮水被逼，倒灌运河，再加以高邮、宝应诸湖的激荡，遂成淮、扬一带的大祸。因此在万历五年两派便有不同的主张：一派主张挽淮入河，吴桂芳便是其中的一个，万历六年潘季驯总理河漕，彻底贯彻这个主张；一派如给事中汤聘尹等，主张纵淮入江，他们要黄、淮分背而行，黄河不再妨碍淮河，淮、扬地方便有相当的安全。在地方言地方，这个不失为一种有力的主张，但是黄、淮两条水道，中间不能没有运河。假如没有运河，四百万漕粮怎样北上？假如保留运河，即使筑堤设闸，如何能使黄河在洪水期不致倒灌入运，重新破坏淮河的水道？居正真有些茫然了。他听了淮、扬京官的主张，也认为纵淮入江是一个方法，他立刻告给桂芳，但他还是说："但仆自来未经此地，不悉其曲折，独以意度如此，谩呈以备采择。"桂芳当然是明白情形的，他看到黄河洪水已退，淮水归流，便据实见告，根本打消纵淮入江之议。居正取消自己的动议[43]，只提出治水的苦心，他说：

辱翰示，知淮已归流，水势渐退，慰甚。河患自古记之，有非人力所能胜者，但仆今谬当大任，一闻愁叹哀号之声，痛心疾首，虽智力短浅，济时无策，然不忍坐视民之失所，而不思以拯救之也。淮水既已会河，则导江之说，无烦再议。[44]

居正的负责和虚心在这一次完全表现出来。他不是水利专家，但他能任用专家，并且发动政治的力量，做专家的后盾。因为不是专家，所以他的主张不一定正确，但是在他发现错误以后，就立刻修正，这正是他的优点。关于黄、淮水利的事，万历六年，潘季驯提出他的定律。他说："淮清、河浊，淮弱、河强。河水一斗，沙居其六，伏秋则居其八，非极湍急，必至停滞。当借淮之清，以刷河之浊，筑高堰束淮入清口，以敌河之强。使二水并流，则海口自浚，即桂芳所开草湾，亦可不复修治。"到季驯手里，理论方面有了根据，事业方面也有了成绩，这才不愧为水利专家，而任用季驯的也是居正。

万历四年十月，居正因九年考满，奉旨加特进左柱国，升太傅，支伯爵俸。一切当然只是循例的升转，但是居正四辞恩命，中间还曾一度奉到神宗手诏：

谕元辅，先生亲受先帝遗嘱，辅朕冲年。今四海升平，四夷宾服，实赖先生匡弼之功。先生精忠大勋，朕言不能述，官不能酬，惟我祖宗列圣，必垂鉴知，阴祐先生子孙，世世与国咸休也。兹历九年考绩，特于常典外，赐银二百两，坐蟒、蟒衣各一袭，岁加禄米一百石，薄示褒眷，先生其钦承之，勿辞。[45]

最后居正还是坚决地辞却，他说：

缘臣前岁以辽东大捷，荷蒙圣恩，欲加升荫，臣具疏辞免，中间引古侠士酬报知己之义，以及人臣敬事后食之心，每欲事过所受，功浮于食，犬马之诚，于是乃安。自今凡非分之恩，逾格之赏，无复滥及，庶大义克尽，微志获伸等因，已荷圣明俯垂矜允，又特加纶奖，风励臣工，是臣之微忱，既已仰孚于圣鉴，臣之愚忠，又已盟心而自许矣。乃今未有尺寸之效，以自副其功浮于食之心，而非分之恩，逾格之赏，又复滥及，则臣向之所以陈辞者，不过矫饰之虚言，而皇上之所以许臣者，亦未为相信之深矣。臣不敢自背其言，上以欺主，外以欺人，故不避烦渎，沥血陈诚，必望圣慈，特垂俞允。倘微志终伸，即通侯之爵未为荣，万钟之乐不为富矣。臣屡冒天威，无任战栗陨越之至。[46]

经过这样的恳切陈辞，神宗准予辞免太傅及伯爵俸，其余特嘱接受。这一次居正的奏疏令人联想到诸葛亮的《与李严书》。诸葛亮的大志是辅佐后主，讨平曹魏，在大功没有完成的时候，李严论为诸葛亮宜受九锡，封王。诸葛亮和他说道：“吾与足下相知久矣，可不复相解。足下方诲以光国，戒之以勿拘之道，是以未得默已。吾本东方下士，误用于先帝，位极人臣，禄赐百亿，今讨贼未效，知己未答，而方宠齐、晋，坐自贵大，非其义也。若灭魏斩睿，帝还故居，与诸子并升，虽十命可受，况于九耶？”[47]居正的屡辞恩命也许不是模仿诸葛亮，但也许竟是模仿。他们同样地辅佐幼主，同样地有绝大的抱负。在抱负没有实现以前，他们同样地拒绝过分的恩赐。假如居正竟是模仿诸葛亮，毕竟他找到了一个绝好的榜样。正因为自己力辞厚赏，始可以督促一般政府官吏的上进。在这一点上，更发挥了政治的作用。居正曾因为宣府巡抚吴兑请求恩赐部属，和他说起：

辱翰示，一一领悉，即嘱本兵为之区处。但有功必叙，有劳必酬者，朝廷厚下之仁；敬事后食，先劳后禄者，人臣自靖之义。若铢铢两两，计功程劳，以责望于上，似非所谓怀仁义以事君者也。仆以菲薄，待罪政府，每日戴星而入，朝不遑食，夕不遑息，形神俱瘁，心力并竭，于国家岂无尺寸效？然自受事以来，力辞四荫，独守旧官，每一蒙恩，辄夔夔栗栗，不能自宁，非矫也，诚以国恩难报，而臣子虽鞠躬尽瘁，不过自尽其所当为，本无功之可言也。公所欲为诸君处者，自见鼓舞用人之道；而区区所云，似亦为人臣之所当知也。冒昧吐沥，惟高明采之。[48]

平番得胜图（局部）

平番得胜图分为十四个部分，本图反映的是九边之一的固原镇总兵官统领河洲兵马出发的情景。

在万历四年、五年，国家大事须提及者尚有边防和条编。

实际上，到了这个时候，边防的局势已经大定。鞑靼首领俺答已经归顺了，因此北方减少了一个最大的威胁。固然，俺答部下不是没有少的侵扰，但是对于小小的出入，居正只是抱定耐烦的宗旨。他认为即在本国，不时还有“盗贼”突发，对于鞑靼武士的小骚扰，他有时竟是置之不问，不过大棒还在手中，他准备随时出击，因此宣大北边得到安宁，一切的胜利都在把握之中。他和宣大总督方逢时说：

往时庙堂无定见，一闻浪语，即为之动摇，譬之低棋，随敌向往，应手即下。今则不然，吾审势已定，窥敌现变，或无事而自补，或弃子而求先，此今日之局面也。诸公当事者，宜审计焉。[49]

但是尽管胜算在握，他对俺答还是主张待之以诚。为什么待之以诚呢？因为俺答已经不是明朝的敌人，所以居正主张开诚布公。山西的穷民逃到鞑靼去了。山西巡抚崔镛和居正说，要向俺答讨回，他还预备万一俺答拒绝送回的时候的种种对策。居正只和他说："盖今之虏情，与昔不同。昔未臣服，故可用计处，今既为一家，又当待之以信，谕之以理。"居正提出怎样派人向俺答讨回，他要通事对俺答说："王如晓事，宜将此人及其党与，执送军门。朝廷必鉴王之诚款，和好益坚，赐赉愈厚。何为纳此无用之人，听其妖妄之说，而坏已成之功，失永久之利哉？"居正又说：

彼闻此言，势必听从。即彼不从，我常持此以责让之，使曲在彼，则我之威信，亦无所失。量此幺么干得甚事！今板升之人如此辈者，何啻千万，即索之而不得，亦恶足为轻重乎？彼虽犬羊，亦不可欺。用术以求之，或未必得，而彼反持此以诳我矣。[50]

居正对俺答完全是一边开诚，一边布置，因此在威德兼济的形态之下，俺答和明朝处在和平相安的地位。至于他对整个鞑靼的形势，还是抱定分化的政策。他和方逢时说："大约虏情，只要涣之，无令得合而已。"[51]万历四年，俺答和察罕闹反了，居正便说："近闻虏酋与察罕，构隙日深，此正吾用奇之日，使之祸结而不可解，则蓟辽之间，可以安枕，而西镇之贡市愈坚矣。宜多方以间之，他日奇功伟绩，必为公所收矣。"[52]总之，鞑靼部落愈加分散，每一部分的力量便愈加薄弱，而对于朝廷的依赖便愈加严重。这是这一个时期中居正对外的政策。在执行这个政策的时候，他甚至吩咐沿边督抚，遇到俺答和其他部落发生战祸的时候，给他假道的便宜。[53]

居正感到棘手的，还是辽东。这方面的土蛮和明王朝处在敌对的地位，他们随时可以联络俺答的部下，但是在鞑靼可以并成大帮，进击辽东的时候，蓟镇和辽东因为三卫所隔，始终不能呵成一气，这是地形上的劣势。因此万历四五年间，居正的目光完全集中到辽东。他在隆庆初年注重蓟镇，隆庆中年注重宣大，现在注重辽东，一切都是时局的结果。在注意到辽东的时候，辽东巡抚张学颜、辽东总兵李成梁都成为心目中的人物。他和学颜说：

辱示虏情，俱悉。公所以应之者，诚为得策矣。今全虏之祸，咸中于辽，连岁彼虽被创，我之士马，物故亦不少矣。彼既愤耻，必欲一逞，今秋之事，殊为可虞。昨已属意本兵，于贵镇兵食，比他镇尤当留意。临期若的知虏贼所向，当令蓟人助守宁前，使公等得专备东方。如犯宁前，则东西夹击。再一创之，则彼破胆而不敢东窥矣。公幸时时喻意李帅，大将贵能勇能怯，见可知难，乃可以建大功，勉之慎之。为国任事之臣，仆视之如子弟，既奖率之，又宝爱之，唯恐伤也。惟公垂亮焉。[54]

居正对鞑靼的政策，有利诱，也有威胁。在斗争的状态中，朝廷有的是大将和边墙，进可以攻，退可以守——这是威胁。朝廷有的是鞑靼日常生活必需的物资，在和平的状态下，可以互市；鞑靼以剩余的马匹，换取必需的物资，博得绝大的利益——这是利诱。俺答和河套鞑靼在这个状态中屈服了，但是辽东边外的土蛮采取一种和俺答相反的政策。他们也要开市，但是不肯屈服。他们有弓矢和其他的武器，要凭他们的武力，压迫朝廷开市，这不是居正受得了的。为什么要开源节流、练兵筹饷呢？居正不但准备抵抗，而且准备随时出击。这是他对付土蛮的政策，也就是他重用李成梁的由来。不过他对于武人，尽管重视，但只是亲如子弟，和思宗以后那种尊如父兄的态度，从根本上便不同。在尊如父兄的时代，便谈不上指挥；当一国的武人不听指挥的时候，这个国家已经走上亡国的路线。

居正对付土蛮的主张，在万历五年上半年他给张学颜的信里可以看到：

西虏俺答之求贡，自嘉靖十六七年始矣，我畏之而不敢许。然当其时，庙堂失策，制御乖方，虽许之，固未如今日之款顺也。比以那吉来降，归之以礼，彼遂感恩慕义，执我叛人，复申前款，我乃因而许之，盖机缘凑合，名义正大。故当时纷纷之议，皆以为不可许，仆独以为可，皆以盟约为不久，仆独保其无他，盖度彼既感吾放麑之恩，而又适惬其平生之愿，芳饵入口，不能自脱。夫事美成在久，恶成不及改。今东虏于我，非有平生恳款之素也，非有那吉纳降之事也，非有执叛谢过之诚也，侵盗我内地，虔刘我人民，其追胁无礼如此，堂堂天朝，何畏于彼而曲徇之乎！且西虏以求之恳而后得之，故每自挟以为重；今若轻许于东，则彼亦将忽而狎视之，他日且别有请乞以厚要于我，启衅渝盟，必自此始，是威亵于东而惠竭于西也。故在今日，宜且故难之，以深钩其欲，而益坚西虏之心。异日者，东虏之敢大举深入，以西虏为之助也。今东虏有求而不获，则西虏以我之重之也，亦挟厚赏以自重，必不从东虏矣。虏不得西虏之助，则嫌隙愈构而其势愈孤，而吾以全力制之，纵彼侵盗，必不能为大患；是吾一举而树德于西，耀威于东，计无便于此者矣。昔人云："自非圣人，外宁必有内忧。"今主上冲年，国家幸而无事，宴安鸩毒，将发于不虞，盍姑释此以为外惧乎？仆怀此意，未敢语人，兹因询及，敢略陈其概。虽然，辽人病矣。语曰："头痛治头，足痛治足。"今虏祸方中于辽，辽以一镇当全虏之势，病在足之时矣。不急治之，且将为一身忧！辽人素称忠勇，但苦兵寡耳，然欲足兵，必先足食，兵食既足，乃可言战。一战而胜，则东虏之气挫，而西虏之好益坚，此数世之利也，愿公熟虑之。[55]

万历三年，部院曾有一些变更。六月都察院左都御史葛守礼致仕，以陈瓒为左都御史；九月礼部尚书万士和致仕，以马自强为礼部尚书；刑部尚书王之诰致仕，以王崇古为刑部尚书。老成凋谢，是一件无可奈何的事，但是居正的地位已经稳定，这些变更对于政局不发生重大的影响。但是万历五年，却发生一件与兵部有关的变更。四月，兵部尚书谭纶死了，改刑部尚书王崇古为兵部尚书，以戎政尚书刘应节为刑部尚书。谭纶曾是一位威名卓著的督抚，调任兵部尚书以后，因为居正负的责任太多了，似乎没有多大的成就。但是他这一死，引起一点小小的波澜。自从明代注意边防，着重蓟辽和宣大方面以后，蓟辽和宣大隐隐成为两个系统的对立。这个决然不会有近代直系、皖系，或是日本长阀、萨阀那样严重，而且相差的程度还是非常之远，但是隐隐约约地有一些淡微的影子。这个当然不是国家之福，眼光锐利的政治家，便应当立即把这个影子冲淡。蓟辽出身的谭纶死了，居正便用宣大出身的王崇古入兵部，同时更调蓟辽顺天巡抚王一鹗为宣府巡抚，起用致仕的陈道基为顺天巡抚。居正跟一鹗说：

宣、蓟唇齿之势，异时两镇视如秦、越，虏祸中于蓟，则宣人安枕，虽得虏情，不以实告。今移公于宣者，所以为蓟也。抚镇协和，文武辑睦，边境之利也，而好事者反以此为忌，往者南中之谤，未必不自此中启之。去岁微闻阅视君[56]亦有此言。今去公于蓟者，所以全公也。近日蓟台有缺，每从司道中进，以其习于蓟事也，而好事者亦用此为忌，每言蓟中之任，皆取总兵所欲者而用之。昨见公移镇，辄私语回，代者必某人也，是总兵所喜者也。斯言也，不惟不利于总兵，且不利于司道也，故出其不意，而远求于林下之人。乃陈公又仆素所援用者，其人达于事理，不吐不茹，萧规曹随，必获同心之济。故用陈公，则公虽去，犹未去也。仆十余年来，经营蓟事，心力俱竭，今一更置间，而其用意之深如此，他人安得知之。恃公至厚，故敢略陈其概。新本兵虽颇不悦于蓟人，然亦非故作异同者，况今大事，皆仆面奉宸断而行，渠安能逞其私意，辄有所更张乎？顷闻外间云云，仆即以晓之，渠亦深省。恐彼中将吏，未达此意，或怀疑惧，愿公譬谕之也。[57]

自从隆庆二年，谭纶、戚继光二人改调蓟辽以后，他们成为北方的重镇。居正始终对于蓟镇极力维护，所以假如蓟辽成为一个系统，那么这个系统的后面，便有居正的影子。居正生前，对于一切攻击继光的人，都提出严正的论驳，因此居正身后，对于居正、继光不满的人甚至质问两人："意欲何为，莫非要造反？"[58]当然这是妄说。居正的心理，只是为的国家。然而他对于继光的爱护，委实有些使人嫉妒。万历四年郜光先巡边，继光又托谭纶提出总理和阅视大臣见面的礼节问题，居正一边吩咐光先，一边和继光说：

窃意今日，当以钦命为重，不在兵衔之有无。谦以自处，见者自然悦而敬之。其差去郜公，当预为足下先容，必加优礼，决不以庸众相待也。[59]

这一个短简后面，流露无限的好意："亲之如子弟"，居正自己也说过。郜光先去了以后，对于数年以来，蓟镇没有边功这一点提出了，他也说到，南兵调北没有存在的理由。也许他不能明白居正当日的用心，所以有这一番议论。居正只有和他说：

大抵蓟镇之势，与他镇不同，其论功伐，亦当有异。盖此地原非边镇，切近陵寝，故在他镇，以战为守，此地以守为守；在他镇以能杀贼为功，而此地以贼不入为功，其势居然也。至于调用南兵一节，实出于万不得已。盖因往时议者，咸极言延、宁边兵入卫之苦，为之罢减四枝。蓟镇分区而夺，罢一枝则一区失守，又不可弃地与贼，于是谭总督、戚总兵乃建言昔在浙中部曲，尚多素所练习者，可顶所罢之数，因以教练火器，整理车营，故不得已而用之。今若以为虚费而无用，即当罢之，则宜思戍守不可缺人，或仍复入卫边兵，或与本镇地方抽换。不然，陵、京重地，宁敢忽视之乎？此中事体，其说甚长，统俟面悉。[60]

当时主持议论的人，已经忘去南兵的作用了。他们只觉得在太平的时期，北方的军队同样能摆边，那么要南兵做什么？议论多了，连居正也无法遏止，他甚至说："人尝笑南兵无用，徒靡厚饷。今若乘其入犯，一战而胜，则群喙自息，而虏亦寝谋。"[61]但是当时的人却忘记在继光初到蓟镇的时候，北方的兵士不守军令，后来看到在大雨如注中，从早晨到下午，浙兵三千立在雨地下面，一动也没有动，这才知道军令的严肃。蓟镇的安定，一切都从训练着手，这三千南兵便是当时的模范军。时代推演得真快，这已是将近十年前的事了。大家看到南兵无用，认为蓟镇不能打仗，得空的时候，大家还得到蓟门走一趟，再不然，便介绍几个山人去拜访戚总兵。凡是京城来的人，戚总兵只得竭诚招待，有吃有喝，甚至还要陪着作一两首诗，提倡风雅；临到告别的时候，当然再是一大笔程仪。有什么办法呢？继光只有敷衍他们。

苦心维持继光的只有居正。在蓟辽和宣大这两个系统对立的时候，居正甚至特别维护宣大，借此减轻一般人对于蓟辽的嫉视。宣大的督、抚大多是宣大出身的人，但是万历五年，林下的陈道基起用为顺天巡抚了，同年兵部左侍郎梁梦龙调任蓟辽总督。万历九年，宣大总督吴兑调任蓟辽总督。这是为的什么？居正曾经指出好事者"每言蓟中之任，皆取总兵所欲者而用之"。只有这样，才能免去无味的议论，才算是真正爱护戚继光，一切都是为的国家。在大众指摘继光的时候，居正说："若举全镇防守之功，委无所损；数年以来，一矢不惊，内外安堵，此其功宁可诬乎？猫以辟鼠为上品，山有虎豹，藜藿不采，又不以搏噬为能也。"这是居正的见地。

万历四年，居正开始推行一条编法。为用语便利起见，有时也称为条编法。研究赋税的人常时谈到条编，认为这是明代赋税方法的改进。在大体上，这句话是不错的，其实还有稍许的不同。赋税是赋税，条编法只是对徭役方法的改进。明代认定人民有替国家服役的义务，这项义务分为两种，一种是力差，这是当真为国家做事。府、州、县有银库，看守银库的称为库丁；各驿有廪给库，看守的也称为库丁。也许有人认为这是好差使，但是银有银耗，粮食也有粮耗，一切的亏折都责成库丁包赔，便成为最大的苦差。库丁总算在社会上保持相当的身份，还有人充当。其余看门的有门皂，防河的有防夫，管囚犯的有禁子，维持治安的有弓兵，他们在社会上的地位更加低，大家只得另行雇人代充。雇人的是乡间的老农，被雇的是城市的地痞，于是被雇的人不时下乡，向老农们讨索工食，"雇员"压迫"雇主"，成为老农的祸害。以上是力差。

另外还有银差。州、县官要用柴薪，柴薪派在民众身上；要养马，马草、马豆也派在民众身上。儒学是教官和廪、增、附生讲学的场所，他们吃的是国家的廪米，但是斋夫、膳夫这些差使也派在民众身上。当然，这不是直接要民众做事，只是要民众出钱，所以称为银差。州、县官是替国家办事的，儒学的教谕、训导和这一批廪、增、附生是研究圣经贤传的，但是他们第一还得先替自己办事，建筑私人经济的基础。谁能不替自己打算呢？在官员们审查和编制银差的时候，各人都得尽先挑选殷实而没有势力的富户，替本衙门办差。被官员瞧得起的民众，实际上成为官员手下的肥羊、大猪，听候宰割，而不肖的官员们其实只是穿靴戴帽的强盗，审查编制，只是盗匪们请财神的手续。这是所谓银差。[62]

力差、银差成为民众极大的痛苦，于是国家推行均徭法。各县把民众分为十甲，每年由一甲承当本县的一切徭役。在理论上这是最公平的了，从第一甲到第十甲，周而复始，轮流当差，还有什么不平的？但在审编的时候，这十甲民众的经济能力未必能够编配平允，每年的徭役也是时常变动。经济能力和经济负担不能支配得当，便成为甚大的不平。而且，一甲以内，各户的经济能力不同，社会地位又不同，因此在支配担负的方面更容易发生种种歧视。还有一点，在不当差的九年中，民众因为不受政治的压迫，乐得生活稍为优裕一点儿，当然谈不上积蓄；但是到了当差这一年，一切的苦难都来了，官员的压迫，廪、增、附的压迫，地痞的压迫，都落到民众头上，这一年便是他们典妻鬻子、倾家荡产的一年。政治的不良、制度的不良，一齐造成最大的人祸。

隆庆初年，江西巡抚刘光济上《差役疏》，历指均徭之弊六点：

每岁徭银，原有定额，而各甲丁粮，多则派银数少而徭轻，少则派银数多而役重，其弊一也。所编之差，有正银一两而止纳一两者，此必势豪夤缘者得之；有加至一倍以至数十倍者，此必平民下户无势力者当之。此患在不均，其弊二也。北方则门丁事产肆者兼论，南方则偏论田粮，粮多差重则弃本逐末，以致田日贱而民日贫，其弊三也。粮多殷实之家，平日则花分诡寄以图轻差，及至市编，则营求贿嘱以脱重差，其弊四也。岁岁审编，公门如市，官吏开贿赂之门，里胥恣索骗之计，其弊五也。丁粮剩利归于官，小民不蒙轻减之惠，其弊六也。有此六弊，小民困累已极。且应直之年，役重费繁，力不能胜，大抵人情皆安于目前，既不能积十年之费以待一年之输，是以一年当差，即九年未得

万历二钱

万历四年铸造的铜钱。

苏息，而倾家荡产者相比也。

在这种情形之下，才提到改革，第一个提倡的是浙江巡按御史庞尚鹏。他主张把往年编某为某役的办法完全停止，重行核定有丁无粮者，编为下户；有丁有粮者，编为中户；粮多丁少，和丁粮俱多者，编为上户。在这个计划之中，一县差役完全由州、县官募人充当。力差按照工食之费，量为增减；银差按照交纳之费，略加银耗；一县的总数决定以后，按照丁、粮比例，完全派到丁、粮里面，随同完纳——这就是一条编法。嘉靖四十五年，尚鹏在浙江曾经推行过这个办法。周如斗在江西巡抚任内，也奏请推行条编，但是不久如斗死了，到隆庆初年，由继任江西巡抚刘光济再行奏请，隆庆四年，在江西全省推行[63]。是年十月，庞尚鹏为福建巡抚，奏请推行一条编法[64]，所以条编法的推行是从南方的浙江、江西、福建开始的。

条编当然有条编的利弊。隆庆元年户部尚书葛守礼便曾经揭出“吏书夤缘为奸，增减洒派，弊端百出”。守礼是当时有名的大臣，他的议论当然有相当的价值，但是他只看到条编的阴影。从大体上讲，条编是一个极大的进步。徐希明曾经说起：“丁粮差重者派银亦重，差轻者派银亦轻，轻重均派于众，未尝独利独累于一人，虽善于规避者无所用其计，巧于营为者无所施其术。”[65]因此条编的推行固然由于官吏的提倡，同时也出于当时人民的要求。徐希明看到湖广茶陵推行条编以后，攸县人民便要求推行条编，正是一个实例。不过我们应当记得，条编于小民有利，便不免损害许多人既得的权利。希明不曾说过吗？“大抵此法至公至平，但便于小民而不便于贪墨之官府，便于贫乏而不便于作奸之富家，便于里递而不便于造弊之吏胥”。希明亲眼看到隆庆、万历间的情形，这是他的结论。

居正不是条编的发明者，对于条编的推行，他不会感到发明家的那种母爱的热忱。而且实行条编，对居正个人也许未必有什么利益。他是当时的首辅，即使不实行，谁能把力差、银差派到首辅家中吗？徭役派入丁粮，只增加居正私人的负担。但是居正代表当时的最高统治者，他必须从统治阶级的整体利益出发。为了维护统治阶级的长远利益，必须设法缓和阶级矛盾，因此条编法的推行正与统治阶级有利，所以万历四年居正推行条编，当然有他的理论根据。

庞尚鹏、刘光济在浙江、福建、江西推行条编了，居正的计划是要把它推行到全国。这便有些和王安石推行青苗相似，但是居正只是慢慢地推行，从容地解释，他一步一步地前进，不像安石那样地急迫。让我重说一遍吧，居正不是王安石，他只是一个现实的大臣。

万历四年，居正先把条编推行到湖广。他和湖广巡按说起：

辱示江陵尹朱正色均差之议，其中综理，精当详密。此君初任，人皆以为刻核，仆独爱其明作，今观其所建立，必为良吏无疑矣。慰甚慰甚。一条编之法，近亦有称其不便者，然仆以为行法在人，又贵因地，此法在南方颇便，既与民宜，因之可也。但须得良有司行之耳。[66]

果然有人提到条编的不便，他们甚至说条编便于士大夫而不便于小民怎么辩论呢？居正只有由他。他说：

条编之法，有极言其不便者，有极言其便者，有言利害半者。仆思政以人举，法贵宜民，执此例彼，俱非通论，故近拟旨云："果宜于此，任从其便，如有不便，不必强行。"朝廷之意，但欲爱养元元，使之省便耳，未尝为一切之政以困民也。若如公言，"徒利于士大夫而害于小民"，是岂上所以恤下厚民者乎？公既灼知其不便，自宜告于抚、按当事者，遵奉近旨罢之。若仆之于天下事，则不敢有一毫成心，可否兴革，顺天下之公而已。[67]

这是万历五年的事。经过一年的推行，居正对于条编更加感兴趣。万历五年，他不再说"法贵因地"，只是说："条编之法，近旨已尽事理，其中言不便，十之一二耳。法当宜民，政以人举，民苟宜之，何分南北。”[68] 以后经过几年的推行，到万历九年正月，再用诏旨通行全国，一条编法遂成为通行的法制。

居正有六个儿子，敬修、嗣修、懋修、简修、允修、静修，尤其是敬修、嗣修、懋修这三个，居正对于他们盼望更切。懋修的天资最好，居正曾和他说：“汝少而颖异，初学作文，便知门路，吾尝以汝为千里驹。”[69] 居正看到当时有才学的人，便罗致给儿子们做朋友，他认为只有这样，才可以敦促他们上进。第一个罗致的是沈懋学，后来成为万历五年丁丑科进士第一人；其次便是《牡丹亭》的作者汤显祖，不料显祖却拒绝了，居正死后，万历十一年癸未，显祖才成进士。敬修是万历元年癸酉科举人，次年甲戌科会试下第，据说居正因此大为生气，甲戌科不选庶吉士，便是敬修下第的结果。万历四年丙子科乡试，懋修失败[70]，所以五年丁丑科会试，只有敬修、嗣修同到北京就试。这次敬修依旧落第，嗣修原定二甲第一人，神宗拔为一甲第二人及第。

嗣修登第的事对居正来说当然是一种快慰。他在这一年和王之诰说起：“豚儿寡学，谬窃科名，其躐登上第，则出主上亲拔，非仆庶几所敢望也。”[71] 大致他对于敬修、懋修的希望还很热切，对于第四子简修便冷淡了，以后简修由武职出身，所以居正在给之诰信上又说：“简儿叨授一职，遣归完娶。”信上又提及他的父母和继配王夫人，这时都在江陵。居正曾说“门巷阒然，殆同僧舍”，他在北京的寓居真有些僧舍的意味。

嗣修登第毕竟是一件不厌众望的事。明代辅臣在位的时候，儿子会试及第的不止一次，但是除杨廷和当国，其子杨慎以会试第一人及第，群情翕服以外，其余没有一次不发生许多非议，尤其在居正当国十年之中，万历五年会试，嗣修第二人及第，万历八年会试，懋修第一人及第，敬修同时及第：兄弟三人先后及第，更引起不少的责难。万历十六年顺天乡试，辅臣王锡爵之子王衡第一名中试，当时的风波又来了，大家指摘锡爵，锡爵恨极，次年会试，不许王衡就试，直到锡爵去位多年以后，万历二十九年会试，王衡始以第二人及第，这才证实王衡的才学，同时也表明锡爵的坦白。自此以后，辅臣当国的时候，其子不应会试，成为科举制度的故事。

这里的是非本来一言难尽。根据明代的制度，对于大臣的儿子，有文荫或武荫。在大臣建功或是几年任满以后，照例可以荫子。文荫从荫一子入国子监读书起，以后补尚宝司丞、尚宝司卿，这算是一条路。武荫从锦衣卫百户、千户起，以后补指挥同知、指挥佥事，这也是一条路。这是两条怎样的路呢？大学士的儿子不能补大学士，尚书的儿子不能补尚书。由荫生升到大学士、尚书的，没有看见一个。明朝一代，父、子大学士唯有陈以勤、于陛父子二人，但是于陛的大学士，是从乡试、会试中挣扎出来的，并不靠以勤的庇荫。唯有乡试、会试才是出身的大路，荫生不但不是大路，甚至反是一个障碍，这是居正始终迫促敬修、嗣修、懋修由乡试、会试出身的原因。居正自己曾经说过：

或言大臣子弟应举，不当与寒士争进取者，此论非也。自晋、唐以来，士人咸重门第，王、谢子孙，与六朝相终始，至隋、唐设科取士，寒素乃得登用，而建官要职，仍多用世家，大臣恩荫，皆得至将相，如唐萧、卢、崔、郑，累世宰相，有至八九人者。中唐以后，进士一科，最为荣重，而李德裕以其父荫，为备身千牛；或功之应举，德裕言好驴马不入行，后亦为宰相。盖世家子弟，自有登用之路，不借科目而后显，是科举大臣子弟一人，则退寒士一人矣。若本朝则立贤无方，惟才是用。高皇帝时，用人之途最广，僧、道、皂隶，咸得至九卿、牧、守，大臣荫子，至八座、九卿者，不可缕数。宣德以后，独重进士一科，虽乡举岁贡，莫敢与之抗衡，而大臣恩荫，高者不过授五府幕僚，出典远方郡守而止，即有卓荦奇伟之才，若不从科目出身，终不得登朊仕，为国家展采宣猷矣。岂古人所谓乔木世臣之义乎？故大臣子弟，不宜与寒士争进之说，在前代则可，非所以论当今之务也。[72]

《杂著》是居正随时的杂录，其中所载的事实有年、月可稽者，最后为万历七年赐广寒殿镇殿金钱四枚之事。因此不妨假定论世家子弟应举一节，正为嗣修等诸人登第而作。居正在《西陵何氏族谱序》[73]中曾言“采灵菌于粪壤，拔姬、姜于憔悴”，大致是仕宦未遂之作，现在他说“乔木世臣”，显然是仕宦已遂之后的言论。居正对于国家是大臣，对于嗣修等是父亲。是大臣便应当为国家求人才，是父亲便只能为儿子谋出路。也许在嗣修等几次会试的时候，他把父子的关系看得太重了一点儿吧。但是我们眼前看到有些国家，当国的人物正在不断地替儿子争取地位，那么即是居正不免有一些舐犊之情，我们不妨认为这只是人类社会共有的弱点。

万历五年五月，总督两广军务右佥都御史凌云翼进攻罗旁瑶，对少数民族又来一次压迫。罗旁在德庆的南面，东西数百里，都是瑶山。宪宗成化年间，韩雍经略两广的时候，曾经讨平一部分，但是后来瑶人不断起兵，成为两广的祸患。殷正茂提督两广军务，又提议讨伐罗旁。万历三年，正茂去职，云翼继任，于是这个责任落到云翼身上。万历四年，居正去信说：

罗盘、渌水之事，石汀公在任不能处，乃诿难于后人，诚为不恕。然此地不沾王化数十百年，义所当讨，在公诚不宜使之跳梁于卧榻之前也。但须审图而后动，动而必胜，胜而无损，乃为万全。不过，又不如姑置之之为便也。[74]

云翼到任以后，从容布置，广西总兵李锡、广东总兵张元勋的军队都调齐了，万历五年进攻，不久就打了一个胜仗，居正再去一封信说道：

罗旁之役，闻已获功万余，计所卤获，又当称是，即有伏逸，谅亦无多。宜乘此势，多方招徕，开其生路，随宜处置，务绝后患，则一劳永逸之策也。[75]

这年五月，“大功告成”，云翼在这次“战功”里俘斩招降四万两千八百余人，确实是一个大役。云翼上疏，主张开辟州、县，招徕农垦，经过一度迟疑以后，居正接受这个建议。他说：

罗旁之役，初意但恐宿寇初除，根株未尽，姑少迟建设，以俟人心之定，会新司马[76]亦以此为言，遂从再议。近来彼中人来，皆言此地在四府之中，素称沃壤，与广右边徼不同，且远近之民，愿受廛者众，不设官建治，何以统之？是以知再议之为迂谬也。伫俟大疏至，即属铨部选除矣。但闻愿附籍者，多系远县之民，其中或有来历不明，流浪无根，或贼党诡名伪姓，若但务招徕，不加审别，兰、棘并植，狼、羊同饲，将复为昔日之罗旁矣。窃以四方邻近之人，亦自有就招者，彼风土既习，板籍有据，环数百里之内，封壤相接，迁徙无难，且彼素被贼患，茹苦日久，今畀之以沃土，与之以安乐，亦所以偿之也。其中徭赋务从轻省，法令不宜烦苛，使人怀定居，远迩争附，数年之后，可尽化为乐国矣。夫戡乱非难，已乱为难，当此重开再辟之时，即宜为长治久安之计，惟高明择焉。[77]

这是广东罗定州[78]的来历。罗定州新开二县，东为东安县[79]，西为西宁县[80]。

从此广州、高州、肇庆、梧州四府交界的原野又添了国家的新壤。

万历五年五月，宫内文书官丘得用口传圣旨："慈庆、慈宁两宫，着该衙门修理见新，只做迎面。"这只是一件不重要的工程，而且是仁圣皇太后的。慈圣皇太后的住所谈不到驳回，但是居正认为这是不急之务，立刻拒绝。在神宗尚在冲龄的时候，实际的政权在皇太后手里，然而居正顾不得，他认定大臣有大臣的身份。居正疏称：

臣等再三商榷，未敢即便传行。窃惟治国之道，节用为先，耗财之原，工作为大。然亦有不容已者：或居处未宁，规制当备，或历岁已久，敝壞当新，此事之不容已者也。于不容已者而已之，谓之陋；于其可已而不已，谓之侈，二者皆非也。恭惟慈庆、慈宁，乃两宫圣母常御之所，若果规制有未备，敝壞所当新，则臣等仰体皇上竭情尽物之孝，不待圣谕之及，已即请旨修建矣。今查慈庆、慈宁，俱以万历二年兴工，本年告完。当其落成之日，臣等尝恭偕阅视，伏睹其巍崇隆固之规，彩绚辉煌之状，窃谓天宫月宇，不是过矣！今未逾三年，壮丽如故，乃欲坏其已成，更加藻饰，是岂规制有未备乎？抑亦败坏所当新乎？此事之可已者也。况昨该部、该科，屡以工役繁兴、用度不给为言，已奉明旨，"以后不急工程，一切停止。"今无端又兴此役，是明旨不信于人，而该部、科，必且纷纷执奏，徒彰朝廷之过举，滋臣下之烦言耳。方今天下民穷财尽，国用屡空，加意撙节，犹恐不足，若浪费无已，后将何以继之？臣等灼知两宫圣母，欲皇上祈天永命，积福爱民，亦必不以此为孝也。臣等备员辅导，凡可将顺，岂敢抗违，但今事在可已，因此省一分，则百姓受一分之赐，使天下黎民，万口同声，祝圣母之万寿，亦所以成皇上之大考也。伏望圣慈，俯鉴愚忠，将前项工程，暂行停止，俟数年之后，稍有敝坏，然后重修未晚。臣等干冒宸严，无任悚栗之至。[81]

这一个奏疏上去，文书官随即口传圣旨："先生忠言，已奏上圣母，停止了。"皇太后和神宗对居正到了言听计从的地步，居正认定自己的责任，所以不得不说。万历五年，整个国家的财政已经有了良好的基础，但是居正认为国防民生都需要很大的经费，在有余的时候，还要计划怎样轻徭薄赋，使百姓们得到实在的利益，他舍不得把铢积寸累的资财浪费在琼楼玉宇上面。他知道这次修理两宫是皇太后的意思，但是为了国家着想，他决定在皇太后面前顶一下。

万历二年，《穆宗实录》修完，神宗加恩居正，荫一子做中书舍人，居正两疏辞免。万历五年，《世宗实录》修完，神宗因为居正是实录馆总裁，再行加恩，吩咐内阁拟敕，居正把加恩同官的敕书拟定奏上，但是没有提到自己，神宗随即命文书官丘得用口传圣旨：

皇祖四十五年《实录》，字字句句都是先生费心看改几次，我尽知道，先生恩该首加，却怎的不拟这敕？着令改拟了才行。

这一次，居正在复疏里痛切地把自己的心境说清。他说：

臣以羁单寒士，致位台鼎，先帝不知臣不肖，临终亲握臣手，属以大事。及遭遇圣明，眷倚弥笃，宠以宾师之礼，委以心膂之托，渥恩殊锡，岂独本朝所无，求之前史，亦所希觏。每自思惟，古之节士感遇知己，然诺相许，至于抉面碎首而不辞，既已存亡死生矣，而犹不矜其能，不食其报，况君臣分义，有不可逃于天地之间者乎？用是盟心自矢，虽才薄力僝，无能树植鸿巨，以答殊眷，惟于国家之事，不论大小，不择闲剧，凡力所能为，分所当为者，咸愿毕智竭力以图之！嫌怨有所弗避，劳瘁有所弗辞，惟务程功集事，而不敢有一毫觊恩谋利之心，斯于臣子分义，庶乎少尽云尔。故自皇上临御以来，所加于臣，文武禄荫，不啻四五矣，而臣皆未敢领。昨以九年任满，皇上欲授臣以三公之官，给臣以五等之禄，臣亦恳疏陈辞，必得请而后已。岂敢异众为高，以沽流俗之誉哉？盖素所盟誓者至重，不敢自背其初心故也。近年以来，君臣之义不明，敬事之道不讲，未有尺寸，即生希冀，希冀不得，辄怀觖望，若执左券而责报于上者，臣窃非之，每欲以身为率而未能也。今乃以楮笔供奉之役，即叨横恩渥泽之私，则平日所以劝勉者，皆属矫伪，人孰信之？此臣所以展转思惟，有不能一日自安者也。臣闻人臣事君，无隐情，无二辞。今臣所言，皆已真吐肺肠，辞理俱竭，藉惟皇上复申前命，臣亦不过再执此辞，而章奏屡腾，言语烦渎，非皇上以手足腹心待臣之义也。万仰圣慈俯览愚衷，特赐停寝，俾臣微志获伸，虽疏食没齿，有余荣矣。所有改敕一节，万不敢拟，谨将原稿封进，伏乞圣裁施行。[82]

经过这样地剀切陈辞，神宗只有俞允。

这一年神宗十五岁。皇帝和平常人不同，皇太后在这一年已经替他定下王伟的女儿，准备举行婚礼。中国的旧俗，婚礼便得选择吉日，皇帝的事自有钦天监负责。据钦天监推测，十二月大利，又说一年之中，唯利十二月，其余皆有碍。宫内文书官传达皇太后圣旨，一切交给居正决定。居正又遇到一个小小的困难：要在万历五年十二月举行婚礼，新郎只有十五岁，新娘只有十四岁，未免太早；要到六年十二月，中间停顿一年，未免太迟，唯恐皇太后和皇上都等不及；要在这两个时期的中间，钦天监又认为月份不利。这便怎样呢？但是居正却轻易地解决了。他奏明皇太后，因为英宗、武宗、世宗都是十六岁成婚，所以应当是十六岁；他说他也知道要等待万历六年十二月，未免太迟，因此他认为最好是明年三四月，不迟不早，最为妥帖。钦天监不是说月份不利吗？居正说："臣等窃惟帝王之礼，与士庶人不同。凡时日禁忌，皆世人俗尚，然亦有不尽然者。臣居正素性愚昧，不信阴阳选择之说，凡有举动，只据事理之当为，时势之可为者，即为之，未尝拘泥时日，牵合趋避，然亦往往误蒙天幸，动获吉利。况皇上为天地百神之主，一举一动，皆将奉职而受事焉，又岂阴阳小术可得而拘禁耶？"[83]他奏明皇太后，一切只要太后做主。随后文书官口传太后圣旨："先生说的是，今定以明年三月。"这一次居正又得到一个小小的成功。

但是九月间，慈圣太后的难题来了。太后派司礼监太监孙得胜口传圣旨，今岁大喜，命内阁拟旨暂免行刑。根据明朝的制度，秋天有秋审，现在正是判罪执行的时期，眼看又要因为太后这一点儿妇人之仁，停顿下来。一切都和居正的主张根本背谬了。居正认为国家之乱，完全因为有心宽纵，以致不可收拾，所以他说："天下之事以为无足虑，则必有大可虑者。"[84]他认为"盗者必获，获而必诛，则人自不敢为矣"。[85]万历五年，有人和他说起孔子的话："苟子之不欲，虽赏之不窃。"在季康子愁到盗贼太多的时候，孔子不曾这样说过吗？居正反驳道：

盖闻圣王杀以止杀，刑期无刑，不闻纵释有罪以为仁也。"苟子之不欲，虽赏之不窃"，此孔子箴病之言，是时鲁失其政，宠赂滋彰，故言此以警之，非谓徒不欲可以弭之，无是理也。夫人之可以纵情恣意，有所欲而无不得者，莫逾于为盗；而秉耒持锄，力田疾作，束缚以礼法，世之所至苦也。安于其所至苦，无所惧而自不为非者，惟夷、由、曾、史为然。今不曰"吾严刑明法之可以制欲禁邪也"，而徒以不欲率之，使民皆释其所乐，而从其所至苦，是天下皆由、夷、曾、史而后可也。舜，不欲之君也；皋陶，不欲之相也。蛮夷猾夏，寇贼奸宄，犹不能无明刑作士以威之，况其余乎？异日者有司之不敢捕盗也，以盗获而未必诛也，不诛则彼且剚刃于上，以毒其仇而合其党，故盗贼愈多，犯者愈众。今则不然，明天子振提纲维于上，而执政者持直墨而弹之，法在必行，奸无所赦。论者乃不惟舜、皋之所以致理者，而独用懦者姑息之说、衰季苟且之政以挠之，其无乃违明诏而诡国法乎？[86]

现在难题来了，慈圣太后固然要"暂免行刑"，明天子也不再"振提纲维"，怎么办呢？居正立即上疏。他说：

夫春生、秋杀，天道所以运行，雨露雪霜，万物因之发育。若一岁之间，有春生而无秋杀，有雨露而无雪霜，则岁功不成而化理或滞矣。明王奉若天道，其刑赏予夺，皆奉天意以行事。《书》曰："天命有德，五服五章哉；天讨有罪，五刑五用哉。"若弃有德而不用，释有罪而不诛，则刑、赏失中，惨、舒异用，非上天所以立君治民之意矣。臣等连日详阅法司所开重犯招情，有杀祖父母、父母者，有欧死亲兄及同居尊属者，有杀一家非死罪三人者，有强盗劫财杀人者，有斗殴逞凶，登时打死人命者。据其所犯，皆绝灭天理，伤败彝伦，仁人之所痛恶，覆载之所不容者，天欲诛之，而皇上顾欲释之，其无乃违上天之意乎？……今圣母独见犯罪者身被诛戮之可悯，而不知被彼所戕害者，皆含冤蓄愤于幽冥之中，明王圣主不为之一泄，彼以其怨恨冤苦之气，郁而不散，上或蒸为妖沴氛祲之变，下或招致凶荒疫疠之灾，则其为害，又不止一人一家受其荼毒而已。独奈何不忍于有罪之凶恶，而反忍于无辜之良善乎？其用仁亦舛矣！况此等之人，节经法司评审，九卿大臣评鞫，皆已众证明白，输服无辞，纵使今年不决，将来亦无生理，不过迟延月日，监毙牢狱耳。然与其暗毙牢狱，人不及知，何如明正典刑，犹足以惩奸而伸法乎？法令不行，则犯者愈众，年复一年，充满囹圄，既费关防，又亏国典，其于政体，又大谬也。伏愿皇上念上天之意不可违，祖宗之法不可废，毋惑于浮屠之说，毋流于姑息之爱，奏上圣母，仍将各犯照常行刑，以顺天道。若圣心不忍尽杀，或仍照去年例，容臣等拣其情罪尤重者，量决数十人，余姑牢固监候，俟明年大婚吉典告成，然后概免一年，则春生秋杀，仁昭义肃，并行而不悖矣。[87]

这个奏疏上去以后，文书官口传圣旨："先生说的是，今年照旧行刑。"居正认定"杀以止杀"，唯有严厉执行法律，民生才可以安定，国家才可以得到保障。

注释

[1] 书牍七《答陕西督抚石毅庵》。

[2] 书牍十三《答苏松巡按曾公士楚言抚按职掌不同》。

[3] 奏疏四《被言乞休疏》。

[4] 奏疏四《谢恩疏》。

[5] 书牍八《答奉常陆五台论治体用刚》。

[6] 书牍十五《上师相徐存斋十九》。

[7] 书牍八《答廉宪胡公邦奇》。

[8]《上存斋》。

[9]《答胡邦奇》。

[10]《答胡邦奇》。

[11] 书牍五《答司马王继津》。

[12] 书牍五《答工部郎中刘公伯燮言用人毁誉》。

[13] 书牍四《答荆州道府辞两院建坊》。

[14]《张文忠公全集》附录二《上六部禀帖》。

[15] 书牍五《与楚中抚台辞建第助工》。

[16] 书牍五《与楚抚赵汝泉言严家范禁请托》。

[17] 奏疏三《谢堂楼额名并踢金疏》。大字二幅：一曰社稷之臣，一曰股肱之佐；联曰正气万世，休光百年。见王世贞《首辅传》卷七。

[18] 书牍四《答楚抚院汪南明辞建坊》。

[19] 即汝泉。

[20] 书牍十《答棘卿刘小鲁言止创山胜事》。

[21] 书牍十二《答湖广巡按朱谨吾辞建亭》。

[22] 书牍十三《答郧阳巡抚杨本庵》。

[23] 书牍六《与荆南道府二公》。

[24]《明史》卷一二〇《福王常洵传》。

[25] 书牍六《答总宪刘紫山》、书牍七《答刘虹川总宪》、书牍九《答向台长》《答四川总兵刘草塘》《答吴总宪》。

[26] 书牍十一《答两广刘凝斋论严取与》。

[27]《送张子尉南海》。

[28]《答刘凝斋书》。

[29] 书牍七《答傅谏议》。

[30] 书牍七《答刘虹川总宪》。

[31] 书牍五《与楚抚赵汝泉言严家范禁请托》。

[32] 书牍六《答总宪廖春泉》。

[33] 书牍十一《答两广刘凝斋论严取与》。

[34] 奏疏五《请择有司蠲逋赋以安民生疏》。

[35]《明史纪事本末》卷六十一。

[36] 书牍八《答河道吴自湖》。按题衔误。

[37] 书牍八《答河道吴公桂芳》。按题衔误。

[38] 今涟水县。

[39]《明神宗实录》云“报曰可”。《明史·河渠志》言帝不欲弃安东而命开草湾如所请者，误。

[40] 书牍八《答河道吴自湖言蠲积逋疏海口》。按题衔误。

[41] 书牍九《答河道吴自湖》。按题衔误。

[42] 书牍九《答河漕傅后川》。按题衔误。

[43] 书牍九《答河道吴自湖计分淮导河策》。按题衔误。

[44] 书牍九《答河道吴自湖》。按题衔误。

[45] 奏疏五《考满谢手敕加恩疏》。

[46] 奏疏五《三辞恩命疏》。

[47]《三国志·李严传注》。

[48] 书牍七《答督抚吴环洲言敬事后食之义》。

[49] 书牍八《与总督方金湖以弈谕处置边事》。

[50] 书牍八《答山西崔巡抚计纳叛招降之策》。

[51] 书牍八《答蓟辽总督方金湖》。

[52] 书牍八《答方金湖》。

[53] 书牍九《答甘肃巡抚侯掖川计套虏》。

[54] 书牍八《答总督张心斋计战守边将》。按题衔误。

[55] 书牍九《与张心斋计不许东虏款贡》。

[56] 指阅视大臣郜光先，见书牍八。

[57] 书牍九《答宣大王巡抚言蓟边要务》。

[58] 书牍十二《答总兵戚南塘授击上蛮之策》，懋修注。

[59] 书牍八《答总兵戚南塘》。

[60] 书牍八《答阅边郜文川言战守功伐》。

[61] 书牍九《答宣大王巡抚言蓟边要务》。

[62]《图书集成·食货典》卷一五一《刘光济差役疏》。

[63] 万历本《明会典》卷二十。

[64]《明纪》卷三十九。

[65]《平赋役序》，见《图书集成·食货典》卷一五一。

[66] 书牍八《答楚按院向明台》。

[67] 书牍九《答少宰杨二山言条编》。

[68] 书牍九《答总宪李渐庵言驿递条编任怨》。

[69] 书牍十五《示季子懋修》。

[70]《示季子懋修》。

[71] 书牍九《答司寇王西石》。

[72] 文集十一《杂著》。

[73] 文集八。

[74] 书牍八《答两广凌洋山计剿罗盘寇》。

[75] 书牍九《答两广凌洋山》。

[76] 兵部尚书王崇古。

[77] 书牍九《答两广凌洋山计罗旁善后》。

[78] 本为泷水县，万历五年升为罗定州，今罗定县。

[79] 今云浮县。

[80] 今郁南县。

[81] 奏疏五《请停止内工疏》。

[82] 奏疏五《纂修书成辞恩命疏》。

[83] 奏疏五《奏请圣母裁定大婚日期疏》。

[84] 书牍六《与操江宋阳山》。

[85] 书牍八《答总宪吴公》。

[86] 书牍九《答宪长周松山言弭盗非全在不欲》。

[87] 奏疏五《论决重囚疏》。

第十一章 从夺情到归葬

居正有综核名实、整顿纲纪的决心，同样也有修明庶政、安定内外的能力。然而，居正采取的政治路线在当时不是平常的政治路线。他曾经希望穆宗实行独裁政治，现在付诸实行，独裁者便是他自己。

嘉靖三十七年，居正曾经见父亲一面。十九年的日月了，居正从一个平凡的翰林院编修成为当国的首辅，文明也从一个平凡的府学生成为首辅的父亲。在北京的掌握政权，在江陵的掌握利权，谁能说文明的不是呢？辽王府到手了，重行翻造，纯忠堂、捧日楼都盖好了，沙洲来了，刘总兵送来的银子也从瞿塘三峡下来了。快得很,李太白不曾说过吗？“两岸猿声啼不住,轻舟已过万重山”，这一位七十岁的府学生想起。其余的，还有许多许多数不清的事件。七十岁的人应当休息一下，但是这一家的事交给谁呢？不错，还有居易、居谦，但是文明究竟放心不下。居正也谈起要迎养到北京，可是老年人搁不下江陵的山水，搁不下自己的姬妾，搁不下一切的家事。

万历三年神宗忽然问起左右的人来：“张先生的父母还在吗？”

“先生的父母已经七十几岁了，”大家说，“还是好好的。”

神宗高兴得很，吩咐准备赏赐，一面亲笔写信给居正：

闻先生父母俱存，年各古稀，康健荣享，朕心喜悦。特赐大红蟒衣一袭，银钱二十两；又玉花坠七件，彩衣纱六匹，乃奉圣母恩赐，咸宜钦承，著家僮往赍之。

大致是万历五年夏间，文明病了，有时连走路都困难，居正准备请假省亲，偏偏神宗大婚的问题来了，后来婚期定在万历六年三月，居正看到暂时走不得，索性定在大婚以后再行回去。他在给王之诰的信中提起："老父顷患甚剧，今虽暂愈，然闻动履尚属艰难，桑榆暮景，风烛可虞。顓拟主上大婚后，乃敢乞身[1]。今定婚期于来岁三月，则陈情之举，当在夏初矣。遥望此期，以日为岁，奈何？"[2]

万历皇帝坐像

张居正生前，万历（1563-1620）十分尊重他，在他死后才敢反攻清算、抄家产夺谥号。

文明这一年七十四岁，疾病缠身[3]，终于在九月十三日逝世了。那时从江陵到北京交通困难，九月二十五日，居正才得到讣闻。内阁同僚吕调阳、张四维奏明神宗，神宗颁赐御笔给居正说：

> 朕今览二辅所奏，得知先生之父，弃世十余日了，痛悼良久。先生哀痛之心，当不知何如里！然天降先生，非寻常者比，亲承先帝付托，辅朕冲幼，社稷奠安，天下太平，莫大之忠，自古罕有。先生父灵，必是欢妥，今宜以朕为念，勉抑哀情，以成大孝。朕幸甚，天下幸甚。[4]

神宗赐银五百两、纻丝十表里、新钞一万贯、白米二十石、香油二百斤、各样碎香二十斤、蜡烛一百对、麻布五十匹，两宫皇太后也是照样赐唁。二十八日礼部奉圣旨，文明"着照例与祭葬，仍加祭五坛"，身后恤典，一切从厚。

但是重大的问题来了。明代内外官吏人等有丁忧的制度，在遇到承重祖父母、亲父母的丧事时，自闻丧日起，不计闰，守制二十七月，期满起复。英宗正统七年令，"凡官吏匿丧者，俱发原籍为民"；十二年令，"内外大小官员丁忧者，不许保奏夺情起复"。"丁忧"指亲丧二十七个月中，必须解职的事；期满而后，照旧做官，称为"起复"。在二十七个月中，由皇上特别指定，不许解职，称为"夺情"。夺情之事，平常很少见，但是在军队中，尤其是在作战的时候，原谈不到"丁忧”，这一类的事，古人称为“墨经从戎”，又称“金革之事不避”。在宗法社会中，政治就是教化，官吏就是师长；主持教化的师长在教忠、教孝的社会里，自己先行履行对亡父、亡母的义务，不能不算是一种合理的行为。

居正照例咨行吏部，题请放回原籍守制。吏部随即奉到圣旨：

朕元辅受皇考付托，辅朕冲幼，安定社稷，朕深切依赖，岂可一日离朕？父制当守，君父尤重，准过七七，不随朝，你部里即往谕著，不必具辞。[5]

九月二十五日居正得讣，这道不许守制的上谕也在九月发下，一切都是四五日间之事，没有回旋的余地。本来居正夺情的事情太严重了，居正身后，经过神宗十年到四十八年这个很长的阶段，一般人因为后来神宗对居正的反感，无从追求正确的结论；等到神宗死后，讨论可以自由的时候，夺情的经过已经成为长远的过去，时日不清楚了，事实不清楚了，伪造的根据、曲解的现实到处作祟，于是夺情的是非遂成为一个谜。

据说第一个主张夺情的是户部侍郎李幼孜，冯保主张夺情，居正也有意夺情，因此造成夺情的局势。其实幼孜第一个发出这个呼声，只提出时代的要求，而造成这个时代要求的却是居正本人。

自从隆庆六年六月居正当国以来，这五年零三个月的时间，整个国家安定了。政治上了轨道，经济有了把握，太仓粟支十年，太仆寺积金四百余万；北边的俺答屈服了，土蛮虽然没有屈服，但是不断地溃败，解除了东北方的威胁；内阁里面，安静到没有一点儿波浪，更是嘉靖、隆庆以来没有的现象。这一切是谁的大功？居正去了，这个局面交付哪一个？徐阶七十五岁了，高拱更和冯保结下生死大仇，都谈不到回朝，在野的还有哪一个干练的大臣？吕调阳是一个忠厚老实的人，他自己没有大的抱负；张四维也许还有些才气，但是资历太差，而且也没有人望，在朝的又交给谁？居正固然有三个主人，但是慈圣太后和冯保都说不到自己掌握政权，明代根本没有太后临朝和宦官执政[6]的前例；至于神宗，这时才十五岁，慈圣太后还把他当小孩看待呢，更说不到自己负责。一切的形势竟造成居正非留不可的局面。这一个局面是居正自己造成的，居正自己也看到了。

大学士丁忧起复，不是没有故事的。成祖永乐六年六月杨荣丁忧，十月起复。宣宗宣德元年正月金幼孜丁忧，随即起复。四年八月杨溥丁忧，随即起复。

景帝景泰四年五月王文丁忧，九月起复。宪宗成化二年三月李贤丁忧，五月起复。这都是故事。五人之中，唯有李贤是首辅，而李贤所处的时代，是一个太平的时代，成化二年，宪宗已经二十一岁，即使李贤丁忧，也还和现在非留不可的局面有些不同。这一切，慈圣太后、神宗、冯保，连同居正也都看到了。

不许守制的上谕下来了，居正再行上疏请求，自称“是臣以二十七月报臣父，以终身事皇上”，但是语气并不十分坚定，他甚至说：

臣闻受非常之恩者，宜有非常之报。夫非常者固非常理之所能拘也。臣一个草茅，忝司政本，十有余年，受先皇顾托之重，荷圣主倚毗之专，无论平日所承，隆恩异数，超轶古今，即顷者闻忧之日，两宫圣母为臣悯恻，圣心感动，为臣凄惋，慰吊之使，络绎道途，赙赗之赉，充溢筐篚，又蒙皇上亲洒宸翰，特降玺书，中间慰藉之勤笃，勉喻之谆切，尚有溢于圣言之外者。臣伏而读之，一字一泪，虽旁观逖听之人，亦无不伤心酸鼻者。夫自古人臣，以忠结主，商则成汤之于伊尹，高宗之于傅说，周则成王之于公旦，汉则昭烈之于诸葛亮，其隆礼渥眷，辞命诰谕之文，载在史册，至今可考，固未有谦抑下巽，亲信敬礼，如皇上之于臣，若是之恳笃者，此所谓非常之恩也。臣于此时，举其草芥微躯，摩顶放踵，粉为微尘，犹不足以仰答于万一，又何暇顾旁人之非议，徇匹夫之小节，而拘拘于常理之内乎？且人之大伦，各有所重，使幸而不相值，则固可各伸其重，而尽其所当为；不幸而相值，难以并尽，则宜权其尤重者而行之。今臣处君臣、父子两伦相值，而不容并尽之时，正宜称量而审处之者也。况奉圣谕，谓“父制当守，君父尤重”，臣又岂敢不思以仰体，而酌其轻重乎？[7]

无疑地，居正是在考虑应否守制的问题了。十月初二日奉圣旨：

卿笃孝至情，朕非不感动，但念朕昔当十龄，皇考见背，丁宁以朕属卿，卿尽心辅导，迄今海内乂安，蛮貊率服，朕冲年垂拱仰成，顷刻离卿不得，安能远待三年？且卿身系社稷安危，又岂金革之事可比？其强抑哀情，勉遵前旨，以副我皇考委托之重，勿得固辞。[8]

奉旨以后，居正上《再乞守制疏》，十月初五日复奉圣旨：

览奏，词益哀恳，朕恻然不宁。但卿言终是常理，今朕冲年，国家事重，岂常时可同？连日不得面卿，朕心如有所失。七七之期，犹以为远，矧曰三年！卿平日所言，朕无一不从，今日此事，却望卿从朕，毋得再有所陈。[9]

神宗甚至和吕调阳、张四维说起，即使居正再上百本，亦不能准。守制的请求已经成为僵局，居正只得再从侧面提出，他说：

仰窥皇上之心，不过以数年以来，举天下之重，尽属于臣，见臣鞠躬尽瘁，颇称意指，将谓国家之事，有非臣不办者。此殆不然也！夫人之才识，不甚相远，顾上用之何如。臣之不肖，岂真有卓荦超世之才，奔轶绝尘之力，唯皇上幸而用之，故臣得尽其愚耳！今在廷之臣，自辅臣以至于百执事，孰非臣所引荐者？观其器能，咸极一时之选。若皇上以用臣之道而用诸臣，诸臣以臣心之志而事皇上，将臣平日所称圣贤道理，祖宗法度，此两言者，兢兢守之，持而勿失，则固可以端委庙堂而天下咸理。是臣虽去，犹未去也，何必专任一人，而使天下贤者，不得以各效其能乎？且臣尚有老母，年亦七十二岁，素婴多病，昨有家人到，致臣母意，嘱臣早归。田野之人，不知朝廷法度，将谓臣父既没，理必奔丧，屈指终朝，倚闾而望，今若知臣求归来得，相见无期，郁郁怀思，因而致病，则臣之心，益有不能自安者矣。皇上方以孝养两宫，何不推此心以及臣之母乎？[10]

神宗又下圣旨了，他说：

朕为天下留卿，岂不轸卿迫切至情，忍相违拒？但今日卿实不可离朕左右。著司礼监差随堂官一员，同卿子编修嗣修，驰驿前去，营葬卿父；完日，即迎卿母，来京侍养，用全孝思。卿宜仰体朕委曲眷留至意，其勿再辞。[11]

这道圣旨，由内阁传下，神宗再命司礼监太监何进带去亲笔谕旨：

谕元辅：朕以幼冲，赖先生为师，朝夕纳诲，以匡不逮。今再三陈乞守制，于常理固尽，于先帝付托大义，岂不鲜终？况朕学尚未成，志尚未定，一日、二日万几，尚未谙理，若先生一旦远去，则数年启沃之功，尽弃之矣。先生何忍！

已有旨，特差司礼监官同先生子前去造葬，事完便就迎接先生老母，来京传养，以慰先生考思，务要勉遵前旨，入阁办事，岂独为朕，实所以为社稷，为苍生也。万望先生仰体圣母与朕惓惓恳留至意，毋劳又有所陈。[12]

这时御史曾士楚、给事中陈三谟都上疏，请留居正了。吏部尚书张瀚奉上谕慰留居正，连忙和左侍郎何维柏商议。

“丁忧守制，”维柏说，“是天经地义的事，迁就不得的。”张瀚的宗旨决定了，索性给他一个不理。吏部司官们和尚书说，请他复奏，张瀚只是一味地装糊涂。他说：“大学士奔丧，应当加恩，这是礼部的事，和吏部有什么相干！”皇帝夺情的诏书屡次下来了，官员们正在纷纷请留居正，张瀚只是捶着胸膛叹息，他认为从此以后，纲常扫地，对于奉命慰留居正的上谕始终置之不理。给事中王道成、御史谢思启上疏弹劾张瀚、何维柏，其结果是张瀚勒令致仕，维柏罚俸三月，一切都是十月初的事。

夺情的局势既成，居正没有回旋的余地，他只有承认了。他说：

凡朝士大夫，见者闻者，无不恫切叹颂，皆以大义责臣，谓殊恩不可以横干，君命不可以屡抗，既以身任国家之重，不宜复顾其私。臣连日枕块自思，且感且惧，欲再行陈乞，恐重获罪戾。且大婚期近，先帝之所付托，与国家之大典礼，莫此为重，乃一旦委而去之，不思效一手一足之力，虽居田里，于心宁安？用是茹忍哀悰，不敢再申前请，谨当恪遵前旨，候七七满目，不随朝，赴阁办事，随侍讲读。[13]

他提出五个条件，（一）所有应支俸薪，概行辞免；（二）所有祭祀吉礼，概不敢与；（三）入侍讲读，在阁办事，俱容青衣角带[14]；（四）章奏具衔，准加“守制”二字；（五）仍容明年乞假葬父，便迎老母，一同来京。条件提出以后，奉圣旨：“卿为朕勉出，朕心始慰，这所奏，俱准。归葬一节，还候旨行。”[15]

居正夺情之事虽然是局势造成的，但造成这个局势的何尝不是居正？张瀚勒令致仕的时候，居正还没有承认在阁办事，但是他已经推荐王国光继任吏部尚书了。他和国光说：“铨衡重任，非公不足以当之。比时孤方乞归，然不敢以去国之故，而忘谋国之心，故敢以公进。然公之忠亮，实素简于帝心，故疏上即荷俞光，非俟孤言以为用舍也。”[16]在苫块昏迷当中，居正何尝有一日忘去政权？居正称道伊尹[17]，也许他看上伊尹以天下自任的那一点，但是以天下自任正是热衷政权的一个解释。

从居正十九年没有见文明一面的事实看来，父子之间的感情委实已经生疏了。居正和文明中间，无论在志趣上，还是在事业上，都看不出一些共同的地方。十九年的日月，三千里的距离，在父子之间造成最大的隔阂。居正当然知道丁忧只是二十七个月的请假，在这个时间以后，随时可以起复。但是，起复只是一个理论。徐阶致仕了，陈以勤、李春芳致仕了，高拱、殷士儋也致仕了，除了高拱偶然一度重来以外，其余没有一个再看到北京的城阙。政权正和年光一样，是不轻易回转的。居正自从二十三岁举进士以后，经过三十一年的政治奋斗才取得现在的政治地位，他怎能不留恋呢？

明朝的故事，首辅去位三日以后，次辅便把座位从内阁的右边迁到左边，翰林院后辈和内阁僚属都穿红袍到内阁道贺。这一次他们穿红袍到内阁来了，大家向次辅吕调阳道贺。调阳是一个老实人，他虽然没有把座位移到左边，但是居然接受大众的道贺。这一切都增加了居正的恚忿。他认识到自己还没有去位，人情已经变了，将来当真去位，那还了得！夏言、严嵩对于当日的政权都曾经支付血腥的代价，以后徐阶、高拱也都经过最大的危险，现在会不会需要自己偿还这一笔血债！

留恋、畏惧，这两种强烈的情绪占据居正的胸中。但最大的原因还是他舍不得当时的国家。在自己当国的五年零三个月之中，整个明朝已经从困顿的状态中解放出来，成为富强的国家，自己去位以后，会不会重行回到困顿中去？这一切，只为了一个十九年不曾见面的父亲，代价未免太大了。居正觉得李幼孜的话语还在自己的耳朵里响着：皇帝冲龄，天下不可一日无相公，相公怎样忍得回去守制呀！这样他才决定辞俸守制的办法。万历八年他在奏疏中曾说过：

> 臣又查得前代典礼与本朝律令，凡夺情起复者，皆居官食禄，与见任不殊。故先年大学士杨博、李贤等，皆从服中升官考满，以事同见任故也。今臣乃辞俸守制，皇上原未夺臣之情，臣亦未尝于制中起复，比之诸臣，事体原自不同。[18]

居正辞俸守制，但是神宗没有让他枵腹从公的道理，所以在万历五年十月传旨：

元辅张先生，俸薪都辞了。他平素清廉，恐用度不足，着光禄寺每日送酒饭一桌，各该衙门每月送米十石、香油三百斤、茶叶三十斤、盐一百斤、黄白蜡烛一百支、柴二十扛、炭三十包，服满日止。[19]

居正曾和顺天巡抚陈道基谈起当时的心境：

唁贶再临，又辱别谕云云，敢不敬承雅意。但孤暂留在此，实守制以备顾问耳，与夺情起复者不同；故上不食公家之禄，下不通四方交遗，惟赤条条一身，光净净一心，以理国家之务，终顾命之托，而不敢有一毫自利之心；所谓或远或近，或去或不去，归洁其身而已。此孤之微志也。[20]

“辞俸守制”是居正发明的名词，但在一般人的目光中，只看到他不奔丧，不守制，怙权贪位。居正曾经谈到“圣贤道理，祖宗法度”，这句话更引起他们的反感。《论语》是一部家喻户晓的书，哪一个不曾读过？在宰我提出要把三年之丧更行缩短的时候，孔子生了大气，《论语》里还记着：

宰我出，子曰：“予之不仁也！子生三年，然后免于父母之怀。夫三年之丧，天下之通丧也。予也，有三年之爱于其父母乎。”

孔子认定小孩在出生以后的三年中，全靠父母的爱护，因此在父母身死以后应当守制三年，报答父母的恩爱。现在居正照旧入阁办事，还说什么守制？照旧赐酒赐饭，还说什么辞俸？一切只是名辞的簸弄，还谈什么圣贤道理？最可恨的是负着言论责任的御史、给事中，现在不但不曾弹劾，反而陈请慰留，甘心成为权门的鹰犬！一般人正痛恨着。

万历五年十月初五日，天上出现彗星，从西南方直射东北，苍白的色彩像一道几丈长的白虹，从尾星、箕星，越过牵牛星，一直扫射到织女星，这真是一个很大的变异。不错，荀子曾经说过：“夫日月之有蚀，风雨之不时，怪星之党见，是无世而不常有之。上明而政平，则是虽并世起，无伤也；上暗而政险，则是虽无一至者，无益也。”[21] 但是荀子的话一般人不一定读过，他们看到的只是这个非常的大变。彗星出现以后，神宗下诏修省。修省是一种反省的工作，皇帝要百官修省，百官当然也可以请皇上修省。第一个上疏的是翰林院编修吴中行，他说：

居正父子异地分睽，音容不接者十有九年，一旦长弃数千里外，陛下不使匍匐星奔，凭棺一恸，必欲其违心抑情，衔哀茹痛于庙堂之上，而责以谟远猷，调元熙载，岂情也哉？居正每自言圣贤义理，祖宗法度。宰我欲短丧，子曰："予也，有三年之爱于其父母乎？"王子请数月之丧，孟子曰："虽加一日愈于已。"圣贤之训何如也？在律，虽编氓小吏，匿丧有禁，惟武人得墨衰从事，非所以处辅弼也。即云起复有故事，亦未有一日不出国门而遽起视事者。祖宗之制何如也？事系万古纲常，四方视听，惟今日无过举，然后后世无遗议，销变之道无逾此者。

中行是隆庆五年的进士，是居正的门生，上疏以后，进谒老师，连同底稿也递上了。

"这一道奏疏，"居正愕然地问道，"已经奏上了吗？"

"没有奏上以前，不敢和老师提起的。"中行说。

中行上疏的第二天，居正的另外一个门生——隆庆五年进士，现任翰林院检讨赵用贤上疏：

臣窃怪居正能以君臣之义效忠于数年，不能以父子之情少尽于一日；臣又窃怪居正之勋望积以数年，而陛下忽败之一旦！莫若如先朝杨博、李贤故事，听其暂还守制，刻期赴阙，庶父子音容乖睽阻绝于十有九年者，得区区稍伸其痛于临穴凭棺之一痛也。国家设台谏以司法纪，任纠绳，乃今哓哓为辅臣请留，背公议而徇私情，蔑至性而创异论，臣愚窃惧士气之日靡，国事之日淆也。

用贤上疏的第二天，刑部员外郎艾穆、主事沈思孝又联名上疏了。中行、用贤上疏请令居正奔丧归葬，事毕回朝；艾穆、思孝则请令居正国籍守制。他们说：

陛下之留居正也，动曰为社稷故。夫社稷所重，莫如纲常，而元辅大臣者，纲常之表也。纲常不顾，何社稷之能安？且事偶一为之者，例也，而万世不易者，先王之制也。今弃先王之制而从近代之例，如之何其可也？居正今以例留，腼颜就例矣，异时国家有大庆贺、大祭祀，为元辅者欲避则害君臣之义，欲出则伤父子之亲，臣不知陛下何以处居正，居正又何以自处也。徐庶以母故辞于昭烈曰："臣方寸乱矣。"居正独非人子而方寸不乱耶？位极人臣，反不修匹夫常节，何以对天下后世？臣闻古圣帝明王劝人以孝矣，未闻从而夺之也；为人臣者移孝以事君矣，未闻为所夺也。以礼义廉耻风天下犹恐不足，顾乃夺之，使天下为人子者皆忘三年之爱于其父，常纪坠矣。异时即欲以法度整齐之，何可得耶？陛下诚眷居正，当爱之以德，使奔丧终制以全大节，则纲常植而朝廷正，朝廷正而百官万民莫不一于正，灾变无不可弭矣。

北京御史、给事中请留居正的奏疏来了，南京御史、给事中请留的奏疏来了，南京尚书潘晟也上疏请留了，偏偏居正的门生和刑部的两个属官上疏请令奔丧，甚至请令守制。这是为的什么？是反动的势力，还是另有什么阴谋？居正正在痛恨和愤慨。外边的风愈来愈紧了。从严嵩时代起，凡是攻击辅臣的，常得廷杖的处分，高拱时代不是也准备廷杖言官吗？一切都在人们的记忆中。居正在七七以内，本来没有入阁办事，他在出处方面原有周旋的余地，神宗要留居正，便不能不让居正满意。杖、杖、杖，唯有廷杖才是满足居正的办法。然而廷杖是怎样一种处分呢？受刑未毕，随即死在廷中的事，大家也还记得。血腥又要出现了！

礼部尚书马自强晋谒居正，居正匍匐在孝帏里面。自强极力为中行等解释，他说这一群少年人固然是年少气盛，冒昧无知，但是他们只是为的国家，并不是有意攻击首辅；他说皇上盛怒之下，唯有居正上疏，为他们营救，才可免去一场大祸。自强真有些黯然了。

"居丧之中，管不了外面的事，请马尚书原谅吧。"居正匍匐着回答。

翰林院的官员们一齐上疏救援了。侍讲赵志皋、张位、于慎行、张一桂、田一俊、李长春，修撰习孔教、沈懋学都具名，但是这一次上疏只是石沉大海，一点儿影响也没有。眼看吴中行等四个都要受刑了，他们焦急得了不得。新科状元沈懋学想起居正的儿子嗣修，他写信给嗣修，请他和居正说情，一连去了三封信，但是嗣修不敢向居正说。懋学惶急了，他知道李幼孜和居正接近，幼孜不是提倡讲学的吗？和他谈一些纲常之道，一定可以生效，因此懋学又去信了。幼孜的答复只是这几句："若所言，宋人腐语，赵氏所以不竞也。张公不奔丧，与揖让、征诛，并得圣贤中道，竖儒安足知之！”居正最初请求守制，现在简直是有意不奔丧，从被动成为主动，甚至认为圣贤中道。幼孜这一番言论更引起一般人的不满。

廷杖的执行更加迫切了。翰林院掌院学士王锡爵约齐十几位翰林院同僚，拜访居正。居正托辞不见，眼看又成僵局。锡爵急了，一直奔到孝帏前面，他又向居正疏解了。他为吴中行等辩护，他请居正申救。

“圣怒太严重了，说不得。”居正说。

“即是圣怒严重，”锡爵侃侃地说，“也是完全为的相公。”

居正伏着叩头道：“大众要我去，偏是皇上不许我走，我有什么办法？只要有一柄刀子，让我把自己杀了吧！”[22]

锡爵骇然地退出了，就这样决定了吴中行等受杖的命运。十月二十二日行刑，中行、用贤各杖六十，杖毕，拖出长安门，再用门板抬出北京。中行已经气绝，幸亏中书舍人秦柱率领医士把他救活，大腿上的腐肉割下几十块。用贤是一个胖子，总算受得起，但是大腿上割下来的腐肉有手掌大，后来他的妻索性把这块肉风干，留给子孙，作为传家的教训。在他们两人被逐出北京的时候，日讲官右庶子许文穆送给中行一只玉杯，上面镌着几行字：

斑斑者何卞生泪，英英者何蔺生气，追追琢琢永成器。

用贤所得的是一只犀角杯，上面也有几行字：

文羊一角，其理沈黝，不惜刻心，宁辞碎首？黄流在中，为君子寿。

艾穆、沈思孝所受的待遇更惨了。廷杖八十以后，手足加了镣梏，收监三日，再得到充军的处分，艾穆被遣戍凉州，思孝被遣戍神电卫。艾穆，平江人，在湖南、湖北没有分省以前，和居正算是同乡。居正痛切地说：“从前严分宜[23]当国的时候，没有同乡对他攻击，如今我比不上严分宜了。”他回想到门生和同乡都向自己攻击，真有些感慨系之。

气量宽宏的大臣遇到这个局面用不着愤激，更谈不上廷杖，争是非本来是很平常的，为什么要流血呢？但明朝的政局本来不是一个心平气和的局面，居正也不是一位气量宽宏的大臣。他总以为这样便可以压抑当时的舆论，偏偏中行等四人血流满地、气息仅属的形态只激起了一个志士的愤慨。这是万历五年的新科进士，观政刑部的邹元标，后来成为熹宗天启年间一位有名的大臣。元标看到廷杖以后，随即上疏：

陛下以居正有利社稷耶？居正才虽可为，学术则偏，志虽欲为，自用太甚。其设施乖张者：如州县入学，限以十五六人，有司希指，更损其数，是进贤未广也；诸道决囚，亦有定额，所司惧罚，数必取盈，是断刑太滥也；大臣持禄苟容，小臣畏罪缄默，有今日陈言而明日获谴者，是言路未通也；黄河泛滥为灾，民有驾蒿为巢、啜水为餐者，而有司不以闻，是民隐未周也；其他用刻深之吏，沮豪杰之材，又不可枚数矣。伏读敕谕："朕学尚未成，志尚未定，先生既去，前功尽隳。"陛下言及此，宗社无疆之福也。虽然，弼成圣学，辅翼圣志者，未可谓在廷无人也。且幸而居正丁艰，犹可挽留，脱不幸遂捐馆舍，陛下之学将终不成，志将终不定耶？臣观居正疏言："世有非常之人，然后办非常之事"，若以奔丧为常事而不屑为者。不知人惟尽此五常之道，然后谓之人。今有人于此，亲生而不顾，亲死而不奔，犹自号于世曰，"我非常人也"，世不以为丧心，则以为禽彘，可谓之"非常人"哉？

奏疏上去两天以后，元标廷杖八十，谪戍都匀卫。天启年间，元标为左都御史，一次在进侍经筵的时候，跌倒下去。熹宗连忙派内官去慰问，大学士朱国祚说道："元标在先朝，因为直言受杖，至今步履犹艰。"四十余年的事了，这一次的廷杖留下了不灭的遗迹。元标后来也曾说过，"大臣和言官不同：言官只要风裁卓绝，大臣非大利害，即当护持国体，哪能和少年一样地轻动"？大概他对于万历五年的建言感到一些懊悔。万历十年，居正身死，次年，革除官荫谥号，直至天启年间才能追复官职，那一次却完全得力于元标的建议。

在这两次廷杖中间，福建巡抚庞尚鹏有书到居正，为诸人营救；南京操江御史张岳上疏请令居正奔丧。西南方的彗星还是直射到东北，苍白色的光芒造成万历五年十月间的恐怖。群臣都感觉不安，谣言好比没有根蒂的柳絮一样，正向四围飘散。有的甚至说居正预备造反，情形离奇到不成样子。神宗又下谕了：

朕承天明命，为天下君，进退予夺，朕实主之，岂臣下所敢自擅。元辅张居正，受皇考顾命，辅朕幼冲，摅忠宣猷，弼成化理，以其身任天下之重，岂容一日去朕左右！兹朕体其至情，厚加恩恤，凡人子所以荣亲送终之典，备极隆异，元辅孝思，已无不尽，亦不在此一行。且纲常人纪，君臣为大，元辅既受皇考付托，义不得复顾其私，为朕倚任，义不得恝然自遂。朕为社稷至计，恳切勉留，群臣都当助朕留贤，才是同心为国。叵耐群奸小人，藐朕冲年，忌惮元辅忠正，不便己私，乃借纲常之说，肆为挤排之计，欲使朕孤立于上，得以任意自恣，殊为悖逆不道，倾危社稷，大伤朕心。兹已薄示处分，用惩奸罔，凡尔大小臣工，宜各明于大义，恪共职业，共成和衷之治。如或党奸怀邪，欺君无上，必罪不宥。钦哉，故谕。[24]

这一道镇压的上谕果然奏效，不但谣诼宁静下来，连群臣进言也因此稍息。谁愿意“乃借纲常之说，肆为挤排之计”呢？居正随后疏称：

今言者已诋臣为不孝矣，斥臣为贪位矣，詈臣为禽兽矣，此天下之大辱也，然臣不以为耻也。夫圣贤之学，有遁世不见是而无闷者，人臣杀其身，有益于君则为之，况区区訾议非毁之间乎？苟有以成臣之志，而行臣之忠，虽被恶名，不难受也。臣之所惧，独恐因是而益伤皇上之心，大亏国体之重，凿混沌未萌之窍，为将来无穷之害耳。今诸臣已被谴斥，臣不敢又救解于事后，为欺世盗名之事；前已奏称遵谕暂出，今亦不敢因人有言，又行请乞，以自背其初心。但连日触事惊心，忧深虑切，故敢陈其缕缕之愚。伏愿皇上恢弘天地之量，洞开日月之明，察兆心仰戴之诚，悯迂儒拘挛之见，卓然自信，尽挥群疑，今后凡有言者，谅其无知，勿与较计，宁使愚臣受辱，毋致有伤圣心。仍乞鉴臣初请，俟大礼既成，放臣归葬，则纷纷之议不俟禁谕而群喙自息矣。[25]

居正在疏中虽请神宗恢弘圣度，但是居正的度量委实亟待恢弘。假如他认识吴中行等只是“迂儒拘挛之见”，那么为什么不能救解于事后？为什么认为上疏救解，只是欺世盗名之事？居正只是心地窄隘，谈不上容人之量。

在七七之中，居正虽然不入阁办事，但是对于国事始终不曾放手，内阁的公文一直被送到孝帏批阅。十月过去，到十一月初，七七已满，圣谕于初六日吉期，入阁办事。这一天，文书官孙斌宣召居正到平台入见皇上。

“臣父不幸，仰荷圣恩，赐吊赐赙，”居正叩头以后，面奏道，“又遣官治葬，恤典殊常。臣于国家，未有尺寸之功，叨此隆恩，感洞心膂。”

"先生孝情已尽了，"神宗说，"朕为社稷，屈留先生。先生只想父皇付托的意思，成全始终，才是大忠大孝。"

居正的眼泪落下了，他说："伏奉皇上前后谕旨，委曲恳切，臣愚敢不仰体？又昔承先帝执手顾托，誓当以死图报，今日岂敢背违？但臣赋性愚直，凡事止知一心为国，不能曲徇人情，以致丛集怨仇，久妨贤路。今日若得早赐放归，不惟得尽父子微情，亦可保全晚节。"

"先生精忠为国的心，"神宗说，"天地祖宗知道，圣母与朕心知道。那群奸小人乘机排挤的，自有祖宗的法度治他们，先生不必介怀。"

殿上沉默了半晌，神宗又继续地说："今日好日子，先生可就阁办事。"[26]

居正叩头谢恩。神宗加赏银五十两、彩锻四表里、酒饭一桌，同时再着文书官孙斌送居正到阁。张文明这一死，经过几度的波折，终于在十一月初六日，居正青衣角带，仍回内阁办事。

在夺情起复的中间还有一件意外的事。宁国府生员吴仕期听说首辅不奔丧，认为这是人心世道的大变。也许是一种好名的冲动，也许只是衷心的刺激，他决定上疏谏止。事情还没有做，太平府同知龙宗武知道了，立刻告给操江御史胡槚，胡槚再转告居正。恰在此时，南方流传海瑞的《劾张居正疏》。海瑞自从隆庆四年罢官，久已回到琼山，只因在应天巡抚任内声名太大，所以这篇惝恍离奇的奏疏居然流传一时。居正、胡槚当然知道没有海瑞上疏的事，但在揣摩伪疏作者的时候，大家都想到了吴仕期。居正一面把胡槚的奏疏搁起，一面再和他说：

承示狂犯之狱，不胜骇异，诈传诏旨，律有明条，彼自罹于辟，谁得而贳之！但详其伪疏之意，不过以海君为世望人，故托之以阴鼓异类，窥窃虚名，而不知先陷于大辟之罪，所谓喷血以自污，求名而不得，可恶也，亦可哀也。近年以来，人心不正，邪说横行，包藏祸心，欲伤善害正者何限，特斯人不幸而败露耳。大疏一上，主上必且震怒，根求党与，其所芟除，将恐不止斯人。虽群小自作之孽，无所归咎，然于宇宙太和之气，得无少损乎？吾闻国君不仇匹夫，虮虱之流，杀之不武。公若不以告我，死生惟命，不敢与闻，今既已知之，则愿以解网之仁，乞之于左右。大疏特令差人停进，惟高明裁之。[27]

仕期这时已入太平府狱中，胡槚正在等待上疏的结果。居正覆书来了以后，胡櫝看清居正不愿株连的意思，当然他再给信宗武。七天以后，仕期果然在太平狱中被笞身死，一件刑事重案就算用政治处分结束了。对于这一件事，胡櫝、龙宗武都应当负责，就是居正也不免要负道义的责任，但是他最初只是不愿株连，却想不到会发生严重的后果。

万历五年十一月到了，彗星的苍白色的光芒还是向东北直射。就在这一月，再由神宗下诏考察京官。本来京官是照例六年考察一度的；不在京察之年，举行京察的，称为“闰察”。武宗时代，宦官刘瑾当权的时候，阉党吏部尚书张彩请不时考察京官留下一个恶例，现在是居正运用这个恶例的时候了。居正本来不相信自然界的现象与人事会有什么关系的，他自己不曾说过吗？“夫天道玄远，灾祥之应，皆未可知。孤尝学此于天官氏矣，考其占验，咸属茫昧”。[28] 所以他假借星变的名义举行闰察，排除异己，不能不算是一种褊狭的行为。在这一次京察中，主张维持纲常名教的调任南京礼部尚书何维柏罢职了，请令居正驰驿奔丧的南京操江御史张岳罢职了，疏救吴中行等的侍读赵志皋、调任南京国子司业张位也罢职了。居正死后，吏部尚书杨巍疏称“六年京察，祖制也，若执政有所驱除，非时一举，谓之闰察，群情不服，请永停闰察”。万历十三年，永停闰察，便是这一次的后果。

万历五年九月以后，居正在百感俱集当中决定了两件大事：第一是河漕机构的合并，第二是各省田亩的清丈。

明代对于河、漕的事务最初分属于两个机构，河道总督专管黄河，漕运总督专管漕运。其后漕运总督兼管淮安以下入海的河道，而淮安以上仍属河道总督。但从淮安到茶城，借河为漕，河道总督的职权只能管到这一段的黄河，对于河南以上的黄河，其实没有管到，当时也没有整理黄河上游的主张，因此河、漕两个机构永在摩擦当中。这是由来已久的事实。万历四五年间，河道总督傅希挚更和漕运总督吴桂芳不断地争执。五年九月，调山东巡抚李世达为河道总督，调河道总督傅希挚为陕西巡抚。居正以为有了办法，但是随即发现这是制度的问题，不是人的问题。十月中，再把世达调开，命桂芳兼理河、漕。六年正月，升桂芳为工部尚书，兼都察院右副都御史，总理河、漕，提督军务[29]，河、漕两个机构到此正式合并。六年之初，居正写信对桂芳说：

治河之役，朝廷以付托于公者甚重。……承示，恐流言之摇惑，虑任事之致怨。古人临事而惧，公今肩巨任事，安得不为兢兢？若夫流议怨谤，则愿公勿虑焉。

孤浅劣无他肠，唯一念任贤保善之心，则有植诸性而不可渝者。若诚贤者也，诚志于国家者也，必多方引荐，始终保全，虽因此冒险蒙谤，亦无闷焉。顾近一二当事者，其始未尝不锐，至中路反为人所摇，自乖其说，或草率以塞责，或自隳于垂成。此岂庙堂不为主持而流谤之果足为害耶？子产曰："政如农功，日夜以思之，思其始而图其终，行无越思，如农人之有畔。"愿公审固熟虑，集思广益，计定而后发，发必期成。至于力排众议，居中握算，则孤之责也。使孤得请而归，后来之事，诚不可知；若犹未也，则公可无虑矣。[30]

不幸的是，就在六年正月桂芳病死，随后再命潘季驯为右都御史兼工部左侍郎、总理河漕，至此河、漕方面得到一个正当的解决。

明代以前，国家岁入，以赋役为大宗，赋是田赋，役是丁役。要整顿国家的收入，便要从调查田地和户口入手。滕文公要行仁政，使毕战问孟子，请他指示井地的办法。孟子说："子之君将行仁政，选择而使子，子必勉之。夫仁政必自经界始。经界不正，井地不钧，谷禄不平，是故暴君污吏必慢其经界。经界既正，分田制禄，可坐而定也。"孟子的这几句话固然透露出他对井田的理想，但是"行仁政必自经界始"是一句颠扑不破的话。当时唯有把田地、丁口调查清楚以后，人民的担负才能平均，不至于有一部分逃避责任，另一部分加重担负的流弊。

太祖洪武二十六年的调查显示：户一千六百五万二千八百六十，口六千五十四万五千八百十二，田八百五十万七千六百二十三顷。到孝宗弘治四年重行调查的时候，中间经过九十八年的休养生息，贵州又经开辟，无论在丁口还是田地方面，都应当有巨额的增加，但是实得的只有户九百十一万三千四百四十六，口五千三百二十八万一千一百五十八，田六百二十二万八千五十八顷[31]，这里的结论不是丁口、田地的减少而只是担负赋税的丁口、田地减少了。豪门的家奴、两京的匠役都免除了役的义务，于是便有卖身投靠和冒充匠役的人民；再不然，便行贾四方，举家舟居，调查户口的也就无从着手。至于田地，也有拨归王府的，也有隐托豪宗的；再不然，在治安有问题的地方当然更谈不上征收。担负赋税的丁口、田地减少，一切的责任又加到其余的人民身上，更加造成政治上的不平。万历五年十一月，居正疏请调查户口、田地，凡庄田、民田、职田、荡地、牧地，一概从实丈量，限三载竣事[32]。这一件事业的完成，在居正归葬以后姑且不谈。万历九年，萧廪为陕西巡抚，尽管诏书严催调查隐田，萧廪吩咐部下只要和旧额相等，无须多报[33]，史册流传，以为美谈。其实对少数人的宽容，恰恰增加了多数人的担负，这一点最简单的政治常识，当时人没有看到，反而认为居正的主张过于苛刻，不能不算是历史上的怪事。

万历六年到了，大婚改在二月，筹备的程序着着进行。正月间司礼监文书官丘得用口传圣旨，奉圣母慈谕："这大礼，还着元辅一行，以重其事。"又说："忠孝难以两尽，先生一向青衣角带办事，固是尽孝；但如今吉期已近，先生还宜暂易吉服，在阁办事，以应吉典，出到私宅，任从其便。"大婚便得钦定问名纳采使两人，按当时的资望，正使当然是英国公张溶，副使便是居正。慈圣皇太后赐居正坐蟒、胸背蟒衣各一袭，吩咐自正月十九日起，吉服办事。不料户科给事中李涞上疏，认为居正有服，不宜参加吉礼，请求改命。神宗随即谕示居正：

昨李涞说，大婚礼不宜命先生供事。这厮却不知出自圣母面谕朕说，先生尽忠尽不的孝。重其事，才命上公元辅执事行礼。先生岂敢以臣下私情，违误朝廷大事。先朝夺情起复的，未闻不朝参居官食禄，今先生都辞了，乃这大礼亦不与，可乎？看来今小人包藏祸心的还有，每遇一事，即借言离间。朕今已鉴明了，本要重处他，因时下喜事将近，姑且记着，从容处他。先生只遵圣母慈谕要紧，明日起暂从吉服，勿得因此辄事陈辞。[34]

这是正月十八日的事，经过一度疏辞以后，居正暂从吉服，照常办事。

穆宗逝世以后，慈圣皇太后一向住在乾清宫，对神宗尽监护的责任。现在大婚期近，皇太后退居慈宁宫，一面谕示神宗：

说与皇帝知道，尔婚礼将成，我当还本宫，凡尔动静食息，俱不得如前时闻见训教，为此忧思。尔一身为天地神人之主，所系非轻。尔务要万分涵养，节饮食，慎起居，依从老成人谏劝，不可溺爱衽席，任用匪人，以贻我忧。这个便可以祈天永命，虽虞舜大孝，不过如此。尔敬承之，勿违。[35]

同时，慈圣太后赐居正坐蟒、蟒衣各一袭，彩锻八表里，银二百两，又颁慈谕。

皇帝大婚礼在迩，我当还本宫，不得如前时常常守着照管，恐皇帝不似前向学勤政，有累盛德，为此深虑。先生亲受先帝付托，有师保之责，比别不同。今特申谕交与先生，务要朝夕纳诲，以辅其德，用终先帝付托重义，庶社稷苍生，永有赖焉。先生其敬承之，故谕。[36]

慈圣太后把监护的责任完全移交居正。居正对神宗是担当国事的大臣，同时也是朝夕照管的监护人。直到神宗大婚以后，居正的双重职责依然存在。奉到慈谕以后，居正疏称：

兹奉诰谕，以慈驾还宫，虑看管之少疏，恐圣德之有累，委臣以师保之责，勉臣以匡弼之忠，宠锡骈蕃，开谕恳切。臣捧读未竟，涕泗横流。念臣昔承先帝顾托之重，既矢以为国忘家、捐躯徇主矣，其在今日，敢不益摅忠荩，图报国恩！但内禁外廷，地势自隔；臣谟母训，听纳悬殊。尚冀我圣母念祖宗基业之重，天位保守之难，凡所以拥护圣躬，开导圣学者，尤望时加训迪，勿替夙恩。臣知皇上纯孝性成，必能仰承慈意，服膺罔懈也。至于进尽忠言，弼成圣政，则臣分义所宜自尽者，虽微慈谕，犹当思勉，况奉教督谆谆，敢不罄竭愚衷，对扬休命。臣诚不胜感激祈望之至。[37]

大婚典礼正在进行的时候，辽东巡抚张学颜的捷报到了。土蛮约同泰宁卫速把亥进犯辽东开原，大营扎在劈山，辽东总兵李成梁得到消息，随即出塞二百里，进捣劈山，斩敌四百三十，这便是所谓“劈山大捷”。捷报到了，神宗奏知慈圣皇太后，太后对神宗说：“赖天地祖宗默祐，此时正尔行嘉礼之际，有此大捷，乃国家之庆，我心甚喜。元辅运筹庙谟，二辅同心协赞，才得建此奇功。我勉留张先生，这是明效。”“圣母慈谕的是。”神宗恭敬地答复。[38]

在大捷声中，神宗的婚礼举行了，所娶的王皇后后来被谥为孝端皇后。大捷和大婚对辅臣都有照例的赏赐，经过谦辞以后，居正两次各受银一百两，彩缎六表里，对于升荫，仍坚辞未受。

现在是居正力援前疏，请求给假归家葬父的时候了，但是神宗还是不允，上谕说：

卿受遗先帝，辅朕冲年，殚忠宣劳，勋猷茂著。兹朕嘉礼初成，复奉圣母慈谕惓惓，以朕属卿，养德保躬，倚毗方切，岂可朝夕离朕左右？况前已遣司礼官营葬，今又何必亲行？宜遵先后谕旨，勉留匡弼，用安朕与圣母之心，乃为大忠至孝，所请不允。[39]

居正再行上疏，辞旨非常迫切，他说：

夫尽忠所以尽孝，而死者不可复生，臣岂不知今日之归，无益臣父之死；且重荷殊恩，特遣重臣，为之送葬，送终之礼，已为极至，臣今虽去，亦复何加，但区区乌鸟私情，唯欲一见父棺，送之归土，以了此一念耳。若此含不遂，虽强留于此，而心怀蕴结，形神愈病，必不能专志一虑，以图国家之事；公义私情，岂不两失之乎？比得家信，言臣父葬期，择于四月十六日，如蒙圣慈垂怜，早赐俞允，给臣数月之假，俟尊上两宫圣母徽号礼成，即星驰回籍，一视窀穸，因而省问臣母，以慰衰颜。傥荷圣母与皇上洪庇，臣母幸而康健无病，臣即扶侍同来。臣私念既遂，志意获纾，自此以后，当一心一虑，服勤终身，死无所憾。是今虽暂旷于数月，而后乃毕力于终身，皇上亦何惜此数月之假，而不以作臣终身之忠乎？此臣之所以叩心泣血，呼天乞怜，而不能自已者也。若谓臣畏流俗之非议，忘顾托之重任，孤负国恩，欲求解脱，则九庙神灵，鉴臣之罪，必加诛殛，人亦将不食其余矣。[40]

这次神宗准奏了，但是因为不能远离居正，所以限期回京，上谕说：

朕勉留卿，原为社稷大计，倚毗深至。览卿此奏，情词益迫，朕不忍固违，暂准回籍襄事。还写敕差文、武官各一员护送，葬毕，就着前差太监魏朝，敦趣上道，奉卿母同来，限五月中旬到京。往回都着驰驿。该省抚、按官仍将在籍起身日期，作速差人奏报。[41]

三月初，仁圣皇太后加尊号仁圣贞懿皇太后[42]，慈圣皇太后加尊号慈圣宣文皇太后，事情都停当了。居正想起回去以后阁中只剩吕调阳、张四维两人，诚恐闻见有限，办事不易，随即疏请简用阁臣。奉御批："卿等推堪是任的来看。"据说居正自念高拱和自己不和，殷士儋在宫内有奥援，都不敢推，最后决定推荐徐阶。居正已经发信给徐阶了，后来想起徐阶还朝以后，官阶和科第都在自己之上，自己葬毕回京，只有把首辅奉让，所以把这个计划打消了[43]。揣测之词，不甚可信。居正想起在万历三年八月请求增补阁员的时候，除张四维以外，曾经陪推马自强、申时行二人，因此再行上疏，内称“今臣等公同评品，堪任是职，似亦无逾于二臣者，敢仍以二臣推上，伏乞圣明，再加审酌”。神宗随即批准，马自强以礼部尚书兼文渊阁大学士，申时行升吏部左侍郎，兼东阁大学士。“俱着随元辅等在内阁办事”。万历六年的内阁，人才充实了，但是其实还只是居正一人。

自强，同州人，嘉靖三十二年的进士，万历三年为吏部左侍郎，九月升礼部尚书，是一个老成干练的人物。他平时的主张和居正不一致，所以这次入阁，自强觉得有些出于意外，因此对居正十分感激。时行，长洲人，嘉靖四十一年进士第一，万历三年为詹事府少詹事兼翰林院侍读学士，后来升吏部右侍郎。这一位苏州状元在万历十一年至十九年间曾任八年有余的首辅，此时只是后生新进，经过居正两次推荐，所以对居正更是非常亲近。万历六年的内阁，一切只是居正的局面。六年七月，调阳病重回籍，十月自强病卒，于是内阁只剩居正、四维、时行三人，一直维持到万历十年。

居正回籍的日期定在三月十三日。神宗赐路费银五百两、纻丝六表里，仁圣太后赐银三百两、纻丝六表里，慈圣太后赐银五百两，纻丝六表里。除此之外，神宗又给“帝赉忠良”银印一颗，另赐手谕：

朕大礼甫成，倚毗先生方切，岂可一日相离？但先生情词迫切，不得已，准暂给假襄事，以尽先生孝情。长途保重，到家少要过恸，以朕为念，方是大孝。五月中旬，就要先生同母到京，万勿迟延，致朕悬望。又先生此行，虽非久别，然国事尚宜留心，今赐先生“帝赉忠良”银记一颗，若闻朝政有阙，可即实封奏闻。[44]

司礼监太监王臻到居正宅中，口传圣旨，着居正于三月十一日到文华殿面辞。这一天居正到文华殿，神宗在西室里坐着。居正面奏道：“臣仰荷天恩，准假归葬，又特降手谕，赐路费银两、表里及银记一颗。臣仰戴恩眷非常，捐躯难报。”

“先生近前来些。”神宗吩咐道。

居正向前挪近几步。

“圣母与朕原不肯放先生回，”神宗说，“只因先生情辞恳切，恐致伤怀，特此允行。先生到家事毕，即望速来。国家事重，先生去了，朕何所倚托？”

居正叩头称谢，又说：“臣之此行，万非得已。然臣身虽暂违，犬马之心实无时刻不在皇上左右，伏望皇上保爱圣躬。今大婚之后，起居食息，尤宜谨慎。这一件，是第一紧要事，臣为此日夜放心不下，伏望圣明，万分撙节保爱。又数年以来，事无大小，皇上悉以委之于臣，不复劳心；今后皇上却须自家留心，莫说臣数月之别，未必便有差误。古语说‘一日、二日万几’，一事不谨，或贻四海之忧。自今各衙门章奏，望皇上一一省览，亲自裁决。有关系者，召内阁诸臣，与之商榷停当而行。”

“先生忠爱，朕知道了。”神宗说。

“臣屡荷圣母恩慈，以服色不便，不敢到宫门前叩谢，伏望皇上为臣转奏。”居正说。

“知道了，”神宗说，一边又叮咛道，“长途保重，到家勿过哀。”

居正感动得了不得，伏地呜咽，话也说不得了。

“先生少要悲痛。”神宗安慰他，但是神宗也呜咽了。

居正叩头，退出西室，在他退出的时候，听得神宗和左右说：“我有好些话要与先生说，见他悲伤，我亦哽咽说不得了。”[45]

一直到十六岁，神宗还是一个天真的孩子。他看到这个当国多年的老臣长长的一绺胡须，现在精神困惫，形容摧朽[46]，眼看又要回去，固然二三月以内，居正还要回朝，但是神宗心里毕竟有一点儿恋恋不舍。居正辞出以后，神宗再着文书官孙斌等赐居正食品八盒。慈圣太后也派慈宁宫牌子太监李旺赐居正银八宝豆叶六十两，途中赏人。李旺口传皇太后圣谕道：“先生行了以后，皇上无所依托。先生既舍不得皇帝，到家事毕，早早就来，不要待人催取。”[47]

三月十三日居正出京，神宗特着司礼监太监张鲸到郊外饯送，又赐甜食两盒、干点心两盒，文武百官一概出郊远送。

据王世贞的记载，居正这一次回去真有些威风。轿子是特制的，前面是起居室，后面是寝室，两廊一边一个书僮焚香挥扇。三十二名轿夫抬着一架大轿，赫赫煊煊地从北京南下，一路还有蓟镇总兵戚继光派来的铳手、箭手随同保护，沿路巡抚和巡按御史出疆迎送，府、州、县官跪着迎接，开路办差，更加忙得不亦乐乎。三月十九日过邯郸，随后入河南界，开封城内的周王已经派人迎到界上，礼物奠品一齐送上，居正收了奠品，其余一概璧谢。渡过黄河，路经新郑，高拱住在这里，这是二十年来的旧交，六年以来的政敌。高拱有病，带病出来迎接。他病得太厉害了，说话都不十分清楚，这两个敌对的政治家只有面对面痛哭。居正记得上年嗣修匆匆南归的时候，曾派他到高拱那里问候，彼时已经听说有病，真想不到竟是这样地狼狈。

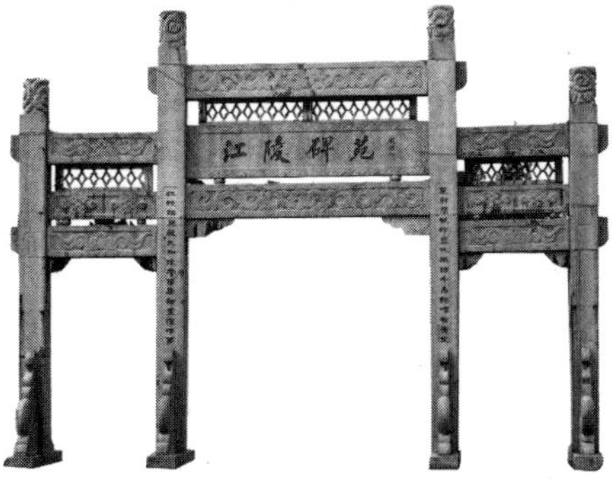

张居正故居前的牌坊

就在四月初四日，三十二名轿夫的膂力把这一位首辅送到江陵了。到家以后，他写了一封信给高拱：

相违六载，只于梦中相见，比得良晤，已复又若梦中也。别后归奔，于初四日抵舍。重辱遣奠，深荷至情，存殁衔感，言不能喻。使旋，草草附谢，苦悰痛切，不悉欲言，还朝再图一披对也。[48]

四月十六日，张文明下葬，地址在太辉山。会葬的官员有司礼监太监魏朝、工部主事徐应聘，这两位是钦遣经营葬事的；有礼部主事曹诰，这是谕祭的；还有护送居正回籍的尚宝司少卿郑钦、锦衣卫指挥佥事史继书；地方官有先任湖广巡抚、升刑部右侍郎陈瑞，抚治郧襄都御史徐学谟及司、道等官。一切都很煊赫，也许这一位不第秀才、荆州府学生可以瞑目了吧。

四月眼看过去了，神宗限定五月回朝，居正想起七十三岁的老母禁不起暑天的跋涉，只得请求宽限，准备八九月间，天气凉爽，扶侍老母，一同赴京。这一来可把神宗急坏了，神宗一面吩咐内阁拟旨，着太监魏朝留待秋凉，伴送张母入京，仍着居正务须于五月下旬回阁办事，一面另下手谕：

谕元辅张先生：自先生辞行之后，朕心日夜悬念，朝廷大政，俱暂停以待。今葬事既定，即宜遵旨早来，如何又欲宽限？兹特遣锦衣卫堂上官，赍敕催取。敕到，即促装就道，以慰惓惓。先生老母畏热难行，还着太监魏朝将先生父坟未尽事宜，再行经理，便候秋凉，护送先生老母同来。先生宜思皇考付托之重，圣母与朕眷倚之切，早来辅佐，以成太平之治，万勿耽延，有孤悬望。先生其钦承之。[49]

居正还南，整个政府机构停止下来，神宗吩咐拣重要的公事，送到江陵，其余都待居正入京处理。次辅吕调阳感觉到有些难堪，从前有过伴食中书，自己不成为伴食大学士吗？因此他索性请了病假，难得到内阁办事。例行公事由张四维处办，把稍关紧要的公事都送到江陵，听候居正决定。得、得、得！从北京到江陵的大路上，正有无数的公文在马背上送来送去。

三月间，辽东又报大捷了，这是所谓“长定堡之捷”，捷报一到北京，神宗高兴极了，立即告谢郊庙，感谢天地和祖宗的保祐，同时吩咐内阁大行赏赉。神宗和内阁提起慈圣太后的话：“赖天地祖宗默祐，乃国家之庆，元辅平日加意运筹，卿等同心协赞之所致也。”[50] 四月十一日，神宗派兵部差官把上谕送到江陵，他还说起：“着兵部马上差人，星夜前去与张先生看，将一应叙录比前再加优厚。”[51] 同时吕调阳等四位大学士的信也来了，内阁的题稿、辽东的捷报、都送给居正看。这一次真是一个惊天动地的大捷，怪不得神宗高兴。事情是这样的，鞑靼的武士们大致是七八百人吧，带了牛羊向辽东边界像风暴一样地冲过来。他们口口声声说是投降。谁相信！鞑靼的诡计多得很，这一定是诈降。辽东副总兵陶成喾看定以后，一马当先，率领部下的将士也像狂风一样地杀过去。这一次的鞑靼真无用，像割草，像切菜，杀、杀、杀！一共杀去四百七十几个鞑靼，陶副总兵的刀柄溅满了血腥，手腕也有些酸痛，看看只剩少数的敌人，哭丧着脸，狼狈地抱头鼠窜，这才点验人头，三百，四百，斜斜的眼，半睁半闭地在血泊里瞧着长定堡的青天。最奇怪的是自己的部下一些损伤也没有！自古以来，有过这样的胜仗吗？这才把陶副总兵乐得忘去了杀人的疲倦。经过几次申报以后，现在这些公文完全在江陵张府的案上。

居正沉吟了，皇上已经告谢天地祖宗，还有什么说的！他上疏说：“窃照辽东一镇，岁苦虏患，迩赖圣明加意鼓舞，屡奏肤功。乃今以裨将偏师，出边遏剿，斩馘至四百七十余级，而我军并无损失，功为尤奇。况当嘉礼美成之会，两月之间，捷报踵至，而今次所获，比前更多，此诚昊穹纯祐，宗社垂庥，我皇上圣武之所致也。”[52] 皇上要他从优叙录，他只有从优拟议。陶成喾升官，辽东总兵李成梁升荫世袭指挥佥事。蓟辽总督梁梦龙、辽东巡抚周咏升级，兵部尚书方逢时，和左、右侍郎也加俸加级，连带内阁大学士吕调阳、张四维特加武荫，马自强、申时行特加文荫，其余照例升赏的大小官员尚不在内。四百七十几位鞑靼武士啊，你们不是枉死的了，你们那半开半闭的眼睛，会从血泊里看到别人得了这么多的赏赐！

但是这一次的胜仗未免胜得太容易、太离奇了，居正总有些不放心。他一面函嘱蓟辽督、抚查究，一面函询兵部尚书方逢时。他对逢时说起：

辽左之功，信为奇特，伏奉圣谕俯询，谨具奏如别揭。但细观塘报，前项虏人有得罪土蛮，欲过河东住牧等语，虽其言未可尽信；然据报彼既拥七八百骑，诈谋入犯，必有准备；我偏师一出，即望风奔溃，骈首就戮，曾未见有抗螳臂以当车辙者，其所获牛、羊等项，殆类住牧家当，与入犯形势不同。此中情势，大有可疑。或实投奔之虏，边将疑其有诈，不加详审，遽从而歼之耳。今奉圣谕特奖，势固难已，但功罪赏罚，劝惩所系，万一所获非入犯之人，而冒得功赏，将开边将要功之隙，阻外夷向化之心，其所关系，非细故也。[53]

居正在奏疏里留着一句："虽其中有投降一节，臣未见该镇核勘详悉。"明朝是监察权高于一切的时代，辽东有巡按御史，未经核勘以前，其实算不得定局。辽东巡按安御史一经查实，随即函告居正，这才明白真相。鞑靼七八百名武士是真的，他们因为得罪土蛮，所以携带牛羊拼命东奔，准备向朝廷投降，却想不到遇着一位杀人不眨眼的陶副总兵，给他们一个死不瞑目。但是怎么办呢？天地祖宗都谢过了，恩赏一直荫到大学士的子孙，难道都要推翻？居正还准备息事宁人，但是口口声声抱怨吕调阳等的糊涂。他和蓟辽督抚说起：

向者南归，奉圣谕辽东大捷，命孤拟议恩赏，比时心窃疑之，曾以请教，随具一密疏入告，及孤入朝，则业已处分矣。近得安道长[54]一书，据其所访，则与小疏一一符合，何当事诸公之不审处，一至于此也！令大赉已行，困难追论，但赏罚劝惩所系，乖谬如此，殊为可恨。谨录疏稿及安君书奉览，幸惟秘存。[55]

这是万历六年居正还朝以后的事。不久，给事中光懋上奏，指实陶成喾杀降要功，请求治罪，并请将大学士、兵部尚书、侍郎及蓟辽总督、辽东巡抚、总兵恩赏一并剥夺。这真是一个有力的奏疏，事情已经被揭开，当然只有彻查。居正立即函致巡按御史，切实说起：

去岁，承示长定事，鄙意以其事已成，可置勿论矣，不意该科又有此疏，已奉旨并勘。今惟当据实分别真伪，以俟宸断，量其虚实大小，以为予夺厚薄。明主悬衡鉴以裁照，决不致有枉抑也。辱示事情，一一领悉。去岁之事，不穀到京，闻人言啧啧，不独执事言之，今虽欲曲隐，而人之耳目，可尽涂乎？近日彼中督、抚书来，又言执事云，见不穀奏对稿中，有投降等语，不敢具核册，须使人密探而后行者。此必执事畏诸人之怨恨而托之不穀以自解也。然执事有纠察之责，为朝廷明功罪，慎赏罚，何嫌何畏，惟当核实，作速勘明，则公谕自昭，人心自定矣。[56]

经过居正的支持以后，安御史的奏疏来了，一切和光懋的话一样。兵部尚书和蓟辽督、抚还在设法隐饰，但是事情已经隐饰不来了。最后的结果是，内阁、兵部、督、抚、总兵的恩赏一齐被革除。居正在万历七年曾经说起："赏罚明当，乃足劝惩，未有无功幸赏，而可以鼓舞人心者！"又说："近日辽左虚冒功级，虽督、抚、大将，已降之恩皆追夺。"[57] 经过这一番振饬，韎鞈武士们可以瞑目了。

居正这一次的作风真有些操切，莫说已降之恩一概革夺，似乎不近人情，最初报捷的梁梦龙、题请的方逢时、拟旨的吕调阳等，不感觉难堪吗？这里有的是内阁多年的同僚、心腹相共的朋友，以及一手提拔的门生，然而居正顾不得，在为朝廷整饬纲纪的前提之下，居正不顾私人的关系。国家赏罚倒置，还称什么国家？居正在这方面当然有他的决心。

话又说回来了，在文明葬事既毕以后，居正又匆促地准备入京。从前人说"身在江湖，心在魏阙"，正是居正这时的心境。御史周友山在给他的信中，说他"恋"。居正坦然地答复道：

孤之此行，本属初意，今荷圣慈特允，获遂夙行，所谓求仁而得仁也。他何知焉？兹奉翰示，"恋之一字，纯臣所不辞。今世人臣，名位一极，便各自好自保，以固享用。"至哉斯言，学者于此，能确然自信，服行勿失，便可为天地立心，为生民立命，为万世开太平，非谫见闻所可窥也。[58]

"恋"是不肯放弃。在古代的政治术语中，不肯放弃成为一种罪恶，所以骂人久于禄位，说他"恋位""恋栈"。在"恋"字的意义经过这样地转变以后，政治界最高超的人生观便是那优游不迫、漠不关心的态度。做小官的说是"一官如寄"，做大官的便想"明哲保身"。至于国家的事，倘使有人在那里切实负责，那么骂他一声"恋位"，背后也可以指手画脚，诅咒"俗吏"；倘使没有人负责，那么也好，天下事自有天下人负责，风雅的官长们不妨分韵赋诗，何必管这么多的俗务？居正对于"恋"字直认不讳，正在那里提倡当时政治界的一种新人生观。

在辞别老母和吩咐司礼太监魏朝护送太夫人秋季入京以后，居正又从江陵出发了。从此以后，他再没有看到江陵。三十二人的大轿，在五月二十一日仍向北京开拔。但是夏天的道路经过淫雨以后，更不易走，眼看五月底入京的限期无法遵守，居正只得再请宽限道："臣已于本月二十一日，更服墨缞，星驰就道。伏念臣违远阙庭，已逾两月，今恨不能一蹴即至，仰觐天颜。但臣原籍去京师，几三千里，加以道途霖潦，每至迍邅，哀毁余生，难胜劳顿，今计五月中旬之限，已属稽违，私心惶惶，不遑宁处。除候到京之日，伏藁待谴外，谨先奏知，以仰慰圣母、皇上悬念。尤冀圣慈曲垂矜悯，特宽斧钺，稍假便宜，俾孱弱之躯，获免困仆，裂肝碎首，杀不敢辞。臣无任惶惊陨越之至。"

这一奏疏上去，神宗下谕：览奏，知卿已在途，朕心慰悦。炎天远道，宜慎加调摄，用副眷怀，便从容些行不妨[59]。

居正还京的行程因此从容下来。路过襄阳，襄王出城迎接；以后再过南阳，唐王也同样迎接。明朝的事，臣民遇见藩王，都行君臣之礼，但是现在不同了，只行宾主之礼。从南阳向北，不久便到新郑。居正再去访问高拱，这一次高拱更颓唐了。居正到京以后，还去过一次信：

> 比过仙里，两奉晤言，殊慰夙昔，但积怀未能尽吐耳。承教二事，谨俱祗领。翁第专精神，厚自持，身外之事，不足萦怀抱也。初抵京，酬应匆匆，未悉鄙悰，统容专致。[60]

这是他们最后一次见面了。所说二事，大致是指高拱立嗣和身后请求恤典的事。高拱的暮年真凄凉，六十几岁的人了，连嗣子还没有确定；身后的恤典，一切还得仰仗自己的政敌。立嗣是高家自己的事，恤典毕竟要由居正维持，在这方面，居正没有忘去多年的交谊。

从新郑北上，渡过黄河，六月十五日未时以后，居正到达北京郊外真空寺，神宗已经派司礼监太监何进在那里赐宴。本来在居正上疏请求宽限以后，皇上固然盼切，内阁、六部、都察院、各寺、六科，连同南京部、院、寺、科，联名请求催促居正还朝。现在果然到了，皇上派员设宴，两宫皇太后也派管事太监赐银八宝，赐金钱、川扇，赐点心、果饼、鲜果、清酒。何进口传圣旨："若午时分进城，便着张先生在朝房伺候，朕即召见于平台。若未时分进城，着先生径到宅安歇，次日早，免朝召见。"[61]

十五日来不及入朝，居正回宅安歇。第二天十六日是早朝的日期，上谕免朝，神宗到文华殿，仍在西室召见居正。

"臣以前者蒙恩准假葬父，"居正叩头道，"事竣，臣母老，未能同行，又蒙圣恩，特留司礼监太监魏朝，候秋凉伴行。臣一门存殁，仰戴天恩，不胜感切。"

"先生此行，忠孝两全了。"神宗说。

"臣一念乌鸟私情，若非圣慈曲体，何由得遂？感恩图报之忱，言不能宣，唯有刻之肺腑而已。"居正说。

神宗安慰居正说："暑天长路，先生远来辛苦。"

居正叩头谢恩，一面又请求违限之罪。

神宗把请罪的事搁下，只说"朕见先生来，甚喜。两宫圣母亦喜"。

"臣违远阙庭，倏忽三月，"居正慨然地说，"然犬马之心，未尝一日不在皇上左右。不图今日重睹天颜，又闻圣母慈躬万福，臣不胜庆忭。"

"先生忠爱，朕知道了，"神宗说，经过一度停顿以后，神宗又问，"先生沿途，见稼墙何如？"

居正奏明往来道路所经畿辅、河南地方，二麦全收，秋禾茂盛，实丰登之庆。

神宗又问道："黎民安否？"

"各处抚、按有司官来见，臣必仰诵皇上奉天保民至意，谆谆告诫，令其加意爱养百姓。凡事务实，勿事虚文。臣见各官兢兢奉法，委与先年不同。以是黎民感德，皆安生乐业，实有太平之象。"居正说。

"今边事何如？"皇上又关心地问道。

"昨在途中见山西及陕西三边督、抚、总兵官，俱有密报，说虏酋俺答西行，为挨落达子所败，损伤甚多，俺答仅以身免。此事虽未知虚实，然以臣策之，虏酋真有取败之道。夫夷、狄相攻，中国之利，此皆皇上威德远播，故边境乂安，四夷宾服。”居正又在下面叩头称贺了。

神宗说：“此先生辅佐之功。”

居正看定这是一个重大的事件，所以愈说愈高兴，连古代那些圣王之道都说上了，语句之间，也越发文绉绉的。他说：“虏首若果丧败，其运从此当日衰矣，但在我不可幸其败而轻之。盖圣王之制夷狄，惟论顺逆，不论强弱；若其顺也，彼势虽弱，亦必抚之以恩；若其逆也，彼势虽强，亦必震之以武。今后仍望皇上扩并包之量，广复育之仁，戒谕边臣，益加恩义。彼既败于西，将依中国以自固，又恐乘其敝而图之。若我抚之，不改初意，则彼之感德益深，永为藩篱，不敢背叛，此数十年之利也。”

神宗听到这一篇议论，很高兴地点头道：“先生说的是。”停了一下以后，又说：“先生沿途辛苦。今日见后，且在家休息十日了进阁。”

居正叩头称谢，神宗赐银一百两、纻丝六表里、新钞三千贯，还有两只羊、两瓶酒，连带茶饭一桌，烧割一份。神宗又差司礼太监张宏引导居正到慈庆宫、慈宁宫叩谢两宫皇太后。

居正回内阁办事之先，第一还得办自己的事。在居正葬父的时候，湖广的大官都来会葬，偏偏湖广巡按御史赵应元没有到。应元自称出差已满，正在襄阳和新任巡按郭思极办理交代，所以不能来。理由尽管举得出，但是居正总有一点儿不舒服。应元巡按事毕，照例当回都察院听候考察。明朝是一个重视监察权的时代，巡按御史当然有巡按御史的本分；但自中期以来，把这个听候考察的故事视为具文的不止一人，在逐渐松懈的局面下，这并不是意外。应元告了病假，回籍养病，没有回院。都察院左都御史陈炌是主管官，负有整顿纪纲的责任，立即提出弹劾，认为托病规避，应予罢斥。应元随即受到除名的处分，这是居正还朝以前的事，但是问题来了。据说这一次陈炌提出弹劾，受了佥都御史王篆的指使，王篆是居正的门客，平时和应元不睦，现在更要讨好居正，以至挑出这一个局面。于是，事情又集中到居正身上。户部员外郎王用汲上疏攻击陈炌，但是主要的对象还是居正。他说：

陛下但见炌论劾应元，以为恣情趋避，罪当罢斥，至其意所从来，陛下何由知之？如昨岁星变考察，将以弭灾也，而所挫抑者，半不附宰臣之人：如翰林习孔教则以邹元标之故；礼部张程则以刘台之故；刑部“浮躁”，独多于他部，则以艾穆、沈思孝而推戈；考后劣转赵志皋，又以吴中行、赵用贤而迁怒。

盖能得辅臣之心，则虽屡经论列之潘晟，且得以不次蒙恩；苟失辅臣之心，则虽素负才名之张岳，难免以“不及”论调。臣不意陛下省灾塞咎之举，仅为宰臣酬恩报怨之私；且几附宰臣者，亦各借以酬其私，可不为太息矣哉！孟子曰：“逢君之恶其罪大。”臣则谓逢相之恶，其罪更大也。陛下天纵圣明，从谏勿咈，诸臣熟知其然，争欲碎首批鳞以自见。陛下欲织锦绮，则抚臣、按臣言之；欲采珍异，则部臣、科臣言之；欲取太仓光禄，则台臣、科臣又言之；陛下悉见嘉纳，或遂停止，或不为例。至若辅臣意之所向，不论是否，无敢一言以正其非，且有先意结其欢，望风张其焰者，是臣所谓逢也。今大臣未有不逢相之恶者，姑特其较著者尔。以臣观之，天下无事不私，无人不私，独陛下一人公耳。陛下又不躬自听断，而委政于众所阿奉之大臣，大臣益得成其私而无所顾忌，小臣益苦行私而无所诉告，是驱天下而使之奔走乎私门矣！陛下何不日取庶政而勤习之，内外章奏，躬自省览，先以意可否焉，然后宣付辅臣，俾之商榷，阅习既久，智虑益弘，几微隐伏之间，自无逃于天鉴。夫威福者陛下所当自出，乾纲者陛下所当独揽，寄之于人，不谓之旁落，则谓之倒持；政柄一移，积重难返，此又臣所日夜深虑，不独为应元一事已也。

用汲这次奏疏完全是针对居正的。在他上疏的时候，居正还没有回朝，内阁诸人，吕调阳在病假中，张四维拟旨，用汲革职为民。居正六月十五日入京，十六日召见，事后会见张四维、马自强、申时行，知道事情原委，这才调出用汲原疏细看。不看犹可，看了增加不少的愤慨。居正随即上疏请求鉴别忠邪。他指明用汲微意所在，只在居正一人；他说用汲的本心，只在离间君臣；他甚至说用汲请皇上独揽乾纲，只是要皇上为刚愎自用之秦始皇，谗害忠良之隋文帝。然后，他慨然地说起：

夫国之安危，在于所任，今但当论辅臣之贤不贤耳。使以臣为不肖耶，则当亟赐罢黜，别求贤者而任之。如以臣为贤也，皇上以一身居于九重之上，视听翼为，不能独运，不委之于臣而谁委耶？先帝临终，亲执臣手，以皇上见托，今日之事，臣不以天下自任而谁任耶？羁旅微贱之臣，一旦处百僚之上，据鼎铉之任，若不得明主亲信委用，又何以能肩巨负重，而得有所展布耶？况今各衙门章奏，无一不经圣览而后发票，及臣等票拟上进，亦无一不请圣裁而后发行，间有特出宸断，出于臣等智虑所不及者：今谓皇上漫不经意，一切委之于臣，何其敢于厚诬皇上耶？臣自受事以来，殚赤心以尽忠帝室者，神明知之矣。赖我皇上神圣，臣得以少佐下风，数年之间，纪纲振举，百司奉职，海内之治，庶几小康，此市人田夫，所共歌颂而欣庆者也。今乃曰，“人人尽私，事事尽私，”又何颠倒是非一至此耶？然用汲之言如此也，而意不在此也；其言出于用汲也，而谋不止于用汲也。缘臣赋性愚戆，不能委曲徇人，凡所措画，惟施一概之平；法所当加，亲故不宥，才有可用，疏远不遗；又务综核名实，搜剔隐奸，推毂善良，摧抑浮竞；以是大不便于小人，而倾危躁进之士，游谈失志之徒，又从而鼓煽其间，相与怂恿擁嗾，冒险钓奇，以觊幸于后日，为攫取富贵之计，蓄意积虑，有间辄发：故向者刘台为专擅之论，今者用汲造阿附之言。夫专擅阿附者，人主之所深疑也，日浸月润，铄金销骨，小则使臣冒大嫌而不自安，大则使臣中奇祸而不自保。明主左右，既无亲信重臣，孤立于上，然后呼朋引类，借势乘权，恣其所欲为，纷更变乱，不至于倾覆国家不已。此孔子所以恶利口，大舜所以疾谗说也。臣日夜念之，忧心悄悄，故敢不避烦渎，一控于圣明之前，遂以明告于天下之人：臣是顾命大臣，义当以死报国，虽赴蹈汤火，皆所不避，况于毁誉得丧之间！皇上不用臣则已，必欲用臣，臣必不能枉己以徇人；必不能违道以干誉；台省纪纲，必欲振肃；朝廷法令，必欲奉行；奸宄之人，必不敢姑息，以挠三尺之公；险躁之士，必不敢引进，以坏国家之事；如有捏造浮言，欲以荧惑上听、紊乱朝政者，必举祖宗之法，请于皇上，而明正其罪。此臣之所以报先帝而忠皇上之职分也。尤望皇上大奋乾断，益普高明，大臣之中，有执法奉公如陈炌者，悉与主持裁断，俾得以各守其职业而无所畏忌，则国是不移而治安水保矣。臣诚不胜怀忠奋义，情发激切之至。[62]

奏疏上去以后，奏上谕：

朕践祚之初，方在冲幼，赖卿受遗先帝，尽忠辅佐，以至于今，纪纲振肃，中外乂宁，此实宗社之灵，所共昭鉴。惟是奸邪小人，不得遂其徇私自便之计，假公伺隙，肆为谗谮者，累累有之，览奏，忠义奋激，朕心深切感动。今后如再有讹言侜张，挠乱国是的，朕必遵祖宗法度，置之重典不宥。卿其勿替初心，始终辅朕，俾臻于盛治，用副虚己倚毗至怀。[63]

居正这次上疏是一篇独裁者表明政治立场的宣言。居正有综核名实、整顿

竹院品古图

明代绘画大师仇英作，画中展现了明朝文人从容雅致的生活方式。

纲纪的决心，同样也有修明庶政、安定内外的能力。然而，居正采取的政治路线在当时不是平常的政治路线。他曾经希望穆宗实行独裁政治，现在付诸实行，独裁者便是他自己。居正的路线实际上是从一般的君主政治走向独裁政治，但是对于这一点，居正自己没有意识到，他只觉得这是“报先帝而忠皇上之职分”。其实他那种“皇上以一身居于九重之上，视听翼为，不能独运，不委之于臣而谁委耶”的口吻，从神宗听来，未必怎样悦耳。当然，十六岁的皇帝谈不到和居正争权，但是事态正在逐日演变，神宗也正在逐日长大，独裁者和君主的对立成为必不可免的结果。假使万历十年居正不死，我们很难推测他的前途，而居正一死，神宗立即成为他最大的敌人，从政治关系看，正是最易理解的现象。这一切，在万历初年，神宗、居正都没有看到；而刘台、王用汲这一流人只觉得居正太专擅了，希望神宗给他一些应有的制裁。

九月间，居正母赵夫人入京。司礼太监魏朝一直伴送到京，神宗又命司礼太监李佑出郊慰劳，随即护送赵夫人直至居正私宅，两宫皇太后都派宫中管事太监一同慰劳。不久以后，皇上和太后的赏赐颁下了。皇上赐金累丝镶嵌青红宝石长春花头面一副、银八宝豆叶一百两、红纻丝蟒衣一匹、青纻丝蟒衣一匹、红罗蟒衣一匹、青罗蟒衣一匹、里绢四匹、甜食二盒，仁圣皇太后赐金累丝首饰一副、织金闪色纻丝六表里、荤素盒八副，慈圣皇太后赐金累丝镶嵌青红宝石珍珠花头面一副、珍珠宝石环一双、红罗蟒衣一匹、青纻丝蟒衣一匹、红绸蟒衣袄儿、绿膝襕裙一套、青纻丝蟒衣袄儿、绿纻丝暗花裙一套、银八宝豆叶三包、每包二十两、荤素盒八副。居正感激涕零，在上疏称谢的时候说起：

惊传闾巷，荣感簪绅，实臣子不敢觊之殊恩，亦载籍所未闻之盛事。欲酬高厚，惟当移孝以作忠，苟利国家，敢惜捐躯而碎首。[64]

赵夫人年龄太大了，而且疾病缠身，没有入宫叩谢，仍由居正至会极门叩头代谢。[65]王世贞说神宗和皇太后慰谕居正母子，几用家人礼，假如赵夫人入宫，这是很可能的待遇。

居正的感激在书牍中常时流露。五年十月，他和致仕的王崇古说起：

别来一岁中，奔命驱驰，忧瘁万状，重蒙圣主垂念乌鸟私情。老母入京，又荷两宫圣母慰问勤惓，赐赉优渥。夫士感知己之分，一饭之恩，犹欲以死酬报，况如不肖者，将何以仰答圣恩于万一手？自是当永肩一心，矢死靡他，虽举世非我，亦有所不暇顾矣。[66]

在居正归葬、入京的中间，曾经两次和高拱会晤。到十月间，高拱死了。隆庆六年和万历之初，政治界的三大人物是徐阶、高拱和张居正。徐阶是前辈，隆庆元年，年六十四岁，他已经开始感觉到政治生活的厌倦，所以不久便致仕了。剩下高拱、居正，他们是多年的朋友，六年的政敌。在能力方面，他们正是敌手，在性情方面，他们也许有一些不相同，但这仅是很几微的一点，在大体上，他们是一致的。这样的两个人物倘使在同一的局面里，必然会因摩擦而冲突；但在不同的局面里，他们也许会因了解而倾慕。隆庆六年六月以后，高拱失败了，他好比一匹负伤的猛兽，回到草莽间呻吟，他那部《病榻遗言》对居正加以攻击，原在意中。但是居正对高拱的情感从隆庆六年到万历六年正在不断地移转，道过新郑的访问，流露出内心的好感，他只看到一位二十年的旧交。现在高拱死了，居正写信给他的弟弟，谈到恤典的事：

三十年生死之交，一旦遂成永隔，刺心裂肝，痛何可言？犹幸比者天假其便，再奉晤言，使孤契阔之悰，得以少布，而令兄翁亦遂长逝而无憾也。令嗣继既定，吾契且忍痛抑哀，料理家事，至于恤典诸事，须稍从容，俟孤子内廷多方调处，俾上意解释，孤乃具疏以请。旦夕有便，当告之贵省抚、按、托其具奏报也。[67]

高拱的嗣子务观确定了，恤典还没有把握。居正是高拱的政敌，但是居正始终没有仇视高拱。仇视高拱的冯保也还有转圜的余地，最困难的是这一位“十

岁孩子",居正所谓"多方调处"者指此。最后决定由高拱妻张夫人上疏请求恤典,果然神宗拒绝了。居正这才委婉上疏:

看得高拱赋性愚戆,举动周章,事每任情,果于自用,虽不敢蹈欺主之大恶,然实未有事君之小心,以此误犯天威,死有杀戮。但伊昔侍先帝于潜邸,九年有余、犬马微劳,似足以少赎罪戾之万一。皇上永言孝思,凡先帝簪履之遗,犹不忍弃,况系旧臣,必垂轸念;且当其生前,既已宽斧钺之诛,今值殁后,岂复念宿昔之恶?其妻冒昧陈乞,实亦知皇仁天覆,圣度海涵,故敢以匹妇不获之微情,仰干鸿造也。……夫保全旧区,恩礼不替者,国家之盛典也;山藏川纳,记功忘过者,明主之深仁也。故臣等不揣冒昧,妄为代请,不独欲俯存阁臣之体,实冀以仰成圣德,覃布鸿施,又以愧死者,劝生者,使天下之为臣子者,皆知竭忠尽力,以共戴尧舜之君也。[68]

神宗批道:"高拱负先帝委托,藐朕冲年,罪在不宥。卿等既说他曾侍先帝潜邸讲读,朕推念旧恩,姑准复原职,给与祭葬。"[69]这一次所得的葬只是"半葬",在祭文里面还带着不少的贬词。[70]居正和高梅庵说起:"玄翁恤典,甚费心力,仅乃得之,然赠谥尚未敢渎请,俟再图之。遇此一番应得之例,续请根基,定于此矣。"[71]半葬是由国库担任葬费的一半,居正特为函嘱河南巡抚周鉴从速发出。[72]等到葬事有了头绪,梅庵又请居正为高拱作传,作墓志铭。居正说:"仆与玄老交深,平生行履,知之甚真,固愿为之创传以垂来世。墓铭一事,虽委微命,亦所不辞,谨操笔以俟。"[73]这几句话透出居正对高拱的情感。

注释

[1]"乞身"二字不可信。文集十《先考观澜公行略》作"拟俟大礼告成当请告一省觐",语较翔实。

[2]书牍九《答司寇王西石》。

[3]敬修《文忠公行实》言"不谓一日晨出登王粲楼,蒙犯霜露,寝疾十有一日,

遂卒”，与居正《答王西石书》不合。

[4]奏疏六《闻忧谢降谕宣慰疏》。

[5]奏疏六《乞恩守制疏》。

[6]王振、汪直、刘瑾以及后来之魏忠贤，皆未直接掌握政权。

[7][8]奏疏六《乞恩守制疏》。

[9]奏疏六《再乞守制疏》。

[10]奏疏六《三乞守制疏》。

[11]奏疏六《三乞守制疏》。

[12]奏疏六《谢降谕慰留疏》。

[13]奏疏六《乞暂遵谕旨辞俸守制预允归葬疏》。

[14]红袍玉带为吉服，故言青衣角带。

[15]奏疏六《乞暂遵谕旨辞俸守制预允归葬疏》。

[16]书牍九《答太宰王疏庵》。

[17]文集十一《杂著》。

[18]奏疏九《辞考满加恩疏》。

[19]奏疏六《谢内府供给疏》。

[20]书牍九《答蓟镇巡抚陈我度言辞俸守制》。

[21]《天论》。

[22]王世贞《首辅传》卷七。又《明史纪事本末》卷六十一云，居正屈膝于地，举手索刃，做刎颈状，曰：“尔杀我，尔杀我。”《明史稿·张居正传》云：居正至引刀作自刭状，以胁之。《明史·王锡爵传》言居正径入不顾。今按世贞与锡爵往还甚密，言较可信，其余则传闻之辞也。

[23]严嵩，分宜人。

[24]奏疏六《乞恢圣度宥愚蒙以全国体疏》。

[25]奏疏六《乞恢圣度宥愚蒙以全国体疏》。

[26]奏疏六《谢召见疏》，对话用原文。

[27]书牍十一《答操江胡玉吾》。

[28]书牍九《答河道吴自湖》。

[29]《明史·河渠志》“五年命桂芳为工部尚书兼理河漕”，语误。兼理河、漕在五年，进工部尚书在六年，明《万历实录》《明史稿》及《明史·吴桂芳传》语皆合。

[30]书牍十《答河道司空吴自湖言任人任事》。

[31]田土调查在弘治十五年，《明史·食货志》载天下土田止四百二十二万八千五十八顷。嘉靖八年霍韬言天下额田已减强半，其言皆误。盖嘉靖间修《会典》误以六百余万顷为四百余万顷，今以万历本《会典》考之，应作六。

[32]《明史纪事本末）作万历五年十一月，《明史·食货志》作万历六年，《明纪》作万历六年十一月。按万历本《明会典》卷十七有万历六年田土实数。盖疏请在五年，而开始调查则在六年。

[33]《明史》卷二二七《萧廪传》。
[34] 奏疏六《请别遣大臣以重大礼疏》。
[35] 奏疏六《乞遵守慈谕疏》。
[36] 奏疏六《谢皇太后慈谕疏》。
[37] 奏疏六《谢皇太后慈谕疏》。
[38]《辽东大捷辞免加恩疏》，对话用原文。
[39] 奏疏七《乞归葬疏》。
[40][41] 奏疏七《再乞归葬疏》。
[42]《明史·后妃传》作贞懿，《张文忠公全集》作懿安。
[43]《明史·张居正传》、《明纪》卷四十。据王世贞《首辅传》，张居正遣人布腹心于阶，阶诸子且信之，似为徐阶诸子之大言，居正未必有信。
[44] 奏疏七《谢赐敕谕并银记疏》。
[45] 奏疏七《召辞纪事》，对话用原文。
[46] 居正居丧中情状，见书牍十四《答徐存斋二十四》。
[47] 奏疏六《召辞纪事》及《谢召见面辞疏》。
[48] 书牍十四《答中玄高相公三》。
[49] 奏疏七《奉谕还朝疏》。
[50][51][52] 奏疏七《奉谕拟辽东赏功疏》。
[53] 书牍十《答本兵方金湖言边功宜详核》。
[54] 即巡按御史。
[55] 书牍十《答边镇督抚》。
[56] 书牍十《答辽东安巡按》。
[57] 书牍十一《答总宪吴近溪》。
[58] 书牍十《答宪长周友山》。
[59] 奏疏七《奉谕还朝疏》。
[60] 书牍十四《答中玄高相国四》。
[61] 奏疏七《谢遣官郊迎疏》。
[62][63] 奏疏八《乞鉴别忠邪以定国是疏》。
[64] 奏疏八《谢赐母首饰等物疏》。
[65] 奏疏八《谢两宫圣母疏》及《文忠公行实》。
[66] 书牍十《答王鉴川》。
[67] 书牍十四《答参军高梅庵》。
[68][69] 奏疏八《为故大学士高拱乞恩疏》。
[70]《明纪》卷四十。
[71] 书牍十四《答参军高梅庵》。
[72] 书牍十四《答河南周巡抚》。
[73] 书牍十四《答参军高梅庵》。

第十二章 元老的成功

居正当国，便等于神宗失位，首辅大学士和皇帝成为不能并立的形势。在这一个情态之下，居正头脑糊涂一点儿，便可以做王莽；气魄大一点儿，也可以做曹操。但居正不是王莽、曹操，而且在那个提倡忠孝的坏境之下，也不容许王莽、曹操的产生。

万历六年六月居正回京以后，这是大功告成的时期了。内阁方面，七月吕调阳致仕，十月马自强病卒，只剩居正和张四维、申时行三人；四维、时行一切唯唯听命，大权只在居正手中。六部方面，五年十月吏部尚书张瀚免职，王国光继任；六年六月户部尚书殷正茂致仕，张学颜继任；六年六月礼部尚书马自强入阁，潘晟继任；五年十月兵部尚书王崇古致仕，方逢时继任；五年八月刑部尚书刘应节致仕，吴百朋继任；六年五月百朋病卒，严清继任；五年十一月工部尚书郭朝宾致仕，李幼孜继任。都察院方面，五年十月左都御史陈瓒病免，陈炌继任。六部和都察院的首长，除了严清以外，都和居正有私人关系，在这个局面之下，政治方面的发展，当然不会有任何的障碍。

第一件要实行的还是清丈的事，这是一件有关当时国计民生的大事，自从万历五年提议以后，到万历六年才实行，又因为原案有限三载竣事的规定，清丈的大事在不慌不忙的状态中继续前进，大家对于实行开始的时间反而有些茫昧了。居正死后，敬修作《文忠公行实》，说起在劳堪为福建巡抚实行度田以后，居正才和张四维、申时行、张学颜等上疏提议清丈。其实这是错的。清丈固然从福建开始，但在耿定向的时期，不在劳堪的时期。六年定向为福建巡抚，八年始去，劳堪继任，中间便差了两年。居正曾和定向说起：

丈田一事，揆之人情，必云不便，但此中未闻有阻议者，或有之，亦不敢闻之于仆耳。“苟利社稷，死生以之”，仆比来唯守此二言，虽以此蒙垢致怨，而于国家实为少裨，愿公之自信，而无畏于浮言也。[1]

同卷又与定向言及“丈地亩，清浮粮，为闽人立经久计，须详细精核，不宜草草”。[2] 这是万历七年之事。

到万历九年，限期将满，照例给事中可以按限彻查，指名提劾；但是居正还是吩咐各省慎重将事，一面叮嘱科臣从缓提劾。他屡次说起：

清丈之议，在小民实被其惠，而于官豪之家，殊为未便。况齐俗最称顽梗，今仗公威重，业已就绪，但恐代者，或意见不同，摇于众论，则良法终不可行，有初鲜终，殊可惜也。今虽借重冬曹，愿公少需，以毕此举，慰主上子惠元元之心。[3]

清丈事，实百年旷举，宜及仆在位，务为一了百当，若但草草了事，可惜此时徒为虚文耳。已属该部、科有违限者，俱不查参，使诸公得便宜从事。昨杨二山公书，谓此事只宜论当否，不必论迟速，诚格言也。[4]

临川丈田事，偶有闻，即以告，今事已竣，法无阻滞，则其人亦不必深究矣。此举实均天下大政，然积弊丛蠹之余，非精核详审，未能妥当。诸公宜及仆在位，做个一了百当，不宜草草速完也。前已属该科老成查参，将此件不必入参，正欲其从容求精耳。江右事已就理，独五县未完，谅数月之内，即可了结，俟通完之后，具奏未晚。人旋，贱恙尚未全愈，为此草草，统惟鉴存。[5]

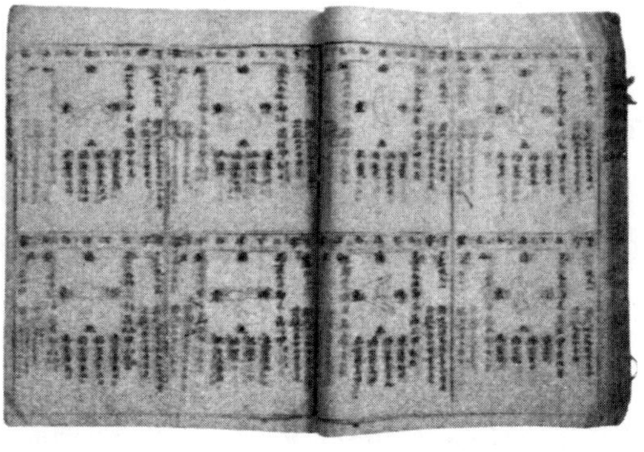

鱼鳞图册

万历九年，张居正主持清查全国土地，重新编制了《鱼鳞图册》。

万历九年九月，居正抱病，答王宗载（即王又池）书，大致在九月以后，江西全省清丈通完具奏，大致已在十年之初，不及半年，居正即逝世了。居正对于清丈之事，屡称宜及自己在位，做个一了百当，这里流露他对于此事的热心，同时也流露内阁其他诸人对此的缺乏认识。当他把考成法搁置，吩咐科臣不必提参的时候，我们很可看出他对于此事寄予最大的期望。

孟子说过，“夫仁政必自经界始”，在田亩没有清丈以前，人民的负担不能公允，便是最大的不平。居正认为“小民实被其惠”，认为“慰主上子惠元元之心”，确是不错，但是这一次的清丈，和弘治十五年的清丈一样，还是一次失败。

居正对于清丈曾经发动过政治力量，但是没有成功，最大的原因，还是当时的官吏，对于政治的认识不够。有的主张只和旧额一样，无须多报；有的看到清丈条例对于田地，有分列上、中、下三等的规定，索性一例填报下田，认为清丈是一种爱民的政策，不当填报上田，以致加重民众的负担[6]。这些官吏在当时都认为是爱民的好官，而居正所得的声名是“掊克”，是“以溢额为功”，再加以嘉靖间计算数字的错误，于是误认弘治十五年清丈只有四百余万顷，万历六年清丈，得七百零一万三千九百七十六顷，三百万顷的增加，证实居正的掊克。数字的错误更增加了他的罪状。

其实这一年比弘治十五年的数字，只增加八十一万顷，而比之洪武二十六年清丈的数字，即连后开的云南、贵州在内，尚差一百四十九万顷，这又算什么“掊克”呢？民间的田地，逐年集中到勋爵、官吏和大地主的手里，大地主又倚仗他们的社会地位，对于国家逃避赋税的负担，以致造成国穷民困的现象。居正原有的计划，是要大地主同样尽国民的义务，他自认“于官豪之家，殊多未便”，其故在此。

假如我们把万历六年清丈的成绩加以分析，更可看出这里没有什么“掊克”的气息。万历六年的数字比之弘治十五年的数字，在总数上固然增加了，但是十三省中，增加的只有七省，减少的也有六省；南、北两京直隶二十八府、州之中，增加的只有十六府、州，如故的两州，减少的也有十府、州。可见居正没有“以溢额为功”的成见，否则在他大权在握的时候，绝没有这许多敢和居正抵抗的地方长官。其次如福建巡抚耿定向、劳堪，江西巡抚王宗载，算是和居正接近的了，居正对于福建、江西两省的清丈也显见特别关心，但是这一次清丈的结果，福建从十三万五千万余顷减到十三万四千万余顷，江西从四十万两千万余顷减至四十万一千万余顷，差额固然是很小，但是差额究竟是差额，证实居正没有“掊克”的存心。至如苏州日上从十五万五千万余顷减至九万两千万余顷，更是很大的差额。

这次清丈之后，田额增加最大的是北京府、州，河南和山东三处；全国增加八十一万顷，单这三处便增加五十一万余顷。弘治十五年，清丈北京十府、州，共计田土二十六万九千余顷，现在是四十九万三千余顷；河南旧系四十一万六千余顷，现在是七十四万一千余顷；山东旧系五十四万二千余顷，现在是六十一万七千余顷。除这三处以外，广东旧系七万二千余顷，现在增至二十五万六千余顷，也是一个很大的数字，在百分比上更加显著。

广东方面，主要的还是“治安”问题。中央力量加强，地方秩序良好，担负赋税的民众和田土，当然会逐渐增加，事情本来简单。北京、山东、河南，都是畿辅之地，除去建文年间，曾经发生一度的内战，以及长城一带，偶然遭受敌人的破坏以外，从开国以来，始终保持良好的秩序，现在的增加当然与“治安”无关。那么，这是怎样的呢？

北京、山东、河南都是畿辅，三处的田土不断地被勋戚、权贵吸收了，一经集中以后，他们提出许多似是而非的理由，躲避纳税的义务。居正的政策是要打击他们的特权，使他们对于国家有同样的负担。阳武侯便是一个好例子。成祖时代，薛禄从征有功封侯，传到万历年间，已是第七代了，除了公田以外，还有自置田土，是否应当纳税，这是一个问题。居正决然地说：

> 承询阳武优免事，查律，功臣家除拨赐公田外，但有田土，尽数报官，纳粮当差。是功臣田土，系钦赐者，粮且不纳，而况于差？锡之土田，恩数已渥，岂文武官论品优免者可比？若自置田土，自当与齐民一体办纳粮差，不在优免之数也。近据南直隶册开诸勋臣地土，除赐田外，其余尽数查出，不准优免，似与律意相合。幸惟尊裁。[7]

万历六年清丈，除云南、贵州因系新辟地方本应增加，及陕西、四川和南京所属八府、州所加无多，不待研讨外，其余河南、山东、广东三省，和北京所属八府，共增七十万顷，占去增加额的百分之八十九。居正从政令不易贯彻的广东，夺获担负国税的田土，这一点也许人还了解；但是他从勋贵盘据的畿辅夺回担负国税的田土，便引起莫大的物议。他们不说他得罪勋贵，而说他掊克小民；正和他在沙汰生员的时候，一般人不说他整顿学政，而怀疑他得罪圣贤一样。孟子说：“为政不难，不得罪于巨室：巨室之所慕，一国慕之；一国之所慕，天下慕之。”在一般人民觉悟没有提高的时候，他们对于大地主阶级的危害，认识不够，甚至还会受到大地主阶级的利用。张居正主张清丈，和大地主阶级的利益直接发生冲突，他在身后，招致不少的诋毁，也许这也是一个原因。但是居正曾说过，“得失毁誉关头若打不破，天下事无一可为者。”[8] 居正对于一般的毁誉根本不曾放在心上。

居正抱定“苟利社稷，死生以之”。这一次的清丈无意中代表一个政治上的基本要求——全国人民，对于国家的义务，要求公允的负担。但事实上的成绩还是很小，畿辅的田土，比之弘治十五年，固然增加不少；但是比之洪武二十六年的清丈，北京五十八万两千万余顷，山东七十二万四千万余顷，河南一百四十四万九千万余顷，其实只剩百分之六十七。其余的百分之三十三依然在勋戚权贵手里，居正无如之何。二百年来积累的政治势力，在当时不是片时可以铲除的事物。

万历六年十二月，命纂宗藩事例。明朝的宗室滋生太繁，成为国家的大害。嘉靖四十四年，纂定《宗藩条例》，对于宗室大加裁损，减少国家支出，当然是一种补偏救弊的方策。但是减削太甚，立法太严，出乎情理之外的条例，徒然增加执行的困难，于事实无所裨益。居正列举九条未妥的地方，他说：

夫令所以布信，数易则疑，法所以防奸，二三则玩。现今该部处置宗藩事情，悉用此为准，因时救弊，似亦未为大害，但欲勒成简册，昭示将来，则必考求国体，审察人情，上不亏展亲睦族之仁，下不失酌盈剂虚之术，使情法允协，裒益适宜，乃足为经常可久之规。垂万世不刊之典。[9]

万历七年正月诏毁天下书院，自应天府以下，凡六十四处。明朝讲学的风气甚盛，上自达官贵人，下至诸生布衣，到处召集徒众，号称讲学。所讲的最初是圣经贤传，以后转到明心见性，这还是好的；有的成为一哄之市，书院讲学只增加号召徒众的机会；最下的甚至借此敛财，斯文扫地。居正在万历六年就说：“若今之谈学者，则利而已矣，乌足道哉？”[10] 这里已经透露他鄙视讲学的意见。次年他又说起：

吾所恶者，恶紫之夺朱也，莠之乱苗也，郑声之乱雅也，作伪之乱学也。夫学乃吾人本分内事，不可须臾离者。言喜道学者妄也；言不喜者亦妄也；于中横计去取，言不宜有不喜道学者之名，又妄之妄也。以指喻指之非指，不若以非指喻指之非指也；以马喻马之非马，不若以非马喻马之非马也。言不宜不喜道学之为学，不若离是非，绝取舍，而直认本真之为学也。孔子自言，人不如已之好学。三千之徒，日闻其论说，而独以好学归之颜子。令不穀亦妄自称曰，凡今之人，不如正之实好学者矣。承教，敢直吐其愚，幸惟鉴亮。[11]

同卷居正又有《与友山论学书》自称“不穀生平，于学未有闻，惟是信心任真，求本元一念，则诚自信而不疑者”。居正论学，直认本真，这是在阳明学派的空气中所得的认识，但是居正不爱空谈，欲求实际。他说：“今人妄谓孤不喜讲学者，实为大诬。孤今所以上佐明主者，何有一语一事，背于尧、舜、周、孔之道？但孤所为，皆欲身体力行，以是虚谈者无容耳。”[12] 在这种情形之下，居正对于讲学当然只觉得空言无补，徒资叫嚣。万历七年罢天下书院，是从这一点出发的。

万历六七年间，藏僧锁南坚错致书居正，居正答谢，在对藏交通上，是一件有兴趣的文件，此事的关键却在俺答。万历六年，俺答纠合青把都一部，大队西行，当时盛传土蛮部下，同时出发，声势浩大，北边顿时感觉紧张。居正一面吩咐宣大总督吴兑劝导俺答早日回巢，一面吩咐三边总督郜光先、甘肃巡抚侯东莱妥为布置。俺答到了甘肃境外，遇到瓦剌部下，吃了一个败仗，但是依然直到青海，见过活佛。在这次遇面以后，俺答上书，请求明王朝代为建寺供佛，御赐名额，同时又代西藏僧人请求补贡。“补贡”二字，当然只是译文的好看，其实是请求增加对藏贸易额，俾西藏得到需要的资源。时间已经是万历七年了。居正的策略是在可能的情形之下，酌量许可，但是绝不给他要挟的机会。建寺供佛，是可以的，但是朝廷只能资助物料，谈不到代为兴建，

鎏金文殊菩萨像

明朝政府赏赐给藏传佛教地区的鎏金菩萨像，反映出朝廷对这些区域的重视。

居正对于鞑靼的控制始终不曾疏忽。

万历六年十二月，甘肃巡抚侯东莱，差人把锁南坚错的书信寄来了，原书是西藏文，译文如此：

释迦摩尼比丘锁南坚错贤吉祥，合掌顶礼朝廷钦封干大国事阁下张：知道你的名显如日月。天下皆知有你，身体甚好。我保祐皇上，昼夜念经。有甘州二堂地方上，我到城中，为地方事，先与朝廷进本。马匹物件到了，我和阐化工执事赏赐，乞照以前好例与我。与皇上和大臣昼夜念经，祝赞天下大平，是我的好心。压书礼物：四臂观世音一尊、氆氇二段、金刚结子一方。有阁下分付顺义王早早回家，我就分付他回去。虎年十二月初头写。[13]

这封书到达以后，居正具奏，已经是万历七年了。他说：

臣看得乌思藏僧人锁南坚错，即虏酋俺答所称活佛者也。去年虏酋西行，以迎见活佛为名，实欲西抢瓦剌。比时臣窃料虏酋此行必致败衄，待其既败而后抚之，则彼之感德愈深，而款贡乃可坚久，乃授策边臣，使之随宜操纵，因机劝诱，阴修内治，以待其变。今闻套虏连遭丧败，俺答部下番夷悉皆离叛，势甚穷蹙，遂托言活佛教以作善戒杀，阻其西掠，劝之回巢；又因而连合西僧向风慕义，交臂请贡，献琛来王。自此虏款必当益坚，边患可以永息，比皆天地祖宗洪庇，皇上威德所及，而臣以浅薄，谬当枢轴，躬逢太平有道之盛，诚不胜欣庆，不胜仰戴。[14]

疏中又称锁南坚错所致礼貌，不敢私受，“仰乞圣明俯赐裁夺，敕下臣愚遵行，庶不孤远夷归向之诚，亦以见人臣不敢自专之义”。随奉圣旨：

卿轴理勋猷，宣播遐迩，戎狄咸宾，朕得以垂拱受成，深用嘉悦。览奏，具见忠慎，宜勉纳所馈，以慰远人向风慕义之诚。[15]

据敬修的《文忠公行实》，锁南坚错即阐化王达赖喇嘛。敬修以阐化王与达赖喇嘛并为一人，这是观念的混淆，居正本人对于其中的分别看得清楚。《明史·西域传》记锁南坚错事，又言“由是中国亦知有活佛，此僧有异术，能服人，诸番莫不从其教。即大宝法王及阐化诸王，亦皆俯首称弟子，自是西方止知奉此僧，诸番王徒拥虚位，不复能施其号令矣”。大概作者认定锁南坚错即达赖喇嘛，亦知其与阐化王为二人。

居正虽知锁南坚错非阐化王，但是对于他在宗教上的地位似乎不很清楚，他所注意的只是锁南坚错的政治作用。他和侯东莱说：

虏王乞番僧追贡事，已属本兵议处。渠既系乌思藏一种，自难却谢，但止可照西番阐化诸王例，若欲如北虏贡马，则不可许也。顺义前在宣大，亦曾馈孤以马匹、弓、矢，彼时止托督、抚诸公，以书谢之，量与回答；盖孤职在密迩，义不得与外夷相通。今承寄渠书，亦如宣大例，烦公为孤作一书答之，中间略说渠西行劳苦，既得见佛，宜遵守其训，学好戒杀，竭忠尽力，为朝廷谨守疆埸，享寿考太平之福，不宜听后生妄为，自生烦恼。所言番人追贡事，此种僧人，久失朝贡，本当绝之，兹因渠之请乞，特为允许，但止可照西番例，从陕西入贡，若欲如虏王诸部落贡马等项，则不可也；明春可即回巢住牧，自渠行后，西边部落，俱兢兢奉法，惟青把都一种，稍觉参差，以是渠宜早回，约束诸部，坚守约束，以终前功，亦不辜区区数年怀柔抚绥之意也。渠每年赏赐段匹等物，内库俱一一送与孤看过，然后发行，渠安得知之，书中亦可略及此意。外仍希处蟒衣二匹，纻丝二匹，茶百斤，米面下程一分，以犒劳之，见渠书已到也。[16]

这还是万历六年年底的事，次年，居正又屡次提起此事：

藏僧求贡事，诚制驭虏酋之一机。承示即入告主上，已荷俞允，其回赐诸物，皆命内库送不榖阅过乃发，圣德柔远之仁，可谓并包无外矣。阐化求封一节，礼部谓彼中见有阐化王，嘉、隆间皆曾入贡，与复封之说相左，恐有诈冒，不得不一行查，可遣使同顺义一人至藏中一查之，当得其要领也。其所遗不榖者，虽不可峻拒，宜奏知圣上而后受之，托掖川公量为酬答，以慰其意。仍希以鄙意传喻顺义，促之早归。建寺一节，似亦可从，俟宣大军门有疏，即为请行。此酋归，则贡市愈坚，而西镇可安枕矣。若将宾兔一枝，携之来归，尤妙，不知彼肯从否？[17]

答藏僧锁南坚错遍金纻丝二端、银纻丝二端，此外仍加茶百斤，及细布等物，或再欲从厚，则加一数念珠子。去人不便多赍，烦即于抚赏银内处给，可入查盘也。仍乞代为传示，谢其远意。通贡一节，已奏知主上俞允，今且先授禅师之号，后若化虏有功，次第加进，绝不吝惜。此后中华番虏，合为一家，永享太平，垂名万世矣。其顺义先已传谕，今不审当再谕否？望公以便宜行之。如欲遗以食物，亦即抚赏内处给亦可。[18]

《明史·鞑靼传》称宾兔为俺答之子，“俺答常远处青山，二子：曰宾兔，居松山，直兰州之北；曰丙兔，居西海，直河州之西；并求互市，多桀骜，俺答谕之，亦渐驯”。俺答诸子，自黄台吉以下，凡有数人，在西边的只有宾兔、丙兔。居正的计划是要俺答把宾兔带到宣大塞外，甘肃便可得到暂时的安宁。总之，对付锁南坚错，无论何如，居正的目光始终落在鞑靼身上。万历七年他又说起：

藏僧通贡授官给赏事，前启已悉，僧表图书等项，俱付差人赍上矣。俺酋折北于西伐，从此能卷锐以俟再举，策之上也。乃逞忿报复，以致部众离心，势穷为鏖，必致一败涂地而后已，此天将亡虏之征也。请和西番，断不可许。回巢建寺一节，亦只可量助物料，工完，赐以名额。岂有堂堂天朝特为建寺而劝之回巢者乎？凡此皆挟中国以为重，而示威于瓦剌，不可从也。自今劝令回巢之言，亦不必太急。彼既丧败，势不得归，然方必归。今在西海，不免为贵镇扰，公且耐烦处之。抚赏费用，已属本兵议处，谅彼亦自不能久也。[19]

万历七年二月，神宗发疹。慈圣太后看着病势严重，下令僧侣开坛，设法度众。一个四十岁左右的妇女认为做些功德可以“保佑”皇上早日痊愈，本来是一件可笑的事。居正随即疏称：“戒坛奉皇祖之命禁止至今，以当时僧众数万，恐生变败俗也。今岂宜又开此端？圣躬违豫，惟告谢郊庙、社稷，斯名正言顺，神人胥悦，何必开戒坛而后为福哉？”[20]经过这一度驳回以后，戒坛只有停止。三月初，神宗病体大愈，礼部奉旨择于初九日请皇上视朝。初八日，文书官到内阁，对居正口传圣旨：“朕明日早朝，切欲与先生一见，奈先生前有旨，不在朝参之列。明日未朝之时，先于平台召见，说与先生知之。”

初九日黎明，居正至文华殿伺候。神宗召见，居正叩头称贺道：“恭惟圣躬康豫，福寿无疆，臣犬马微衷，不胜欣庆。”

神宗说：“朕久未视朝，国家事多，劳先生费心。”

“臣久不睹圣颜，朝夕仰念，今蒙特赐召见，下情无任欢忻，但圣体虽安，还宜保重。至于国家事务，臣当尽忠干理，皇上免劳挂怀。”

“先生忠爱，朕知道了。”神宗说，一面吩咐赐银五十两、彩币六表里、烧割一份、酒饭一桌。

居正俯伏在下面叩头。

神宗又说：“先生近前，看朕容色。”

居正奉命,在晨光熹微的中间向前挪了几步,又跪下了。神宗握着居正的手，居正这才抬头仰看，见得神宗气色甚好，声调也很清亮，心里不由得感觉快乐。

“朕日进膳四次，每次俱两碗，但不用荤。”神宗告诉他。

“病后加餐，诚为可喜，但元气初复，亦宜节调，过多恐伤脾胃。”居正说，这位老臣的态度越发严肃了，他郑重地说，“然不但饮食宜节，臣前奏‘疹后最患风寒与房事’，尤望圣明加慎。”

“今圣母朝夕视朕起居，未尝暂离，”神宗说，“三宫俱未宣召。先生忠爱，朕悉知。”

殿上又是一度沉寂。

神宗吩咐道：“十二日经筵，其日讲且待五月初旬行。”

居正叩头以后，退出[21]。

神宗和居正的关系真是密切。居正是皇上的臣仆，同时也是皇上的监护人。平时对于年轻的朋友和晚辈所不便说的话，居正都说了。“先生忠爱，朕悉知”这七个字出口的时候，神宗也是十分的感动。君臣间这样深切的情感，谁会想到还有变动的一日！

万历七年，宫中的用度又开始增加。本来宫中金花银，按年由户部送进一百万两，自万历六年起，已经增为一百二十万了，七年以后，神宗又开始需索。居正看到户部尚书张学颜感觉困难，便毅然地把责任负起，疏称：

臣等看得国家财赋正供之数，总计一岁输之太仓银库者，不过四百三十余万两，而细至吏承纳班，僧道度牒等项，毫厘丝忽，皆在其中矣。嘉、隆之间，海内虚耗，公私贮蓄，可为寒心。自皇上临御以来，躬行俭德，核实考成，有司催征以待，逋负者少；奸贪犯赃之人，严治不贷；加以北虏款贡，边费省减，又适有天幸，岁比丰登，故得仓库积贮，稍有赢余，然闾阎之间，已不胜其诛求之扰矣。臣等方欲俟国用少裕，请皇上特下蠲租之诏，以慰安元元之心。今查万历五年，岁入四百三十五万九千四百余两，而六年所入，仅三百五十五万九千八百余两，是比旧少进八十余万两矣。五年岁出，三百四十九万四千二百余两，而六年所出，乃至三百八十八万八千四百余两，是比旧多用四十万余矣。问之该部云，"因各处奏留蠲免数多，及节年追赃人犯，财产已尽，无可完纳，故入数顿少，又两次奉旨取用，及凑补金花拖欠银两，计三十余万，皆额外之需，故出数反多也。"夫古者王制，以岁终计国用，量入以为出。计三年所入，必积有一年之余，而后可以待非常之事，无匮乏之虞。乃今一岁所出，反多于所入，如此年复一年，旧积者日渐销磨，新收者日渐短少，目前支持已觉费力，脱一旦有四方水旱之灾，疆场意外之变，何以给之？此皆事之不可知，而势之所必至者也。比时欲取之于官，则仓廪所在皆虚，无可措处；欲取之于民，则百姓膏血已竭，难以复支。而民穷势蹙，计乃无聊，天下之患，有不可胜讳者，此臣等所深忧也！夫天地生财，止有此数，设法巧取，不能增多，惟加意撙节，则其用自足。伏望皇上将该部所进揭帖，置之座隅，时赐省览。总计内外用度，一切无益之费，可省者省之，无功之赏，可罢者罢之，务使岁入之数，常多于所出，以渐复祖宗之旧，庶国用可裕，而民力亦赖以少宽也。鄙谚云："常将有日思无日，莫待无时想有时。"此言虽小，可以喻大，伏惟圣明留意。[22]

万历六年还朝以后，居正在对内对外方面都有相当的把握。北边的敌人分散了，俺答只是一个降王，替明朝约束鞑靼的部落。东北边也许还有一点问题，但是仗着李成梁的朝气和辽东十几万大军，一切都有办法。整个的内政已上轨道，只待清丈完毕，把人民的负担重新调整。内外的困难已经没有，但是居正的困难正在不知不觉地被加强，问题只在神宗身上。

做父母的常说："小的子女好养，大的子女难教。"为什么？小的时候，子女的个性还没有发展，远谈不上独立生存的能力，因此他们听从父母的指挥，驯服得和羔羊一样，惹得父母的怜爱。等到大了以后，他们的个性发展了，他们开始发现自己，在生活上也许需要父母的维持，但是他们拥有独力生存的能力，为了这一点维持的力量，当然不愿接受太大的委屈。于是家庭之内，父母的意志和子女的意志并存，有时从并存进到对立，甚至从对立进到斗争。假如一家之中，父母的意志不一致，子女又不止一人，小小的家庭无形中会成为多角形的战场。

不过亲子之间究竟有亲子之间的天性，而且经过几千百年以来的礼教，子女或多或少地总觉得在父母面前有屈服的必要。尽管家庭之中有不断的斗争，但是亲子之间不一定会决裂，这是一个理由。

但是居正和神宗的关系究竟不是亲子的关系。在十岁的时候，小小的神宗，对居正，只看到一位长须玉立的大臣，这是自己的监护人和老师。神宗觉得他可敬，有时不免有点儿畏惧；但在大半的时候，居然觉得他可爱。天热了，看见老师在讲书的时候，汗流满面，神宗吩咐太监们替他掌扇；天冷了，看见老师立在文华殿的方砖上，寒气森肃，神宗便吩咐太监们拿毡片把方砖遮上，免得老师受寒。有一次，居正在上直的时候忽然发寒热，神宗赶忙自己调好椒汤，送给老师。神宗是一个好孩子，待老师真是非常殷勤。

然而现在他已经十七岁了，在早熟的环境里，他已经娶了亲，而且不久以后，他便要做父亲。他久已是皇帝，现在更开始发现自己。他有他的意志，这个意志必然地有和居正的意志斗争的一日。关于这一点，姑且不论，而且因为居正垂死的时候，神宗的意志还没有达到十分坚强的程度，他们两人没有经过实际斗争的阶段，所以也可置之不论。但在神宗发现自己以后，他的意志已经存在，不久以后，逐渐形成和居正对立的局面。这个神宗没有觉到，居正没有觉到，但是两个意志形成对立是无法否认的现实。

从明太祖到神宗，这一个血脉里充满了偏执和高傲，这是无可讳言的。孝宗有一些柔和，武宗有一些妄诞，但是这一支中断，皇位落在世宗手里。世宗还是偏执、高傲，中年以后，有些颓废，不过颓废之中，常时露出高傲的本色。穆宗看到父亲的模范，更加颓废，不过他还有些高傲。到了神宗，又在这高傲的血液里增加了新的成分。他的母亲是山西一个小农的女儿，小农有那一股贪利务得的气息，在一升麦种下土以后，他长日巴巴地在那里计算要长成一斛、一石又硬又好的小麦，成日的精神集中在这一点上面。经过几世几年的熏陶，小农的气息养成了。慈圣皇太后把这一股气息带进北京皇宫里面，再把这成斛成石的观念灌输到神宗的血液里。明朝的皇帝中，只有神宗嗜利，出于天性，也许只可这样地解释。以后传到熹宗、思宗，嗜利的血液，经过几度的冲淡，已经不十分显著，但是国事已到不可收拾的地步，加上熹宗的昏聩，思宗的操切，明朝的覆亡成为必然的形势，而一切的祸根都在神宗好利的时期已经种下。神宗中年以后，大理寺评事雒于仁疏献酒、色、财、气四箴，曾说：

竞彼锣镣，锱铢必尽，公帑称盈，私家悬罄。武散鹿台，八百归心，隋炀剥利，天命难谌。进药陛下，货贿勿侵。[23]

御史马经纶也曾上疏神宗，直言“陛下好货成癖”。万历三十年的时候，神宗病重，看看死日已近，这才下诏把自己发明的那些剥削人民、无补国用的商税、矿税一概取消，召首辅沈一贯入宫，亲自把手诏交付他。一贯出宫以后，大臣们一面悲痛皇上的病危，一面也不免庆幸民生的复苏。第二天神宗突然好了，还是舍不得这一大注民财，再派太监们到内阁追还圣旨。大学士方在设法挣扎，太监们来了一个又一个，最后连来二十位，拼命坐索。神宗派司礼太监田义去，田义不肯，神宗从床上爬起来，拿刀子戳上去。内阁里这二十位太监，磕头恳求，额角都磕破了，血流满面，沈一贯无法，只有把圣旨缴进，一切矿税、商税照旧征收，银两不断地向宫中流进，才能满足这位小农的外孙。

在万历七年的时候，这粒嗜利的种子虽然没有成长，但已经在那里萌芽。金花银增加了，这是一笔收入。其余的需索经过张居正、张学颜的谏阻，受到一些挫折。不要紧，神宗想到办法了。他吩咐文书官姚秀到内阁传谕拟旨，着户部铸钱，供给内库使用。谁能禁止皇帝使钱呢？明朝的货币制度，本是一言难尽的事。大体讲来，银两是当时的本位硬币，铜钱是辅币，钞是纸币。从洪武以来，新钞不断地增发，纸币和硬币久已脱离联系，成为不换纸币，只有在颁赏的时候，数量激增成为意外的壮观。铜钱和银两虽然多少有些本位币和辅币的关系，但是中间并没有固定的兑换率，钱少了，钱和银两的比率便提高；钱多了，钱和银两的比率便降低。所以，实际上钱和银两的关系不是辅币和本位币的关系。洪武年间，每钱千文换银一两；到了嘉靖年间，钱太多了，且私铸盛行，形式薄劣，落到六七千文换银一两。在钱法既坏以后，于是通令对于钱的行使，分出等级来：嘉靖钱七百文换银一两，洪武以来诸朝的钱千文换银一两，古钱三千文换银一两，一切滥恶小钱禁止行使。法律虽然有了明文的规定，市场上还是无从整顿。钱法混乱，事态已经非常严重。偏偏神宗传旨铸钱行使，他看到花费工部的工本，而增加内库的储藏，真是一件便宜的事。但是他却没有晓得通货的滥发，只能增加市场的混乱。四月十九日居正上疏道：

臣等查得万历四年二月，奉圣旨：“万历通宝制钱，着铸二万锭，与嘉靖、隆庆等钱相兼行使，户、工二部知道。钦此。”本月又该工部题铸造事宜，节奉圣旨：“钱式照嘉靖通宝，铸金背一万四千锭，火漆六千锭，着以一千万文进库使用。钦此。”万历五年二月内，该户部进新铸制钱，又奉圣旨：“这钱锭还查原定二万之数，以一半进内库应用，一半收贮太仓。钦此。”及查工部题议，制钱二万锭，该钱一万万文，用工本银十四万九千两，大半取之太仓银库，此奉旨铸钱之大略也。臣等看得先朝铸造制钱，原以通货便民，用存一代之制，铸成之后，量进少许呈样，非以进供上用者也。今若以赏用缺钱，径行铸造进用，则是以外府之储，取充内库，大失旧制矣。且京师民间，嘉靖钱最多，自铸行万历制钱之后，愚民讹言，便谓止行万历新线，不行嘉靖旧钱，小民甚以为苦。近该五城榜示晓谕，民情少定。今若又广铸新钱，则嘉靖等项旧钱，必致阴滞不行，于小民甚为不便。又与原奉圣旨，与嘉靖、隆庆等钱相兼行使之意相背。臣等揆度事体，似为未便。伏望圣明裁审，暂停铸造进用之旨，待二三年后，如果民间钱少，再行铸造，亦未为晚。仍乞皇上曲纳臣等节次所陈狂愚之言，敦尚俭德，撙节财用，诸凡无益之费、无名之赏，一切裁省，庶国用可充，民生有赖。不然，以有限之财，供无穷之用，将来必有大可忧者。臣等备员，敢不尽其愚，伏惟圣明亮察。[24]

神宗得疏以后，传旨停铸。是月，居正上《雝肃殿箴》：

北极紫宫，惟皇宅中，身为民表，心与天通。斯须不和则乖戾起，斯须不敬则傲慢丛，念常生于所忽，祸乃发于无穷。是以圣人事心，天命是敕；钦厥止，日谨万几；处深宫，心周八极；不以嗜欲滑和，不以逸豫灭德。无作好，无作恶，蔼蔼熙熙，如春斯煦；无荒色，无荒禽，兢兢惕惕，如渊斯临。勿谓燕闲，人莫与观？一喜一怒，作人燠寒。弦急者绝，器平者安，优优和衷，为君实难。勿谓宥密，人莫与弼？一动一言，恒为度律。危惧则存，骄泰则失，昭昭神明，相在尔室。在昔成周，宇内太和，由雝雝其在宫，友琴瑟而不颇。亦曰懿恭，小民怀保，由肃肃其在庙，克对扬于祖考。我皇睿哲，是谓智临，匪高明之不足，贵育德于静深。我皇抚远，是谓开泰，匪丰宁之丕臻，惧此心之或佚。乐以平其情，虽钟虡不设，而若闻希声，然后心和气和而天下平。礼以饬其志，虽升降未施，而若持重器，斯谓无逸乃逸而天下治。故曰，冲和者养威，淡泊者养禄，惕励者养安，忧勤者养乐。以古为师，于何不仪？平平周道，惟皇建之。

以心为鉴，于何不见？穆穆文王，惟皇所宪。朽索在手，勿谓无伤！覆车在睫，奈何弗防？和不可流，敬不可忘，慎终如始，万寿无疆。[25]

万历七年四五月间，发生了两次封爵的问题：一次是皇亲王伟封永年伯[26]，一次是辽东总兵李成梁封宁远伯。王伟是王皇后的父亲，神宗的岳父。神宗大婚，授王伟都督同知，现在命文书官丘得用，口传圣旨，王伟着进封伯爵，吩咐内阁拟旨。神宗连正德二年，武宗岳父夏儒封爵，嘉靖二年，世宗岳父陈万言封爵的事都送来了。居正无从拒绝，他说："但既有正德以后事例，王伟系中宫至亲，臣等不敢抗违。"但是他也指出：

臣等恭照圣祖定制，公、候、伯爵非有军功，不得滥封。国初如魏、定两公，自以佐命元勋，连姻帝室，彭城、惠安，虽托籍戚里，然亦半有军功，胙土剖符，皆无客议。宣德中季，始有恩泽之封，弘治以来，遂为故事，然实非高皇帝之旧制也。[27]

他又提到嘉靖八年，世宗曾诏各府、部衙门会议封拜事体的结果，彼时诸臣公疏：

神宗之制，非军功不封。夫爵赏者天下之爵赏，人主所恃以励世之具也。今使椒房之属，与有大勋劳之人，并享茅土，非所以昭有功、劝有德也。今除已封见任者，姑准终身外，此后凡皇亲、驸马，俱要查照祖宗旧制，不许夤缘请封。其有出自特恩，一时赏赉者，亦止照祖宗朝故事，量授指挥、千百户等官，以荣终身。敢有违例奏请，希图恩泽，妄引洪熙以后事例比乞者，听本部及科、道官，即时举劾，以为贪冒不知止足者之戒。[28]

嘉靖八年奉旨批准。以后嘉靖、隆庆两朝外戚封爵，只能及身为止，不准世袭，便是嘉靖八年会议的结果。现在居正重新提出，对于王伟的封爵给予应有的限制。直到居正身后，这个限制才行撤销。

但是居正对于边功，便是另外一个看法。万历六年三月长定堡之捷，固然是一幕闹剧，但是十二月东昌堡之捷，却是一个大胜。这一次泰宁部长速把亥、炒花，连同土蛮、黄台吉、暖兔拱兔、大小委正、卜儿亥、慌忽台等，带领三万余鞑靼武士向辽东东昌堡进攻，前锋一直打到耀州。辽东总兵李成梁一面吩咐诸将各守要害，一面带领兵马，出寨二百余里，直捣圜山，在这一个战役里，一共杀去九名官长，八百四十名武士，虏获一千二百匹战马；其余的鞑靼武士，一齐退却。东边的捷报到了，神宗告谢郊庙，在皇极门大会百官，宣布大捷。

居正得到捷报以后，和辽东巡抚周咏说起：

李帅用奇出捣，使贼狼狈而返，乃孙膑走大梁之计，比前长定之捷，杀降以要功者不侔矣。功懋懋赏，国家自有彝典，诸公运筹决胜，功岂容泯？少选，当请旨加恩，不敢蔽也。但李帅去年曾馈我以厚礼，虽当即谢却，然恐鳞翼或有差池，且不肖于渠，奖提爱护，意固不为不厚，然以为国家，非敢有所一毫市德望报之心也。渠诚以国士自待，唯当殚忠竭力，以报国家，即所以酬知己，不在礼文交际之间也。渠不知鄙意，以为有所疏外，会间幸一譬晓之，以安其心，坚其志。便中草草。[29]

万历七年，居正提议成梁封爵。他说："成梁屡立战功，忠勇为一时冠，惟有封爵，才可以鼓励将士。"五月，成梁封宁远伯。成梁派家人到居正宅中送礼，居正坚决地拒绝，他说："你的主人身经百战，封爵是他的本分；我受他的礼物，便是得罪太祖高皇帝在天之灵。"

万历七年七月，礼科左给事中顾九思、工科都给事中王道成请罢苏松及应天织造。本来织造是由皇帝派遣内监到江南一带主持的，他们下发北京带来的样子，要民间如式织作，经费有一部分出于内库，也有一部分出于盐税；但是事实上经过几次周折以后，民间所得有限，皇宫派人定货，只成为意内的需索。恰恰这一年江南水灾，所以苏松督造的太监孙隆，更比应天督造的许坤，容易引起民众的怨苦。在两位给事中上疏，交给工部查复以后，神宗派文书官到内阁传谕道：御用袍服紧急，若如部议取回内臣，改属抚、按有司，则织造不精，谁任其责？且现有钱粮，不必加派。先生每拟票来。

显然神宗拒绝召回内臣。第二天居正和张四维、申时行入宫，行礼以后，居正奏道："近日苏、松等处，水灾重大，据抚、按官奏报，及臣等所闻，百姓困苦流离，朝不谋夕，有群聚劫夺者。地方钱粮，委难措处。且自前年星变时，亲奉明旨停止织造，着孙隆回京。至今尚未完报，是诏令不信，而德泽不宣也。臣等谓宜从该部所请，以彰皇上敬天恤民至意。民惟邦本，愿少加圣心。"

“朕未尝不爱惜百姓，但彼处织造，不久当完，远不过来春尔。”神宗疲赖地说。

居正追紧一步说：“皇上德意，臣民无不欣仰，即孙隆在彼，亦能仰体圣心，安静行事。但地方多一事则有一事之扰，宽一分则受一分之赐。今彼中织完，十未四五，物料、钱、粮，尚有未尽征完者，灾地疲民，不堪催督，愿皇上且取回孙隆。其应天被灾稍轻，许坤仍旧可也。”

《耕织图》之织机

明朝中后期，江南民间织布业有了很大发展。

居正说话，追紧一步以后，随即放松一步。神宗有了回旋的余地，同时他也提出内库发出银五千两，不完全仰给江南钱粮。他说：“近降去花样，皆御前发出银两，并不加派扰民。此一件还着织完回京，其余则皆停罢可也。”

三位大学士叩头谢恩，神宗这才把工部覆疏交给居正，他说：“先生将去票来。”说过以后，神宗看着三位大学士说：“君臣一体，今有司通不奉行，百姓安得受惠？”

居正代表内阁说：“诚如圣谕，臣等今日，亦无非推广皇上德意而已。愿皇上重惜民生，保固邦本，则百万生灵，仰戴至仁，实社稷灵长之庆。”[30]

叩头以后，三位大学士退至内阁拟票，取回孙隆。

事情算是有了一点头绪，但是没有结束。承运库太监孔成上奏、赏赐交人，缺乏段匹，请行南京、苏松、浙江等处增织，又将上用袍服等项，并请织造，共该七万三千万匹。奉圣旨：“工部知道。”工科都给事中王道成一看，知道情形严重，上疏请求酌减增造段匹。工科的奏疏发下拟票，居正才晓得从中又起了变化，“皇上为什么又要织造呢？”居正想。他看到现在只有再求酌减。在奏疏中，他提出祖宗朝一岁所造，原有定率；嘉靖年间，才有添织，但是只可偶一为之，说不得是常例。以后他更说道：

今查万历三年，该库已称缺乏，请于岁造之外，添织九万有余，其时以大婚礼重，赏赐浩繁，该部不得已，钦遵明旨，设法措处，然闻之各地方库藏，搜括已尽，经今四年，方得织完，而添造之旨又下。计该库所开数目，度其所费，非得银四五十万，不能办此。索之库藏，则库藏已竭，加派小民，则民力已疲。况今岁南直隶、浙江一带，皆有水灾，顷蒙特恩，破格蠲振，又取回织造太监，疲困之民，方得更生，乃又重复加派，子惠之恩未洽，诛求之令即施，非圣慈所以爱养元元，培植邦本之意也。民穷财尽，赋重役繁，将来隐忧，诚有不可胜讳者。科臣所奏，宜留圣心。臣等看得该库偶因三卫夷人，缺少虎豹一样服色，及近年北虏俺答款贡，岁增赏赉，溢于旧数，故题请添织，以上二项，委不可已。至于上供御用等项，则近年南京太监许坤、苏杭太监孙隆，织进御前者，已自足用，不必又取办于岁造矣。臣等愚见，伏乞圣明再谕该库查北虏俺答一宗赏赐，一岁约该几何，及三卫夷人虎豹服色缺少几何，照数行该地方添织，即作岁造之数，其余皆可停止。惟冀俯从科臣之言，一概减半织造，其支费银两，敕下户工二部酌处，免复加派小民，庶近日蠲恤之旨，不为虚文，罢极之民，少得苏息也。[31]

疏上以后，神宗准如所请，但事实上还是增造，神宗依然得到心理上的满足。

万历七年十月，蓟辽总督梁梦龙得到消息，土蛮带领四万余骑向辽东进攻，立即告急，东北方的边防突然紧张起来。本来居正对付鞑靼的政策，是使他们从内部分裂走向对立的局势。俺答通贡，封顺义王，成为明朝的藩属；但是土蛮仍然倔强，屡次要求“贡市”——其实只是通商，但是居正认为在土蛮没有屈服以前谈不到“贡市”。事情成了僵局，土蛮屡次引兵进攻，想用武力强迫明朝通商。蓟辽方面的防务永远不能松懈，其故在此。神宗在居正把辽东警报奏进以后，立刻吩咐内阁拟旨，谕兵部议进剿之策。居正面奏道：

“九月初间，有北虏俺答部下头目恰台吉，差人于土蛮营中，侦知土蛮欲纠众向辽，讲求贡市，臣即驰语总督梁梦龙，令其再侦的实，多方设备；传示辽东总兵李成梁，巡抚周咏，虏若纠大众至，勿轻与战，但坚壁清野，使之野无所掠，虏气自挫。又使梁梦龙亲率师东行，发劲兵二支，为辽东声援。令蓟镇总兵戚继光，选精锐，乘间出塞，或捣其巢，或邀其归以挠之。今据报各官具如臣指：梁梦龙已东驻山海，遣参将许汝栗、杨继，出关截杀；戚继光移驻一片石，伺间邀击，辽东收保已毕。虏以十月初二日，至宁前向中所地方，此中地狭人稀，虏众无所掠，势不能久，旦夕必已退遁。今敕本兵姑议驱剿，以后相机别议。且彼中戒备颇严，谅无疏失，伏惟皇上少宽圣怀。”

在这一大堆叙述中，居正把辽东的布置完全说明。

神宗点头道：“先生费心处置，朕知道了。”[32]

经过这番布置以后，土蛮的军队退去了；后来土蛮和速把亥同驻红土城，分兵进攻锦州、义州，成梁出塞二百余里，直抵红土城，杀去四百七十余名鞑靼武士，这是所谓“红土城之捷”。

万历七年十月，总理河漕都御史潘季驯、漕运侍郎江一麟奏报河工告成。自从万历六年正月以来，居正把河、漕事务完全交付吴桂芳，不幸的是，就在正月，桂芳病殁。二月，居正起用潘季驯总理河、漕。四月，季驯疏辞总理河、漕事务，上谕不许。季驯这才放手做事，六月上疏条陈六事：“一曰塞决口以挽正河，二曰筑堤防以杜溃决，三曰复闸坝以防外河，四曰创滚水坝以固堤岸，五曰止浚海工程以免糜费，六曰寝老黄河之议以仍利涉。”

季驯看清河工全无掣肘之虞，居正也看清唯有季驯才是治河之人，所以拟旨：“治河事宜，既经河、漕诸臣会议停当，著他实行。各该经委分任官员，如有玩愒推诿、虚费财力者，不时拿问参治。”季驯得到这一重要保障，八月间弹劾淮安水利道河南佥事杨化隆、淮安府通判王宏化治河无状，上谕杨化隆、王宏化“都着革职，送吏部拟处，毋得概拟复职以致轻纵”[33]。在这些处分的后面，可看出居正对季驯的大力支持，但异议还是不断地发生。季驯主张塞崔镇决口，御史林碧潭提议崔镇不当塞；季驯主张筑遥堤，林御史提议遥堤不当筑。异议在居正面前提出了。倘使居正是一个河工专家，也许他可以给一个解决方法，但他不是专家，而且工部尚书李幼孜也不是。居正无法，只能把两条提议间接和季驯提出，希望得到的一个解决方法。他说：

夫避下而趋应者，水之性也。闻河身已高，势若建瓴，今欲以数丈之堤束之，万一有蚁穴之漏，数寸之瑕，一处溃决，则数百里之堤，皆属无用，所谓攻瑕则坚者瑕矣，此其可虑者一也。异时河强淮弱，故淮避而溢于高、宝，决于黄浦。自崔镇决后，河势少杀，淮乃得以安流，高家堰乃可修筑。今老河之议既寝，崔镇又欲议塞，将恐河势复强，直冲淮口，天妃闸以南，复有横决之患，而高堰亦终不可保，此其可虑者二也。……不肖有此二端，不得于心，谨此奉闻，幸虚心详议见教，果皆无足虑，言者云云，皆无足采，则坚执前议可也。若将来之患，未可逆睹，捐此八十万之费，而无益于利害之数，则及今亦宜慎图之。如嫌于自变其说，但密以见教，俟台谏建言可也。谧望留神，以便措画。[34]

居正的这一封书，完全是商榷的语气，但是季驯看得很清楚，他认为崔镇决口必须塞，遥堤必当筑。他在条陈六事中曾经说过："窃惟河水旁决则正流自微，水势既微则沙淤自积，民生昏垫，运道梗阻，皆由此也。"他又说："照得堤以防决，堤弗筑则决不已，故堤欲坚，坚则可守而水不能攻，堤欲远，远则有容而水不能溢。累年事筑堤者，既无真土，类多卑薄，已非制矣，且夹河束水，窄狭尤甚，是速之使决耳。"季驯对于河工的经验多了。嘉靖四十四年、隆庆四年，他曾经两次总理河道，现在是第三次了。他感激居正再给他一个机会，让他把自己的经验和学识报答国家，但是他也认定自己的主张没有修正的余地。接到居正的信以后，他重新再说一番。这一来果然把居正折服了。居正说：

前奉书，以河事请问，辱翰示，条析事理，明白洞悉，鄙心乃无所惑。然筹画固贵预定，兴作当有次第，今俟潦落之时，且急筑高堰以拯淮、扬之溺，徐观淮流入海之势，乃议塞崔镇。至于萧县以北，上流之工，又当俟河、淮安流，乃可举事。盖此大事，不独措理经费之难，且兴动大众，频年不解，其中亦有隐忧，元季之事，可为大鉴。今之进言者，喜生事而无远图，又每持此以归咎庙堂坐视民患，不为拯救，不知当轴者之苦心深虑也。百凡幸惟慎重审处，以副鄙愿。[35]

林碧潭的提议被推翻了，居正一切听从季驯的主张。后人称居正为偏执，倘使认识居正对于河工的处理，也许不至认为偏执吧！经过这一度论定以后，季驯对于工事显著进展，万历七年秋后，大功告成，季驯致函居正，推功当轴。居正覆书道：

比闻黄浦已塞，堤工渐竣，自南来者，皆极称工坚费省，数年沮洳，一旦膏壤，公之功不在禹下矣。仰睇南云，曷胜欣跃。追忆庀事之初，言者蜂起，妒功幸败者，旁摇阴煽，盖不啻筑室道谋而已。仰赖圣明英断，俯纳瞽言，一举而裁河道，使事权不分，再举而逮王、杨，使冥顽褫魄，三举而诎林道之妄言，仆异议之赤帜，使无稽之徒，无所关其说，然后公得以展其宏猷，底于成绩，皆主上明断，属任忠贤之所致也。公乃举而归之不穀之功，惶愧。[36]

季驯于河工告成以后上疏神宗，这是一篇洋洋洒洒的大文，最后他说起：

臣等乃思欲疏下流，先固上源，欲遏旁支，先防正道，遂决意塞决以挽其趋，筑遥堤以防其决，筑减水坝以杀其势而保其堤。一岁之间，两河归正，沙刷水深，海口大辟，田庐尽复，流移归业，禾黍颇登，国计无阻，而民生亦有赖矣。盖筑塞似为阻水，而不知力不专则沙不刷，阻之者乃所以疏之也；合流者似为益水，而不知力不弘则沙不涤，益之者乃所以杀之也。旁溢则水散而浅，返正则水束而深：水行沙面，则见其高；水行河底，则见其卑；此既治之后，与未治之先，光景大相悬绝也。每岁修防不失，即此便为永图，借水攻沙，以水治水，臣等愚昧之见，如此而已。至于复闸坝，严启闭，疏浚扬河之浅，亦皆寻绎先臣陈瑄故业，原无奇谋秘策，骇人观听者。偶幸成功，殊非人力，实皆仰赖我皇上仁孝格天，中和建极，诚敬潜孚而祇灵助顺，恩威并运而黎献倾心。念转输乃足国之资，轸昏垫切儆予之虑，宵旰靡皇，丝纶屡饬：其始也，并河、漕以一事权，假便宜以任展布，故臣等得效刍荛之言；其既也，逮偷情以警冥顽，折淆言以定国是，故臣等得尽胼胝之力。俯从改折之议，国计与民困咸纾；特颁赏赉之仁，臣工与夫役竞劝；致兹无兢之功，遂成一岁之内。今两河蒸黎，歌帝德而祝圣寿者，且洋溢乎寰宇矣，臣等何敢贪天功以为己力哉！

季驯上疏以后，工科给事中尹瑾奉命踏勘。万历八年二月，勘毕奏报，降旨加季驯太子太保，升工部尚书兼都察院左副都御史。季驯对居正的感激真是彻底，直到居正身后，全家被祸的时候，他还在神宗盛怒之下上疏请求降恩有释，终于季驯也得到革职为民的处分。这是季驯党庇居正吗？不是。他知道，倘使在万历六七年间，没有居正的支持，他便没有完成河工、报效国家的机会。

万历五年九月十三日，居正的父亲逝世，到万历七年十二月，已经二十七个月了。神宗询问吏部，居正何时服满，吏部复称扣至万历七年十二月二十四日期满。明代，亲丧守制二十七个月，自闻讣日起算，不计闰月。居正九月二十五日闻讣，所以扣至是日期满。十二月二十三日，神宗派文书官孙斌捧手谕到居正私宅，内称：

谕元辅张少师先生：在京守制，忠、孝两全，今当服满，朕心忻慰，特赐玉带一条、大红坐蟒、蟒衣各一袭、金执壶一把、金台盏一副，用示眷知。念五日早朝毕，候朕于平台召见，以后朝参经筵，俱照旧行，先生钦承之。[37]

居正覆疏中言："臣敢不益摅丹悃，仰答隆施！倘筋力之未疲，远道宁忘于驱策；如发肤之可效，微生何爱于捐糜？"一切指明这是他那"以其身为荐蓐，使人寝处其上"的志愿。

二十五日早朝以后，居正到文华殿听候召见。他叩头谢恩以后，跪奏道："臣前奉钦依，在京守制，服满朝见。"

"先生全忠尽孝，万古留名。"神宗说。

居正重新叩头道："臣蒙皇上天恩，委曲体悉，故得以少尽巨子之情，不胜感戴。"谢恩已毕，居正又叩头道："昨蒙圣恩，特降手敕，恩赉殊常，尤不胜感戴。"两度叩谢以后，居正奏称："昨奉敕谕，着臣以后照旧朝参，臣即当钦遵。但年前数日，尚在三年之内，余哀未忘，仍望皇上俯容，再宽数日，免令朝参陪论，候元旦庆贺后，照旧朝参供职。"

神宗计算年前只剩几天，因此吩咐道："先生元旦出来也罢。"

居正叩头遵旨。

神宗吩咐内监道："与先生酒饭吃。"

居正叩头道谢。

居正又奏道："臣在制中，屡荷两宫圣母慈恩，赐赉稠叠。今服满，欲诣各宫门外，叩头称谢，未敢擅便，请旨。"

神宗说："是，着张宏引进。"

居正跟随太监张宏先到慈庆宫外叩头。仁圣皇太后遣内监传旨道："先生忠、孝两全了，宜益尽心辅佐。"仁圣太后赐银五十两、纻丝四表里。

张宏再领居正到慈宁宫。张宏进去，居正在外面叩头。慈圣皇太后是神宗生母，因此说话更觉亲切。她着张宏传旨："皇帝冲年，凡事多赖先生辅佐，天下太平。今服制已满，忠、孝都全了，宜益尽心处置国事。"慈圣太后吩咐张宏管待居正三杯酒，另外特赐膳九品、金执壶一把、金台盏一副、金镶牙箸一双、银五十两、彩段四表里、荤素食八盒、甜食四盒、酒十瓶[38]。

万历六年大婚，群臣一概加恩，居正因守制未预，至是吏部题请加恩。神宗降谕，加太傅，岁加禄米一百石，原荫武职伊男，升一级世袭。居正再疏辞免恩命，最后神宗准如所请，完成居正功成不居的志愿。在《再辞恩命疏》[39]中，居正提起神宗在日讲时候的谈话："先生功大，朕无可为酬，只是看顾先生子孙便了。"

他接受武荫进级的恩赉，但仍辞太傅加禄。他说：

夫施及于己身者，其恩犹浅，施及于子孙者，其恩为深；戴德于一时者，其报有尽，戴德于后世者，其报无穷。今蒙圣恩，怜念臣男，擢之卫司，延以世赏，藐焉弱息，荷此殊荣，斯盖前谕所谓看顾巨子孙惓惓之意也。臣不胜感激，不胜顶戴，谨拜手祇领，仍嘱臣后嗣，世效犬马，仰报生成。[40]

万历八年正月，吏部因居正任一品官已满九年，例应考满加恩，居正具疏力辞，更提出万历五年在京守制的心境，他说：

臣出则综理国事，尽在公之义；入则守其苴绖，执居丧之礼。是臣之不去者，报君恩也；守制者，报亲恩也。士大夫有识者，咸谓皇上之所以处臣，与臣之所以自处，于君臣、父子之情，庶几两全而无害矣。然身虽属于公家，事实殊于见任，今乃又计算前后月、日，通作实历，积日累劳，循例考满，则事同见任，礼旷居丧，君臣之义虽全，父子之情则缺矣。皇上昔日之所以处臣，与臣之所以自处者，岂不两失之乎？……盖事必揆诸天理之当，即乎人心之安，乃无歉恨，所谓"求仁而得仁"者。今臣自审，于理欠当，于心未安，故不得不仰控圣明，冀申情款，惟求协夫事理之中而已，非畏人之议已，而故为是喋喋也。伏望圣慈俯鉴愚诚，特停恩命，敕下吏部免臣给由，庶臣得以安心供职，而皇上曲全之仁，与微臣自处之义，终为完善，无所亏缺矣。[41]

经过居正尽情地剖白以后，神宗传旨道：

卿昔为朕勉留，夙夜在公，忠勤称笃，殊勋茂绩，中外所知。该部题请考满加恩，委系彝典。兹览卿奏，辞俸守制，与夺情起复不同，朕心更觉洞然。卿之所处，实为恩义两尽，足以垂范万世，特允所辞，以全忠孝大节。至于卿之勋劳，简在朕心，当别有酬眷。[42]

万历八年二月，神宗亲耕耤田；三月奉两宫皇太后至天寿山谒陵。居正认定现在是归政的时期了，在扈从谒陵回京以后，随即上疏乞休。他说：

臣一介草茅，行能浅薄，不自意遭际先皇，拔之侍从之班，畀以论思之任，壬申之事，又亲扬末命，以皇上为托。臣受事以来，夙夜兢惧，恒恐付托不效，有累先帝之明。又不自意，特荷圣慈，眷礼隆崇，信任专笃，臣亦遂忘其愚陋，毕智竭力，图报国恩，嫌怨有所弗避，劳瘁有所弗辞，盖九年于兹矣。每自思惟，高位不可以久窃，大权不可以久居，然不敢遽尔乞身者，以时未可尔。今赖天地祖宗洪佑，中外安宁，大礼大婚，耕耤陵祀，鸿仪巨典，一一修举，圣志已定，圣德日新，朝廷之上，忠贤济济。以皇上之明圣，令诸臣得佐下风，以致升平，保鸿业，无难也，臣于是乃敢拜手稽首而归政焉。且臣禀赋素弱，比年又以任重力微，积劳过虑，形神顿惫，血气早衰，逾五之龄，须发变白，自兹已往，聪明智虑，当日就昏蒙，若不早自陈力，以致折足覆，将使王事不终，前功尽弃，此又臣之所大恐也。伏望皇上特出睿断，亲综万几，博简忠贤，俾参化理，赐臣骸骨，生还故乡，庶臣节得以终全，驽力免于中蹶。臣未竭丹衷，当令后之子孙，世世为犬马以图报效也。[43]

居正归政乞休，本来是一种谋定而动的办法，但是完全出于神宗和其他诸臣的意料，大众都有些茫然。神宗立即下旨慰留：

卿受遗先帝，为朕元辅，忠勤匪懈，勋绩日隆，朕垂拱受成，倚毗正切，岂得一日离朕？如何遽以归政乞休为请，使朕恻然不宁。卿宜仰思先帝丁宁顾托之意，以社稷为重，永图襄赞，用慰朕怀，慎无再辞。[44]

居正奉旨以后，再上第二疏。这一次他决定不再往内阁办事了，疏中备言：

念臣发迹寒单，赋才谫劣，仰承先帝顾托之重，祗荷皇上眷遇之隆，分当捐身，庶以仰酬高厚之万一，岂敢辄求引退，图遂私怀。但臣葵藿之志虽殷，而犬马之力已竭，一自壬申受事，以至于今，惴惴之心，无一日不临于渊谷，中遭家难，南北奔驰，神敝于思虑之烦，力疲于担负之重，以致心血耗损，筋力尩，外若勉强支持，中实衰惫已甚，餐荼茹堇，苦自知之，恒恐一日颠仆，有负重托，欲乞身于圣明之前，非一日矣。独念国事未定，大礼未完，口嚅嚅而不忍言，心依依而未能舍。今赖皇上神圣，臣得以少效愚衷，中外乂安，国家无事，诸大典礼，皆已完就，乃敢一言其私，盖亦度其时可以去而去耳。昔颜回有言，东野毕之马将败矣，步骤驰骋，朝礼毕矣，历险致远，马力尽矣，而犹求马不已。无何而东野毕之马果败。故舜不穷其民力，造父不穷其马力，是以舜无失巨，造父无失马。今臣之乞去，亦非敢为决计长往也，但乞数年之间，暂停鞭策，少休足力；倘未即填沟壑，国家或有大事，皇上幸而召臣，朝发命而夕就道，虽执殳荷戈，效死疆场，亦所弗避。是巨之爱身，亦所以爱国也。[45]

但是神宗坚持不许，圣旨上说：

连日不见卿出，朕心若有所失，如何又有此奏！今诸大典礼，虽已奉行，不过礼文之事。机务繁重，赖卿辅理甚切，未便是卿闲逸之时。古之元老大臣，耄耋之年，在朝辅理者不少，卿方逾五十，岂得便自称衰老，忍于言去。宜遵前旨即出，永肩一德，用成始终大忠。著鸿胪寺官，往谕朕意。[46]

除由内阁拟旨，着鸿胪寺官传谕以外，神宗另颁龙笺手敕，着司礼监太监孙秀、文书房官丘得用，捧到居正私宅。神宗说：

谕元辅少师张先生：朕面奉圣母慈谕云，“与张先生说，各大典礼，虽是修举，内外一应政务，尔尚未能裁决，边事尤为紧要。张先生亲受先帝付托，岂忍言去！待辅尔到三十岁，那时再作商量。先生今后，再不必光此念。”朕恭录以示先生，务仰体圣母与朕惓惓倚毗至意，以终先帝凭几顾命，方全臣节大义，先生其钦承之。故谕。[47]

慈圣太后和神宗的谕旨来了，鸿胪寺官、司礼太监、文书房官都在那里奉旨催促供职。在君臣大义的标准之下，居正没有徘徊的余地。他只有提出扈驾山陵，触冒风寒，和近闻三弟居易讣音，感伤致病的理由，请求给假数日，容其调理，少可以后，即行供职。这一次神宗允了，数日以后，居正仍回内阁办事。

居正在书牍中屡次提到归政乞休的事。他说：

仆久握大柄，天道忌盈，理须退休，以明臣节。况娄典礼告成之日，正息肩税驾之时，抗疏乞休，甚非得已。乃至恩留谕再三，未忍固求私便，辄夏就列，徐俟再图。[48]

正少无世韵，宿有道缘，不意为时羁绁，遭遇明主，备位台司，十余年间，负重剖繁，备极辛楚，然遵道之志，未敢少衰也。顷者赖天之灵，中外乂安，国家无事，乃稽首归政，恳疏乞骸，亦欲逖慕留侯，庶几得弃人间事矣。乃蒙圣谕谆切，朝议恳留，不得已，辄复视事，以俟徐图，但恐世缠日锢，归宿无期，触怅触怅。[49]

弟德薄享厚，日夕栗栗，惧颠跻之遄及耳。顷者乞归，实揣分虞危，万非得已，且欲因而启主上以新政，期君臣于有终，乃不克如愿，而委任愈笃，负戴愈重，孱弱之躯，终不知所税驾矣。奈何，奈何！[50]

去秋及今，四奉台教，以公私多故，久稽裁候。中间以典成乞休，关出处大节，且妄心诐陋，师心独任，不请先生长者之明训，率尔行之，罪死罪死。正膺重任，九年于兹，恒恐不保首领，以辱国家。兹幸主德日清，内外宁谧，诸大典礼，皆已竣事，乃以其间，乞不肖之身，归伏垅亩，以明进退之节，不得已也。重蒙主上暨圣母诲谕谆谆，恩礼申笃，正诚迫于大义，不敢自爱其死，复黾勉就列，然自是羁绁愈坚，忧危愈重矣。吾师何以教之？[51]

弟以谫劣，谬膺重任，恒恐中道颠蹶，有负夙昔期许之心。兹幸主德日新，国家无事，弟乃以其间乞身而归，未蒙俞允，付嘱愈重，早夜兢兢，诚不知死所矣。翁素怜我，何以策之，俾获全于末路乎？[52]

贾春宇，名应元，时为大同巡抚，大致和居正关系不深，因此居正对他的话有些闪烁。王之诰、徐阶、李春芳和居正的关系较深，这几封信值得仔细寻味，尤其王之诰是居正的亲家，所以说话更切实。

从居正以上，高拱、徐阶、严嵩、夏言，凡是掌握过国家大权的，最后都支付了最大的代价。有的被杀，有的儿子被杀；即使幸而不死，也常有被杀的危险。这一个传统太危险了，时时给居正以威胁。万历五年，居正没有去位，实际也不免有些惧祸的意思。他说："恒恐不保首领以辱国家。"知道这个时期实际政治情形的人，一定明白居正不是乱说。从万历五年到八年，居正的政治地位更加巩固，然而居正的危险也更加扩大。一切危险都发生在神宗身上。

明朝的政治情形，有一点儿和前后不同的地方，便是没有摄政的制度。英宗九岁即位，世宗十六岁即位，神宗十岁即位，熹宗十六岁即位，都没有摄政或是太后垂帘听政的传统。在这一群皇帝中间，世宗最能干，即位不久，大权随即到手。熹宗是一个白痴，大权始终旁落。英宗、神宗即位的年龄更小，当然谈不到亲政。英宗初期的杨士奇、杨荣、杨博和神宗初期的高拱、张居正，名为内阁大学士，其实是摄政大臣，这是无可否认的史实，"三杨"始终维持一个合作的局面。高拱、张居正当穆宗在位的时候，在最后的阶段里，已经不能并存，神宗即位以后，居正利用政治机会撇开高拱，成为实际的独裁者，这也是无可否认的史实。以后居正逐渐巩固既得的政枚，内而内阁、六部、都察院，外而各省督、抚，没有一个不是居正推荐的人，言官之中，御史、给事中也几乎没有一个不听居正的指挥。在神宗尚幼的时候，这个正和《古文尚书·伊训篇》所说的"百官总已以听冢宰"，《伪孔传》所说"伊尹刮百官，以三公摄冢宰"相合。但是现在神宗年已十八岁，久已超过应当亲政的时期。居正当国，便等于神宗失位，首辅大学士和皇帝成为不能并立的形势。在这一个情态之下，居正头脑糊涂一点儿，便可以做王莽；气魄大一点儿，也可以做曹操。但是居正不是王莽、曹操，而且在那个提倡忠孝的环境之下，也不容许王莽、曹操的产生。居正以忠孝自负，而忠孝自负的主张又和专权当国的现实不能融洽，心理遂陷于极端的矛盾状态。

矛盾的心理、惧祸的心理，最后驱使居正走上归政乞休的路线。以威福奉还主上，也许神宗不至于不容自己优游林下吧！他甚至说不敢决计从此一去不返，只要稍许休息，日后在必要的时机仍然"朝闻命而夕就道，效死疆场，亦所弗避"[53]，这是委婉的说法，只想神宗给他一个脱身的机会。居正不是没有机权的人，但这一次的乞休确是出于至诚。摄政的皇帝做过八九年，自明代开国以来，四个在位的皇帝，时期都没有这样长，居正还不应当满足吗？对内对外，整个国家上了轨道，自己去位以后，内阁里面张四维、申时行都是自己引进的人，谅意不至于反噬。江陵的家产虽然不大，但是总算富厚了，那里有五十几岁的老妻，有儿子，还有最近新添的三四个孙子，门庭以内，充满快乐的空气，为什么不回去？居正又曾说过："不榖比者抗疏乞归，群情惊惑，不知鄙意固有在也。夫不得决去于宅忧之时，而乃乞骸于即言之后，此岂寻常大臣所为进退者耶？顾此意不敢以告人，而世亦无知我者。兹承华翰，深获我心，但奖借过情，深用为愧耳。”[54]徐中台怎样“深获我心”，我们无从知道，但是从居正和他的关系而论，中台还算不上深谈，居正之言只是一种机枚。假如我们记得居正宅忧之时，神宗年十五岁，乞骸之时，神宗年十八岁，那么我们不难深谙居正的用心。

一切都看在那个小农之女的目光里。是因为她从民间出身，接近大地，所以赋有特殊的智慧、惊人的常识吗？我们不敢说。但是她能了解居正，她对神宗说：“待辅尔到三十岁，那时再做商量。”“这是一位随时督责、随时罚跪的母亲，连外祖父武清侯李伟都畏惧她，有一次外祖父做错事，圣母把他召进宫内，切实训诫[55]，何况自己？”神宗又在沉思了。龙笺手敕提到圣母慈谕，实际是把居正摄政的时期再延长十二年，也就是把神宗的失位再延长十二年。神宗曾说过：“朕垂拱受成，倚毗正切。”这九个字值得仔细玩味。在虚君政治制度没有确实成立以前，这一种办法必然会造成皇帝和首辅的决斗。残忍的女人啊！一位毛妃，造成居正和辽王宪㸅的决斗；一位李太后，造成居正和神宗的决斗，这才是人生的不幸。居正自言“自是羁绁愈坚，忧危愈重矣”，又言“付嘱愈重，早夜兢兢，诚不知死所矣”。这些话都是事实，但是他现在竟没有自全之策。“凤毛丛劲节，只上尽头竿”，尽头竿究竟不是一个安全的地位。

就在万历八年三月，居正得到一件大喜的事，他的第三子懋修中了殿试第一人。这一次主考是内阁申时行、侍郎余有丁。在当时的情状下，首辅的儿子当然会高中的，何况懋修在兄弟中才具较高呢？主考阅卷，拟定懋修第三，进呈御览。神宗看过以后，改为第一。这一科，居正长子敬修也成了进士。在居正六子中，敬修、嗣修、懋修至此都成进士，第四子简修，加恩授南镇抚司佥书管事。

万历八年闰四月两广总督刘尧诲奏报讨平八寨。两广的吏治向来是一个问题：吏治不清，地方不安，人民起义，以及少数民族的暴动，成为相应而来的事实。八寨在广西桂林、平乐两府，本来是僮人群居的场所。隆庆年间，殷正茂进兵古田的时候，八寨先降，于是并龙哈、咘咳为十寨，立长官司。万历六年，曾经有一次动乱，两广总督凌云翼随即进兵。云翼去职以后，尧诲继任，八寨又来一次动乱。居正和尧诲讨论过几次：

广右议征八寨，此或不容已者，已属本兵从其请矣。[56]

八寨之征，在两镇似不容已，本兵已复从其请。[57]

这都是万历七年的事。第二年八寨敉平，居正谈到两广的情况：

八寨兵已奏捷，谅此时竣事矣。武弁游民，私买贼级，乃广中沈锢之病，今得力祛此弊，则功赏皆实。但先年有旨，凡大举征剿，皆宪里亲临纪功，今不知纪功是何司、道官。纪功得人，积弊乃可革也。黄总戎颇有志向，不安下流，但微负气。将官负气，正可驾驭而用之，固愈于颓靡、懦熟，剥削以事结纳者也。俟到任信至，如尊谕戒谕之。[58]

万历八年二月，河工勘报完成，潘季驯升工部尚书兼副都御史，这是一个崇衔，其实用不着管事。明朝有添注官，在实缺官以外临时添设，本来是一种酬劳的意义。但是季驯在河工已久，委实需要休息了，居正想起前任两广总督凌云翼，现任南京兵部尚书，只是一个闲曹，决定派云翼总督漕运，以为代潘的地步，同时再调潘代凌，成为潘、凌对调。他分别和两人说起：

两承翰教，领悉。比者平成奏绩，公之肤功，固不待言，然亦借督、漕同心之助，况河、漕归并，已有成命，则今之代江[59]者，亦即以代公，不可不慎也。反复思之，莫如洋山[60]公为宜。此公虚豁洞达，昔在广中，仆妄有指授，渠一一取其意而行之，动有成功，则今日必能因袭旧画，以终公之功，一善也。官尊权重，足以镇压，二善也。留京参赞[61]，重任也，朝廷加意河、漕，特遣重臣以行，则在事诸臣，谁不奋厉？三善也。南中道近，闻命即行，不烦候代，则漕事不致妨废，且得数月与公周旋，同心计处，何事不办，四善也。公即旦夕回京，亦不过添注管事，骈枝闰位，何所用之？不如即代洋山，是身不离南中，可以镇异议，属人心，此中八座虚席，一转移间，又无妨于他日之柄用，于公亦有利，五善也。有此五善，虑之已熟，故违部议而请上行之。恐公不达鄙意，敢布腹心。[62]

向承教，粤中经理，不辞再劳，具见公忘身徇国，不胜敬仰。后思彼中事体，近已略定，好议喜事者知鄙意有在，亦自敛戢，而不敢复兴事端，今若无故易置，反觉多事；且瘴疠之乡，亦不忍再烦也。河、漕虚席，因忆公鸿猷伟略，优游留省，无以骋才，而河、漕重任，比之东粤，尤为紧要，先朝尝特遣重臣经理；且二三年间，仆力主印川公治河之策，幸有成功，今仍须素有威望者继之，庶可以行仆之意而终潘之功。博求中外，无如公者，故暂借经理。他日此中八座或虚，一转移间，其事又甚易也。恐公不达所以借重之意，而有外于左右，故略布区区，万望鉴谅。[63]

居正在政治方面的成绩逐日提高，但是对居正不满的呼声仍然不断。万历八年三月，南京兵部主事赵世卿奏匡时五要，请广取士之额，宽驿传之禁，省大辟，缓催科，最后提出言路当开。他说：

近者台谏习为脂韦以希世取宠，事关军国，卷舌无声，徒摭不急之务，姑塞言责，延及数年，居然高踞卿、贰，夸耀士林矣。然此诸人岂尽奊诟无节，忍负陛下哉？亦有所惩而不敢尔！如往岁傅应祯、艾穆、沈思孝、邹元标，皆以建言远窜，至今与戍卒伍，此中才之士所以内自顾恤，宁自同于寒蝉也。宜特发德音，放还诸人，使天下晓然知圣天子无恶直言之意，则士皆慕意输诚，效忠于陛下矣。

世卿此疏直指居正，当然引起居正的激怒，因此吏部尚书王国光改世卿为楚府右长史。明代王府官不易升调，一入王府，实际成为禁锢，世卿这一次调任其实是一个严重的处分。

万历八年八月间，刑部侍郎刘一儒致书居正，讨论时政。一儒，夷陵人，是居正的亲家，居正的女儿嫁给一儒之子勘之。在新妇进门的时候，一儒看到妆奁中的珠玉锦锻，盈箱满箧，连忙吩咐另行封锁，一概不许动。一儒当然有他的计算，儿媳谈不到反对。居正在政治上的地位正在不断亢进，一儒和他说：

窃闻论治功者贵精明，论治体者尚浑厚。自明公辅政，立省成之典，复久任之规，申考宪之条，严迟限之罚，大小臣工，鳃鳃奉职，治功既精明矣。愚所过虑者，政严则苛，法密则扰，今综核既详，弊端剔尽，而督责复急，人情不堪，非所以培元气而养敦浑之体也。昔皋陶以宽简赞帝舜，姬公以惇大告成王，沦洽当代，矩矱后世，愿明公法之。[64]

假如居正接受一儒的忠告，定然可以收回大部分人心，但是居正接受这个忠告，便不是居正了。万历初年的政局终于留下精明有余、浑厚不足的印象。

朝廷大政一切由居正负责，十八岁的神宗闲得没有事做，四书五经无须再读了，他便慢慢地寻求消遣的方法。皇上所住的是乾清宫，宫里的内监大小不等，管事的称为牌子太监。乾清宫牌子太监孙海、客用，既然负责伺候皇上，他们便逐渐引导神宗寻求娱乐。有时皇上带上太监们，短衣窄袖，一同出宫，嬉游竟日。怕什么？手上带的是刀杖，根本不怕什么意外。一次神宗到西城，正在喝过酒以后，醉眼朦胧地吩咐小内监唱曲子。也许是小内监撒娇吧，偏不肯唱。这是欺君之罪，还了得！皇上有的是刀子，哗喇一声，刀子出鞘，吓得小内监直抖，旁边的人求情，经过使劲鞭挞以后，这才平息了神宗之怒，但是到底还把小内监的头发割下，实行割发代首的事。真有趣，整个人生都戏剧化了。神宗仍在兵杖簇拥的中间，带醉回到乾清宫。

神宗酒醒以后，冯保久已奏明慈圣太后了，慈宁宫的太监正在催促神宗前去。无可奈何，去吧！慈圣太后看见神宗，喝声令其跪下。神宗长跪在那里，听圣母的训导。慈圣太后把神宗的过失一五一十地数说一番，神宗无从辩护，眼泪簌簌地落下，最后他只有请求慈圣太后给他一个改过的机会。慈圣这才吩咐神宗捡出一本书来，重行长跪以后，皇帝打开书本一看，正是《汉书》卷六十八《霍光传》，他读到“光即与群臣俱见，白太后，具陈昌邑王不可以承宗庙状”，眼泪从眼眶里直流，想不到一晚的狂欢得到这样严重的后果[65]。

现在的霍光是张居正。但是居正恳请慈圣太后准予神宗改过，他提出这只是一时的糊涂，究竟和昌邑王不同。慈圣太后意转以后，才吩咐居正代神宗下罪己手诏，一份给太监们，一份给内阁。罪己的语句着实委屈神宗，但是不是这样，挽回不了圣母的盛怒，居正竟写下了[66]。

孙海、客用凡事引诱，无所不为，着降作小火者，发去孝陵种菜。尔等司礼监，并管事牌子，既受朝廷爵禄，我一时昏迷，以致有错，尔等就该力谏乃可。尔等图我一时欢喜不言，我今奉圣母教诲我，我今改过，奸邪已去。今后但有奸邪的小人，尔等司礼监并管事牌子，一同举名来奏，该衙门知道。[67]

昨朕有御笔帖子，先生看来未曾？孙海、客用，朕越思越恼，朕今又降作小火者，发去南京孝陵种菜。先生等既为辅臣，辅弼朕躬，宗庙社稷，所系非轻，焉忍坐视不言？先生等既知此事，就该谏朕，教朕为尧舜之君，先生等也为尧舜之臣。朕今奉圣母圣谕教诲，朕悔过，逬去奸邪，先生等各要尽心辅朕。[68]

居正和冯保商议以后，觉得孙海、客用处分嫌轻，立即上疏再求加重，充作净军，神宗当然照准。冯保提出司礼监太监孙德秀、温泰，兵仗局掌印周海，都有应得之罪，其他内监一概责令自陈，切实整顿。这次居正上疏，在神宗和居正的关系上产生了重大的影响：

臣等恭诵纶音，不胜钦仰，不胜惶愧。仰惟皇上天挺圣资，幼而聪颖，自临御以来，讲学勤政，圣德日新，臣等每自庆幸，以为亲逢尧舜之主，庶几复见唐虞之治矣。乃数月之间，仰窥圣意所向，稍不如前，微闻宫中起居，颇失常度，臣等心切忧惶，但身隔外廷，不知内事，即有所闻，未敢轻信，而朝廷庶政，未见有阙，故不敢妄有所言。然前者恭侍日讲，亦曾举孔子益者三乐，损者三乐，并益者三友，损者三友两章书，请皇上加意省览，盖亦阴寓讽谏之意。又数日前，曾问文书官云："臣闻皇上夜间游行，左右近习皆持短棍兵器，此何为者？"乃文书官回说："并无此事。"臣等亦遂以所闻为妄，不敢复言。连日因睹御笔帖子，处治孙海、客用两人，因而询访，始知此两人者，每日引诱皇上燕闲，游宴别宫，释去法服，身着窄袖小衣，长街走马，挟持刀仗，又数进奇巧戏玩之物，蛊惑上心，希图宠幸。臣等连日寝食不宁，神爽飞越，可惜天生圣主，被这几个奸佞小人，引诱蛊惑，一至于此，拟俟日讲时，面奏谏劝，以尽愚忠；乃蒙圣母谆谆教戒，皇上幡然改悔，逬去奸邪，引咎自责，又宣谕臣等，尽心辅导，此盖九庙列圣之灵，默启我圣母之心，形之谴责，阴佑我皇上之心，自悔前非也。夫人孰无过，惟过而能改，则复于无过。自兹以往，皇上依然为尧舜之主，臣等亦庶几可勉为尧舜之臣矣。宗社生灵，曷胜庆幸！但古语云："树德务滋，除恶务尽。"臣等窃闻近日引诱之人，在孙海、客用，固为尤甚，而其中谄佞希宠，放肆无忌者，尚不止此二人。如司礼监太监孙德秀、温泰，兵仗局掌印周海者，皆不良之人，其罪亦不在孙海、客用之下。今皇上既将此二人，置之于法，以示悔过自新之意，则孙德秀等，亦不宜姑容在内，以为圣德之累。伏望皇上大奋乾断，将孙德秀等一体降黜，以彰日月之明。其司礼监管事等官，平日为忠为佞，谅莫逃于圣鉴，合无俱令自陈，请自圣断：

老成廉谨者，照旧管事；谄佞放肆者，悉加汰黜。且近日皇穹垂象，彗芒扫宦者之星，亦宜大行扫除，以应天变，以光圣德，此皇上修德改过之实政也。臣等又闻汉臣诸葛亮云："宫中府中，俱为一体，陟罚臧否，不宜异同。"臣等待罪辅弼，宫中之事，皆宜预闻。臣居正又亲承先帝遗命，辅保圣躬，比之二臣，责任尤重，今乃徒避内外之嫌，不行直言匡救，以致皇上有此过举，孤负先帝付托之言，万死不足以自赎，除痛自省励以图报称外，既蒙皇上明发德音，昭示圣意，臣等此后亦不敢复以外臣自限，凡皇上起居及宫壶内事，但有所闻，即竭忠敷奏，及左右近习有邪佞不忠，如孙海、客用者，亦不避嫌怨，必举祖宗之法，奏请处治，仍望俯允施行。皇上亦宜仰尊圣母慈训，痛自改悔，戒游宴以重起居，专精神以广胤嗣，节赏赉以省浮费，却珍玩以端好尚，亲万几以明庶政，勤讲学以资治理，庶今日之悔过不为虚言，将来之圣德愈为光显矣。臣等无任沥血哀恳之至，伏惟圣慈鉴宥。[69]

神宗得疏以后，御批"览卿所奏，具见忠爱，依拟行"。同时，孙德秀、温泰、周海奉旨降三级，私家闲住，永不叙用，其司礼监及管事牌子等都着自陈。

这一次是一次小小的斗争。在这次斗争中，神宗在一边，李太后、冯保、张居正在另一边。斗争的结果，神宗失败了，罪己手诏，只能增加失败者的惭愤，成为日后报复的张本。冯保利用自陈的机会，在宫廷内可以逐渐排斥异己。居正直言干涉皇上宫壶起居等事，权限扩大，久已超越大学士票拟谕旨的本分。一切的政局正在转变当中，直到万历十年居正死后，再来一次清算。

居正《请清汰近习疏》的精神完全是诸葛亮《出师表》的再现。居正的标准人物是伊尹、周公、诸葛亮，他当国十年的成绩也处处模拟此三人，但是居正忘去了神宗不是太甲、成王、后主。关于太甲、成王的故事，因为古史方面的问题纠缠太多，姑不置论。后主的个性在历史上留下了不可磨灭的印象，他是一个平庸到无可奈何的人物，但是他知道自己平庸，一切都听诸葛亮指挥。诸葛亮死了，他秉承诸葛亮的遗言，用蒋琬、费祎、姜维。他没有主张，因此他也不做主张。蜀汉以全未开发的一隅之地和中原抗衡四十年，委实不能说不是后主知人善任的成绩。神宗是另外一个形态的人物，他聪明，有主张，有决断，但是同时也颓废、好利，不知上进。居正当国的时候，国势蒸蒸日上，但是居正殁后，神宗不能再用第一流的人物，申时行的才具不是没有，但在那种环境之下，只能优柔便辟，采取明哲保身的途径。后来，明朝亡国之祸其实都在神宗时代撒下了种子。居正把神宗当后主看，这是居正认识上的错误。我们把诸葛瞻的任用和张敬修的自杀相比而论，便会知道认识错误真是一个可怕的事件。

神宗罪己手诏既下以后，居正意识到他的放荡完全是闲极无聊的结果，所以利用反省的时机，请求敷陈谟烈。他说：

先该臣等面奏，皇上春秋鼎盛，宜省览章奏，讲究治理，于字书、小学，不必求工，以后日讲，请暂免进字，容臣等将诸司题奏，紧要事情，至御前讲解，面请裁决。伏奉谕旨，臣等钦遵举行外，但数月以来，应奏事件，与日讲之期，多不相值，或系常行细务，又不敢烦渎圣聪，即恭侍讲读，须臾而毕，拱默而退，不得供奉燕闲，从容陈说，虽欲竭悃款之愚，效献替之益，其道无繇，非臣等面请奏事之初意也。顷奉圣谕，责臣等以尽心辅导，臣等夙夜思惟，图所以仰承德意，启沃圣心者，窃以为远稽古训，不若近事之可征，上嘉先王，不如家法之易守。昔伊尹、周公，矢谟作诰，撮其大指，不过两言：曰“明言烈祖之成德”，曰“觐扬文武之光烈”而已。唐宪宗读《贞观政要》，竦慕不能终卷；宋仁宗命侍臣读《三朝宝训》及《祖宗圣政录》：前史书之，皆为盛事，良以羹墙如见，自不忘继志之事，耳目既真，又足为持循之地，守成业而致圣治，莫要于此。仰惟我二祖开创洪业，列圣纂绍丕图，奎章睿谟，则载之宝训，神功骏烈，则纪之实录，其意义精深，规模宏远，枢机周慎，品式详明，足以迈三五之登闳，垂万亿之统绪，此正近事之可征，家法之易守者也。夫皇上所践者祖宗之宝位，所临者祖宗之臣民，所抚驭者祖宗之舆图，所凭借者祖宗之威德，则今日之保泰持盈，兴化致理，岂必他有所慕，称上古久远之事哉？惟在皇上监于成宪，能自得师而已矣。[70]

居正吩咐翰林院诸臣，就列朝宝训、实录，撰为《谟训类编》。共分四十款，排日进讲，他的心理还是隆庆六年十二月进《帝鉴图说》的心理。疏中又言“但使工夫接续，时日从容，自可以开发聪明，亦因以练习政事。伏望皇上留神听览，黾勉力行，视训录之在前，如祖宗之在上，念念警惕，事事率由，且诵法有常，缉熙无间，即燕息深宫之日，犹出御讲幄之时，则圣德愈进于高明，圣治益跻于光大，而臣等区区芹曝之忠，亦庶几少效万分之一矣”。

万历九年正月初五，神宗在文华殿斋宿，这一天大风来了，黄尘蔽天，神宗吩咐文书官和居正说：“今日风气不祥，恐有边事，与先生说，可申饬边臣，加意警备。”居正听到以后立刻传谕边镇，准备应付。

一直到现在，北方的边事还时时索绕君臣的心间。比较松一点儿的是河套。在那里的鞑靼已经衰弱，正如居正在万历八年和三边总督郜光先所说的“精兵健马，消耗过半，东借助于顺义不获，西修怨于瓦剌不能，其衰弱无能为之状亦见矣”。[71]

最成为威胁的是土蛮。土蛮向东可以进攻辽东，向南可以进攻蓟州，所以双方都时时在警戒当中。辽东的李成梁和土蛮交战几次，在战事方面有相当的把握。蓟州的戚继光正以威名太大，土蛮远去，因此没有立功的机会。万历八年秋间，传闻土蛮南下，居正连忙去信说起：

前顺义部下酋长，密报土蛮入犯消息，即驰语蓟辽军门戒备，数日以来，警息沓至，西虏所报不虚矣。不穀料此贼必窥滦东。今日之事，但当以拒守为主，贼不得入，即为上功，蓟门无事，则足下之事已毕，援辽非其所急也。贼若得入，则合诸路之兵坚壁以待之，毋轻与战。我兵不动，贼亦不敢开营散抢，待之数日，贼气衰堕，然后微示利以诱之，乘其乱而击之，庶万全而有功。足下经营蓟事十年，今乃得一当单于，勉之勉之。辱示以破虏为己任，具见许国之忠，但古之论战者，亦不全恃甲兵精锐，尤贵将士辑和，和则一可当百，不和虽有众弗能用也。窃闻北人积愤于南兵久矣，今见改则必推之使先，胜则欲分其功，败则必不相救，则足下之士，能战者无几耳。军情乖离，人自为心，鼓之而弗进，禁之而弗止，虽有严刑峻法，将安所施？羊羹之事，可为明戒，足下宜深思之！时时查军情向背，布大公，昭大信，毋信谗言，毋徇私情，毋以喜行赏，毋以怒用罚，部署诸将，宜以食多而养厚者当先，毋令失职想望者当剧处。虚心

李成梁石坊

万历八年，神宗为表彰李成梁镇守辽东的军功而建，立于北宁城内鼓楼前。

受善，慎毋偏听，察军中如有隐郁，亟与宣达。平日号令，如有未妥，不妨改图。士卒毋分南北，一体煦育而拊循之，与最下者同甘苦，务使指臂相使，万众一心，知爱护主将如卫头目，则不待两军相遇，而决胜之机在我矣。如是，乃可以一战望成功也。惟足下豫图之。不穀平生料事，往往幸中，凡所与足下言者，须句句体认，不可忽也。[72]

鞑靼诸部之中，势力最大的当然是俺答。自从俺答被封为顺义王以后，实际上成为朝廷的附庸，接受朝廷的命令，约束部下。但是俺答对部下时时感觉不易驾驭，俺答的长子黄台吉便是一个不易驾驭的人。大致是万历八年吧，黄台吉看见土蛮出兵虏掠，羡慕得了不得。他坦白地和父亲说，自己准备向朝廷开战。

"宣大是我买卖地方，汝不可胡做，别处我亦不管。"俺答说。除黄台吉外，其次是青台吉。他是老把都的儿子，俺答的侄儿。青台吉和土蛮取得联络，因此在北边成为威胁，居正对他永远不能放心。

在俺答精力充沛的时候，当然他可以统制一切，但是现在俺答病了，黄台吉、青台吉这两位同堂兄弟益发不受约束。居正还忧虑到俺答身后，部下分裂，固然不易统制；倘使完全为土蛮吸收，更成为朝廷的大害。万历八年、九年之间，来往于居正胸中的便是这许多问题。在书牍中一一可指。

辱示虏情，一一领悉。顺义病既狼狈，岂能复起？土蛮素无远略，且与西部不睦，岂肯为之勤兵报怨？切尽[73]之请，亦必不能成，虏势穷蹙可见矣。顺义一故，变态百出，顾吾所以应之何如？此事当劳公经画，然拓土开疆，安边服远，亦在于此。今宜事事设备，预为之图，以待其变可也。[74]

近得西部消息，言顺义病已沉锢，部下酋长，各自为心。此酋死，虏中当大乱，恐土酋将乘其敝，诸制御方略，愿公预图之，预练兵积食，密于自治，以待其变耳。[75]

黄酋桀骜，殊为可恶，然闻此酋素狂躁无礼，倏忽喜怒。彼见其父病中，与之修好，遂侸然妄言，然非有谋画素定也，但安静以驭之，严备以待之，毋轻徇其请，毋激致其怒，彼计沮气衰，将自敛矣。近闻已就羁绁，入市有日，未知究竟何如。[76]

两奉华翰，一言顺义求讨，一言黄酋桀骜，详观来文与公回谕，悉与鄙见悬合，敬服。黄酋狂躁，反复不常，乃其故态，其言作反，未必实有此谋，但虚吓耳。惟安静以处之，严备以待之，久之计沮气衰，伎俩已尽，自当人苙矣。彼不来市，我亦省费，不必责其来补，但移书顺义责以负的，使屈在彼。彼敢来犯，即简锐击之，若不来犯，亦不必往讨也。[77]

黄酋孤穷之虏，无马可市，但肆言恐吓，欲白骗耳。令既稍有所获，来市恐未有期。其市不市，亦无足为轻重，不必固要之，中彼要挟之计。然此虏轻躁寡谋，骄盈已极，若以计图之，亦可获也。[78]

黄酋近闻已赴西市，惟镇静以处之。彼之伎俩有尽，终当人笠也。差人回，渠有何说？若只寻常诳赏之言，惟付之不问耳。土酋已入辽左，蓟门亦甚戒严，西酋诸部，皆有随行者。闻顺义夙疾又发，冬春之间，恐难起也。[79]

以上都是万历九年正月以前发生的事。经过正月初五神宗传诏警戒以后，各边巡视更加吃紧，郑洛在边界上获到黄台吉部众，居正立即和郑洛说：

黄酋部众做贼，我所擒者，系彼至亲，谅所欲得者，且勿轻与之，待顺义罚处如约，另立誓词，将往年横索等项，一一改图，然后遣之。前奉圣谕，方以边事为念，会华翰至，即封上御览，以见公筹边之功。此后如有重大虏情，密示于仆者，宜具衔禀报，当即以原帖奉奏也。[80]

青台吉对明王朝表示服从，但是其弟满五大仍和土蛮勾结，土蛮入犯辽东的队伍中，时时有青台吉的部属。因此居正对青台吉不能放心，但是他主张交付俺答，增加俺答的责任，便是增加朝廷的威信。居正和张佳胤屡次说过：

来谕谓战可恃而后和可坚，最为得策。惟公著实行之，不徒为目前支吾之计，边圉幸甚。青酋东行祭神，亦往年常事，但载甲以行，委属可疑，已行该镇防备。[81]

青酋既认二弟东犯，亦见畏顺，俟其回巢，罚处为当。然此酋与东虏合从，不独今岁为然，今虽罚惩，恐亦不能终禁，此后但责令探得东虏作贼的耗，即飞报我知，使我得准备，亦足以明彼心迹。即去秋土蛮入辽左，其中亦岂无贡市之夷，幸大同、山西于市场上侦得消息，密以告仆，即夙戒蓟辽，整旅以待，故无大失，然亦未曾深究西虏也。[82]

辱示，青酋既有罚处二弟之意，宜就机告于顺义处之。黄酋之不直东虏，岂是忠心？彼盖亦欲效东虏所为，顺义所制不得肆，见东虏东掠西市，两利并获，故不平于心耳。……公所谕其来使，词严义正，足以尊朝廷之体，消逆乱之萌，须著落顺义处之。彼虽老，素为诸部所畏也。鄙意初谓不必奏闻，后思其事关系颇重，似非诸公所能自了者，待计划已定，期于必遂，乃以上闻可也。然犬羊无信，惟利是趋，即经此处分，他日亦不能缚其手足。此后宜责令侦得东部约从消息，即飞报我知，在彼得阳明其心迹，在我得阴为之备。即今秋土蛮纠众犯辽，其中亦有西虏，幸贾大同[83]、高山西[84]于贡市时，得些消息，走报于我，即夙儆该镇，预为之备，故虏虽众，而在我无失。比者宁前虏原不多，而在我反有损折，此其豫与不豫相远矣。近得郑公书，只云青酋部众东犯之事，未审虚的。此言过矣！夫虏犬羊也，能保其不变乎？蓟镇属夷，岁岁入贡，亦岁岁作贼，辽人不能归咎于蓟镇，岂能责望于宣大乎？夷情多变，惟在随宜审处之耳。[85]

万历九年正月，推行一条编法，同时下令裁减诸司冗官，及各省司、府、州、县官凡一百六十余员，居正在大政方面还是著著不懈地进行着。同一时期，神宗的心绪也似乎安定下来了。居正奏请用翰林官更番侍直，他说：

臣等伏睹皇上近日以来，留神翰墨，一切嬉游无益之事，悉屏去不御，仰惟圣学该洽，睿志清明，臣等不胜庆忭。夫人主一心，乃万化从出之原，亦众欲交攻之会，必使常有所系，弗纳于邪，然后纵逸之念不萌，而引诱之奸不入。故虽笔札小技，非君德治道所关，而燕闲游息之时，借以调适性情，收敛心志，亦不悖于孔氏游艺博文之指，比之珍奇玩好，驰骋放佚之娱，则相去远甚，未必非皇上进德养心之一助也。但臣等窃见前代好文之主，皆有文学之臣，载笔操觚，奉侍清燕，如唐有天策、瀛洲之选，供奉、待诏之员，宋有秘阁待制、二馆著作，或承诏登答，或应制赓酬，皆于语言文字之中，微寓风劝箴规之益，即今之翰林官是也。国朝建置翰林，于一榜进士中，拔其英俊特异者，除授此官，固欲储养德望，以备启沃，任枢机，然文史词翰，撰述讨论，亦其本等职务，皇上即有任使，不必他求。如日讲诸臣，皆文学优赡，臣等慎选以充，见今记注起居，日逐在馆供事外，其余见任翰林各官，亦皆需次待用者。臣等拟令分番入直，每日轮该四员，与同日讲官，在馆祗候。皇上下几之暇，如披阅古文，欲有所采录，签赏名笔，欲有所题咏，即以属之诸臣，令其撰具草稿，送臣等看定，然后缮写，呈进圣览。或不时召至御前，面赐质问，令其发摅蕴抱，各现所长，因以观其才品之高下，他日量能擢才，自可断于圣衷；且诸臣因此，亦将自庆遭逢，益图称塞，争相淬励，以求见知于上，其于圣明辨材审官之道，亦默寓于中矣。臣等不胜惓惓愿忠之诚。[86]

这是一篇很平常的奏疏，但在这篇奏疏里，透出居正那番希望神宗亲贤臣、远小人的忠恳。

万历九年春间，重新提出外戚恩荫的问题。万历七年，神宗后父王伟封永年伯，居正提出嘉靖八年会议的结果，指明只能“以荣终身”，当时神宗没有注意。现在神宗派文书房官丘得用传谕内阁，将王伟弟王俊、男王栋加恩授职，居正随即拟定奏复。丘得用又来了，口传圣谕道：“正德年间，皇亲夏助等，俱授锦衣卫指挥等官世袭，今何止授千户，又无世袭字样？”这是诘问，也有一些不满。居正很灵敏地把王俊的官阶提高，但是拒绝给予世袭字样。他说：“仰惟皇上笃眷中宫，加恩外戚，此乃情理之至，臣等敢不仰承。”但是他随即指出理由，使神宗不能不接受。居正说：

臣等恭惟祖宗定制，武职非有军功，不得世袭。正德年间，政体紊乱，至世宗皇帝，以聪明至圣，入承大统，将以前敝政，一切改正，以复我祖宗之旧，正今日所当遵守者。当先帝龙飞之日，与皇上嗣统之初，加恩陈、李二家，例止于如此。今皇上虽欲优厚外戚，讵可逾于两宫皇太后之家乎？是臣等所拟，乃三朝见行事例，非敢擅为裁抑也。今奉圣谕令臣等改拟，臣等谨钦遵，斟酌近例，拟将王伟男王栋授锦衣卫指挥佥事，弟王俊授锦衣卫正千户，比之两宫皇太后之家，实为相等，至于世袭一节，则祖宗旧制，决不敢逮越也。臣等又惟皇上与中宫圣寿万年，将来皇储兆庆，绳绳振振，推恩戚里，固未可量，似亦不在此一时也。伏望圣明俯鉴臣等愚诚，特赐俞允，不胜幸甚。[87]

这又是一个小小的胜利，四月十八日，他更直接地揭出神宗的浪费，语气甚至波及慈圣太后。

十八日文华殿日讲官讲毕以后，神宗退到后殿。居正进来，先讲《谟训类编》，把列朝圣训实录讲过以后，随即进呈南京给事中傅作舟的奏疏。

“今江北淮、凤，及江南苏、松等府，连被灾伤，民多乏食，徐、宿之间，至以树皮充饥，或相聚为盗，大有可忧。”居正说。

神宗问道：“淮、凤频年告灾，何也？”

淮是淮安府，凤是凤阳府，是现在江苏、安徽两省淮河流域的地方。居正说：“此地从来多荒少熟，即如训录中所载，元末之乱，亦起于此。今当大破常格，急发赈济以安之。臣等拟令户部议处，动支各该州、县库银仓谷。不足，则南京见贮银米，尽有赢余，可以协济。民惟邦本，愿特加圣心。”

神宗慨然道：“依先生每议处。”

“皇上天性至仁，爱民如子，”居正说，“臣等每奏灾伤，皇上即恻然闵念，凡请蠲请赈，未尝不慨然赐允，而臣等愚陋，亦仰体圣衷，无日不以忧民为心，安民为事，四方奏乞蠲贷，拟旨允行者无月无之。”居正对于外省的不能奉公尽责、忧国忧民，非常愤激，他不断地指摘道，“而在外诸司，往往营私背公，剥民罔上，非惟不体皇上子惠困穷之德意，且不知臣等所以仰赞皇上之愚忠，殊可恨也！且人臣居官食禄者，皆有代君养民之责，故虞舜咨十有二牧，‘牧’者养也。今有司坐视民瘼，痛痒不相关，如作舟疏云‘报灾’则曰‘不敢报’，此何不敢报之有！又云‘请赈’则日‘不敢请’，此何不敢请之有！不过推调支吾，归怨君上，何尝有忧民之心？即如积谷一事，屡奉旨申饬，竟成虚文。彼皆有自理赃赎，未尝佐公家之急，则将焉往？臣等不胜愤懑，窃以为此辈若遇圣祖，不知当以何法！”

神宗说：“有司为民害者，当着实重处。”

居正看到神宗怒形于色，当即说道：“今后有犯者，当如圣谕。”于是他又从容地说：“近年以来，正赋不亏，府库充实，皆以考成法行，征解如期之故。今大江南北，荒歉如此，河南又有风灾，畿辅之地，雨泽愆期，二麦将槁，将来议蠲议赈，势不容已，赋税所入，必不能如往年，惟皇上量入为出，加意撙节，如宫中一切用度，及服御之类，可减者减之，赏赉可裁者裁之。至如施舍一节，尤当禁止，与其惠缁黄之流，以求福利，孰若宽恤百姓，全活亿兆之命，其功德为尤大乎？”

“然，”神宗说，“今宫中用度，皆从节省，赏赐亦照常例，无所增加。”

“皇上所谓常例者，”居正说，“亦近年相沿，如今年暂行，明年即据为例，非祖宗旧例也。臣不暇远引，如嘉靖中，世宗皇帝用度最为浩繁，然内库银两，尚有余积，隆庆初年冬，余库尚余百余万。今每岁金花银百二十万，每按季预进，随取随用，常称缺乏。有限之财，安能当无穷之费乎？臣等职在辅导，为国家长久之虑，不敢不尽言，惟皇上留神省察。”[88]

居正这一次议论从救灾到节用，论点不断地转移。但是不能节用，便谈不到盈余，没有盈余，当然说不上救灾，前后自有一贯的道理。在节用方面，居正指出两点，他希望节省服御赏赉，同时他也希望禁止施舍。神宗撇开禁止施舍一面，只谈服御赏赉，居正便从这一方面和神宗起了一点儿小小的争执。神宗说这是旧例；居正说这只是神宗自己的旧例，不是祖宗的旧例。他证实神宗的挥霍，最后告以“有限之财安能当无穷之费”？但是关于施舍方面，神宗避免讨论，居正也不追问。为什么？因为这是慈圣太后之事，其实与神宗无涉。

慈圣太后究竟是一个婆婆。穆宗在位的时候，她就想起要做一些功德，福国裕民。万历元年，慈圣太后和神宗说，要建涿州胡良河、巨马河两条大桥。神宗对居正讲了，居正说道：

“时绌举赢，古人所戒：皇上即位之初，一切更当与民休息，建桥太劳民，且费巨，诚恐有司亦不能办。奈何？”

“圣母自己出钱募工，一钱不取于官，一夫不取于民。”神宗说。

“好极。”居正叩头说。

慈圣太后发内帑五万两，由工部派员监工，万历二年正月两桥修建成功，共费七万余两。桥工完成，慈圣太后又要在涿州建碧霞元君庙。碧霞元君据说是东岳大帝之女，更有些荒诞。太后的主张提出以后，工部尚书朱衡和工科给事中请求停工，无效。户科给事中赵参鲁疏言：“南北被寇，流害生民，兴役濬河，鬻及妻子，陛下发帑治桥建庙，已五万有奇，苟移赈贫民，植福当更大。”参鲁的话还是无效。

自此以后，万历二年建承恩寺、海会寺，三年修东岳庙，四年建慈寿寺，五年建万寿寺。在这些功德方面，慈圣太后一步没有放松，但是居正也处处提出民生的困苦。他说：

> 夫林茂而鸟悦，渊深而鱼乐，鱼鸟之情，何期于林、渊哉，所寄在焉。故凡亿兆之命，悬于一人。天子明圣，则生人禔福，故亿兆之情，莫不愿人主之寿者，斯亦鱼鸟之愿归于茂林深渊也。然则，兹宇之建设，虽役民生之力，用天下之财，而可以祝圣母万寿者，臣民犹将乐趋焉，况役不民劳，费不公取，用以保国乂民，功德无量，为巨子者，其踊跃而赞颂之，讵能已耶？[89]

万历八九年间，慈圣太后又在五台山建大宝塔寺，施舍还是不断进行，居正所说“与其惠缁黄之流，以求福利，孰若宽恤百姓，全活亿兆之命，其功德为尤大乎”，正是赵参鲁的主张。

万历九年五月，居正奏请尽卖民间种马，他的目的当然还是解决当时民间的痛苦。本来明朝的马政是一个非常复杂的制度，除了御马监、太仆寺、行太仆寺、苑马寺养马以外，还有民间孳牧，也属太仆寺管辖。从洪武年间到弘治六年，经过几度的立法，民间养马的额数确定了，种马由国家分发，草料由民间供给，孳生驹数也有法定的限额。在明初刍牧地广的时候，养马没有什么困难，以后耕地扩大，牧地缩小，养马便成为一种苛政，慢慢地走上买马纳马的路线。买马是向鞑靼买马以供军用，遇到朝廷和鞑靼发生战事的时候，这是一个全不可恃的来源；纳马是捐马授职的制度，正德、嘉靖年间，军事紧急的时候，都曾行过，当然也不是好办法。隆庆二年，太常少卿武金主张尽卖种马，当时兵部议定养、卖各半，种马只剩六万余匹。到了万历九年，居正因为贡市已成，边马可用，这才决定采用尽卖种马的办法，解除民间养马的困苦。但是在苑马没有切实整顿以前，从国防的立场看，废止民间养马，不能不算是可虑的事件。

注释

[1] 书牍十一《答福建巡抚耿楚侗谈王霸之辩》。
[2] 书牍十一《答福建巡抚耿楚侗》。
[3] 书牍十三《答山东巡抚何来山》。
[4] 书牍十三《答山东巡抚何来山》。
[5] 书牍十三《答江西巡抚王又池》。
[6] 息县知县鹿久徵事，见《明纪》卷四十。
[7] 书牍十三《答山东巡抚杨本庵》。
[8] 书牍十二《答南学院李公言得失毁誉》。
[9] 奏疏八《请裁定宗藩事例疏》。
[10] 书牍十《答郑藩伯》。
[11] 书牍十一《答宪长周友山讲学》。
[12] 书牍十《答宪长周友山明讲学》。
[13] 奏疏八《番夷求贡疏》。
[14] 奏疏八《番夷求贡疏》。
[15] 奏疏八《番夷求贡疏》。
[16] 书牍十《答甘肃巡抚侯掖川》。
[17] 书牍十一《答贵州巡抚何来山》。按来山即起鸣，后调山东巡抚。在贵州时无从预闻俺答事，疑标题有误。
[18][19] 书牍十一《答甘肃巡抚侯掖川》。
[20] 原疏不见《张文忠公全集》，略见《明史纪事本末》卷六十一。
[21] 奏疏八《召见纪事》，对话用原文。
[22] 奏疏八《看详户部进呈揭帖疏》。
[23] 财箴。
[24] 奏疏八《请停止输钱内库供赏疏》。
[25] 文集二。
[26]《明史·外戚恩泽侯表》作万历五年封，误。
[27][28] 奏疏八《论外戚封爵疏》。
[29] 书牍十《答辽东周巡抚》。
[30] 奏疏九《请罢织造内臣》，对话用原文。
[31] 奏疏九《请酌减增造段匹疏》。
[32] 奏疏十一《送起居馆论边情记事》，对话用原文。
[33]《明神宗实录》。

[34] 书牍十《答河道巡抚潘印川计淮黄开塞策》。
[35] 书牍十《答潘印川》。
[36] 书牍十一《答河道潘印川论河道就功》。
[37] 奏疏九《服阕谢降敕召见赐衣带金器疏》。
[38] 奏疏九《召见平台记事》，对话用原文。
[39] 奏疏九。
[40] 奏疏九《再辞恩命疏》。
[41][42] 奏疏九《辞考满加恩疏》。
[43][44] 奏疏九《归政乞休疏》。
[45][46] 奏疏九《再乞休致疏》。
[47] 奏疏九《谢圣谕疏》。
[48] 书牍十二《答贾春宇》。
[49] 书牍十二《寄有道李中溪言求归未遂》。
[50] 书牍十二《答司寇王西石》。
[51] 书牍十四《答上师相徐存斋二十八》。
[52] 书牍十二《答石麓李相公》。
[53]《再乞休致疏》。
[54] 书牍十二《答宪长徐中台》。
[55]《明史》卷三〇〇《外戚传》。
[56] 书牍十一《答两广刘凝斋》。
[57] 书牍十一《答两广刘凝斋论严取与》。
[58] 书牍十二《答刘凝斋》。
[59] 漕运侍郎江一麟。
[60] 凌云翼。
[61] 南京兵部尚书兼参赞南京军务。
[62] 书牍十二《答河道潘印川》。
[63] 书牍十二《答南兵兼河道凌洋山》。
[64]《明史纪事本末》卷六十一。
[65] 令取《霍光传》入览事，见《明史纪事本末》卷六十一。
[66] 令居正草帝罪己手诏事，见《明纪》卷四十。《明史·冯保传》作保嘱居正草帝罪己手诏。
[67] 奏疏九《请处治邪佞内臣疏》。
[68][69] 奏疏九《请清汰近习疏》。
[70] 奏疏九《请敷陈谟烈以裨圣学疏》。

[71] 书牍四《答三边总督》。

[72] 书牍十二《答总兵戚南塘授击土蛮之策》。

[73] 即切尽台吉，俺答侄孙。

[74] 书牍十二《答宣府总督郑范溪》，按即郑洛。

[75] 书牍十二《答宣府张巡抚》。按即张佳胤。

[76] 书牍十二《答大同巡抚贾春宇》。

[77] 书牍十二《答宣大巡抚郑范溪》，按题衔误。

[78] 书牍十二《答大同巡抚贾春宇》。

[79] 书牍十二《答蓟辽总督张崌崃》，按崌崃即佳胤，题衔误。

[80] 书牍十二《答宣大巡抚郑范溪传备边》，按题衔误。

[81][82] 书牍十二《答蓟辽总督张崌崃》，按题衔误。

[83] 大同巡抚贾应元，即春宇。

[84] 山西巡抚高文荐。

[85] 书牍十二《答蓟辽总督张崌崃》，按题衔误。

[86] 奏疏十《请用翰林官更番侍直疏》。

[87] 奏疏十《议外戚子弟恩荫疏》。

[88] 奏疏十《文华殿论奏》，对话用原文。

[89] 文集四《敕建万寿寺碑文》。

第十三章 鞠躬尽瘁

居正已经把他的生命贡献给国家，在临死的时候，他用不着顾虑自己的子孙。江陵的山水无恙吧！三十六年以前，看到一位少年入京会试，成为新科的进士；三十六年以后，又看到这位进士回来，成为功业彪炳的张文忠公。

万历九年，居正五十七岁。酷热的天气，将近六十的年龄，重大的责任，在这一年夏天居正病倒了。居正有时也想退休，但是环境不容许，他只能拖着沉重的步伐，向前面挣扎。万历九年夏间，他有信给王之诰说起：

贱日猥辱垂念，贶以厚仪，不敢例辞，辄用登领，谢谢。年来贱体，日就衰惫，望六之龄，理固宜尔。兼之力微任重，譬马力已竭，强策鞭于修途，诚不知其所终矣。缅怀高蹈逸踪，岂胜叹羡。老母仗庇粗安，虽时有小疾，疗摄旋愈，但日夜念归，每谈及太老夫人，福履遐龄，庭闱乐聚，啧啧欣慕，恨仆不如公之孝养深笃也。贱眷小儿，四月抵都，小孙重润，近觉稍壮，但力弱，尚未能行立耳。远辱垂念，深荷雅情，使旋，附谢。[1]

重润是居正四子简修之子，王之诰的外孙，所以居正特别提出。

居正记得当初的大政方针吧！他昌言不讳地承认他的目标只是富国强兵。为什么要富国？富国就是在当时的历史条件下给强兵建立一个良好的经济基础。为什么要强兵？强兵才可以抵抗外侮。居正成长在嘉靖年间，他亲眼看见北京几度戒严，四围的鞑靼武士像汹涌的怒涛一样，正在并力吞噬这一座孤岛。居正掌握政权以后，他期望为国家解除威胁，这是居正一生的大事因缘。经过十年以来的努力，整个局势转变了。领导鞑靼向北边进攻的俺答，现在领导他们向朝廷投诚。青台吉的弟弟满五大向北边进犯，青台吉自认处罚，但是居正

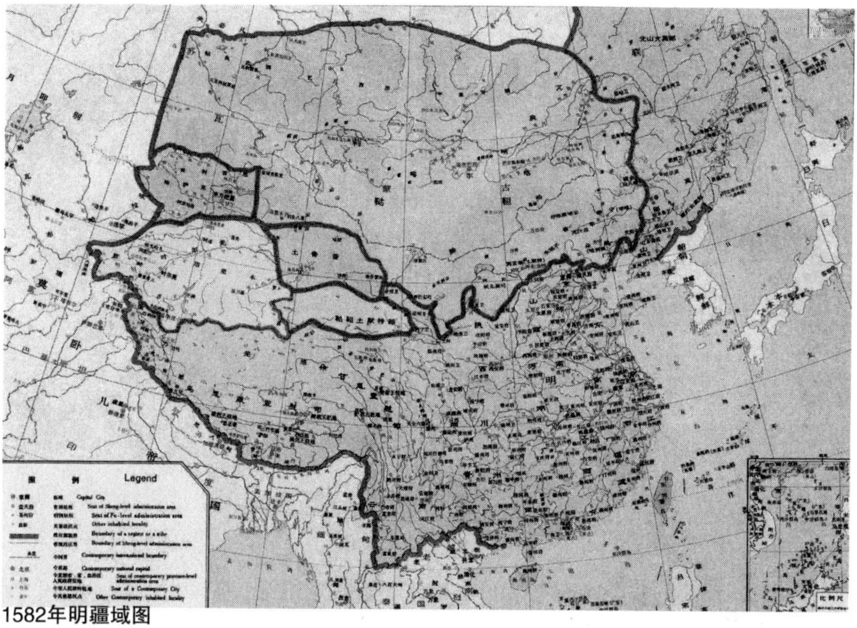

1582年明疆域图

本图是根据《明史·地理志》和《万历明会典》绘出的万历十年（1582）明朝疆域图。

利用俺答的领导地位，要和他商量，这是万历九年上半年的事。居正屡次在信中说起：

辱示夷情，具悉。青酋既自认罚处，因而收之，甚善。但顺义亦宜与之会议，盖彼为诸部之长，虽老，而众心归之。若彼以我为外之，从而阴阳其间，或至差池。但密许青酋以收其心，而仍令归结，则两得之矣。[2]

马王大[3]二酋横索事，前偶有闻，即以奉询，兹承示，始知其详。中言自甘处罚云云，此不服顺义、青酋钤束也。然青酋乃一枝之长，顺义又诸部之长；青酋则兄弟，顺义亲则叔也，尊则王也，可不受命乎？朝廷驭下，以大制小，以尊临卑，若与其卑小者交关行事，则尊大者无权，不能领众，天下日益多事，而朝廷体统，亦甚亵矣。华、夷一体，宁可乱乎？愿公熟计之。[4]

承询各酋贡马，既陆续俱至，即宜照节年事例进贡。□□[5]一枝，须候顺义罚处明白，请旨赦宥，然后许其补贡，庶不失中国之体。番僧原无贡马事例，贡市既完，量行赏赉，以示羁縻，出自特恩，未可遂为年例也。摆酋另敕，事理亦可从者。上谷夷情，与云中稍异。盖虏款之初，西部求贡甚恳，惟老把都阴持两端，其妻哈屯主事，其子青把都为长，当事者不免委曲迁就，以成贡事，偏手之说，信有之也。时□□[6]尚幼，不与其事，今见其兄独专厚利，故比例横索耳。然今昔异时，我所以应之，亦当随机观变。昔贡市未定，虏情叵测，用间投饵，有不得不然者。今势已大定，又当谨守韬钤，为长久计，不宜苟幸目前而已。承示谓训练镇兵，振扬声势，最为自治长策。昔环洲[7]在镇时，仆即以此告之，不意至今尚未成军也。愿公乘暇留神，疆场幸甚。[8]

居正对俺答只是一味的羁縻，但是绝不曲从。万历九年，俺答筑城，请求朝廷给予人夫、车辆、物料。本来鞑靼的威力全在迁徙无常，追踪不易，所以随时采取攻势，没有被围的可能，因此常处有利的局势。现在俺答筑城，便是一个失着。居正曾说起："古称虏之难制者，以其迁徙鸟举，居处饮食，不与人同也。今乃服吾服，食吾食，城郭以居，是自敝之道也。"[9]这里透露出居正的高兴，对于俺答的请求，他断然地说道："夫、车绝不可从，或量助以物料，以稍慰其意可也。"事实上，他对俺答有时不免有些幸灾乐祸的意境。在居正的眼里，俺答只是他对付鞑靼的一项工具。

居正对于辽东还是不断地筹划边防。万历九年三月，辽阳副总兵曹簠在长安堡打了一个败仗，部下死亡三百一十七人。败报奏闻以后，曹簠下狱。四月吴兑由兵部左侍郎改蓟辽总督，居正和他说：

辱示虏情，一一领悉。辽左黠夷横索，法不可纵，须熟计而审图之。昔年王杲事，动出万全，故至今虏众帖服。昨得周巡抚书，[10]其言迂缓而无当，幸密授李帅计处。前辽阳事，损吾士马甚众，今亟宜措画以备秋防，若曾簠之轻躁寡谋，免死为幸，亦宜重惩，勿事姑息也。[11]

王杲被杀是万历二年的事。万历元年建州都指挥王杲寇边，一个鞑靼的羁縻官反复无常本来不是意外。辽东总兵李成梁随即出兵讨伐，经过一年有余的战争，王杲失败，逃匿阿哈纳寨，恰巧曹簠时为参将，勒兵追击，最后王杲被执斩首。居正提起这件事，触动了吴兑的心事，他正在布置局面相同的一幕。

中枢方面，万历八年以后没有什么更动。内阁除了居正以外，还是张四维、申时行。六部一概照旧，只有礼部尚书潘晟在万历八年十二月致仕，由刑部侍郎徐学谟继任，礼部尚书久已成为翰林官进身之阶，学谟偏偏不是翰林，当时不免引起一些惊讶，不久也平息下去。万历九年四月兵部尚书方逢时致仕，由蓟辽总督梁梦龙继任，遵守本兵、边镇互调的原则。

不幸的是，在各方协调的中间居正病了。这是万历九年九月的事。神宗听到，特遣御医诊视。居正上疏谢恩，并请给假调理。他说：

臣自入夏以来，因体弱过劳，内伤气血，外冒盛暑，以至积热伏于肠胃，流为下部热症，又多服凉药，反令脾胃受伤，饮食减少，四肢无力，立秋以后，转更增剧。自以身当重任，一向勉强支持，又恐惊动圣心，未敢具奏调理，乃蒙宸衷曲轸，特遣御医诊视，传奉温纶，饮以良剂。念臣狗马微躯，不自爱慎，以上贻君父之忧，沐此鸿恩，捐糜难报。但臣自察病原，似非药饵能疗，惟澄心息虑，谢事静摄，庶或可痊，仍乞圣慈垂悯，特赐旬月假限，暂解阁务，俾得专意调理。倘获就痊，臣即勉赴供职，不敢久旷，臣不胜感激恳祈之至。[12]

神宗得疏以后，一面派文书官太监孙斌到居正的私宅视疾，并赐鲜猪一口，鲜羊一腔，甜酱瓜、茄、白米二石、酒十瓶；一面又下圣旨，“宜慎加调摄，不妨兼理阁务，痊可即出，副朕眷怀。”所谓“不妨兼理阁务”，指在宅办公，居正这一次小病固是如此，后来大病的时候还是如此。直到居正昏沉时，他始终没有放弃政权。

居正病势稍退，皇上的手谕到了：

谕张少师：朕数日不见先生，闻调理将痊可，兹赐银八十两、蟒衣一袭，用示眷念，先生其钦承之。月初新凉，可进阁矣。[13]

居正复疏自言，“仰惟天光荐被，宸眷郅隆，非臣捐躯陨首，所能报答，亦非敝楮殚毫，所能宣谢，惟有镂之肺腑，传之子孙，期世为犬马，图效驱驰而已”。经过几天的调摄以后，居正还没有销假，神宗再派文书官丘得用视疾，促其进见，又赐银八宝四十两，甜食、干点心各一盒。居正续假五六日，又说：“臣养疴旅邸，倏已再旬，虽违远天颜，旷离官守，而犬马依恋之心，无时无刻，不在皇上左右。”[14]

居正固然在奏疏中对神宗充满依恋的感情，但他委实愿意退休。五十七岁的人了，体力逐日衰耗，国事已经到了可以放手的阶段，为什么要恋位？居正也曾论到赵广汉、盖宽饶、韩延寿、杨恽这一群人的命运：

赵、盖、韩、杨之死，史以为汉宣寡思，然四子实有取祸之道。盖坤道贵顺，文王有庇民之大德，有事君之小心，故曰“为人臣，止于敬也”。四臣者，论其行能，可为绝异，而皆刚傲无礼，好气凌上，使人主积不能堪，杀身之祸，实其自取。以伯鲧之才，惟傲狠方命，虽舜之至德，亦不能容，况汉宣乎？《易》曰：“坤道其顺乎。”承天而时行，毕志竭力，以济公家之事，而不敢有一毫矜己德上之心，顺也。险夷闲剧，惟上之命，而不敢有一毫拣择趋避之意，顺也。内有转移之巧，而外无匡救之名，顺也。怨读言任之于己，美名归之于上，顺也。功盖宇宙，而下节愈恭，顺也。身都宠极，而执卑自牧，顺也。然是道也，事明主易，事中主难；事长君易，事幼君难。[15]

居正的《杂著》中隐指时事的不止一篇，这是指的什么？是指他自己吗？居正事君当然不是赵、盖、韩、杨的刚狠，但是居正威权镇主，也不是赵、盖、韩、杨可以同日而语的。赵、盖、韩、杨不过是态度的不逊，居正便是权势的冲突。坤道其顺，居正列举六端，相信自己已经做到，但是“事中主难”“事幼君难”，居正对于自己的困难又何尝不清楚？从万历八年起，他决定致仕，但是当时的环境不容致仕，最痛心的是造成这个环境的只是居正自己。“人之生也，固若是芒乎！”[16]这才是人生的悲剧。

在书牍中，居正也留下几封信，透露他的心境：

贱体入夏即病，荏苒数月，殊觉委顿。今虽眠食稍复，然病根未除，缘弱质谫才，久负重任，筋力既竭，而鞭策不已，遂致颠蹶耳。顷欲借此乞骸，而主上先觉此意，频遣中使，荐赐宠问，又促令早出视事，使仆无所启齿。不得已，黾勉趋朝，拟俟来年皇储诞庆，当果此愿耳。[17]

贱体以劳致病，入夏至今，尚未全愈，乞归不得，益觉委顿，拟来岁皇储诞后，当决计乞骸，或得与公相从于衡湘烟水间也。[18]

贱体近日，始觉稍愈。十年之间，昼作夜思，从少至今，所为翕聚贮积者，日张施于外，遂成贫子。要欲及今齿发尚健，早弃人间事，从吾初服，非自爱幻躯，盖盈虚消息，天道固宜尔也。[19]

万历九年十月，居正历官一品，除去在京守制的日期，已经十二年，考满，照例自陈，请求解职。神宗诏令复职，随遣司礼监太监张诚恭颁手敕，赐银两百两、坐蟒、蟒衣各一袭、岁加禄米两百石。除此以外，神宗又着吏部、礼部，议拟恩例，在两部复疏以后，神宗传旨：

卿等说的是。元辅受先帝遗命，辅朕十年，精忠大功，冠于先后，兹实历一品，已及十五年，恩数委当优异，著支伯爵禄，加上柱国、太傅，兼官照旧，给与应得诰命，还写敕奖励，赐宴礼部，荫一子，与做尚宝司司丞，用见朕崇奖元勋至意。[20]

居正奉命以后，上疏再辞，第二疏词更痛切，他说：

臣闾巷韦布之士耳，非有硕德鸿才，可以庶几古人之万一。幸逢英主在上，臣得以谫劣，佐下风，效启沃，十年之间，志同道合，言听计从，主德昭宣，圣化旁洽，伊尹之所愿见者，臣亲见之，其所愧耻者，臣幸无之，即千万世而下，颂我皇上圣德神功为尧舜之主，臣亦得以窃附于尧舜之佐矣。此之荣遇，虽万钟之享，百朋之锡，岂足以拟之哉！故臣向者每被恩命，辄控辞而不已者，良以所庆幸者大，而爵禄非其所计也。乃若诏禄、诏爵，虽朝廷所以驭臣之典，亦宜稍加节制，而不至横滥，乃足为劝。三公穹阶，五等厚禄，上柱崇勋，在先朝名德，咸不敢当，乃一朝悉举而畀之于臣，所谓滥恩滥赏也。至于符节世赏，部宴大烹，臣前九年考满，皆已冒叨，兹又岂可重领？反复思惟，如坠渊谷，故不避烦渎，再控于君父之前。伏望圣慈，谅臣之衷，素无矫饰，矜其愚而俞允焉。碎首陨躯，不敢忘报。[21]

神宗得疏，特准辞免伯禄、上柱国、部宴，居正晋太傅。明朝太师、太傅、太保皆为死后赠官，文臣生加三公的，自居正始，以前是没有的。

万历十年的春天，寒风尚在塞外逗留的时候，这一位从嘉靖初年即向大同进攻，其后屡困北京而终于投降朝廷，接受封爵的顺义王俺答死了。俺答一死，对于居正是一个忧虑。西部鞑靼的领导权属于哪一个？会不会因为俺答之死，全部重新接受土蛮的领导，和朝廷作战？会不会再起一次分裂？分裂也许对于朝廷有利，但是一经分裂，更易促成土蛮扩展的成功，便对于朝廷有害。居正想起俺答的后妻三娘子。十二年以前的事了，因为俺答对三娘子的迷恋，才有把汉那吉的投降，以后引起封贡的成功和北边的安定；饮水思源，当居正想起国家的坚强和自己的事业，他能忘去三娘子吗？三娘子是一根绳索，有了三娘子便可以约束俺答，约束鞑靼。在吴兑总督宣大的时候，三娘子入关进贡，吴兑赠她八宝冠、百凤云衣、红骨朵儿云裙。真好看！这一套绣花的衣裙把三娘子迷恋了：究竟还是吴太师好！以后，在朝廷和鞑靼交涉中，朝廷的第一个友人便是三娘子。

居正在俺答身死的前后曾几次和边镇督、抚谈起：

承示，虏王病笃，今番恐不能起矣。顷报套虏西抢者，知虏王病，亦皆汹汹；况板升之人，素依老酋为主，老酋死，把吉弱，不能抚其众，加以荒旱，诸夷思乱，虏中自此多事矣。那吉忿老酋之分其众，即欲西牧，其智略可知矣。此虏初降，吾抚之甚厚，今当急收之，使与哈酋同心协力，一应贡市事宜，悉如老酋在时行。黄酋病不死，必且诪张为患，公宜乘时厉兵秣马，厚抚战士，为自固之计。老酋若死，虏中有变，随机应策，在我自有余力矣。[22]

奉翰示，料度虏情，一一中的，敬服。今日之事，惟当镇静处之，随机应之，勿过为张皇，轻意举动，致令惶惑，兴起事端也。昨督抚欲条议，仆即力止之。俺酋未死数年之前，仆已逆虑及此。诸公但审侦虏情，亟以见教，圣明在上，自有主断也。虏中无主，方畏我之闭关拒绝，而敢有他变！但争王争印，必有一番扰乱，在我惟当沉机处静，以俟其自定。有来控者，悉抚以好语，使人人皆以孟尝君为亲己，然后视其胜者，因而与之，不宜强自主持，致滋仇怨也。[23]

哈酋与诸部，议论不合，虏中亦须有此情状，乃可施吾操纵之术，今且不可合解之。至于虏妇守孝三年之说，此必不能行者，俟诸酋既集，议论已定，彼一妇人，终当为强者所得耳，何能为乎？顺义恤典，下部议复，仍当从旨中加厚，以示天恩。[24]

袭王之事，大都属之黄酋，但须将今年贡市事，早早料理，以见表诚悃，而后可为之请封。谚云，“若将容易得，便作等闲看。”务令大柄在我，使之觊望恳切，而后得之，乃可经久。然虏情多变，亦难预设。闻近日哈酋与虏妇及诸酋议论不合，颇为失欢，若果有此，且任其参差变态，乃可施吾操纵之术也。[25]

安兔吉无知，戕我旗牌，掠我头畜，此等事往亦常有，但此虏王新殁，在我当申严旧约之时，而彼酋乃敢咆哮如此，不一惩之，衅端起矣。既黄酋之子，宜即责黄酋处之。彼方觊承封爵，若其子不能制，他日安能统大众乎？此亦制驭之一端也，幸惟审图之。[26]

居正对于鞑靼方面全是因应。俺答初死，他似有支持把汉那吉的意念。看见把汉那吉的威望不够，他便吩咐沿边督抚静以待动，对各个候补者分别给予应得的好感。最后黄台吉继立的形势已成，他不妨支持黄台吉，但是他要黄台吉对朝廷表示恭顺。册封的权力在朝廷，要服从朝廷，才能得到顺义王的尊号。三娘子要守孝三年，也许是穿着百凤云衣的日子多了，汉化的程度加强，所以有这个主张。但是居正所期望于三娘子的不是她的汉化，而是她再嫁鞑靼领袖，继续替朝廷做一个控制鞑靼的工具。黄台吉袭封以后，三娘子带着部众走了。黄台吉认定这是父亲的遗产，自己当然有继承的权利，带着部队向西跟逐。宣大总督认定三娘子是一个得力的工具，假如她和黄台吉脱离关系，失去应有的作用，对于朝廷便是一种损害，连忙派人和三娘子说：“夫人能和顺义王同居，朝廷的恩赐当然继续不绝，否则只是塞上一个鞑靼妇人，说不上恩赏了。”三娘子这才停下来，重新回到顺义王的怀抱。在明朝人看来，究竟有一些诧异，但是三娘子生活在另外一个环境里，原谈不上这些。

北边的问题解决了，东北的问题又来了。万历九年，土蛮和朝廷打过几次仗，但是现在又求和了。居正只要鞑靼继续在分裂的状态里，绝不轻易言和，所以和辽东巡抚周咏说起：

承示，土酋求贡，谅无诈伪。彼盖艳于西虏贡市之利，乘俺酋死，故申前请耳。但辽左地形事势，钱粮、虏情，俱与宣大不同。且俺酋自嘉靖中季，连年求贡，彼时庙谟靡定，迄未之许，至隆庆间，会有那吉来降之事，而彼又执我叛人，遵我约束，因而许之。彼既惬其素志，又啖我厚利，故奉命惟谨。今以土酋之事揆之，其情异矣，遽尔许之，和必不久，徒弛我边备。俟一二年后，观其事机何如，乃可处之。[27]

万历十年二月，居正疏请蠲除宿表逋，完成一个宿愿。自万历之初，考成法实行以来，赋税方面经过切实的整顿，国家财政有了良好的基础，现在已是休养生息的时候了。事先，应天巡抚孙光祜上疏请求蠲除，居正复信说："蠲除宿逋，责完新赋，仆久有此意，拟俟皇储大庆，覃恩海内，今皇女生，则事不果矣。大疏即属所司议处，亦可推之各省也。"[28] 这时居正只准备从各省推行，还没有形成整个计划。万历十年之初，陕西巡抚萧廪具函居正，再请豁免带征，居正复信说："承示，带征逋赋，苦累有司，仆亦久知之，目下方欲面奏，请恩蠲豁，不必具疏矣。"[29] 二月间，居正疏称：

窃闻致理之要，惟在于安民，安民之道，在察其疾苦而已。迩年以来，仰荷圣慈，轸念元元，加意周恤，查驿传，减徭编，省冗员，惩贪墨；顷又特下明诏，清丈田亩，查革冒免，海内欣欣，如获更生矣。然尚有一事为民病者，带征钱粮是也。所谓带征者，将累年拖欠，搭配分数，与同现年钱粮，一并催征也。夫百姓财力有限，即一岁丰收，一年之所入，仅足以供当年之数，不幸遇荒歉之岁，父母冻饿，妻子流离，现年钱粮尚不能办，岂复有余力完累岁之积逋哉！有司规避罪责，往往将现年所征，那作带征之数，名为完旧欠，实则减新收也。今岁之所减，即为明年之拖欠，现在之所欠，又是将来之带征。如此连年，诛求无已，杼轴空而民不堪命矣。况头绪繁多，年分混杂，征票四出，呼役沓至，愚民竭脂膏以供输，未知结新旧之课，里胥指交纳以欺瞒，适足增溪壑之欲；甚至不才官吏，因而猎取侵渔者，亦往往有之。夫与其敲扑穷民，朘其膏血，以实奸贪之橐囊，孰若施旷荡之恩，蠲与小民，而使其皆戴上之仁哉？昨查户部，自隆庆元年起，至万历七年止，各直省未完带征钱粮一百余万，兵、工二部，马价、料价等项不与焉。而苏、松两府，拖欠至七十余万，盖以彼处税粮原重，故逋负独多，其间固有豪右奸猾，恃顽不纳者，然穷民小户，不能办者亦有之，而有司之令但能行于小民，不能行于豪右，故催科之苦，小民独当之。昨该应天巡抚孙光祜具奏请蠲，户部以干系国计，未敢擅便议复。臣等窃谓布德施惠，当出自朝廷，若令地方官请而得之，则恩归于下，怨归于上矣。臣等愚见，合无特谕户部，会同兵、工二部，查万历七年以前，节年逋负几何，除金花银两，系供上用，例不议免外，其余悉行蠲免：止将现年正供之数，责令尽数完纳，有仍前拖欠者，将管粮官员，比旧例倍加降罚。夫以当年之所入，完当年之所供，在百姓易于办纳，在有司易于催征，闾阎免诛求之烦，贪吏省侵渔之弊，是官民两利也。况今考成法行，公私积贮，颇有盈余，即蠲此积逋，于国赋初无所损，而令膏泽洽乎黎庶，颂声溢于寰宇，民心固结，邦本辑宁，久安长治之道，计无便于此者，伏乞圣裁施行。[30]

居正的《蠲除积逋疏》使人悠悠地想起万历初年的情势。万历四五年间户科都给事中萧彦疏称“察吏之道，不宜视催科为殿最。昨隆庆五年，诏征赋不及八分者，停有司俸；至万历四年，则又以九分为及格，仍令带征宿负二分，是民岁输十分以上也。有司惮考成，必重以敲扑，民力不胜，则流亡随之”。[31]主张岁输十分以上的是居正，疏请蠲除积逋的也是居正。是自相矛盾，还是心理变化？其实居正只是一贯的居正，在国家财政基础尚未稳定以前，当然严追旧欠；稳定以后，不妨蠲除积逋。量出为入，正是居正在财政方面的作风。这里还得看到支出的情形，在整顿国防、安定民生的项下，国家增加支出，人民增加负担，本来无可逃避。及至鞑靼的威胁已经解除，黄河、运河的工程已经完成，乃至驿递已经整顿，冗官已经废除，人民的负担便应当减轻，所以居正随即疏请减轻，这是万历十年的一件好事。不久以后，居正死了，国库逐渐空虚，商税、矿税，加征、加派，从此财政扰乱，成为明朝覆亡的主因。

万历十年二月间，浙江发生兵变。事情是这样的：浙江巡抚吴善言奉诏裁减东、西二营兵士月饷，兵士闹起来了，马文英、刘廷用为首，捉住巡抚痛打一顿。居正看定只有张佳胤可以平定这次变故，佳胤已经内调兵部右侍郎，随即奏请改调浙江巡抚。匆匆中佳胤到浙江去了，在路上又听到杭州“民变”的消息。佳胤和来人说：“变兵和变民已经联合了吗？”“还没有。”来人说。“赶快走，”佳胤欣然说，“也许还来得及把他们分开。”

匆忙中，新任巡抚不动声色地到了杭州。“乱民”正在城中放火抢掠，入夜以后，火光照满全城。佳胤吩咐游击将军徐景星和东、西二营说：“要赎罪，便先把‘乱民’平下来。”兵士们痛打吴巡抚以后，心绪惶惶的，不晓得张巡抚来怎样处治。得到这个消息，他们高兴极了，营门一开，刀枪齐举，乌合的群众哪里是他们的对手，一共捉了一百五十人，送到巡抚衙门。佳胤下令杀去三分之一，一面召马文英、刘廷用等领赏。他们来了一共九个，都是上次“事变”

的首领，这次“平乱”的功臣。文英们高兴地来了，不提防徐景星把他们捉住，一刀一个，顷刻之间，“民变”“兵变”完全解决，张佳胤不动声色地把浙江镇压下来。这是佳胤的辣手，也是统治者居正的要求。

辽东方面的关系更大了。三月间泰宁部长速把亥和兄弟炒花，以及儿子卜言兔，率领部下进攻义州。二十年来，速把亥是辽东的祸魁，有时单独进攻，有时纠合土蛮进攻，在朝廷军队进讨的时候，他跑了，但是朝廷军队回营以后，他又不断地犯边。这次辽东总兵李成梁率领军队在镇夷堡伺候他，速把亥领导部下杀上来了，参将李平胡伏兵半途，一支箭射过去，恰巧射中速把亥。扑答一声，速把亥倒在地上，护着胁间的创伤。李平胡的家奴李有名抢步上前，举刀一砍，进犯辽东的首领割下，鞑靼武士退却了。朝廷一共杀去一百余人，连带一个速把亥。炒花恸哭一场，结束这一次的战局。

万历十年二月中，居正病了，最初只觉得委顿，但是断不定是什么病，后来才认定是痔，从割治方面着手。居正在书牍和奏疏中都有记载：

贱恙实痔也，一向不以痔治之，蹉跎至今。近得贵府医官赵裕治之，果拔其根。但衰老之人，痔根虽去，元气大损，脾胃虚弱，不能饮食，几于不起。日来渐次平复，今秋定为乞骸计矣。门墙夙爱，敢告向往。[32]

臣自去秋，患下部热病，仰荷圣慈垂悯，赐假调理，虽标症少减，而病根未除，缠绵至今，医药罔效。近访得一医人，自家乡来，自言能疗此疾，屡经试验，其术颇精，但须静养半月、二十日，乃得除根。臣伏自念，年迫衰迟，久婴疾患，比者恭侍讲读，皇上见臣肌体羸瘦，询问左右，察臣所苦，是犬马贱躯，盖未尝不仰廑圣念也。今幸得此医人，专意疗治，窃冀痊复有日，足以仰慰君父眷念之怀，故敢不避烦渎，仰祈圣慈，俯赐宽假二旬、一月，暂免朝参、侍讲，至于阁中事务、票拟、题奏等项，容臣于私寓办理，免其出入趋走之劳，庶几医药静专，奏效可觊。痊可之日，即趋走阙庭供事，不敢久旷也。臣诚怙恃恩眷，仰渎宸严，不胜惶悚战栗之至。[33]

在家养病时，居正想起徐阶来了。隆庆六年秋间徐阶七十岁，居正曾有一篇《少师存斋徐相公寿序》。[34] 作文的时候，高拱已经去位，居正当国，在序中曾经说起：“后来者遵公约束，庶几画一之治，窃比于宋元祐耆硕者，公何啻君实，顾余于吕晦叔何如耳。”元祐时代，司马光以国事交付吕公著；隆庆时代，徐阶以国事交付自己。居正在十年前原有很大的抱负，现在他知道抱负不但已经一一实现，而且在许多方面超过当日的预期。“这总算对得起老师了。”居正想。他知道老师的生日在九月二十日，时间还早，但是准备总得早一点儿。居正上疏请求优礼耆硕，派遣行人存问，量加赏赉，他称述徐阶的功劳道：

臣等看得原任少师大学士徐阶，当世宗时，承严氏乱政之后，能矫枉以正，澄浊为清，惩贪墨以安民生，定经制以核边费，扶植公论，奖引才贤，一时朝政修明，官常振肃，海宇称为治平，皆其力也。[35]

神宗得疏以后，随即派行人存问，仍赐银五十两、大红纻丝蟒衣一袭、彩缎四表里，赉去敕谕一道，略言：

卿才优王佐，学擅儒宗，早驰誉于清华，历试功于盘错。简知皇祖，晋陟台司，履忠顺以事一人，持廉靖而先百辟。当壬之既黜，更治化以维新，惩贪墨而仕路肃清，奖忠直而真才会进。申明典制，多安边裕国之筹，默运枢机，有尊主庇民之略。定邦本于危疑之际，宣上德于弥留之中。翼我先皇，嗣基图而抚方夏，保予冲子，升储贰以奉宗祧。方倚重于黄扉，遂乞闲于绿野。后先多绩，朝廷资其典刑，终始完名，寰宇想其风采。[36]

定邦本两句，上联指徐阶拥立裕王，下联指世宗遗诏，说得非常得体。郭朴、高拱认为徐阶擅传遗诏，现在由神宗给他们一个具体的答复，这道敕谕大致唯有居正才能拟得如此真切。

徐阶的生日近了，居正吩咐懋修请吏部侍郎许国代拟寿序。序成以后，居正不满意，在病中挣扎着自己作一篇。

明军火器之地雷

明代后期，军队的火器运用已经比较普遍。

他说：

居正尝谓士君子所为尊主庇民，定经制，安社稷，有自以其身致之者，有不必身亲为之，而其道自行于天下，其泽自被于苍生者。窃以为此两者，惟吾师兼焉。当嘉靖季年，墨臣柄国，吾师所为矫枉以正，激浊而清者，幸及耳目，其概载在国史，志在播绅，里巷耇长，尚能道焉，此以身致治者也。比成功而归老也，则挈其生平所为经纶蓄积者，尽以属之居正。居正读书中秘时，既熟吾师教指，兹受成画，服行唯谨。万历以来，主圣时清，吏治廉勤，民生康阜，纪纲振肃，风俗朴淳，粒陈于庾，贯朽于府，烟火万里，露积相望，岭海之间，氛廓波恬，漠北骄虏，来享来王，咸愿保塞，永为外臣，一时海内，号称熙洽。人咸谓居正能，而不知盖有所受之也。此不必身亲为之者也。故此两者，惟吾师兼焉。[37]

徐阶做寿的时候，读到这篇寿序，应当庆幸当日认识正确，付托得人吧，但是当他想起这个学生，他知道已经没有见面的可能了。短短的几个月，在人生的道途上，划下不可逾越的界限！

万历十年三月以后，居正请假在宅票拟。痔根割去了，但精神还是委顿。长子敬修不在面前，随侍的只有嗣修、懋修、简修。允修已回江陵，准备乡试，静修还小。居正的病势不算严重，但是用药敷治，不能行动。神宗屡次派太监慰问，一次是司礼太监张鲸，一次是文书官吴忠；赏赐也不断地颁下，白银、银八宝、蟒衣、甜食、干点心、烧割，一切都有。据说有一次神宗因为居正久病，甚至掉下眼泪，饭都不想吃。居正只有申述病况，再请给假。他说：

缘臣宿患虽除，而血气大损，数日以来，脾胃虚弱，不思饮食，四肢无力，寸步难移，须再假二十余日，息静休摄，庶可望痊，盖文书官所亲见，非敢托故也。[38]

从血气亏损转到脾胃衰弱，居正病状，日渐沉重。神宗正在盼望他从速销假，居正何尝不愿入阁办事？可是期望愈急，病势愈重。蒙眬中，居正梦见神宗派遣自己往祀女神。女神是谁啊？他连忙派儿子往泰山祀神，一面和山东巡抚说起：

贱恙一向不以痔治，迁延十有余年，故病日深。近访得一明医，仰蒙圣恩，赐假治疗，乃得拔去病根。今病虽除，而血气亏损已甚，脾胃虚弱，不思饮食，四肢无力，寸步难移，揆之生理，尚属艰难。前梦皇上使仆持双节往祀一女神，盖欲吁神以祈祐云。窃思女神之贵者，莫如泰安之仙妃，今遣小儿赍香帛往祀焉。恐执事不知其由，敢敬以闻。[39]

三四月的天气渐渐回暖，阳光照满北京的郊野，前去泰安的人回来了，但是居正的病势日渐沉重。仙妃的保佑只是一个幻梦，剩给居正的是重大的负担和缠绵的病躯。内阁中还有张四维、申时行，但是稍为重要的公事，四维不敢专拟，一切送到居正的病榻面前，听候处分。

六月初一日食，初四以后，彗星在天空出现，苍白的光芒像一匹练，由西北直指五车星座。居正本来准备秋间退休，现在决定退休了，疏称：

臣自患病以来，静摄调治，日望平复，乃今三月，元气愈觉虚弱，卧起皆赖人扶，肌体羸疲，仅存皮骨，傍人见之，亦皆为臣悲悼，及今若不早求休退，必然不得生还！且古有灾异，则策免三公，今廷臣之中，无居三公之位者，独臣叨窃此官。顷者苍彗出于西方，日食午阳之旦。[40]伏思厥咎，惟在于臣，正宜罢免以应天变。伏望慈圣垂悯，谅臣素无矫饰，知臣情非获已，早赐骸骨，生还乡里，倘不即填沟壑，犹可效用于将来。臣不胜哀鸣恳切，战栗陨越之至。[41]

神宗见疏，下诏慰留：

朕久不见卿，朝夕殊念，方计日待出，如何遽有此奏！朕览之，惕然不宁，仍准给假调理。卿宜安心静摄，痊可即出辅理，用慰朕怀。[42]

在上谕慰留中，居正的病势毫无起色，他只是一意请求退休。十二日，辽东镇夷堡大捷，勘实复奏，上谕分别论功，进居正太师，加岁禄二百石，一子由锦衣卫指挥佥事进为世袭同知。以前遇到恩赐，居正照例三辞、四辞，认定人臣有先功后禄之义，同时也因为位高身危，究竟是一个可以戒惧悚惕的情势。现在他已经昏沉了，他说不敢接受，但是他也没有坚辞，不久以后，神宗的手敕来了，恭捧圣谕的司礼太监带来许多赏赐：银八宝四十两、甜食二盒、干点心二盒、烧割一份。手敕说：

谕太师张太岳，朕自冲龄登极，赖先生启沃佐理，心无所不尽，迄今十载，四海升平，朕垂拱受成，先生真足以光先帝遗命，朕方切倚赖，先生乃屡以疾辞，忍离朕耶！朕知先生竭力国事，致此劳瘁，然不妨在京调理，阁务且总大纲，着次辅等办理。先生专养精神，省思虑，自然康复，庶慰朕朝夕惓惓之意。[43]

居正复疏只称“臣病困之余，不能措辞，感谢之悰，言不能悉”。

十二日以后，居正病势更重，他勉强做一次挣扎，上疏再恳生还，说起：

缕缕之衷，未回天听，忧愁抑郁，病势转增。窃谓人之欲有为于世，全赖精神鼓舞，今日精力已竭，强留于此，不过行尸走肉耳，将焉用之！有如一旦溘先朝露，将令臣有客死之痛，而皇上亦亏保终之仁，此臣之所以局蹐哀鸣而不能已于言也。伏望皇上怜臣十年拮据尽瘁之苦，早赐骸骨，生还乡里，如不即死，将来效用尚有日也。[44]

垂死的哀鸣没有打动神宗的心。上谕只说：

卿受皇考顾命，夙夜勤劳，朕方虚己仰承，眷倚甚切。卿何忍遽欲舍朕而去，又有此奏，览之动心。宜遵前旨，专心静摄，以俟痊日辅理，慎勿再有所陈。[45]

从此以后，居正说不到退休，说不到生还，更说不到效用有日。六月十八日，神宗派司礼太监赍手敕慰问居正，敕言“闻先生糜饮不进，朕心忧虑，国家大事，当为朕一一言之”。昏沉当中，居正疏荐前礼部尚书潘晟、吏部左侍郎余有丁，神宗随即令潘晟为礼部尚书兼武英殿大学士，余有丁为礼部尚书兼文渊阁大学士。以后，居正再荐户部尚书张学颜、兵部尚书梁梦龙、礼部尚书徐学谟、工部尚书曾省吾、及侍郎许国、陈经邦、王篆，才可大用。人才太多了，内阁一时容不下，神宗把人名粘在御屏上，以备召用。居正昏迷了，大家眼见得这是唯一的机会，不肯放手。潘晟是冯保的老师，冯保勉强居止推荐；梁梦龙、曾省吾是居正的门生；王篆是居正长子敬修的亲家；徐学谟在居正归葬的时候，是抚治郧襄都御史，以后居正再三提拔，现在也名列御屏了。有能力的固当推举以备国家栋梁之选，有关系的也在这个庇荫之下，同时列名。居正昏迷之中，只得由他们去了。

六月十九日，居正的病势已经非常严重。神宗再派太监慰问，便中询问身后的措置。在昏聩迷惑当中，居正说了几句不明不白的话。

第二天，六月二十日，居正舍弃十六年始终不放的政权、十年以来竭诚拥戴的皇帝和六十余万人民，[46]死在北京的寓所，遗下七十余岁的母亲、三十余年的伴侣，以及六个儿子、六个孙子。神宗不曾和他说过吗？“先生功大，朕无可为酬，只是看顾先生的子孙便了”。居正已经把他的生命贡献给国家，在临死的时候，他用不到顾虑自己的子孙。

神宗得到居正病殁的消息，下诏罢朝数日。两宫皇太后、皇上和皇弟潞王赐赙银一千余两，司礼太监张诚监护丧事。一切饰终的典礼都完备了：赠上柱国、赐谥文忠，予一子尚宝司丞、赐祭十六坛。居正灵柩将发的时候，内阁张四维、申时行、余有丁疏请派员护送，随即派定太仆少卿于鲸，锦衣卫指挥佥事曹应奎护送回南。赵太夫人也在同时南回江陵，护送的是司礼太监陈政。

注释

[1] 书牍十三《答王西石》。

[2] 书牍十三《答宣府张巡抚》。

[3] 马王大即满五大之讹。

[4] 书牍十三《答总督张崌崃计虏酋钤束其支属》，按题衔误。

[5] 应作满酋。

[6] 应作满酋。清时传刻《张文忠公全集》讳满字，故满五大或作马王大或作□□，其实与满洲无涉，不必讳也。

[7] 吴兑。

[8] 书牍十三《答宣大巡抚郑范溪》，按题衔误。

[9] 书牍十三《答宣大巡抚》。

[10] 辽东巡抚周咏。

[11] 书牍十三《答蓟辽吴环洲》。

[12] 奏疏十《患病谢遣医并乞假调理疏》。

［13］奏疏十《谢圣谕存问并赐银两等物疏》。

［14］奏疏十《谢遣中使趣召并赐银八宝等物》。

［15］文集十一《杂著》。

［16］《庄子·齐物论》。

［17］书牍十三《答司马王鉴川言抱恙勉留》。

［18］书牍十三《答耿楚侗》。

［19］书牍十三《答广西宪副吴道南》。

［20］奏疏十一《考满谢恩命疏》。

［21］奏疏十一《再辞恩命疏》。

［22］书牍十三《答三边总督郑范溪》。按郑洛时为宣大总督，题衔误。

［23］书牍十三《答大同巡抚贾春宇计俺酋死言边事》。

［24］书牍十三《答大同巡抚贾春宇》。

［25］书牍十三《答三边总督郑范溪计顺义袭封事》。

［26］书牍十三《答巡抚萧云峰》。按即陕西巡抚萧廪。

［27］书牍十三《答辽东巡抚周乐轩》。

［28］书牍十三《答应天巡抚孙小溪》。

［29］书牍十三《答谏议萧公廪》。

［30］奏疏十一《请蠲积逋以安民生疏》。

［31］《明史》卷二二七《萧彦传》。

［32］书牍十四《答上师相徐存斋三十四》。

［33］奏疏十一《给假治疾疏》。

［34］文集七。

［35］［36］奏疏十一《乞优礼耆硕以光圣治疏》。

［37］文集七《少师存斋徐相公八十寿序》。

［38］奏疏十一《恭谢赐问疏》。

［39］书牍十三《寄山东巡抚杨本庵》。按杨俊民九年三月为山东巡抚，十月去位，继任者为陆树德，题名误。

［40］按《明史·神宗本纪》言十年六月丁亥朔日食，《天文志》言“四月丙辰彗星现西北”，敬修《文忠公行实》言六月丁亥朔，日又食之。朔三日，彗出五车口柱星以南。敬修之作值居正初殁，不应有误，与居正此疏亦合。《天文志》之言不尽足信。

［41］［42］奏疏十一《乞骸归里疏》。

［43］奏疏十一《恭谢手敕疏》。

［44］［45］奏疏十一《再恳生还疏》。

［46］万历六年，人口总计六千六十九万二千八百五十六口。

第十四章 尾声

整个中国不是一家一姓的事，任何人追溯到自己的祖先的时候，总会发现许多可歌可泣的事实。当我们想到自己的祖先，曾经为自由而奋斗，为发展而努力，乃至为生存而流血，我们对于过去固然看到无穷的光辉，对于将来也必然抱着更大的期待。

居正带着平生的抱负，埋入江陵的墓地，剩下的是无限的恩怨和不尽的是非。

居正殁后，赐谥文忠："文"是曾任翰林者常有的谥法，"忠"是特赐；据谥法解，"危身奉上曰忠"，在赐谥的时候，对居正原有确切的认识。王世贞称居正"业惟戡乱，勋表救时，在唐赞皇，复为元之"，正是那一时期的公论。

但是居正身死未久，又一道波浪来了。

居正疏荐潘晟入阁，御史、给事中弹劾潘晟的奏疏接二连三地来了。潘晟已由原籍浙江新昌出发，只得中途疏辞，张四维拟旨报允，这是第一步。四维和曾省吾、王篆不久发生冲突，御史江东之上疏攻击冯保的门客徐爵。经过这一个尝试以后，御史李植直疏冯保十二大罪，司礼太监张诚、张鲸更在神宗面前攻击冯保，他们说起冯保家资饶富，胜过皇上。神宗随即逮捕冯保，十二月，发南京安置，同时梁梦龙、曾省吾、王篆一概勒令致仕。在查抄冯保家产的时候，得金银一百余万、珠宝无数，神宗开始领略查抄的滋味。

冯保临去的时候，慈圣太后还不十分清楚，她问神宗为什么。

"没有什么，"神宗说，"只是老奴受了张居正的蛊惑，不久自会召回的。"

慈圣太后还以为神宗是那个听话的孩子呢！他已经二十岁了，知道怎样应付母亲。张居正、冯保、慈圣太后只是一串噩梦，梦境消残了，神宗开始发现自己。不久以后，慈圣太后还看到这个朝夕问安的儿子，索性连慈庆、慈宁两宫轻易不到一步。可怜的老妇人啊，你们被忘去了！

生人应付了，神宗再应付死人。

居正整顿驿递，现在官员不得任意乘驿的禁例被取消了；居正用考成法控制六部，现在考成法被取消了；居正裁汰冗官，现在冗官一律恢复了；居正严令不得滥广学额，现在学额一并从宽了；乃至居正严守世宗遗训，外戚封爵不得世袭，现在也一概世袭了。居正所遗的制度，神宗正在不断地取消。

成年的万历皇帝

成年后的万历，对张居正和冯保实行了反攻清算，葬送了张居正十年改革的成果。

但是这只是法制方面的改订，事情多得很呢。

万历十一年三月，诏夺居正上柱国、太师，再诏夺文忠公谥，斥其子锦衣卫指挥简修为民。居正身殁至此，仅仅九个月。

居正病重的时候，北京各部院替他建斋祈祷，这是一股风，吹遍南京、山西、陕西、河南、湖广，半个中国都在为这功业彪炳的首辅祈祷。现在风势转过了，御史、给事中都在尽力攻击居正，他们要报效国家，报效皇上，当然便要排除居正的爪牙，废止居正的苛政，最得力的是御史丁此吕。此吕检举万历七年己卯科应天乡试主考高启愚所出的试题，“舜亦以命禹”。此吕指出这是高启愚有意劝进：舜是皇上，禹是居正，不是劝进是什么？张四维在万历十一年四月致仕了，现在的首辅是申时行，神宗把此吕的奏疏交给时行。

“此吕把暧昧之言陷人大罪，”时行说，“诚恐此后谗言大至，非清明之朝所宜有。”

经过几度的争持，此吕、启愚同时去职。这一次奏疏中此吕甚至攻击敬修、嗣修、懋修三人应乡试、会试时的考官，认为阿附居正，又说礼部侍郎何雒文代嗣修、懋修撰殿试策，幸亏时行说：“考官只据文艺，不知姓名，不宜以此为罪。”考官免罪，但是雒文还是解职。

不久以后，御史羊可立追论居正构陷辽庶人宪㸅。十七年以前的事了，现在重新提起。宪炜次妃王氏上疏鸣冤，疏中又说："庶人金宝万计，尽入居正府矣。"金宝打动神宗的心坎，万历十二年四月诏令查抄居正家产，司礼太监张诚、刑部右侍郎丘橓以及锦衣卫、给事中等奉命前往。左都御史赵锦上疏，言"世宗籍严嵩家，祸延江西诸府，居正私藏未必逮严氏，若加搜索，恐遗害三楚，十倍江西民。且居正诚擅权，非有异志，其翼戴冲圣，夙夜勤劳，四外迭谧，功亦有不容泯者。今其官、荫、赠谥及诸子官职，并从褫革，已足示惩，乞特哀矜，稍宽其罚"。吏部尚书杨巍疏称"居正为顾命辅臣，侍皇上十年，任劳任怨，一念狗马微忠，或亦有之。今……上干阴阳之气，下伤臣庶之心，职等身为大臣，受恩深重，惟愿皇上存天地之心，为尧舜之主，使四海臣民，仰颂圣德，则雷霆之威，雨露之仁，并行而不悖矣。此非独职等之心，乃在朝诸臣之心，天下臣民之心也"。一切的言论，神宗照例不听。

刑部侍郎丘橓这一行人从北京出发了。出发以后，丘橓接到在朝几位大臣的书牍。内阁大学士申时行说："圣德好生，门下必能曲体，不使覆盆有不照之冤，比屋有不辜之累也。冀始终留神，以仰承圣德，俯慰人心。"许国已入内阁了，也说"愿推罪人不孥之义，以成圣主好生之仁，且无令后世议今日轻人而重货也。上累圣德，中亏国体，下失人心，奉旨行事者亦何所辞其责"。最沉痛的是左谕德于慎行的一书，洋洋千言，是传诵一时的文字。他说：

江陵殚精华智，勤劳于国家；阴祸机深，结怨于上下。当其柄政，举朝争颂其功而不敢言其过；今日既败，举朝争索其罪而不敢言其功，皆非情实也。且江陵平生，以法绳天下，而间结以恩，此其所入有限矣。彼以盖世之功自豪，固不甘为污鄙，而以传世之业期其子，又不使滥有交游，其所入又有限矣。若欲根究株连，称塞上命，恐全楚公私，重受其困。又江陵太夫人在堂，八十老母，累然诸子皆书生，不涉世事，籍没之后，必至落魄流离，可为酸楚。望于事宁罪定，疏请于上，乞以聚庐之居，恤以立锥之地，使生者不致为栾、郤之族，死者不致为若敖之鬼，亦上帷盖之仁也。

但是丘橓一切的话，都被付之不理。

这一次查抄的动机，当然还是出自神宗。居正当国十年，效忠国家，但是居正所揽的大权是神宗的大权。居正当权便是神宗的失位，效忠国家便是蔑视皇上，这是最显然的逻辑。所以，在居正当国十年之中，居正和神宗站在对立的地位，纵使双方在当时未必意识到，这是一件无可否认的事实。居正死了，神宗开始尝到复仇的滋味。居正的法制被推翻了，官荫、赠谥被削除了，甚至连诸子的官职都褫革了。张先生、张太岳、张文忠公这一类的名称都被搁起，只是一个平常的张居正。复仇的要求应当感到满足，但是感到满足只是神宗的一个方面。

神宗是高傲的，但同时也是贪婪的，一个小农的外孙禁不住金银财宝的诱惑。是宪炜次妃王氏的聪明呢，还是受到什么暗示？“金宝万计，尽入张府”两句，铸定张宅抄家的命运。根据明朝的法律，抄家只有三条：一谋反，二叛逆，三奸党。[1] 居正的罪状属于哪一条呢？不管他，查抄的诏令下来了。许国说：“无令后世议今日轻人而重货。”这才是一针见血之言。

丘橓未到江陵以前，荆州府、江陵县亲自到张宅封门，张宅子女躲到空屋里，不敢出来。没有食物，不要紧，他们只是不敢出来！直到五月初五，丘橓到了，打开宅门，饿死的已经有十余口。搜检、拷问，应有的尽有了。居正兄弟和诸子的私藏都被搜出来，一共得到黄金万余两，白银十余万两。这是很大的数量，但是问官们还不满意，他们重行拷问，要张家招出寄存宅外的两百万银两，于是又牵上曾省吾、王篆、傅作舟三家。在拷问当中，敬修自杀；懋修投井不死，不食又不死，侥幸保存一条性命。敬修临死的血书是这次惨案中一个沉痛的文献，录于次：

呜呼，天道无知，似失好生之德，人心难测，罔恤尽瘁之忠。叹解网之无人，嗟缧绁之非罪，虽陈百喙，究莫释夫讥谗，惟誓一死，以申鸣其冤郁。窃先公以甘盘旧眷，简在密勿，其十年辅理之功，唯期奠天下于磐石，既不求誉，亦不恤毁，致有今日之祸；而敬修以长嗣，罹兹闵凶，何敢爱身命而寂无一言也。忆自四月二十一日闻报，二十二日即移居旧宅，男女惊骇之状，惨不忍言。至五月初五日，丘侍郎到府；初七日提敬修面审，其当事噂沓之形，与吏卒咆哮之景，皆生平所未经受者，而况体关三木，首戴幪巾乎！在敬修固不足惜，独是屈坐先公以二百万银数，不知先公自历官以来，清介之声，传播海内，不惟变产竭资不能完，即粉身碎骨亦难充者！且又要证扳曾确庵[2] 寄银十五万，王少方[3] 寄银十万，傅大川[4] 寄银五万，云“从则已，不从则奉天命行事”！恐吓之言，令人胆落。嗟此三家，素皆怨府，患由张门及之，而又以数十万为寄，何其愚也！吾意三家纵贪，不能有此积，亦不能完结此事，吾后日何面目见之，且以敬修为何如人品也。今又以母、子、叔、侄，恐团聚一处，有串通之弊，于初十日，又出牌，追令隔别，不许相聚接语。可怜身名灰灭，骨肉星散，且虑会审之时，罗织锻炼，皆不可测，人非木石，岂能堪此！今幽囚仓室，风雨萧条，青草鸣蛙，实助余之悲悼耳。故告之天地神明，决一瞑而万世不愧。嗟乎，人孰不贪生畏死，而敬修遭时如此，度后日决无生路！旷而观之，孔之圣也而死，回之贤也而死，死有重于泰山，有轻于鸿毛者，予于此时，审之熟矣。他如先公在朝有履满之嫌，去位有忧国之虑，惟思顾命之重，以身殉国，不能先几远害，以至于斯，而其功罪，与今日辽藩诬奏事，自有天下后世公论，在敬修不必辩。独其虚坐本家之银，与三家之寄，皆非一时可了之案，则何敢欺天罔人，以为脱祸求生之计。不得已而托之片楮，啮指以明剖心！此帖送各位当道一目，勿谓敬修为匹夫小节，而甘为沟渎之行也。祖宗祭祀，与祖母、老母粥，有诸弟在，足以承奉，吾死可决矣。而吾母素受辛苦，吾妻素亦贤淑，次室尚是稚子，俱有烈妇风，闻予之死，料不能自保。尤可痛者，吾有六岁孤儿，茕乾在抱，知亦不能存活也。

五月初十日写完此帖，以期必遂，而梦兆稍吉，因缓。十二日会审，逼勒扳诬，慑以非刑，颐指气使，听其死生，皆由含沙以架奇祸，载鬼以起大狱，此古今宇宙稀有之事。上司愚弄人，而又使我叔侄自愚，何忍，何忍！

丘侍郎、任抚按、活阎王！你也有父母妻子之念，奉天命而来，如得其情，则哀矜勿喜可也，何忍陷人如此酷烈！三尺童子亦皆知而怜之，今不得已，以死明心。呜呼，炯矣黄炉之火，黯如黑水之津，朝露溘然，生平已矣，宁不悲哉！

有便，告知山西蒲州相公张凤盘，令张家事已完结矣，愿他辅佐圣明天子于亿万年也！

关于当时拷问的情形，懋修也有一段记载：

有一部堂讯狱曰："汝先大夫与戚帅相结，凡有书问，虽夜中开门递进，意欲何为？莫非反状乎！"

懋修答曰："边烽紧急，宰相或不得坚卧不省。"部堂意阻。[5]

经过多次拷问，敬修自缢身亡，懋修自杀未遂，居正十六年的政权，最后由敬修、懋修偿还这一笔血债。

敬修这一死，撼动朝廷，申时行和六部大臣疏请从宽处分；刑部尚书潘季驯复言“居正母逾八旬，旦暮莫必其命，乞降特恩宥释”。在这种空气之中，神宗下诏特留空宅一所，田十顷，赡养居正的母亲。辽府一案也在此时结束了。上谕说：

辽府废革，既奉先帝宸断，又无应继之人，着推举亲枝，以本爵奉祀，仍准王归葬原封。抱养子述奎准依亲居住，给与庶粮二百石，本折中半支。[6]王氏从厚，援徽府例赡养。张居正诬蔑亲藩，箝制言官，蔽塞朕聪，私占废辽田亩，假以丈量遮饰，骚动海内，专权乱政，罔上负恩，谋国不忠，本当斫棺戮尸，念效劳有年，姑免尽法。伊属张居易、张嗣修、张书、张顺，俱令烟瘴地面充军。

神宗和居正说过，“只是看顾先生子孙便了”。是这样地看顾吧，居正也许没有料到！

张家这一次大祸当时人以为是高拱陷害，其实高拱死于万历六年，与此事无涉；敬修以为是张四维陷害，但是四维于万历十一年四月致仕，纵使平时对居正久积嫌怨，现在也没有报复的机会。一切都由神宗主持。万历十六年冬，吏科给事中李沂上疏，攻击司礼大监张鲸，曾说：“流传鲸广献金宝，多方请乞，陛下犹豫未忍断决。中外臣民初未肯信，以为陛下富有四海，岂爱金宝；威如雷霆，岂徇请乞？及见明旨许鲸策励供事，遂谓为真，亏损圣德。”张鲸是神宗特别赏识的内监，攻击冯保的是他，怂恿查抄的是他！神宗看见李沂的疏本，怒极了，他说“李沂要为冯保、张居正报仇”，立刻下令杖六十，革职为民。为什么说这是替张、冯两家报仇呢？攻击居正最甚的是三位御史李植、羊可立、江东之，李植常和人说：“至尊见我，称我为儿子，看见查抄的宝玩便喜欢。”为什么这样宠爱呢？神宗当然有他的理由。居正曾说过：“念己既忘家殉国，遑恤其他，虽机阱满前，众镞攒体，孤不畏也。”[7]居正身后的得祸，本来不在居正的意外。

整个神宗一朝更没有称道居正的。熹宗天启二年，这才想起居正的大功，复原官，予祭葬，张家房产没有变卖的一并发还。思宗崇祯三年，礼部侍郎罗喻义等，为居正讼冤，交给部议以后，这才给还二荫和诰命。崇祯十三年，敬修孙同敞再请追复敬修礼部主事并复武荫。思宗复敬修官，并授同敞中书舍人。国家到了艰难的时候，才想起往日的功臣。复官复荫，一切都是激励当时的臣工，但是事情已经太迟了。

然而，对于居正的子孙来说，事情毕竟不算太迟。

居正诸子,自杀的自杀了,充军的充军了。懋修中状元的时候,年二十六岁[8];崇侦七年懋修死时，已经八十岁。在事业方面，他没有什么表现，但是居正全集四十六卷的搜集，大半是懋修的功绩。书牍凡例题后云：“留此一段精诚在天壤间，古人所谓知我罪我，先公意在是乎。史家所称为功为过，小子辈何敢避焉。”这是几句有意义的语句。

万历十年，允修回南应乡试，居正死了，允修丁忧，不能入闱，留为终身的遗憾，发还文荫以后，荫尚宝司司丞。崇祯十七年，张献忠的部下到了江陵，要允修出来做官，允修自杀[9]，留下一首绝命诗：“八十空嗟发已皤，岂知衰骨碎干戈。纯忠事业承先远，捧日肝肠启后多。今夕敢言能报国，他年漫惜未抡科。愿将心化铮铮铁，万死丛中气不磨！”

最激烈的是同敞。崇祯十五年，诏命同敞慰问湖广诸王，顺道调兵云南。同敞事毕以后，北京失陷了，不久南京陷落。同敞走依隆武，隆武复同敞武荫，遣往湖南。他在途中听说汀州又陷落了，整个国家除西南一角以外，都沦陷在敌人手里。同敞这才到广西，投奔永历帝。经过瞿式耜的推荐，永历帝授同敞兵部右侍郎、总督诸路军务。领导中原人民抗清的责任又落到姓张的肩上。同敞记得曾祖在日，曾经主张用文人为边将；他也记得曾祖曾经说过：“国家或有大事，皇上幸而召臣，朝闻命而夕就道，虽执殳荷戈，效死疆场，亦所弗避。”关保的血液在同敞的脉管里跳动了。跟从明太祖的大纛，推翻元朝统治的是他的

瞿、张就义处

南明永历五年（1650年），瞿式耜与张同敞在桂林被俘，英勇就义。

始祖；整顿国防，分化鞑靼，最后造成明朝强盛地位的是他的曾祖。同敞抚摩自己的筋骨，真有些自负。但是当时的大局整个变了，明朝只余得这一点儿残山剩水，败兵孱将，谈什么斗争！内讧、自扰、抵触、牵制，一切都在这个小朝廷里复演，这才是英雄短气的时候。但同敞有的是热血，单凭这一点，他要参加民族的决斗。总督诸路军务只是一个名义，当时的兵权全在将领手里。但是不管他，在一切斗争中，同敞常在前面。前进的时候，一马当先的是同敞；动摇的时候，端坐不动的也是同敞。他渐渐取得一般将士的信任。不幸的是，永历五年，敌人攻进广西，严关失陷，前敌的将士败溃下来，永历帝往梧州去了，桂林的军队也溃了，剩得大学士瞿式耜一人留守，当时的重镇成为一座空城。恰巧同敞从灵川来，见面以后，式耜和同敞说："我为留守，当然死在桂林。总督没有守土的责任，你还是去吧！"

"古人耻独为君子，"同敞毅然地说，"相公为什么不让同敞共死呢？"

式耜高兴极了，吩咐剩下的一个老兵进酒，秉烛待旦，和同敞消磨这空城的一夜。第二天敌人进城，式耜、同敞同时被执。式耜说："我们久已准备了。"敌人要他们投降，他们拒绝；要他们削发为僧，他们也拒绝；他们只要把自己的热血，为民族横流，敌人这才把他们分别幽禁起来。他们的中间是一堵墙，在幽禁的四十几天之内，他们叩着墙壁，赋诗唱和。永历五年闰十一月十七日，敌人把他们杀了。据说在行刑的时候，同敞衣冠整齐，昂然地站着。头颅落地以后，他向前跃起三步，方始躺下。直到现在，桂林东关还留着这一位民族英雄的坟墓。

同敞留下两首有名的诗句：

自诀诗

弥月悲歌待此时，成仁取义有天知。衣冠不改生前制，姓字空留死后思。破碎山河休葬骨，颠连君父未舒眉。魂兮莫指归乡路，直往诸陵拜旧碑。

自誓诗

翰林骨莫葬青山，见有沙场咫尺间。老大徒伤千里骥，艰难胜度万重关。朝朝良史思三杰，夜夜悲歌困八蛮。久已无家家即在，丈夫原不望生还！

同敞死了，他滚烫的血液灌溉了民族复兴的萌芽。

整个中国不是一家一姓的事，任何人追溯到自己的祖先的时候，总会发现许多可歌可泣的事实；有的显焕一些，也许有的黯淡一些，但是当我们想到自己的祖先曾经为自由而奋斗，为发展而努力，乃至为生存而流血时，我们对于过去固然看到无穷的光辉，对于将来也必然抱着更大的期待。前进吧，每一个中华民族的儿女！

注释

[1]《明史》卷一九三《翟銮传》。

[2] 曾省吾。

[3] 王篆。

[4] 傅作舟。

[5] 书牍十二《答总兵戚南塘授击土蛮之策书》附注。

[6] 本指本色，折指折价，言实物及代价各半支给也。

[7] 书牍十《答河漕按院林云源言为事任怨》。

[8]《明贡举考略》卷一。

[9]《康熙荆州府志》言不食死，允修孙同奎言自焚死。